U0887583

新曲綫 New Curves | 用心雕刻每一本……
http://site.douban.com/110283/
http://weibo.com/nccpub

用心字里行间　雕刻名著经典

自由学习

第3版

〔美〕卡尔·罗杰斯　杰罗姆·弗赖伯格　著

王烨晖　译

伍新春 审校

人民邮电出版社

北　京

图书在版编目（CIP）数据

自由学习：第3版 /（美）罗杰斯，（美）弗赖伯格 著；王烨晖 译．

—北京：人民邮电出版社，2015.1（2023.4 重印）

ISBN 978-7-115-35687-1

I. ①自… II. ①罗… ②弗… ③王… III. ①课堂教学—教学研究 IV. ① G424.21

中国版本图书馆 CIP 数据核字（2014）第 294089 号

Freedom to Learn, 3rd Edition, by Carl Rogers, H. Jerome Freiberg

ISBN: 9780024031211

版权所有，侵权必究。

自由学习（第3版）

◆ 著 〔美〕卡尔·罗杰斯 杰罗姆·弗赖伯格

译 王烨晖

审 校 伍新春

策 划 刘 力 陆 瑜

责任编辑 赵延芹 王伟平 刘冰云 刘丽丽

装帧设计 陶建胜

◆ 人民邮电出版社出版发行 北京市丰台区成寿寺路 11 号

邮编 100164 电子邮件 315@ptpress.com.cn

网址 http://www.ptpress.com.cn

电话（编辑部）010-84931398 （市场部）010-84937152

三河市少明印务有限公司印刷

新华书店经销

◆ 开本：787 × 1092 1 /16

印张：28.25

字数：540 千字 2015 年 3 月第 1 版 2023 年 4 月第 8 次印刷

著作权合同登记号 图字：01-2010-0683

定价：88.00 元

本书如有印装质量问题，请与本社联系 电话：（010）84937152

内容提要

《自由学习》第 1 版成书于 1969 年，时年卡尔·罗杰斯先生 67 岁。14 年后，已是耄耋之年的罗杰斯先生又对这部重要著作进行了修订，这就是 1983 年出版的《八十年代的自由学习》第 2 版。在罗杰斯女儿的组织下，致力于教育理论和实践变革的杰罗姆·弗赖伯格教授对这部经典著作进行了再次修订，于 1994 年出版了《自由学习》第 3 版。本书译自这个版本。

《自由学习》是作者将“来访者中心”的心理咨询理念应用于教育实践的经典著作，全面阐述了人本主义心理学“以学生为中心”的教育思想、教育实践和研究成果。书中所倡导的教育思想、实践及成果，时至今日都对全球教育有着积极的现实意义，尤其对我国当前的教育改革和素质教育发展具有借鉴意义。

作者从师生关系、教师角色、学习途径、教学设计、教育政策、教育管理、教育目标、教育资源和教育改革等方面，运用翔实的案例、研究的事实和诠释的理论，论述了教师成为学习的促进者以及实施自由学习的可行性和有效性。带领我们分享了不同学科、不同年龄、不同对象、不同职位、不同区域、不同国家的教育工作者的成功和感人故事。

在本书中，作者运用第一人称的口吻与读者直接对话，营造了一种个人化的交流氛围，仿佛在与读者面对面地分享感受、交流思想和探讨问题，让读者的阅读过程变成了一种倾听和对话的过程。

作者简介

卡尔·罗杰斯

(Carl Rogers, 1902—1987)

卡尔·罗杰斯（Carl Rogers，1902—1987），美国历史上最有影响力的心理学家。他在教育、咨询、心理治疗、冲突解决以及和平等领域都做出了杰出贡献。作为人本主义心理学的奠基人，他以其来访者中心疗法中的同理心、严谨的研究、16本著作和200多篇专业论文，对世界产生了重要影响。他最著名的作品有：《论成为一个人》《来访者中心疗法》《自由学习》《存在的方式》《卡尔·罗杰斯论人性权力》《卡尔·罗杰斯论会心团体》和《成为伴侣：婚姻及其他》。

他倾其一生致力于研究如何创设心理条件以促进开放性沟通，鼓励个体充分实现其潜能。他不受限于传统的心理分析技术，开拓了新的疆域，建立起以来访者为中心的心理疗法。该疗法认为，"每一个来访者自身内在具有大量的资源，可用于改变自我理解、自我概念、态度和自我指导的行为。通过创设一种可界定的促进性态度的氛围，这些资源是能够被激发出来的。"

在生命的最后十年里，罗杰斯致力于将自己的理论应用于民族之间的社会冲突领域。他周游世界，付诸行动。在爱尔兰的贝尔法斯特，罗杰斯把新教和天主教中具有影响力的人聚集在一起共商和平；在南非，他为解决白人和黑人之间的冲突而努力；在美国，他帮助化解健康领域中消费者和提供者之间的矛盾。

罗杰斯的工作得到了全世界范围内数十项嘉奖与表彰，包括首届美国心理学协会（APA）的杰出科学贡献奖。没过几年，他又获得了该协会颁发的杰出职业贡献奖。1987年2月4日，也就是他与世长辞的那一天，他获得了诺贝尔和平奖的提名。提名辞这样写道："……鉴于你在中美洲、南非和北爱尔兰的工作，值得郑重考虑授予您诺贝尔和平奖。"

他去世后，又有两部遗著问世：一部是《卡尔·罗杰斯读本》，这是他最有影响力作品的选集；另一部《卡尔·罗杰斯的对话》则记录了他和心理学领域中的巨匠，包括保罗·蒂利希、斯金纳、葛瑞利·贝特森和罗洛·梅等大师在内的互动交流。

最重要的是，卡尔·罗杰斯本人践行了他所倡导的同理心和民主理想。

杰罗姆·弗赖伯格

(*H. Jerome Freiberg*)

杰罗姆·弗赖伯格（H. Jerome Freiberg）是休斯敦大学教育学院的教育学教授，坦普尔大学国家市区教育研究中心的高级副研究员，休斯敦市区国家教育研究中心的主任。在过去20多年的绝大部分时间里，他致力于提升市区儿童、教师和管理者的生活质量。

他已经出版或发表了近百篇的学术作品，包括在各类国内外学术期刊上发表的研究报告、合著以及个人著作多部。他是《课堂互动期刊》的主编，这是一本国际性的杂志，在50多个国家印刷发行。他最近的两本著作是：与艾米·德里斯科尔合著的《一般教学策略》，与罗伯特·休斯敦、蕾妮·克利夫和艾伦·华纳合著的《触摸未来：靠教学？》。弗赖伯格博士获得了1988—1989年度休斯敦大学的优秀教学奖以及教育学院的优秀教学奖。

弗赖伯格博士在西弗吉尼亚的普莱斯顿县建立了第一个教师学会和研究所。他出资创办了普罗维登斯自由教师学校。他还参与指导过田纳西州休斯敦的教师公司。为了师生的利益，他强调，在学校营造包括学校和班级管理方式在内的“以人为中心”的学习氛围。他曾是休斯敦大学城市学校研究中心主任和教育学院的院长。

弗赖伯格博士教过六至十二年级的学生，当过长期的代课老师，是一名经过资质认证的美国历史 / 社会研究学科的高中教师。他也是最安全监狱的一名志愿者教师。他承担或参与过多项州和联邦政府的项目，例如休斯敦阅读委员会学习中心。他是休斯敦六所ISD学校针对家长和学生的“陪伴阅读项目”的发起人。

弗赖伯格博士还与意大利和以色列的教育部合作，以期提升学校氛围。他与来自意大利、西班牙、英国、加那利群岛、亚速尔群岛、葡萄牙、以色列、加拿大和墨西哥的教育者开展广泛的合作。他还为州教育部、全美各地的大学、学院和学区提供咨询。

推荐序

《自由学习》是我20年从教生涯中反复研读的一本书，也是我向广大教师和校长经常推荐的一本书。我认为，无论您是心理学和教育学研究者，还是关注儿童发展的教师和家长，都应该好好读读这本书！

我之所以向大家推荐《自由学习》，是因为这本书充满着对教育教学的真知灼见，闪烁着对人性光辉的无限信任！大家知道，本书的第一作者罗杰斯先生是国际著名的心理学家，人本主义心理学的重要奠基者和创始人，美国心理学会至今唯一既获得杰出科学贡献奖又获得杰出职业成就奖的心理学家。他不仅创立了影响深远的"当事人中心"的心理咨询与治疗流派，更将这一思想广泛应用于各级各类教育实践之中，深刻地改变了人们对于教育教学的认识，引发了世界范围内的教育教学改革。本书就是罗杰斯将"当事人中心"的心理咨询理念应用于教育实践的经典著作，全面阐述了人本主义心理学"以学生为中心"的教育思想、教学实践和研究成果。

罗杰斯认为，学习"不是将无助的个体牢牢绑在凳子上，再往他们脑子里塞满那些没有实际用处的、得不到结果的、愚蠢的、很快就会被忘记的东西"。真正的学习"就是青少年在源源不断的好奇心的驱使下，不知疲倦地吸收自己听到、看到、读到的一切有意义的东西"。真正在"学"的学生是"从真实生活中有所发现，然后把这发现变成自己的财富的人”。我们多么需要这种真正的学习，多么希望看到这种真正的学生啊！

在本书中，罗杰斯指出，出现这种真正的学习、培养这种真正的学生，既不容易，也很简单。说它不容易，是因为我们已经早已习惯于教师的灌输、习惯于学生的服从，所谓“积习难改”；说它很简单，是因为只要我们以真实的面目与学生互动，将学生作为一个完整的人来珍视、信任和接纳，并能设身处地为学生着想、感同身受其情绪情感，教师就能成为学生自主和自由学习的促进者，教育就能促进学生知情统一的协调发展。换言之，只要教师在与学生互动的过程中，营造了真诚、尊重和同感的氛围，自由的学习必然会产生，健康的学生自然会出现。

那么，教师能做到真诚、尊重和同感吗？教师怎样才能做到真诚、尊重和同感呢？本书实际上就是对这两个问题的回答！在本书中，罗杰斯用第一人称的笔触，带领我们分享了不同学科（语言、艺术、生物、地理、数学等）、不同年龄（小学、中学、大学、研究生）、不同对象（正常儿童、特殊需要儿童）、不同职位（教师、校长、家长）、不同区域（城市或农村、贫穷或富裕）、不同国家的教育工作者的成功和感人的故事，让我们仿佛身临其境地看到一群充满生命活力和人性光辉的教师们，感受到真诚、尊重和同感的氛围实际早已存在于我们的生活之中。

在感受榜样的力量的同时，罗杰斯更从师生关系、教师角色、学习途径、教学设计、教育政策、教育管理、教育目标、教育资源、教育改革等各个方面，全面深入阐述了教师在成为学习的促进者的过程中所面临的挑战、所拥有的资源、应该树立的理念和必须解决的困惑，让我们在充满力量奔向理想的旅途中，也对可能面临的凶险有所准备。可以说，本书一方面充满了激情澎湃和催人奋进的语言，另一方面也用翔实的案例、研究的事实、诠释的理论阐明了实施自由学习的可行性和有效性。它可以帮助那些对教育现状感到迷惘的人拨开云雾，可以帮助那些对学习和教育失去兴趣、丧失信心的人重新找回希望，让我们在挫折中寻找光明！

我之所以向大家推荐《自由学习》这本书，也是因为这本书深刻地改变了我对学术著作的看法，影响了我对教育教学的行动！大家知道，我国出版的学术著作一般使用客观冷静的第三人称进行叙述。客观地说，我们从这些著作中能学到大量的专业知识，了解作者的学术功力，但是看不到作者这个人，更看不到作者所介绍的那一群人。也就是说，这样的著述让我们感受不到作者鲜活的生命，也感觉不到书中所引述的其他研究者和实践者的生命，他们的生命都被隐身于客观冷静的文字之中了。说实话，对于一般的读者而言，阅读这样的著作不是一个轻松和享受的过程。而在本书中，罗杰斯用第一人称的口吻与读者直接对话，营造出了一种个人化的交流氛围，仿佛罗杰斯就在我们的面前和我们面对面地分享感受、交流思想和探讨问题，让我们的阅读过程也变成了一个倾听和对话的过程，这实际上就是在实践和升华着自由学习啊！

在多年的研究和教学实践中，我也努力像罗杰斯一样走进读者和听者的内心，尤其是在学术演讲和教师培训过程中，我总是试图从生动、形象和真实的案例入手，与听者和学员一起交流，在互动中深化理解、渗透学理，确实取得了良好的效果。可以说，我不仅是本书忠实的读者，也是其理念真诚的追随者和实践者，并从中受益匪浅。

我之所以向大家推荐《自由学习》，还有一点个人的原因，那就是我是罗杰斯的再传弟子，也是本书在中国大陆第一个译本的主译者。我自20世纪80年代接触人本主义心理学以来，就被罗杰斯的思想深深吸引。在90年代初期进入研究生阶段后，在修读导师冯忠良教授主持的“学习理论”课程的过程中，我认真研读了本书前两个版本的英文原版，这就是1969年初版的《自由学习》和1983年修订再版的《80年代的自由学习》，并萌发了翻译该书的念头。在博士毕业后的1996年，我应邀赴美从事合作研究，在美国伊利诺伊大学的图书馆，我第一次读到了本书的第三版，即弗赖伯格教授接棒修订的1994年的版本。我在伊利诺伊大学的图书馆看到，本书的各种版本是借阅率最高的图书之一，磨损程度也相当高，并已经换了好几次包装的封皮，我直观地感觉到该书是如此深受美国师生的喜欢，因此当时译介该书的冲动就更强了。可惜的是，回国后因为合作课题的任务繁重，译介的愿望再度搁浅了。

但是正如罗杰斯所言，只要你真的有一种强烈的愿望，一旦时机成熟，它必将喷涌而出。在工作5年以后的2000年，恰逢新世纪的来临，著名人本主义心理咨询专家、香港中文大学林孟平教授前来北京师范大学主持“心理咨询与治疗”博士班，我有幸作为22名学员之一被选中，从而成为了林教授的弟子。在跟随林教授研习心理咨询与治疗的过程中，得知林教授博士毕业于伊利诺伊大学，其导师帕特森（C.H.Patterson）教授是罗杰斯的学生和朋友，如此我也就成为了罗杰斯的再传弟子。早年研读罗杰斯著作的经历和激情，访学的美国大学恰是帕特森教授曾经的任教机构，更重要是接受林教授两年人本主义心理咨询与治疗的熏陶后，所有这一切的因缘际会，使我更坚信译介该书对于中国教育和社会的价值了。于是，从2003年开始，我和两位年轻的学者认真翻译了第三版的《自由学习》。该书在2006年出版后，对于我国的基础教育课程改革和教师教育观念的转变，曾经产生过重要的影响。作为该书在中国大陆的第一个译者，我深感欣慰！

今天，新曲线出版公司再度购得该书版权，再度组织学者重译此书，并邀请我担任审校。作为曾经的主译者，作为罗杰斯理念的追随者和实践者，在和您分享我的心路历程后，再次真诚地向您郑重推荐这本经典之作！我相信该书能带给您关于教育、关于教育改革、关于中国社会未来的种种思考和无限希望！我也坚信中国的教育事业，必将因为我们所有人的努力，迎来更加美好的明天！

伍新春

北京师范大学心理学院

2015年1月20日

译者序

卡尔·罗杰斯（1902—1987），人本主义心理学的主要代表人物。他提出了“以人为中心”的心理治疗方法，对心理治疗过程进行了创新性研究。在我看来，罗杰斯的贡献不仅仅在于推动了心理学理论、心理治疗的发展，更重要的是他把心理咨询与治疗中的这些核心理念、动力原则推广运用到了实践领域，例如教学、婚姻与家庭生活、冲突解决等，使得更多的人受到其人本主义理念的影响，促进了人本主义思想的传播。

《自由学习》是罗杰斯的“以人为中心”的思想在教育领域应用的重要体现，为困难重重的学校教育带来了希望。即使在当前，学校和教师仍然面临着这样的困境：考试分数和学生的发展似乎无法两全。特别是在中国，一方面，人们已经发现应试教育限制了学生的全面发展；另一方面，孩子们却不得不面对中考、高考等各类考试。如何在两者之间寻找平衡点？

《自由学习》一书详细阐述了真正有意义的学习：在实际生活中，学生受到好奇心的驱使，通过听、说、读、写等多种途径，以亲身经历的方式来发现有意义的事物，进行学习并内化为自己的知识。那如何才能让学生进行有意义的学习？教师和学校管理者在学校改革与建设、教育目标的设定、价值观的培养、教育资源的使用等各个方面要共同配合，才能为学生营造这种“自由学习”的氛围。

《自由学习》一书从多个角度出发，论述了如何为学生创设良好的教育氛围，促进学生有意义地学习。特别是对教师和学校管理者而言，育人过程也是自我成长的过程，除非教育者由内而外地完全认同这种“以人为中心”的理念，否则很难摆脱传统教育理念和方法的束缚，排除可能出现的各种困难，将这种“以人为中心”的原则和理念真正落实贯彻到教育实践之中。

读到《自由学习》中一个个鲜明的案例之时，不由得扼腕叹息：到底有多少孩子的天性在我们程序式的教育过程中被压抑和抹杀了？这种程序教育对孩子身心的戕害非常严重，而且很难愈合。阅读该书，不仅能让我们知悉何谓有意义的学习，而且能学会如何将“以人为中心”的理念运用于教育实践。同时还能引发进一步的反思：到底什么是人性？如何保护和尊重自己和他人的人性？什么是真正的自我？如何找到真正的自我，在自我探索的过程中不断地实现自我。这不是一蹴而就的行为，而是一个不断发展的过程。

《自由学习》这本书风格鲜明，理论结合实践，案例丰富，并且在每一个案例之后都有作者画龙点睛式的点评，这样读者能够迅速抓住要义。本书有很强的操作性，无论是一线的教师、学校的管理者、教育行政人员或是相关的教育研究者，都能从书中获得有益的启示与帮助。与专业的理论著作相比较，本书更像是一本人本主义理论在教育实践中运用的案例集，读者通过鲜活的实例能理解罗杰斯的教育观点与态度，从而引发自我反思与成长。

翻译《自由学习》一书，对译者有着很高的要求。我们很庆幸有翻译这本书的机会，藉此，我们能更加深入地了解罗杰斯及其人本主义思想，这是一个再学习的过程。翻译是在两种语言体系之间进行转换的过程。在本书的翻译过程中，我们一直在寻求这样一个平衡点：既能保留原书作者的语言特色，又能让这本译著符合中文读者的阅读习惯。这非常困难，我们常常会因为一个单词或词组反复推敲。有时候过一阵子再回头看，会发现仍有需改进之处。

在近两年的翻译过程中，得到了大量同行的帮助与指点：感谢文涛、郝嘉佳、牛宏伟参与本书的翻译，在翻译过程中我们一直在探讨问题，相互给出宝贵的修改意见；感谢岳盈盈对本书的语言所进行的修改和润色；感谢张帅、刘祖英的试读反馈；感谢新曲线的编辑刘丽丽提供了本书的翻译机会，并且在翻译过程中提供了大量罗杰斯的相关著作供我阅读；感谢伍新春教授对本书的审校；感谢新曲线编辑赵延芹、王伟平、刘冰云对本书的编校与顺利出版所给予的大力帮助。我们已尽力做到最好，但错误毕竟难免，还请专家、同行与广大读者不吝指正，提出宝贵意见。

王烨晖

北京师范大学英东楼

2014 年 6 月 18 日

序　言

我的父亲卡尔·罗杰斯是一位静悄悄的革命者。作为人本主义心理学的创始人之一，他创立的来访者中心疗法在全世界得到了广泛的使用。卡尔外表谦逊，穿着随意，但其倾听能力往往让人震惊：真正地倾听别人的话语，了解其中包含的情感内容。卡尔尤其尊重个体的价值和尊严，认为只要给人提供合适的环境，他们就有能力进行自我指导。经过年复一年的潜心研究，卡尔证实了这样一种观念：安全、支持性的环境能让每个人（包括儿童）踏上自我发现、自我尊重和自我指导的学习之路。他详细地描述了创造安全环境的方法，其基本前提是：如果教师、父母或咨询师足够真诚、关心他人、言行一致且富有同情心，就能促进学生、子女或来访者的成长和学习能力。这听起来很简单，其实不然。本书将会详细介绍这些方法和原则。

尽管卡尔早年的工作主要是心理治疗，但他和同事们很快就意识到，他们所发现的这些心理规律同样适用于教育、组织发展、调解或冲突解决等领域。《自由学习》的第 1 版和第 2 版（《80 年代的自由学习》）为当时死气沉沉的教育带来了生机，支持了那些秉持人本主义价值观的老师，激发了课堂的创新改革。但不幸的是，当时许多政策制定者又回到了传统教育的老路，采用命令式的、外部设计的教学，而不是调动学生根据自己的兴趣进行教学设计。这种保守倒退束缚了学校的教学方法和内容。

和卡尔一样，我也认为我们国家乃至世界的未来都取决于每一个儿童创造力的培养。作为老师和父母，这些创造性的娇嫩花蕾就握在我们手中，一不小心就会凋谢枯萎。我经常听到我的学生和来访者说："我的老师不喜欢我写的东西，所以我放弃了"，或者"我必须学一堆与我的生活毫无关系的知识，所以我明智地选择了辍学"，或者"美术老师给我打不及格，所以我放弃了画画"。

我们需要能创造性地思考和行动的青年人，他们尊重生命，明智决策，知道沟通和协商，而不是一味地争吵。作为这种价值观的捍卫者，我们有责任创造良好的学习环境，培养学生的自由精神和责任感。

如果你喜欢孩子，欣赏孩子们的好奇心，坚信不管出身如何，他们都具有学习和成长的能力，并且希望找到一种促进孩子成长的新方法，那么你会发现这本书资料翔实，值得一读。

如果你是老师、学校管理者、父母或者关注健全的教育体制的青年，那么本书会带给你惊喜。我鼓励高中生和大学生阅读这本书，因为只有当学生内心渴望创造性的学习环境时，变革的行动才会快速到来。我对年轻人充满信心。我与三个女儿和四个外孙（卡尔的曾孙）相处的经历常常提醒我：孩子们的思维和行动具有原创性、建设性和丰富性，这些都远远超过我们，他们的能力在不断增长。但是，这需要以人为中心的良师和辅导员来创建一个可以让孩子们茁壮成长的花园。

我突然想到，你（读者）可能对我父母（卡尔·罗杰斯和海伦·罗杰斯）为我和哥哥（戴维）提供的教育感兴趣。我可以通过一些生活插曲来说明我的父母对当时所谓"进步教育"的重视，以及我自己的学生经历。这可能在一定程度上阐明了让你终身受益的学习经验（1）。*

经验告诉我，充满关爱、客观公正、激励上进的环境才能培养自主精神和自我表达。在纽约罗切斯特的哈利学校，我有幸接受了这样的教育。尽管那些年我父母的处境并不好，但他们还是优先将我和哥哥戴维送入

---

* 本书参考文献的标注方式有别于常用的参考文献标注法：每章节的参考文献独立标注，并按章节分别附录于文后。在同一章节中，参考文献的标注序号按出现顺序进行标记，同一篇参考文献在同一章节中可能出现多次，仍标记为在本章首次出现的序号。具体请参考文后"参考文献"部分。——编者注

一所私立的“进步”学校。这类学校实行小班教学，每个班只有15或20个小学生，营造了一种欢乐的学习气氛。我们的好奇心和自由精神得到了奖励。无论是学校环境还是家庭环境都告诉我们：做一个盲从者只有死路一条。社会鼓励我们独立思考，自己做主。

在哈利学校的日子里（从1年级到6年级），我们经常进行艺术创作。我们的美术工作室宽敞、明亮、通风，里面有制陶的转轮、绘画工具和大量材料，我们可以自由地写生、雕刻、画油画和制作木版画。令我记忆犹新的是，有次工作室窗外的苹果树开满了粉红色和白色的花朵，激动之下我支起画架，兴致勃勃地要描绘这一场景。当我无法画出期望的效果时，便向老师求助。她从来都不会说我做得不对，而是建议我试用调和颜料，有可能达到预期的效果。首先我的主动性和创造性迸发了，然后在我需要帮助时，教师及时给出了方法指导。“做中学”是其中的道理。

回到家之后，我告诉了小伙伴们自己在哈利学校的艺术创造。他们也讲述了在公立学校上美术课的过程，我对此感到很失望。他们坐在座位上，老师发给他们几张纸，告诉他们画什么和怎么画。这种创作艺术品的过程毫无乐趣可言，学生们只会问“我画的对吗？”或者“我可以得多少分？”

我的父亲接受了俄亥俄州立大学（位于哥伦布）的正教授职位后，我和哥哥进入大学附中（即大学校园的教师进修学校）学习。许多激情澎湃的年轻师范生在这里大展手脚，练习新的教学技能。我再次进入了一个注重自由选择和责任感的教育环境。这里的核心课程要求学生们选择自己喜欢的领域，制订学习计划，进行必要的研究，并要向全班同学提交报告。他们训练我们思考，积极主动地行动，在每一个阶段都学会运用智慧和创造性。

最令我难忘的作业（表明了我对教育过程的早期兴趣）是，我在9年级时设计的一项研究，比较了几所小学的教育理念和方法。在35页报告（至今还保留着）的导言中我提出了如下问题：这些小学的教育理念有何不同？与进步学校相比，传统学校的教学方法和理念是什么？我希望通过数据来证明哪种方法更好。

> 我访问了三所既采用传统教学方法又采用进步方法的小学。我详细记录了他们的课堂环境（固定课桌还是活动课桌）和教师行为（制定严格的规范并要求学生们遵守，还是尊重学生，耐心倾听，然后给出建议）。在观察传统学校时，我写道："坐在桌子旁的似乎是木偶而不是快乐活泼的孩子。"我对进步学校4年级的评价是："每天下午，学生在教师的帮助下自己负责制订学习计划。我认为这对学生非常有益，可以帮助他们思考周围的世界及其问题。如果老师为学生制订好所有的计划，他们可能就不会像现在这样对计划感兴趣。"学习的乐趣很大程度上源于自己制订计划并去发现那些你想要了解的事物。
>
> 在给校长的一封手写便函中，我的老师写道："娜塔莉已经开始思考（我当时13岁）许多成年人（即使是教育学院的学生）都经常忽视的问题，我认为这很好地说明了自我导向学习所蕴含着的无限机遇。"
>
> 我多次在论文里提到独裁统治和民主社会下教育过程的差异，这说明我深受欧洲社会不同声音的困扰。在第三帝国崛起的时候，我的政治意识也开始萌芽。
>
> 在我成长的时候，教育系统的理念和价值观都注重培养创造性。转而我也在用这些相同的价值观为别人创造相似的环境。这一教育理念包括：鼓励好奇心和勇于尝试的精神；重视个体的自由和责任；给予支持和建设性的批评，而不是评判和划分等级；重视创造性过程而不是结果；选择追求自己的兴趣和目标，而不是教师设定的目标；尊重每一个个体的内心世界。

美国人通常会认为，过去的东西都不中用了。但在我看来，那些经教育实验证实了的学习原则在今天依然有效。卡尔·罗杰斯的方法和智慧正是当今社会所急需的。

当第一次有人提出要修订《自由学习》，使其与时俱进时，我曾怀疑能否在原来的基础上继续推进罗杰斯的工作。然而，杰罗姆·弗赖伯格博士（一位杰出的教师、富有奉献精神的儿童和青少年发展的促进者，尤其是对于那些碍于教育系统而没有充分发展的学生）却带来了新颖的资料和优秀的文章，为本书增添了新的视角。

我相信，第 3 版《自由学习》将会给教师和管理者带来新的灵感。

弗赖伯格用了近三年的时间来修订《自由学习》,以反映自罗杰斯写第 1 版《自由学习》以来近 25 年的实践。他的足迹遍布全美国，他与那些“以学生为中心”学校中的学生交谈，从而找到了“为什么孩子热爱学校”的真正原因。这样，新的第 1 章就问世了。通过访谈那些满足学习者需要的教师和管理者，他又写出了重要的另外一章——“管理者如何成为促进者”。

有一种错误的观点认为，只要极力控制学校就能促进教育。然而，严格控制和过于强调纪律只会导致令人窒息和害怕的学习氛围。由于缺乏民主课堂和民主学校的经验，教师们通常会问：“如果给学生自由，课堂上还有纪律可言吗？”为了回答这个重要的问题，弗赖伯格专门写了一章，即“‘以人为中心’的课堂有纪律可言吗”。

弗赖伯格在“对教育中以人为中心问题的研究”这一章,概括了 20 年来对“以人为中心”的学习的研究成果。而弗赖伯格本人 25 年来的学校工作则非常明显地体现在“构建自由学习的途径”一章所描述的教育理念和实践范例之中。最后两章“改变学校：一种‘以人为中心’的观点”和“一些反思”则促使我们每一个人重新思考，在为所有孩子提供健康关爱的学习环境时，我们扮演了什么角色。

《自由学习》第 3 版延续了罗杰斯的价值观和风格，我想父亲会很高兴看到他的理念能够得到继承和发扬。在 85 岁的时候，父亲仍然以开放的心态对待新观点和新方法。他从来不希望其追随者把他的理念当教条，他希望人们学习并进一步发展这些理念。本版《自由学习》促使我们在“以人为中心的学习”的道路上继续前行。

娜塔莉·罗杰斯博士（Natalie Rogers）

1993 年 8 月，于加利福尼亚圣塔罗萨。

著有：《新兴的女性：中年生活的十年转变》（*Emerging Woman: A Decade of Midlife Transitions*, 1980）;《创造性联结：表达性艺术疗法》（*The Creative Connection: Expressive Arts as Healing*, 1993）。

前　言

近代教学方法竟然还没有完全扼杀求知的好奇心，这真是一个奇迹；
为了保护好奇心这株脆弱的幼苗，除了鼓励以外，最需要的是自由；
没有自由，它必定会夭折。

——阿尔伯特·爱因斯坦

卡尔·罗杰斯是杰出的心理学家和现代人本主义教育之父。1969 年，他在担任教师的侄女请求下写了这本《自由学习》的第 1 版，她希望罗杰斯回应教师们更加以学生为中心的教学需要。

作为咨询师和心理学家，罗杰斯的教育理念主要源于其一生对人性的思考和与他人的交往。他率先在研究中使用现代个案法，个案法植根于人们的生活，为注重实验室实验和以大白鼠行为来估量人们日常生活的研究领域注入了新的含义。罗杰斯打破了传统写作中高度规范化的第三人称的写法（这种写法在 20 世纪 40 年代的专业心理学期刊和现代的很多期刊中都很盛行），他采用第一人称，直接与读者对话，给人一种面对面交流的感觉。

修订一本书通常会令人怯步，修订《自由学习》既是机遇又是挑战。机遇是指，这是更新重要教育观点的绝好机会；挑战是指，要使更新的观点忠实于原著初衷并不容易。《自由学习》的第一次修订是在1983年进行的，罗杰斯在第2版中增加了应用以人为中心方法的新研究资料，以及在从小学到大学的教育环境中学生体验到的以人为中心的学习新案例。在那次修订中，卡尔吸纳了很多研究者和教育者的意见，我也是其中之一。当时我的主要任务是提供研究个案，说明以人为中心课堂的特点。手稿写作期间我还提供了一些反馈意见，就写作中的一些变动，卡尔和我以信函交流了观点。

在过去的20年里，我一直致力于改进教师和学生的工作与学习环境。我曾是罗德岛市区中学的一名教师和团队领导者，带过六年级学生；曾担任罗德岛最安全的沃里克监狱的志愿教师；曾在马塞诸萨州的一所乡村高中当过代课老师；也曾在休斯敦的一个旨在促进教学和社区联系的“教师联盟”项目中担任指导者；还曾指导过休斯敦大学的城市教育研究机构和休斯敦内城区的教育中心；我还有幸与全美教师一起工作并从中获得快乐，从普雷斯顿、西弗吉尼亚到邓斯缪尔、加利福尼亚。

因为我在教育领域的研究及在学校的实践活动，还曾参与《自由学习》1983年第2版的修订，所以卡尔的女儿娜塔莉·罗杰斯和出版商麦克米伦出版公司邀请我作为合著者，参与修订第3版。正是从这个角度出发，我开始了这项艰巨的工程，将20世纪90年代的观点融入这本包含许多重要教育工作的书中。第3版是对较早版本的修订，书名依然是《自由学习》。某些章节的改动不大，因为它们仍具有时代性，但是本书几乎一半的资料是全新的，包含了一些最新的教育经验。例如，1992年，我们再次访问了1980年时访问过的一所学校，得出了令人震惊的结果。

在修订中要继续忠于罗杰斯的理念和学习观点是一种挑战，而坚持他与读者第一人称对话的写作手法则更难。娜塔莉·罗杰斯、出版商和我共同决定继续采用第一人称的交流方式。我们讨论了几种选择，尽力区分我和罗杰斯所写的内容。最后，我们决定在本书最后的尾注中标明每一章的作者。忠于卡尔的理念和观点是我们的首要目标。因此书中每有字句的增补必定说明出自谁手，这沿袭了卡尔在其著作中追求的清晰性和互动性。

卡尔·罗杰斯生于1902年，逝于1987年，其85年的人生是一趟精彩的旅程。对他的纪念是对生命的赞美，是对他本人及其作品和与成千上万人的交谈所传递的欢乐的颂扬。我想第3版的《自由学习》将会传承卡尔·罗杰斯留给我们的财富：日益认识到人的重要性。

卡尔・罗杰斯有两个最亲密的助手——Howard Kirschenbaum 和 Valerie Land Henderson，我以他们所认为的罗杰斯一生的指导原则来结束这篇前言：

> 所有个体本身蕴含着一种自我指导生命的能力，既能令自己满意，又能对社会有益。在一种特殊的帮助关系中，我们给个体以发现自己内在智慧和自信的自由，他们将会做出更加健康和更具建设性的选择。（1, p.xiv）

杰罗姆・弗赖伯格（H. Jerome Frieberg）

致　谢

一本包含了丰富案例和陈述的书往往融合了许多人的资源和经验，本书也不例外，没有以下这些人的贡献，本书不可能完成，我再次对他们表示感谢：

Julie Ann Allender
David Aspy
John Barkham
Karen Voltz Bachofer
Bernice Boggess
Andrew Dunn
Bob Ferris
Dorothy Fadiman
Jeanne Ginsberg
Barbara Shiel McElveny
Tim Merrifield
Ron Miller
Michael McClellan
“Winnie Moore”(pseudonym)
Janice Nease
Diane Rabinowitz
Diana Ritenour
Flora Nell Roebuck
Natalie Rogers
William Romey
Ruth Sanford
Susan Sherwood
Betty Smith
Jim Stuckey
Gay Leah Swenson
Annette Watson
Alvin White

除了上面提到的人，我还要谢谢 Gale Parker，他现在是休斯敦大学教育系的博士生，已从教 20 年。他逐字逐句认真通读了全书，给了许多支持和诚实的反馈。谢谢 Patricia Brown 为本书的出版审批所做的努力，谢谢 Elena Vess 对本书的后期审阅。

如果不是 Jeff Johnston 和 Linda Sullivan 对第 3 版《自由学习》的个人兴趣，此次修订是无法完成的。最为重要的是，娜塔莉 · 罗杰斯深信父亲的作品应该得到改进，并且相信我可以做到这一点。

特别感谢 Linda Freiberg 给予我智力和心理上的大力支持。也谢谢我的孩子，Oren 和 Ariel，他们赋予了我所从事的教育工作以一种亲切而特殊的意义。

我非常感谢本书的评论者：美国路易斯大学的 Neil Prokosch，西华盛顿大学的 Nancy Lee Karlovic，得克萨斯女子大学的 Flora Roebuck。我也非常感谢亚利桑那州立大学的 David Berliner，得克萨斯农工大学的 Jane Stallings，William Glasser 和 Flora Roebuck。他们对本书进行了中肯的评论。

非常感谢许多老师、学生和管理者允许我走进他们的学校，了解他们对真实学习所需条件的看法和感受。在此，我要特别感谢芝加哥公立学校的 Sieg Mueller，Bernard Karlin 和 Donald Feinstein，以及费城公立学校的 James Lytle 和 Holly Perry。

感谢我在休斯敦大学的同事们，在 1991 年春假期间，他们对我的工作提供了大量支持，使我有充分的时间为本书进行研究和访谈。

最后，正是由于麦克米伦出版团队的出色工作，本书才得以顺利完成，他们是责任编辑 Linda Sullivan，制作编辑 Sheryl Langner，编辑助理 Corrina Greive，文字编辑 Dawn Potter，以及市场部高级经理 David Faherty。

简要目录

第三编 为了教师

第四编 哲学和价值分歧

第五编 暂停学校教育？

第六编 已经开始的征程

详细目录

第二编 课堂上负责任的自由

第四编 哲学和价值分歧

第五编 暂停学校教育?

导 言

我们的教育体制已经无法满足社会的实际需要了。在我们这个时代，我们的学校是最传统、最保守、最僵化和官僚主义盛行的机构，也是一个最抗拒改革的机构。这些描述虽然准确，但并未概括全貌。教育已经表现出一些新的发展势头：致力于教育的教师、管理者和家长推行各项开拓性的计划，包括建立新型的学校、创新型的课堂以及独立学习的机会等。对本书进行修订的主要目的在于，鼓励教育领域中的这些新兴趋势和希望，为教育进一步的发展指明方向。

我们修订本书还有另一个更加重要的目的，那就是希望能促进我们最宝贵的自然资源的发展：儿童与青少年的心智发展。正是因为他们的好奇心、求知欲，以及在纷繁复杂的情境中做出决策的能力，决定着世界的未来。如果我们想要保护这个脆弱的星球，构建一个有益于全人类的未来世界，我们就需要得到所有年轻人的帮助——无论是绝望和误入歧途的城市青年，或无所事事的富家子弟，抑或严谨沉思的孩子，乃至整个庞大的年轻人队伍。为了确保得到他们的帮助，我们惟一能做的就是帮助年轻人深入而广泛地学习，尤其是学会如何学习。没有任何一本书或一个人能完全实现如此宏伟的目标，但我们都能尽自己的绵薄之力。这本书就是我们为此而做的努力。

这次修订处于历史长河中的关键时期。美国在过去的十年中，绝大多数教育者又重新转向抓“基础”。我们降低了对学生能学会什么和能做什么的期望，这使得学校的灵魂和精华——创造力——已经枯竭。

与这种对学习的最低期望相对应，许多教师害怕甚至不愿进行创新。一位九年级的教师说：“我再三思考我的教学，在课程计划中检查是否存在有争议的内容。如果有，我就不用它。我不教那些需要学生自己进行评判的内容。”

如果现在不给予学生判断与决策的练习机会，那么，将来他们如何进行决策？九年级的学生很快就会面临一个充满争议的世界——政治的、社会的、国际的和个人的各种问题。他们将深陷于决定与选择之中，所做的决定将会影响到他们自己的生活、他们的家庭以及社会。假如这位教师所说的畏惧态度如此普遍，那么，学生在学校里就无法获得他们为在复杂社会中生活而进行准备的练习机会。他们无法参与讨论有争议的事情，无法解决各种新的复杂问题，无法学习如何进行负责的决策，并承担由此带来的各种结果。一位身为教师的家长，在谈到对儿子的忧虑时总结道：“我希望他能对各种意见进行评判和独立思考。不会思考的人注定将被独裁统治。”

本书的立场非常明确：信任年轻人。如果教师能够营造一种真正人性化的氛围，学生就能感觉自己得到了尊重，能做出负责任的选择，能体验到学习中的兴奋，能为成为一个见多识广、知识渊博和自信面对将来的合格公民做好准备。艾伦·斯特克勒等研究者在 1992 年的《美国健康促进杂志》上发表的一项研究表明，在班级、学校和社区中，关怀和支持性的氛围是良好健康维护的最佳预测因子（1）。

值得一提的是，作者、学者、政客和政府官员突然之间都在谈论“人性是学校最重要的部分”这个话题。其实，促进性的教师早已熟知这一道理。每天，期刊、报纸和杂志都在刊登这样的文章：一些教师、学校和学生超越了“基础知识”，获得了更为丰富和有益的学习经验。最近，教育机构也更愿意在学校与课堂上进行人文主义元素的尝试，并不是因为缺乏师生角色的哲学基础，而是对过去缺乏成果的旧理念与实践的觉醒。当下，对学习的新理念和新机遇的渴求比任何时刻都显得迫切。

这些开放性学校和班级的新举措，就像雨后沙漠中的花苞纷纷绽放那样，不断涌现出来。但问题仍然存在：这些举措是否会像沙漠中的花朵那样，因为缺乏营养而迅速凋谢、消亡呢？还是能够扎根下去，为我们的建设和成长提供平台，让一代孩子茁壮成长？

在这本书里，你会发现很多有关教师的生动案例，这些教师本身是生动鲜活、富有感情的人，同时他们也把学生视为鲜活的人。你会发现很多创造性的方法，这些方法使得儿童能够喜欢上阅读、写作、算术以及其他各门学科。你将看见，在课堂上，教师为学生提供了负责任的自由，在这种自由的氛围中，学生有意义学习的激情被激发了出来。

《自由学习》于 1969 年初版时，来自师生的报告似乎能说明，越来越多的有意义学习能在人性化氛围的班级中产生。在这样的环境中，态度与情感能够得以表达，学生有许多选择，教师是学习的促进者。但在当时并没有真正有力的证据加以支持。现在，由于多年的研究，我们的观点有了更坚实的基础。在从小学到技术学校中，涉及成百上千的教师和成千上万的学生的研究中，研究者们积累了详尽的数据。研究表明，只有当一个教师真正理解学生并具有人文关怀时，学生才能学到更多的“基础知识”，并展现出更高的创造力和问题解决能力。这种“学生取向”的教师第一次找到了证据，来支持其班级实践。本书的第 13 章介绍了各种研究结果，为“以人为中心”的学习所蕴含的哲学思想提供了基石。

以下是本书的总体目标：

- 帮助教师在课堂上营造信任的氛围，培育并提高学生的好奇心和天生的求知欲。
- 鼓励一种有关学习各个方面决策的参与模式：学生、教师和管理者各司其职。
- 帮助学生学会自我奖励，建立自信和自尊。
- 让学生体验智力与情感探究过程中的兴奋与愉悦，引导学生成为终生学习者。
- 帮助教师建立这样的态度：研究最有助于促进学习。
- 帮助教师成长为一个人，并在与学习者的交往中获得丰富的满足感。
- 与同样持“以人为中心”学习理念的网络、组织和个体建立联系，为教育者提供支持系统。
- 为教师提供那些进一步拓展和产生新理念的书籍、材料和出版物等资源。
- 形成一种意识，即对我们所有人而言，幸福生活源于内心而非依赖外部资源。

我来介绍一下本书的整体架构：

第一编，“困难和机遇”包括 3 章。第 1 章“为什么孩子热爱学校”以学生如何看待学校来开篇。这一章中的采访都是在“以学生为中心”的学校中进行的。这些学生的反馈形成了第 1 章的章名。第 2 章“当今教学面临的挑战”对当前教师行业为何成为了一种困难的行业，从现实角度挖掘出了一些外部压力和环境方面的原因。第 3 章“身为教师能展示真实的自己吗”，探讨了教师和班级内的要素，这些要素能够帮助教师开启丰富互动和不断成长的教师生涯。

第二编，“课堂上负责任的自由”包括 4 章。第 4 章“一位六年级教师的实验”和第 5 章“一位与学生一起成长的法语教师”，介绍了两名教师转向“以人为中心学习”的具体历程。第 6 章“管理者如何成为促进者”则描绘了管理者如何促进“以人为中心”学习的环境建设。本章列举了许多作为促进者的管理者如何为教师和学生提供支持系统的具体例子。第 7 章“其他的自由促进者”为教师促进者提供了一个论坛，让他们介绍、分享各自对班级进行人性化改革中的各种快乐、挫折和收获。

第三编，“为了教师”包括 5 章：第 8 章“促进学习过程中的人际关系”、第 9 章“成为学习促进者”、第 10 章“构建自由学习的途径”、第 11 章“教育的政治学”和第 12 章“‘以人为中心’的课堂有纪律可言吗”。这 5 章旨在帮助那些锐意改革的教师，那些希望成为负责任的自由促进者的教师。这些章节涉及了这些问题：促进性关系的本质是什么？在教师自己的态度和实际的课堂管理中，如何实施这种关系？“以人为中心”取向的师范教育和教师培训应当涉及哪些内容？如何解决有关的教育政策问题，如权力、人事和机构的问题。

第 13 章“对教育中以人为中心问题的研究”，介绍了 20 世纪 70 年代戴维·艾斯比和弗罗拉·罗巴克的原创研究，这些研究一直持续至今，为在学习过程中“以人为中心”态度的价值定位提供了强有力的支持。

第四编，“哲学和价值分歧”包括 3 章：第 14 章“关于评价过程的一种现代观点”，第 15 章“自由与承诺”和第 16 章“目标：功能完善的人”。这一编阐述了永恒的价值问题、决定论世界中的自由选择和人生追求等问题的哲学立场。

第五编，“暂停学校教育？”包括第 17 章“改变学校：一种‘以人为中心’的观点”。本章关注的是学校改革中立法或政府授权以外，那些主动从中转型脱离出来的学校。本章也呼吁开展一场有关学习的全国大讨论。

第六编，“已经开始的征程”包括第 18 章“一些反思”。这一章对班级中“以人为中心”教学方法的优点进行了全新的总结。同时也指出了教育系统中那些显而易见的抗拒改革的阻力，并分析了原因。最后，本书以对读者提出挑战而结束。

本书最后是附录“变革的资源：学习社区”，为协助读者创设“以人为中心”的学习环境提供了一些资源网络。

虽然本书是按照一定的逻辑思路组织架构起来的，但是每一章都能作为独立、完整的部分进行阅读。因此，读者可以根据自己的兴趣直接阅读最相关的一章。虽然可能会缺少相应的背景知识，但读者仍能发现其中的意义。

没人能够就写作中的性别问题提供一种变通的方法。考虑到 70% 的教师均为女性，因此，在绝大多数例子中，教师都用“她”来替代。学生这个通用术语则用“他”和“她”交替使用。个别案例则真实地反映了当事人的性别。

案例材料和他人的经验极大地丰富了“以人为中心”学习的教育哲学理念。人本主义的教育方法既不是某个人的产品，也不是惟一的操作形式。就像你将要看到的那样，不同年龄、性别、人格特点和学科领域的教师都能找到各自独特的方法，在他们自己的小组、班级、课程或部门中创设负责任的自由气氛。创造性学习就能在这种气氛中产生。

第一编

困难和机遇

第1章

为什么孩子热爱学校

◆

"我真希望一年 365 天，我们天天都能去学校。"

三年级学生，普莱斯顿，西弗吉尼亚州

"我的老师会认真倾听我说话。"

六年级学生，纽顿，马萨诸塞州

"他们教你知识，还和你交朋友。"

七年级学生，芝加哥

"他们不是逼你前进，而是帮你前行。"

八年级学生，芝加哥

"他们给予温暖的问候……甚至拥抱。"

九年级学生，费城

"他们不仅教你数学，还关心你过得如何。"

十二年级学生，休斯敦

《自由学习》讲述的是有关学生以及那些关心学生未来发展的人的故事。它还涉及教育中的好奇心、动机、爱心、激情、欢乐以及有意义的生活等我们珍视的内容。这本书并非追求成功的操作手册，而是提供了一个可以从根本上改变我们对学校、学生和学习的看法的具有现实可能性的框架。

我们能从热爱学校的学生身上得到什么启发？为了改进教育，我们往往关注教育中的问题，而不是已取得的成就。即使了解到某些学校的成就，也并不能让我们对整个教育感到乐观。因此，我一直都对我们的教育体制多有批评。但我也意识到，如果一味从中挑刺，总能够找到各种不足。若一味诟病我们的教育，那我们就错失了发现成功并从中获取经验的机会。所有的学生都热爱或者喜欢学校吗？答案当然是否定的。但确实有些高中生，当他们因病不能去上学时，会觉得自己是在受惩罚。

我们不能以工具来代替思考，以智力来代替智慧，以官僚来代替行动。知错能改，善莫大焉。对任何一个组织而言，出现一点小混乱是很正常的；只要牢记我们“为了人”的这一宗旨，这些错误就可能成为我们改进的契机（1）。这些观点并非摘自某个激进的宣言，而是畅销书《追求卓越》的精华所在，该书讲述了人以及人对创造性和自主性的需要在职场中的重要作用。《追求卓越》的合著者之一汤姆·彼得斯在该书出版十年后的一些想法也促生了这些观点（2）。请牢记我们的宗旨——为了我们的学生，这在我们的教育体制中至关重要。

在本章开始部分引用了一些孩子的话，他们的学习环境和经历有什么独特之处吗？他们的成功经验对改变我们的教育方式有何帮助？对某些人（或者说更多的其他人）而言，本章要宣扬一种温暖、关爱且富有创造性的学习环境。这是一个有意义、有目标、以人为中心的学习社区。在这里，学生得到重视，彼此熟识。即使处于困境之中，以人为中心的氛围也能创造出非凡的成就。在芝加哥、费城、休斯敦等大城市，在纽顿和普雷斯顿等小城镇以及全美其他社区，许多小学生、中学生每天都会体验关心、帮助甚至拥抱，这些已经变成了课程的一部分。爱是人类最强烈的情感之一。在这一章中，市区、郊区以及乡村里的孩子们，用他们自己的语言表达了对学习的热爱，以及由此延伸出的对教师和学校的热爱。

学生采访

在 20 世纪 90 年代初，我花了六个月的时间寻访了费城、芝加哥、新奥尔良、休斯敦和西弗吉尼亚的查尔斯顿等地的师生，以了解他们对学校的看法。访谈地点有餐厅、过道、教室或者会议室，访谈的形式有时是一对一，而更多时候是以五六个学生为一组进行。我发现，有同伴在场时，学生更愿意表达自己的看法。我尽可能访谈来自不同文化和不同种族的学生。那些在旧体制中无法得到公平教育的孩子，在我走访的这些学校却能得到很好的教育。这是一段令人难忘的经历。在访谈之前，我对我们的公共教育体制感到心灰意冷。但从这些孩子的脸上和话语中，我看到了希望，并且开始探索有效的解决途径。

为什么其他孩子的学习经历不能像这些孩子一样呢？这里的学习环境有什么独特之处，使得孩子们能在困境中灵活应对，茁壮成长？我们能够从这些孩子以及促进这些孩子成长的人身上学到什么？经过对一所又一所学校的比较、一个又一个孩子的分析，我发现了将他们及其促进者联结成出色的学习社区的纽带。

◆　*学生希望得到信任和尊重。*当询问六年级的学生，他们最想从中学老师那里得到什么的时候，他们普遍会说希望得到“尊重”。西弗吉尼亚的十年级学生梅琳达说：“只要你尊重老师，老师就会尊重你。”休斯敦表演与视觉艺术高中（HSPVA）的一名高年级学生说：“平等地和我们交谈，与高高在上发号施令，是完全不一样的。”在芝加哥的蒙蒂菲奥里学校（专门针对问题男孩而建立的学校），六年级的安东尼告诉我，教师相信学生“能够决定自己如何学习……能够自己独立地完成学习任务……不必再要老师督促。”圣地亚哥奥法雷社区学校的一名七年级学生在谈到尊重时说：“我所有的老师对班上的每一位同学都尊重，所以我们也非常尊重他们。”

学习环境必须充满信任与尊重。HSPVA 的现任校长安妮特·沃森，21 年前是该校的一名教师，回忆了当时的校长露丝·丹尼斯对教师的信任。沃森女士说：“我们学校的口号一直都是‘教育是对信任的风险投资’。丹尼斯相信我们会努力把工作做到最好。相应地，我们相信学生也能表现得同样出色。”

◆　*学生希望成为学校这个大家庭的一部分。*在我所有的采访中，“家”这个词是贯穿其中的一条主线。芝加哥的一名八年级学生说：“教师把你当作家人来对待”。新奥尔良自由学校则是另一所非传统的公立学校，该校建于 1972 年，坐落在电车轨道旁，距法语区有一段距离。这所学校的八年级学生汤姆说："如果我是你，我一定会来这个学校，因为它就像自己的家。" HSPVA 的毕业生克里斯蒂娜说："这里就是我们真正的家，我甚至觉得这里比家里还温馨。" 奥法雷尔社区学校的教育活动则是以"家庭"为单位来组织的，而不是按照年级划分。一位家长对自己孩子的学校经历作了这样的评价："我喜欢这种家庭式教育的理念，它使得师生之间的关系变得更加亲密。"（3）

美国每年的流动人口达到 20%，有数百万儿童和青少年生活在单亲家庭里，所以大家庭的理念只能在学校环境中得以体现。正常的家庭能为孩子提供无条件的关爱、支持，并培养他们的责任感。我遇到的很多学生都很看重这些家庭特点，并且愿意积极参与到具有这些特点的学习社区中去。

◆ 学生希望教师成为帮助者。古斯塔夫来自休斯敦一所高中，该校有 3 400 名学生。在读十一年级的他说："每个人的基础不同，他们（指教师）会具体询问每个学生的学习进展。之后学生可以选择不同的学习内容。" 当我问古斯塔夫每个老师如何在一天之内与 140 多名学生面谈时，另一个学生乔伊突然插话说："特别辛苦，每天结束之后你都能从他们的脸上看出来。" 古斯塔夫也表示非常赞同："虽然他们真的很累，但他们仍然愿意为你排忧解难。"

◆ 学生想有承担责任的机会。据我了解，有学生参与市民会议，讨论影响学校整体发展的决策；有学生平息了可能会导致斗殴的纷争；有学生在课堂上互相帮助，并积极协助教师；有的学生在毕业的时候为学校留下荣耀。任何情况下，学校、教师和职工对学生都有足够的信任，允许他们在学习社区中成为积极的参与者和公民。HSPVA 的一个高中生说得很好："教师必须以学生为出发点。如果教师能让学生感到在这世界上有他们自己的位置，那么他们就会愿意学习更多立足于世的知识。" 在费城艾米第六中学（Amy 6），学生每周都会举行全校范围的公众会议，讨论解决学生之间的斗殴、帮派活动以及在浴室吸烟等问题。在 HSPVA，每年都会选出 60 名学生组成"议会"，解决学生们所关注的问题。例如，学生在午餐时间离开学校去买糖果和饮料，这会带来安全隐患。为了解决这一问题，"议会"决定申请安装自动售货机。学校管理层采纳了这一建议，从而解决了学生午间离校的问题。

◆ 学生需要自由，但不是放任。我访问过的每个学生都渴望分享他们的经历。他们敏锐地感觉到自由与放任之间有明确的区分。他们谈论了规章制度灵活变通的重要性。休斯敦的一名毕业生谈及他高中四年的自由时说："我想我们的自由更多指的是言论表达的自由，而不是无法无天和缺乏自控。我们的目标很明确——能够自由地表达自我。"

◆　*学生需要人文关怀*。新教师通常收到这样的忠告："在圣诞节之前都别给学生笑脸。"但事实上研究证明，温暖、支持性的环境才能够使教师和学生通力合作，实现共同的目标。孩子们喜欢的学校无一不是对他们关怀有加的，而且这种关怀无处不在，形式多样。HSPVA 的校报上有一个每周专栏，学校管理人员在这里为学生提供建议。奥法雷尔社区学校的一名七年级学生说："这里大部分老师都很关心我。他们不仅在自己所教的科目上帮助我，同时也在其他科目和个人事情上帮助我。而其他学校的老师可就完全不同了，他们往往只让你专注于他所教的科目"（4，p.80）。该校的另一名六年级学生也深有同感地说道："大部分老师都希望我们在学校能够学好、做好，这样我们在今后就能生活得好。如果我退学了，老师会非常失望"（4，p.195）。

◆　*学生希望教师能够帮助他们获得成功而不是失败*。我访问的每个学生都表达了他们共同的心声："教师不会让你失败。"休斯敦密尔比高中有 3 600 名学生，绝大部分都是拉丁裔。该校的一名九年级学生说："老师很关心我们的成绩，关心班上的每个同学，帮助你解决很多问题……如果找他们帮忙，他们都会耐心地倾听并支持你。他们做了很多本职之外的工作……他们不仅仅教你数学，还关心你过得好不好。即便是在休息时间,他们也欢迎你去找他们聊天。不管是学业还是家中的问题，他们都会尽力帮忙。"芝加哥的蒙蒂菲奥里学校挽救了很多濒临失足的男孩。一个 12 岁的男孩由于无法适应学校生活而转学到了这里。他说这里的老师会一直鼓励他努力，直到取得成功。"她会给你机会。当你做错时，她会让你重新尝试，直到做对为止……（在）其他学校你根本没有这样的机会，教师只会大声斥责你，告诉你不行，甚至不愿搭理你。但是你知道吗，琼斯老师绝对不会让你放弃！"该校另一个孩子说："如果你在一般的学校里犯了错，老师会让你放学后留下，或者不再给你任何机会。但在这所学校，他们会努力帮你解决这些问题。这是一所充满成功机会的学校。"

◆　*学生需要自主选择的权利*。学生必须对自己学什么有发言权。这可以反映在学生对某个班级、俱乐部或者学习课程的选择上。在新奥尔良自由学校，学生们谈论了他们在实习期间选择社区服务工作的情况。新奥尔良自由学校的八年级学生约翰说："这个学校有校外实习机会……我就在儿童博物馆实习，为孩子们提供服务……每周四我在博物馆工作半天，然后回到学校继续学习。我觉得实习很有用。我的实习是与儿童打交道，我喜欢和孩子们在一起。"也有学生在市政厅或疗养院实习。学生可以选择自己喜欢的社区服务工作，准备简历并去参加面试。

公民课堂与观光课堂

孩子们所热爱的学校，是由"以人为中心"的教师、校长、职员和家长共同建构起来的。如果把学校比喻成社会，那么学生就是这个社会中活跃、忙碌且积极参与的公民；他们是学习社区中的利益相关者。学生对学习的热爱直接反映在课堂上。教师如何看待自己的角色至关重要。只有教师成为学习的促进者而不是纯粹的信息给予者，学生才会面临独立思考的挑战。只有教师把学生视为知识的创造者而非被动的接受者，学生才会全身心地投入到学习之中。

一般而言，可以把课堂划分为两种不同的类型：学生成为信息接受者的课堂和学生成为思想创造者的课堂。在接受者的课堂上，学生坐在座位上听老师讲课，完成大量练习，每个人都安静地坐着，很少甚至没有互动，更谈不上什么合作。一位家长曾给某个专栏作家写信，具体描绘了她对孩子学习情况的观察：

> 作为一个有工作经验的家长，我很难相信孩子在学校的成功能够帮助他在未来生活中取得成功。他们只需按照老师的要求完成读后感即可，而我不得不运用自己的才智来完成我的业务报告。在"真实的世界"中，我必须充分自信地展现真实的自我。而我的孩子只要与所有其他孩子表现相同、完成相同的作业，就能得到高分。（5，p. 2e）

这位母亲（他的孩子学习成绩很好）表达了对学校这种千篇一律和一刀切的教育方法的忧虑，并且这种担忧在那些关注年轻一代及其未来发展的人群中正日益蔓延。研究者发现，在过去的50年中，学校教育的天平过度地偏向了以教师为中心的学习，而忽视了以学生为中心。事实上，1965年的课堂互动研究表明，在初中数学课上，教师讲课时间占了课堂时间的 80%~85%；而同期的社会课上，这一数字为 70%~73%（6）。后来约翰·古德莱德对美国高中课堂教学进行了若干年的观察，于 1983 年发表了类似的研究结果（7）。新近的研究继续表明，教师的讲课仍然占据了大部分的课堂时间。尽管有些教育者和研究者认为，以教师讲授为主的教学或直接教学能使学生获得更好的成绩，但这种做法却使得学生变成了消极的旁观者。大卫·阿什比、弗洛拉·罗巴克等研究者对少量旨在营造"以人为中心"学风的班级和学校进行了深入研究，结果发现，这种环境下的学生在情感与认知两方面都有巨大的收获。而在消极的环境中，学生无疑会变得厌学。

课堂上有太多的观光者

随着年级升高，有些学生越来越觉得学校很无聊。这种厌倦与一些管理者、教师以及公众对学生在学校中的被动定位有关。许多学生就像课堂上的参观者或观光者，走马观花地学习各种观点，毫无自己的理解，也未曾投入其中。这种现象在中学尤其突出。

当我在意大利的佛罗伦萨，坐在椅子上欣赏米开朗基罗的大卫雕塑时，学生就像观光者的想法浮现在我脑海中。这座白色的大理石雕像高高耸立，有着天鹅般的优雅。世界各地的旅游团在导游的指引下络绎不绝地走入这个阳光普照的大厅。导游带领观光团从进入大厅到离开，只用了约两分钟的时间。短短两分钟里，导游要介绍雕塑的高度、完成作品所花费的时间、所使用的大理石类型以及手部的细节，特别还指出了手臂上清晰可见的血管。观光者几乎没有时间确认导游提供的这些信息（他们的导游手册中也包含这些信息）。他们还在抬着头观察大卫时，就听见导游说："我们该走了。我们今天还要去很多地方，参观好几个博物馆，请跟上我。"看着他们，我感觉这番情景似曾相识。

课堂上的观光者很少被教师点名，也很少主动举手与大家分享信息。他们尽量坐在教室的最后面，隐藏自己，逃避课堂活动。有些观光者常常受到教师的斥责，因为不能及时完成作业而很少参加课外活动，并且在班中通常被孤立。这样就形成了一种课堂社交模式："好学生"与教师有很好的互动，得到表扬、支持和积极关注；"坏学生"则完全被忽视。20% 的学生占据了课堂上将近 80% 的互动。在教师和观光者之间形成了一种默契："别管我，我也不会打扰你。"那些被冷落的学生变成了观光者，从不参与，从不兴奋，从未被看中……仅仅待在课堂上而已（8）。

在我所参观过的班级和学校中，学生要么成为消极的观光者，要么成为积极的参与者。他们面临两种截然不同的学习环境：被动环境和主动环境。孩子们热爱积极的学习环境。在积极的学习环境中，我们鼓励学生参与各种活动，例如合作性学习、同伴教学、兴趣小组、实地考察、项目研究和课堂讨论等。学生成为学习环境的积极参与者，相互负责并促进每天的学习。学生们热爱的学校具有以下特质：积极的学习环境；允许学生对自己的学习负责。图 1.1 罗列了在我观察到的两种环境下学生之间的差异。

当举国上下在教育年轻一代的最好方法上各执一词时，许多校长、教师和学生一致认为，我们知道创设积极学习环境的方法，而且能够做到，从而让学生茁壮成长，成为优秀的人才，而不仅仅是学会生存。在不同时间和场所接受采访的师生都

图 1.1

被动课堂与主动课堂的比较

被动	主动
学生是观光者	学生是参与者
完成低水平的练习	完成小组合作项目
独自学习	两人或四人小组的合作性学习
学习教师所教授的知识	从课题中寻找新想法和材料
很少写作	每天写作
很少展示自己的成果	（自己选择）展示自己的成果
很少讨论解题思路	出声思考 / 大声表达自己的解题思路
很少参与到课堂中	主动与教师和同伴互动
把课堂看作"你们的"	把课堂看作"我们的"
教师控制纪律	合作式管理
在班上很少有朋友	在班上有多个朋友
上课经常迟到	准时甚至提前到教室
经常逃课	很少请假
对学校没有感情甚至憎恶学校	喜欢并融入学校

H. J. Freiberg, *What to Do the First Days and Weeks of School* (Houston: Consistency Management Associates, 1992), p. 33.

表现出了惊人的一致性，认为创设“学生热爱的学校环境”势在必行。我走访的美国各地教师都要求摆脱繁文缛节、各类规定和官僚主义的束缚，为儿童和青少年创设关怀性的积极学习环境。

在过去十年，政府与私人机构的许多报告及出版物都提到，学校教育面临着巨大的困难，本书的第二章也会强调这一点。1983 年出版的《国家处在危机之中》一书指出“我们的学校正处在战争状态”，自那时至今，已有 300 多份调查报告批评了我们教育体制的失败。刚开始许多报告都指责教师，但后来人们意识到：批评教师的确能引起大家的注意，但却无法解决问题（9）。现在的调查报告则建议授予教师（而不是学生或家长）更多的改革权力。世界瞬息万变，我们更容易跟风，追赶潮流。电视和报纸大肆宣传短期的成功案例，但几个月之后便悄无声息了。而那些长年为儿童成长提供自由氛围的学习环境，却没有被很好地记录下来。

我们可以推广从访谈和个案研究中所获得的经验，改变大多数学生的学习方式。我们必须提倡日积月累和积极主动的成功模式，而不是盯着个人或集体的不足。因此，在本章最后一部分，我想给大家看几个成功学校的例子，这些学校积极营造了以人为中心的学习社区。

热爱孩子的学校

以人为中心的学习社区

今天的世界瞬息万变而又追逐时尚，鲜有学校能二十多年如一日地履行自己的使命，不断创新以谋求发展。1971 年，休斯敦表演与视觉艺术高中（HSPVA）成立。1980 年，我们在撰写《自由学习》第二版时，访问了这所中学的学生，让他们谈谈自己的学习以及学校在他们生活中的作用（10）。1992 年，HSPVA 成立 21 周年，我们故地重游，考察它是否依然像当年那样受学生欢迎。

1980 年的 HSPVA　当你一步步靠近坐落在休斯敦市中心奥斯汀大街上的这所学校时，首先映入眼帘的是一栋宏伟的建筑，沧桑而古朴。学校前门正上方的大理石上刻着“Temple Beth Israel”（字面意思是“犹太贝斯庙”，是犹太教团聚会之所，与会者可以坦率而宽容地探讨犹太信仰——编者注）。自 1971 年以来，这座翻修过的犹太教堂就成为 HSPVA 的本部。HSPVA 是休斯敦独立学区的一部分。校方共搭建了八所临时教学楼，以容纳越来越多的学生。此外，校方还不得不经常为学生借用街区的其他房屋。修葺后的校园和临时教学楼，容纳了市区和缺乏学校的郊区的 500 名学生。这些学生来自不同族群，生活习俗各异，社会阶层也不同。在学校里，他们每天要花三个小时学习艺术（跳舞、击鼓、奏乐、唱歌、媒体艺术或视觉艺术），剩下的四个小时则要学习必修或选修的文化课程。

HSPVA 是美国第一所将学生艺术兴趣的培养与常规高中课程的教学结合在一起的公立学校，也是休斯敦的第一所新式学校，是之后同类学校的榜样。全校有 34 位全职教师和若干名具有教师资格证的兼职教师。此外，校长诺玛·洛德告诉我们，学校每年都会邀请四五十位专业人士（他们可能没有教师资格证，但都具有丰富的专业知识）到学校来讲授特殊的课程、举办工作坊、做讲座和进行实物示教。

一踏入校园，游人便会被它和谐融洽的氛围所吸引。这里既不会让人感到死气沉沉，也不会让人感到喧嚣嘈杂。相反，到处是活力四射的活动、热烈睿智的讨论和富有意义的运动。

洛德女士说：“我需要那种不墨守成规、灵活变通的教师。比如，如果晚上管弦乐队在音乐厅有演出，教师会主动取消今天的几何课，让孩子们去听音乐会。因为耽误了几何课，事后音乐老师可能会对几何老师说：‘你可以让孩子们在今天的音乐课上学习几何’。”在这种互相帮助的氛围下，学校教师之间的友谊得到了发展，员工的工作满意度提高了，员工流动率降低了。员工流动率的降低和教师经常为学生提供的个性化辅导，也促进了师生关系的加强。

有趣的是（与本书后面所报告的结果一致），该校学生的成绩在整个学区总是名列前茅，他们赢得了学区的大部分奖学金。1979 年，因学业成就而获得美国总统奖学金的 30 位获奖者中，有 3 位来自 HSPVA。学校办公室的墙上挂满了各种奖状。该校的学生来自各个地区，他们的父母都很少来学校。有些学生生活在少数族裔的聚居地，来到 HSPVA 就读是他们第一次脱离自己的文化领地。尽管如此，父母依然非常支持孩子来这里学习。社区也以学校为荣，并且经常邀请学生团体出演节目。

我们对 1980 年 6 月毕业的一些学生进行了访谈，询问他们对学校的感受。下面是其中三位给出的回答，非常具有代表性：

> **苏珊**　在 HSPVA，我可以做我自己，自由地成长。学校并没有强迫大家保持一致，我可以保留自己的独特性，可以按照自己的意愿来制作艺术品。
>
> **约翰**　我们必须全面地了解自己，才可以做真实的自我，这是一个漫长的过程。一旦我领悟了这一点，就会发现学习其实非常简单。随时随地我都能学习，学会顺其自然，我看到了自己的成长，我感到非常自信。
>
> **桑德拉**　我可以用一句话来概括自己在 HSPVA 的学习与生活：它是一种人生经历。虽然这种经历对每个人而言都不同，但却能为每一个人奠定创造性、学习和成长的基础。从步入校园的第一天开始，我们就沉浸在创造性的氛围中。在 HSPVA，创造性无处不在。它不断地涌现在每个艺术领域内，同时在不同领域间也不断碰撞出火花。艺术领域之间的碰撞会带来灵感的火花。HSPVA 的学生从来不会担心自己的创造性，相反，他们会引以为荣。通过不同的方式，学生们在自己的学科和艺术领域都能自由地表现创造性。
>
> 自由创造能让 HSPVA 的学生挖掘自己最大的潜能。他们可以了解许多不同的哲学理论和思想，这为树立信念和自我成长奠定了广博的基础。
>
> 在 HSPVA，学生们有机会接触不同的艺术领域，学习从不同的角度看待事物，从而能更好地成长。正因为这种校风，他们变得思想开放，可以接受不同的事物。他们不仅学习不同的艺术，同时也对生活和自身有了更多认识。
>
> HSPVA 的确是一所非常令人兴奋的特别学校。

观察这些学生是一次非常有趣的经历。HSPVA 是可以实现梦想和自我价值的学校，在这里教师无疑是学习的促进者。

今天的 HSPVA　因为学生的数量已远远超过了那栋改造过的旧楼房和临时教室的容量，1982 年，HSPVA 搬到了休斯敦艺术区的核心地带，它是第一所专门的表演和视觉艺术高中。新 HSPVA 与美术馆和博物馆云集的主干道相距仅几个街区，周围是一些建于 20 世纪四五十年代的普通两层楼房。教学楼只有两层，与周边环境相洽。美国东海岸和中西部地区的一些学校看上去像工业革命时期的学校，而新 HSPVA 看起来则像现代化的高科技学校。建筑物很干净，到处都有美丽的色彩和绘画作品，学生的成果遍布其中。

经过学校前方的停车场时，我立即被圆号的声音吸引住了，学生四重奏乐团正在练习。许多学生都在外面练习音乐，他们只是其中的乐团之一。教师则在不同的团体之间走动，聆听他们的演奏并给出反馈。另外一部分学生则正在画板上作画，美术老师穿梭其中，不时鼓励他们，并提出反馈意见。

虽然现在已是高科技时代，但我依然喜欢通过提问，凭借直觉的价值判断来确定一所学校的运转状况。比如，当我走近学校，穿过校门的时候，我有什么感觉？我想在这所学校学习吗？它吸引人吗？它看起来怎么样？学校的气氛是谈笑风生，还是死气沉沉？观察办公室的情形，你就可以对这个学校略知一二。眼神接触可能是学校运作情况的关键指标。学生、老师和办公室职员会抬头看你吗？他们会跟你打招呼吗？我来 HSPVA 之前，事先并没有通知学校，但一步入校园便有人向我问好，并主动提供帮助。当我走进咖啡厅、排练室等公共场所时，学生们会主动跟我打招呼。我感觉自己很快就融入了这所学校。

一个学习者的社区 我申请了一个小房间，以便利用午餐时间和学生进行交流。有五个学生带着午饭来到这里，我们开始自我介绍。谢娜、米雷、克里斯蒂娜、格拉和拉塞尔都是毕业班的学生，除了要学习一些常规课程之外，他们每个人都有自己擅长的艺术领域。从文化、种族和兴趣来看，这些学生反映了其所在城市的多样性和丰富性。谢娜学习声乐，米雷和拉塞尔学习戏剧，克里斯蒂娜学习器乐，格拉学习舞蹈。听他们谈论自己、朋友和学校时，我被他们彼此的尊重和对老师的尊重深深打动了。正是这种尊重将这个多样化的群体凝聚在一起，使得每个单独的个体都充满了力量。

他们每天的在校时间比其他学校多出一个小时，这样可以保证三个小时的艺术学习时间，四个小时的文化课学习时间。HSPVA 并不依据考试分数来录取学生，但 1992 年毕业的 150 名学生获得了多达 200 万的大学奖学金和无数的奖励。这所学校没有足球、棒球和篮球队，没有啦啦队队长，也没有舞会之王和舞会皇后。在这里，每个人都受到同等的重视。

我问了这五个学生一些问题，他们畅谈了近一个半小时。

问题：你们谈到可以自由地去做一些重要的事情，那你们可以向我描述一下这种自由吗?

拉塞尔　这是一种有约束的自由，从某种意义来讲，这种自由会带来安全感。但是你在一天天成长，你渐渐长大成人，你有潜能自我成长，正是这样一种自由，让你成为自己。

米雷　我认为自由就是提供一块未知的领域，让你自己去探索。没有人会告诉你“看吧，你就是这样出生的，这就是事物被创造的方式”，而是要你自己去探索，这会使你更加满足。对于我们这些充满好奇心的青少年尤其如此，而这也是我们做这么多事情的原因。

拉塞尔　如果有太多的条条框框限制你探索世界，那么你可能要到三十多岁才能真正发现一些事情。而如果你在少年时代就意识到了这一点，你就为自己赢得了更多探索自我的时间。

克里斯蒂娜　在别的学校，如果你不想踢足球，不想加入乐队，不想当啦啦队队长，那么你就是一个无足轻重的人。而在这里，我们每一个人都有自己擅长的事情，我们可以为之全身心投入。

问题：为什么 HSPVA 对你来说很特别?

谢娜　我认为基本上可以归结为自尊。我们所有人的自信心都得到了培养，我们了解了自己的潜能。

格拉　师生之间可以相互沟通。

拉塞尔　我觉得很重要的一点在于，这所学校里的每个人都渴望学习，教师和学生就如“同一条战壕里的战友”。

克里斯蒂娜　我上初中时，教师每节课用 30 分钟来整顿课堂纪律，用 15~20 分钟来讲课。然而，在这里你可以自由学习，可以茁壮成长，完全没有纪律问题。可以说，我们根本没有时间违纪。你来不及抱怨，因为有太多事情要做了。

拉塞尔　这里一共有 623 个人，我们都互相认识，完全不用担心有人会把枪带到学校来，不必担心吃午饭或上课时会有帮派纠纷，也不会被关禁闭。在这里，我们从来不用担心什么。

问题：你们可以跟我聊聊你们学校的兼职教师吗？

谢娜 他们都很了不起，为我们讲解一些专业知识。

克里斯蒂娜 他（一位访问教师）教给我们生活经验，这样的谈话非常棒。

谢娜 他叫瓦鲁姆，是一位爵士音乐家，去年才来我们学校。上完课之后，他会让想从事音乐职业的人到前面"继续跟他聊聊"。他告诉我们他的三条生活原则："……忠于你的艺术……从不将自己和他人进行比较……以及做一些能带给你快乐的事情。"

格拉 他们只是陈述事实。我的意思是，他们来上课，准确地告诉你事情的缘由。如果你不会做也没关系，他们允许你离开。

他们只是激发你的信念，激励你行动。在这里全部的关键就是诚实和分享，分享他们的知识和梦想，继续在艺术之路上前行。

问题：你如何获得关于作业的反馈？

格拉 我们会进行学习情况回顾。我们坐在一起，把档案袋交给老师，接受老师的审查。评价的结果常以"在这一年里你是否做了工作"的形式来呈现。当然，如果你确实做得不够好，他们（教师）确实也会以开玩笑的方式提醒你。我们都觉得接受反馈是正在享受一段美好时光，而这也是我一直很努力和积极上进的原因。

关于失败：

拉塞尔 现在出点错并没什么大不了，认识到自己会失败是好事。事实上，失败对己对人都不是毁灭性的打击。

米雷 教师对我们的帮助的确很大，因为如果你在某个方面做得不够好，他们会提前告诉你。所以，当老师和你一起谈论你做得怎么样时，你会从中受益良多。

问题：作为高年级的学生，你们是否觉得自己对新生负有一定的责任？

米雷 我觉得自己责任重大。我从这个学校学到了很多，我希望每一个人都会有这样的收获。

克里斯蒂娜　新生来自不同的初中，彼此并不认识。我还记得，去年有一次吃午饭的时候，新生中出现了很多相互独立的群体，拉美裔学生坐在一起，黑人学生坐在一起，玩爵士乐的学生坐在一起，学跳舞的学生坐在一起。我觉得我有责任让他们认识其他同学，只有相互了解之后，我们才能成为一家人。我希望新生们能够做真实的自己。他们会走近我，跟我打招呼。此时我会走到他们面前，问他们感觉怎样，告诉他们可以做自己，他们就会跟我聊天。我尽力让他们了解，不必刻意去迎合别人，如果能做真实的自己，人们会更加喜欢你。

问题：如果要求你在一份“我憎恨学校”“学校不过如此”“学校令人满意”“学校很好”“我爱这所学校”的 5 点量表上做选择，你会怎么选？

所有的学生都一致地选择了　“我爱这所学校”。

拉塞尔　我们都热爱这所学校。如果你热爱某些事物，你会努力使它正常运转。

米雷　我热爱这所学校，我不能也不愿去其他学校。我希望其他人跟我有同样的感觉。

让我觉得有意思的是，这些学生很少特意提到他们的老师，仅仅是提及了他们所在学校的心理氛围。一位优秀的促进者和一位才华横溢的教师的收获是不同的。一项研究表明，离开学校多年之后，人们可以生动地回忆起才华横溢的老师，却不能记起在这些课上学到的知识。然而，他们能清楚地记得自己主动参与的每一次学习经历。

HSPVA 的学生有梦想，对未来和过去都充满热情。他们希望新来的学生能感受到温暖、关怀、安全和令人满意的学习环境。这些学生永远都不会忘记创造性学习的乐趣。HSPVA 只是“学习者社区”的一个例子而已，这类学校还有很多。这些促进学习的环境大多都没有被很好地记载下来，那些创造这类学习环境的人因为太忙，也没有时间记录自己的成功。很多情况下，通常是那些受益者用自身的成长记录了这一切。

记录成功

多萝西·法迪曼是一位母亲、教育家和电影制作者，她想制作一部介绍半岛（Peninsula）学校的纪录片。半岛学校是一所位于加利福尼亚的私立学校。在近 70 年的时间里，该校为孩子们提供了创造性学习的机会。法迪曼想通过电影记录孩子们的学习环境（从幼儿园一直到八年级）。这种学校环境能让孩子们快乐成长，甚至在毕业后也能受益。从幼儿园开始，教师便引导学生通过各种艺术手段来表现自己。

1991 年，我采访了法迪曼。她指出，半岛学校优良的学风，在美国的公立学校中也可以看到。法迪曼在半岛学校连续拍摄了几年之后，她将目光转向了马塞诸萨、加利福尼亚、密西西比、明尼苏达、科罗拉多、路易斯安那和纽约的八所公立学校。她以自己的见闻为基础，拍摄了纪录片《为什么这些孩子热爱学校》。该纪录片已通过美国公共电视网向全美播放,同时还有录影带出售（见附录中的“资源”部分）。纪录片中的每所学校都有自己的独特之处，但它们也有一定的共性，它们都尊重学生，支持教师成为学习的促进者，让学生感到幸福和有价值。这样，学生们的学业成就突出、热爱学习也就不足为奇了（11）。这些学校在以下三个方面有别于普通的学校。

◆ 创新性。教师根据孩子们的需要自由设计课程，而不必顾忌各州或者地区教育部门一刀切的模式。例如，在马萨诸塞州剑桥郡的一所学校，教师自行设计课程。互动的课程不能像在超市挑选罐头一样来设计，它必须源于学生的生活。

◆ 非竞争性的环境。进步是建立在个体原有基础之上的。学校鼓励学生合作，不鼓励竞争。竞争是为了实现个人目标，A~F 的等级评定系统可能是竞争最好的例证了。而这些学校都将“不培养失败者”作为自己的使命。新奥尔良自由学校（一所市区的公立学校）在 20 年间从未进行过等级评定。这所学校的创建者鲍勃·费里斯在 1991 年的一次采访中提到，“我认为我们学校很重要的一点是取消了等级评价和标准化测验，因为它们简直扼杀了孩子的天性。”不对孩子进行等级评定，而是为他们建立一个作品档案袋，由教师为父母和学生提供详细的书面反馈。鲍勃说:“我们为家长提供书面反馈。每个季度，我们还会给家长一份学生作品档案……这样家长可以了解孩子们的成就。”这种反馈刚开始受到一些父母的反对，但是绝大多数家长签署了请愿书，确保了档案系统的实施。鲍勃解释说："家长的请愿书强烈表明，他们不需要等级评定的愿望……自此，我们在这一问题上取得了胜利，得以继续采用我们的反馈方式。"新奥尔良自由学校学生的学业成绩位居其所在地区的前列。

◆　共同承担责任。在确立自主权和解决问题上，学校中的每一个人都有发言权。例如，在马塞诸萨州洛厄尔的一所学校，学生通过自己的"司法"系统来解决相互之间的纠纷。在科罗拉多杰斐逊的一所开放式寄宿学校，学生可以在博物馆和其他社区项目中实习，为他人提供服务和讲解。

只要调动学生们的主动性，他们就能取得突出的成就。法迪曼的纪录片为我们提供了一个更为广阔的视角。学习者的社区并不仅仅局限于正规的学校系统，也不会在十二年级结束。我们生活中不乏这样的人，他们虽然在校时学习成绩不好，但始终对学习和进步保持着不懈追求。

人们喜爱的读写中心

许多美国人将学校与教育和学习联系在一起，然而，也有许多学生辍学，他们感到学校令人失望。20 世纪初，美国只有 20% 的成年人能读写，现在这一比例则达到了 80%。然而，要成为民主国家有知识的公民，我们社会的读写率必须达到 99% 以上。

1987 年，休斯敦市的领导人接受私人基金的赞助，建立了休斯敦阅读委员会。该委员会负责协调休斯敦市的 20 多个不同组织的扫盲活动，这些组织致力于消除全市约 50 万的文盲和半文盲。在两位委员的领导下，热心的市民在休斯敦以拉丁美洲人为主的城区里建立了第一个扫盲阅读协会，此后不断在休斯敦增设分中心。它还专门在商业区内设立了分会，为那些工作人员提供便利，使他们可以在工作日学习。最近扫盲协会还致力于帮助刚刚刑满释放的重刑犯，协调休斯敦市另外 22 家扫盲组织，帮助数万名成年人提高读写能力。

第一所扫盲中心的员工既有志愿者也有雇佣人员，他们把一间不起眼的仓库变成了学习场所。他们为每一个进来学习的人设定了三个目标：（1）使扫盲协会成为人们欢迎的地方；（2）为人们提供不同于学校的课程和指导；（3）根据每个人的需要，可以自由地安排学习时间。围绕着学习者的日程而不是依据扫盲中心的日程来安排学习。

扫盲中心已实现了上述三个目标。一项持续两年的深度评估表明，人们在中心学习 116 个小时后，阅读水平和数学技能分别可以达到三年级和二年级的水准。尽管他们所取得的这些成就令人震惊，但更令我惊叹的是年轻人在访谈中的反应，他们发现了新的生活希望和生命意义。

当我问学习者中心的员工是否帮助他们实现了目标时，一个学生说："我喜欢一对一的指导，他们不厌其烦，我最喜欢的是这里的每一个人都受到关注。在这里，他们会主动走过来问你是否遇到了困难。"另一个学生说："这里的人都很友善，愿意为我花时间。他们关心他人。有时候我会感到很厌倦，这时中心的教师便会抽出时间来跟我谈话，正因为如此我才坚持来学习。"他们描述了一种轻松的、助人的环境。还有一个学生说："我刚刚来这儿两个小时，他们关注我，鼓励我学习。"另一个学生也谈道："这里非常棒，他们总是在你身边，当我感到受挫时，他们会尽力帮助我放松。而在其他学校，每个班的学生太多了，老师不可能这样做。"

当我问他们是否愿意推荐别人来这儿学习时，所有接受访谈的人都说愿意。（有几个学生已经这样做了。）有学习者说："这里有一对一的教学，没有压力，没有束缚，环境友好，教师优秀。"还有人说："知识就是力量，教育具有长远的意义。"也有学生说："这里的工作人员都很开朗、善良、有爱心，他们对你就像对待家人一样"。

评论 很多来扫盲中心的学习者都是从公立学校或者是这些学校开办的阅读班辍学的人。从他们的话语中可以明显地看出，与大多数学校的环境相比，他们需要另一种学习环境。如果有新的学习方法和学习机会，他们会为自己在阅读和数学中的优异表现而感到自豪。

全省计划

20 世纪 70 年代晚期，正当美国教育回归基础之时，加拿大安大略省的多伦多公立学校独辟蹊径。教育者们在反思：为了让学生成为未来社会中的高素质公民，学生们现在需要什么，教育者如何满足这些需要。学校究竟要培养什么样的人才？

这些公立学校联合学生、家长、教育工作者、多伦多的普通社区以及整个安大略省的相关部门确立了自身的使命：关注学生的需求。在确定实现目标的最好方法时，当地社区和学校成为主要的动力。

美国教育部副部长在美国广播公司的晚间新闻报道《美国议程》中指出，根本不存在适合所有孩子的最好教育方法。为了使孩子们走出校门之后能成功地步入社会，该电视台的记者比尔总结了多伦多使命的关键要素（13）：

热爱学习

清晰思考

深刻感受

明智行为

与人合作

解决问题

尊重其他文化

具备基本技能

在多伦多的学校中，教师已经成为促进者，他们通过主动学习和学生参与来吸引学习者。两人一组或者四人一队的合作学习是学校日常学习的基本形式。合作学习扩展了教育机会，促进了学校中不同种族和文化的和谐相处。

美国广播公司报道了两个不同种族的学生合作写书的情况。当记者问他们正在做什么时，他们说："我们正在写一本书。"他们打算自己写书，并把它放在图书馆，供他人阅读和学习。美国教育统筹委员会的布朗曾参观过多伦多的学校，他在访谈节目中指出，美国的教育体系只要求学生掌握一些初级的、最基本的技能。"我们对学生的要求越来越少，我们得到的也越来越少"（13）。

结　语

显然，学习环境需要改变。虽然说"条条道路通罗马"，但大量长期有效、以个人为中心的案例和模型，却为这种改变提供了很好的思想框架。多伦多学校体制、

HSPVA、新奥尔良自由学校以及许多其他学校，反映了学习社区复兴和改变的冰山一角。我们在本章中提到的学生，同时提供了自己学习和促进他人学习的机会。教师作为学习的促进者需要有独到的见解。促进者不是表演者或明星，他们是将学习者的需要和兴趣放在首位的人。在接下来的几章中，我们将开始了解是什么促使人们超越单纯的教学，成为儿童和青少年学习的促进者。

2500多年前中国哲学家老子就描述过良好促进者的样子。我非常认同他的观点，也想引用他的话来结束本章：

太上，下知有之；
其次，亲而誉之；
其次，畏之；
其次，侮之。
信不足焉，有不信焉。
悠兮其贵言。功成事遂，百姓皆谓我自然。（14）

第 2 章

当今教学面临的挑战

◆

有时你想去人人都认识你，人人都欢迎你的地方。

这对我们的学校而言是多么荣耀的一种使命！但是上述话语却出自长篇电视连续剧《欢乐》的主题曲，它讲述的是波士顿一个酒吧里顾客之间的关系。不幸的是，许多学校非但没有实现这首主题曲的目标，反而已经成为缺乏欢笑或学习的地方。

第 1 章讲述的是，如果学校里有具有爱心和创造力的教师来满足学生的需要，学校就能对学生产生重大影响：这些学生会热爱学校。以学生为中心是学习发生的必要条件。但有时我们必须经历极恶才能发现至善——就像经历了黑暗才会珍惜光明。因此，第 2 章我们将正视学校变革所面临的挑战。这些学校并非基于学习者的需要，而是以强制命令和官僚主义模式运作的学校。遗憾的是，太多的公立学校都是这种学校，正变成师生设法想要逃避的地方。家庭学校的不断扩张——有人估计大概有 150 万的孩子在家庭接受教育——和私立学校的大量涌现，使得我们的公立学校系统（任何民主的基石）正日益陷入窘境。

不仅如此，我们的学校正越来越成为被冷漠包围的孤岛，我们的教室也成了仅由过道相连的房间。孩子是我们的未来和希望,但真正健康的个体正在不断减少，有严重问题的孩子的数量却在不断增长。“几年前，我所教的班级中仅有一两个厌学的学生。现在，几乎整班的学生都缺乏学习动机。”一位来自于西弗吉尼亚农村的高中教师如是说。对此，全美各地的教师都深有同感。通常情况下，孩子来到学校缺乏明确的学习动机，而教师则缺乏相应的资源，难以满足学生日益增长的需要。即便是那些具有强烈学习动机的学生，也在无休止地强制实施的纪律、测试、竞赛和僵化中迅速丧失了原有的学习兴趣。

太多的学校显得死气沉沉。学生之间不允许对话与讨论，否则算违纪。小学生们都沉默地走过走廊，用手指按着嘴唇。在一所郊区中学的食堂里，高音喇叭响着，而 500 名学生则被要求保持安静。一些教师则回避集体活动，因为“学生会讲话，会发出太多噪音”。然而，上课和下课的铃声会打破这种沉默。有时，为了通知一小部分学生，高音喇叭便会发出刺耳的通知，随时打断老师和学生的活动:“比尔、莎拉和安娜，请你们下午来办公室。记住，乐队将会在今天下午四点排练。”

学校的课程安排非常不合理。学生念了 12 年的书，却从未综合运用过英语、数学、社会、文学、艺术和历史。教师在预先设定好的 42 或 50 分钟内，分门别类地讲授各科知识，完全看不到学科之间的联系。学生学到的是支离破碎的知识，教师教给他们完全一样的阅读方法，所有的学生阅读方法好像都一样，大量进行集中练习，学习科学知识却不动手实验。学校希望学生被动一些，越是社会地位低、经济条件差的孩子，学校越希望他们被动。从坐在教室的每个学生的眼神中你都会发现，学校生活是多么令人困惑和挫败，让人抓狂。如果学生的家庭和社区本身就不健全，无法从中获得支持，那么他们会更加困惑。清晨，孩子们从缺乏阅读材料、艺术和其他思想刺激的地方出发，却来到一个同样没有生气的学校。难怪成千上万的学生会退学，还有无数的学生虽然身在学校，但心思早已不在这里。

如何进行改革

教育改革的效果如何？一言以蔽之，那就是“糟糕透顶”。这还是在对学校进行近十年的改进和改革之后，社会对教育做出的评价。很少有教师、父母、立法者或社区人员会认可孩子们现在接受的教育比 10 年或 20 年前更好。统计数据显示，年轻人正处于贫穷、绝望、孤立和挫败中。这是非常残酷的现实。我们生活在一个科技能为人类带来享受和舒适的时代。从保健、医疗、通信、计算机到交通，当今的世界迥异于 1969 年本书首次出版时的世界。科技日新月异，但我们却陷入了暴力、犯罪、夭折、偏见、孤独、冷漠和离婚的深渊。我们必须认识到，拥有积极的未来比发达的技术更重要，那就是更融洽的关系。这需要时间，需要形成一种充满信任、关怀和主动自爱的良好氛围。多项数据显示，美国正面临着自内战以来最严重的一次挑战。

- 美国的监禁率是世界最高的，每 10 万人口中就有 426 个犯人。这一比率比 1970 年翻了三倍（1）。
- 在休斯敦，一个 12 岁的男孩因为穿了一件洛杉矶橄榄球队的夹克而被谋杀。在纽约城，某个帮派为了寻找所谓象征某种地位的夹克，在几个月内枪击了 15 个人，其中 6 人死亡（2）。
- 纽约市的学校系统在学校安全建设上花了近 7 500 万美元，但仍有许多校舍急需修缮，并且这些学校还在不断扩招。
- 每四个孩子当中就有一个贫困儿童，五岁以下的儿童是最为贫困的群体。近 40% 的贫困人口是儿童，还有 10% 是稍大一点的青少年（3）。
- 1 530 万儿童生活在单亲家庭中（其中 90% 的孩子跟着母亲生活）。190 万儿童是孤儿，他们由祖父母、其他亲戚或福利院抚养（3）。
- 市区教师的职业压力高居各类职业（包括机场交通管理员和警察）之首（4）。
- 对休斯敦 65 550 名中学生的调查发现，31 630 名学生（48%）不同意或者非常不同意“学校是一个安全的地方”，还有 7 866 名学生（12%）表示不清楚（5）。
- 青少年自杀是第三大死亡原因。从 20 世纪 60 年代中期到 80 年代中期，10~14 岁青少年的自杀率翻了三倍，15~19 岁青少年的自杀率增长了一倍。其中，白人青少年的自杀率增长最快。

很多人都将毒品问题归咎于美国社会和学校的责任。但其实吸毒只是表面现象而已，背后有更严重和更深层的问题。家庭、社区、邻里和学校等各种能将人们聚集到一起的隐形纽带，都应该检视自己可能存在的问题。在过去的30年中，公众、媒体和教育界主要关注学校的缺陷。在评估美国前途时，学校不能培养工作所需要的学生，高财政支出换来的却是学业成就的下降（与世界上其他经济水平相当的国家相比），社会病态化现象严重（暴力、自杀、青少年怀孕、帮派和毒品）等，这些都是严峻的社会问题。

只有当家庭、社区和价值观体系变得更好，学校变得更好，美国才能真正地强盛。这一点从国家的教育投入中可见一斑。在所有的工业化国家中，日本对青少年的教育投入最少，而美国的生均经费处于世界第二位（6）。日本之所以投入那么少的经费，是因为日本的家庭、社区、宗教和文化团体为年轻人的教育投入了比金钱更有价值的东西，那就是时间和用于构建成功学习环境所需的社会资源。

40年前，教育学生有五大支柱：家庭、文化、宗教、社区和学校。但随着离婚率升高，以及父母迫于经济压力和个人发展的需求而双双外出工作，家庭对孩子教育的关注与支持功能削弱了。贫穷、离婚、工作变动和举家迁徙，又加剧了社区的不稳定性。研究者指出，按照目前的这种发展趋势，到2020年将有一半学生会处于教育的不利地位。部分原因是价值观、生活经历与家庭、社区及学校所拥有的资源不匹配。

当家庭、社区、宗教和文化无法为孩子提供支持时，人们期望学校能承担起更多的责任，投入更多的资金来弥补其他几个方面投入的不足。金钱固然重要，但它无法替代父母参与、社区的支持意识以及宗教和文化的价值引导作用。只有处理好五大支柱之间的平衡关系，国家才能够具有强大的领导力，取得经济成就；公民才有高品质的生活。一个国家的学校和教育支持系统的状况，能有效地预测这个国家未来的繁荣昌盛，预测其灵活应对经济和政治挑战的能力。

这并不是说教师、校长或家长不够尽力。事实上，每个人似乎都付出了更多。20世纪70年代的研究曾预测，20年后成人的休闲时间将显著增加。而现实是，现在我们的闲暇时间比过去的50年都要少：每周平均少7个小时。家庭成员都在努力工作，却也仅能维持基本的生活。显然与父辈相比，下一代的生活质量不仅没有变好，反而更加糟糕。

虽然统计数据反映了问题的全貌，但这些冷冰冰的数字通常会淡化事实。学校和社会的问题是复杂的，解决方法也必须是多样的（7）。没有社会各方的支持，单凭学校无法使社会发生持久的改变。虽然大量的负面信息令人感觉前途渺茫，但仍然存在希望。这种希望并不是指技术或者快捷的解决方法，而是来自于志同道合的教育者一起为所有孩子的健康成长所做的努力。这是彼此合作以使个体做出最大的努力，从而实现共赢的过程。

一个孩子的视角

八月温暖的早晨，空气湿润，明媚的阳光撒满了莎拉的房间。莎拉与三个妹妹住在一起，今天一大早就已起床。她很兴奋，正在为第一天上学做准备。虽然昨晚没怎么睡，但她一点也不觉得累，迫不及待地想去新学校看看。因为从今天开始，她上中学了。

我也还记得自己开学第一天的兴奋劲。对于新学校，我既感到兴奋和期待，又感到有点不安。我曾想过："新学校是什么样子？其他同学怎样？最重要的是，老师怎么样？"成千上万个孩子在入学第一天都体验着与莎拉一样的好奇和兴奋。有的学校很温暖，校园里色彩明亮，到处都是植物，学生的作品陈列在墙上。当你走进校园，教师和学生会微笑着向你打招呼。无论你带着何种情绪进入学校，你都会心情愉快地离开。这样的校园，有着能让你感到幸福和快乐的能量。

回想我自己的求学经历，每一学年都会带给我不同的体验。有些教师严格要求我学习，有些教师则激发我自愿学习的欲望；有些教师与我一起开怀大笑，而有些教师则会嘲笑我；有些教师弄得我想哭，而有些教师则带给我快乐；有些教师带给我希望，而有些教师则会让我绝望；有些教师让我觉得自己很笨，而有些教师则让我觉得自己很棒。换言之，有些教师觉得他们必须控制我的学习，而有些教师则赋予我学习的自由。

倾听学生的心声

学生会告诉我们很多他们的学习情况。如果我们倾听学生的心声，就能够更好地理解学校成败的原因。例如，对一些年轻人而言，学校就像舒适的绿洲和安全的天堂，让他们远离犯罪、毒品、虐待、冷漠以及城市喧嚣而沉闷的生活。对另一些学生而言，学校是温暖的地方，是惟一能够吃到热腾腾饭菜的地方。有一天，我一大早参观了市中心的一所小学。我发现有一群学生在学校的围墙外缩成一团。这是一个寒冷的早晨，根据规定，学校 15 分钟后，即七点整才会开门。我问其中一个孩子为什么这么早来学校，这个单薄而又有点腼腆的男孩回答说："因为学校里很舒服，很温暖，我们可以在七点半吃早餐。"后来，校长告诉我，她和部分教师打算更早到校，那样孩子们就不用在校门口等待了。

然而，对另外一些学生来说，他们更喜欢足球比赛、啦啦队等课外活动，而把在学校学习看作是为参加这些活动不得不忍受的过程。还有些孩子认为学校很神奇，充满了智慧、讨论、欢乐、兴奋和朋友。我曾见过某所中学，早上 7:25 分操场就热闹起来了。每个学生都生机勃勃，相互分享各自学过的功课，讨论其中的细节。我在北堪萨斯城的一所拥有 2 000 名学生的高中，也曾亲眼看到过类似的欢乐场面。当时学生们为了准备学校的艺术展而工作到深夜，活动展示了所有 2 000 名学生的作品，贴满了学校的每一寸墙面。学生为前来参观展览的家长和访问者做导游，活动持续了整整三周时间。

可是，很多青少年将学校仅仅视为社交和结识他人的地方，甚至有些学生还将学校视为毒品交易的场所，在这里分享自己不良行为的"功绩"。媒体通常喜欢报道这类问题，并夸大事实，特别是与犯罪、毒品和帮派活动相关的内容。然而，对很多学生而言，学校实在是一个无聊的地方。

学生的不满

认同、孤立和疏远等问题并非美国学校所独有。我刚刚访问了意大利、西班牙和以色列。访问期间我与意大利北部城乡的高中师生都有接触，并单独和几个学生进行了对话。其中有一个女孩是之前参加研讨会的一位教师的孩子，她讲述了自己在学校的经历："老师把我们视为没有灵魂、没有尊严、没有思想的人，我们的意见没人重视，显得毫无价值，就像我们不存在一样。"

几十年前，美国的一本教育杂志开展了一项"孩子谈学校"的调查，记录了学生对学校的不满。调查一经开展，便收到了很多回应。调查结果如下："3 157 名学生（他们来自于美国和加拿大的初中、高中、大学和研究生院，有男生也有女生，有白人也有黑人，有公立学校的学生也有私立学校的学生，有富家子弟也有穷人的孩子）告诉我们学校‘令人讨厌’”（8, pp.5-6）。从那以后，这种情况不仅没有好转，反而变得更糟了。

从上述报告中可以清楚地发现，在这个极端困难的时期，当教师并不容易，处处充满了挑战，而本书的主旨就要找到办法以迎接挑战。不过，我并没有忽视当今真正影响孩子教育的各种消极因素。

学习氛围

休斯敦独立学区大约有两万名学生，弗兰克在担任学区主管后，便要求该区的研究与评价部门对教育相关人员——包括学生、家长和本区的社区成员进行调查。这个研究是该区鼓励的一项共同决策计划的一部分，以往决策过程中经常被忽视的成员这次也受邀参加了调查。虽然大部分调查结果（在 1992 年进行了报告）令人欢欣鼓舞，但仍有一些迹象表明，有一部分学生感觉自己不受欢迎，把学校视为敌意的而不是支持的环境。

对中学生（包括初中和高中）的调查发现，64 550 名学生中有 74% 的人反馈教师鼓励他们尽自己的最大努力来完成任务，68% 的学生认为学校提供了自己所需的学习资源，但仅有 48% 的学生觉得教师重视她们，仅有 47% 的学生认为教师尊重他们。在 63 997 名学生中，仅 29% 的人表示他们喜欢上课。由此，研究者总结认为：“虽然绝大部分学生认为学校支持他们，但很多学生认为教师并没有将他们当作独特的个体来对待”（5）。该项调查还发现，仅有 30% 的学生报告自己的同学会按时来上课，只有 27% 的学生认为自己的同学品行良好。该报告指出：“这些结果揭示了可能会破坏教学效果的班级氛围，需要引起关注”（5）。

学生的不快乐不仅普遍存在于中小学中，甚至在专业教育领域也大量存在。有一次，一位著名的内科医生与医学院的学生进行了非正式接触。他约见了近两百名学生，以了解他们对自己专业教育的看法。开始时，谈话比较困难，学生们都很犹豫，需要他努力引导，但是没多久，情况就发生了改变：

刚开始，学生们的评论很缓和，但没过多久，他们的失望、挫败感和内心的愤怒喷涌而出，几乎将我淹没，场面迅速变得火药味十足。他们表达的意思简单而明确，感觉自己正在走向死亡……每天他们都被动地坐在教室里，教师与他们彼此并不熟悉，向他们灌输大量的毫无生气的学习内容。很多证据表明，学校的教学质量堪忧，学习时间不够，师生之间缺乏互动，对学生的需求和抱怨毫无回应。我尽可能引导他们，却始终无法得出任何积极的观点。

面对这种情况，学生有很巧妙的应对方法。他们每个人捐钱成立了一个基金，然后从基金中出钱雇一些学生去上课并记笔记。笔记经过转录、编辑、重新组织并添加参考文献之后，发放到每个学生手中。虽然班上有 200 个人，但常常一堂课只有 35 个人来听课，有时候甚至只有 10 个人。“即使教室里只有 5 个学生，教师也会走上讲台完成整个仪式化的讲课过程”（9，pp.3-4）。

分数所带来的持续且日益增长的压力，是学生在学校中感到无聊和苦闷的另一个原因。一个学生写信告诉我：

我在学校似乎总是感到紧张不安。我逐渐意识到，外部对我作业的严格评价是多么令人痛苦……我喜欢在阅读中探索新思想和概念，但目前的环境完全不允许我这么做……难道我必须与其他人一样，继续这样不开心、不满意地生活吗？现在，这些现实问题就摆在我面前。我知道我说出了许多受挫的大学生和十几岁孩子的心声。我感到挫败正在转化成一种绝望，将我吞噬。

迷失的一代

另一个让人感到绝望的原因是，学生们必须待在违背自己意愿的学校，就跟在监狱里差不多。直到今天，我还对几年前的一次经历记忆犹新。当时，我正在考察市区的学校体制，它已在很多学校得到推广。在这种体制下，教师和学生一起工作、学习，其乐融融。我被深深地触动了。我对管理者说：“这些学校都非常了不起，但是一定还有这种体制未覆盖到的学校吧。”他说：“是的，一些初中还没有得到推广。”我说：“我想去看看最差的学校。”于是我们去拜访了一所位于贫民区的学校。学校走廊里一片昏暗，只有少数几个学生匆匆走过。每间教室的门都锁着，以免学生随便进进出出。教室门上的窗户原来是玻璃的，现在大多数已经被打碎，取而代之的是钉得死死的胶合板。我们随意敲了一间教室的门，老师打开一条门缝，疑惑地探出头。当他认出是学校领导之后，便把整扇门都打开了。眼前的场景很陌生，老师满脸通红，喘着粗气，手里拿着教鞭。我们看不出他刚刚教训了谁，因为所有的学生，不管是白人还是黑人，看起来都气鼓鼓的。之后一场闹剧上演了。老师放下教鞭说：“同学们，现在拿出你们的书，翻到 73 页，”接着他开始朗读课文内容。只有几个学生拿出了书，他们气鼓鼓的样子似乎在说：“别想让我学任何东西。”为了不让这位老师更尴尬，我们很快就离开了。我常常会想起那个班级和那位教师。想想这些可怜的学生，他们每天都要早起，赶着去他们讨厌的教室。无论那个教师犯了多少错，更可怜的应该是他。尽管学生讨厌他，但为了生计，他不得不每天去教室上课，这让他无法忍受。难怪这所学校经常发生殴打教师和学生以及故意毁坏他人财物的事件。

很显然，这个老师认为只有体罚才能让学生们按照自己的意愿做事。他没有意识到，也没有耐心去寻找别的方法，这严重损害了师生关系和孩子的学习热情。孩子们天生就充满了好奇心和上进心，但在二年级或三年级结束的时候，很多孩子的好奇心和上进心消失了。惩罚和贿赂成了维持学生注意力的法则。当我读到耶鲁大学校长在 1981 年 7 月的毕业典礼上的演讲时，我又想起了那所学校及其他类似的学校。他说：“美国不能允许把公立学校变成充满怨气的牢笼。”（10）这句话是美国大多数学校的写照：无聊、不快乐、怨声载道的牢笼。

最可悲的是那些极度绝望的孩子们。某位教师曾经有机会与一群来自落后社区的八岁儿童接触，当她获得孩子们的信任之后，他们起初的暴力行为不见了，内心的绝望暴露出来。其中一个最聪明的女孩坦白地说她不想活了，她认为没有人关心她，活着没有任何意义。她曾经企图自杀，但被及时制止了。一位充满活力的非裔美国男孩悄悄地对这位老师说：“我将会是这个小组中第一个死掉的人。”老师问他为什么，他说：“我不想活了，我会从一所大楼的楼顶跳下去，就像超人一样。”从接下来的谈话中，老师发现他是认真的。可他们只是八岁的孩子！

图 2.1

紧急呼救

- 每年有 100 万少女怀孕，几乎是每十个人中就有一个。
- 与饮酒相关的事故是青少年死亡的主要原因。
- 自 1968 年以来，青少年的自杀率增长了一倍，成为青少年死亡的第二大原因。美国青少年的自杀率已经超过了日本。
- 14—17 岁青少年的被捕率是 1950 年的 30 倍。在 15—19 岁期间，谋杀是少数族裔青少年死亡的首要原因。

美国国家委员会关于学校和社区在促进青少年健康中作用的论述，*code blue*：*Uniting for Healthier Youth*（Atlanta：Centers for Disease Control，1990）。

弗兰西斯·福克斯在一项培训计划中担任教师，负责教导那些被正规学校拒绝的青少年。学期之始,她要求学生们设想自己今后五年的生活。其中一个学生写道："五年后，我可能已经死了，或者参军了，或者在一个乐队中担任主音吉他。我认为不用五年的时间战争就会爆发，我们中的大多数人都会死掉"（11）。小组中有一半以上的学生认为他们会在五年内死去，或者在污染、拥挤、充斥着犯罪和毒品的小镇或城市过着悲惨的生活。

我们无法得知有多少年轻人认为死亡正在临近，但是州教育理事会联盟和美国医学协会联合发布了一篇题为《紧急呼救：为青少年的健康联合起来》的报告，报告指出青少年的健康令人堪忧（见图 2.1）。

现在的许多儿童和青少年都会主动联想到死亡，他们想自杀，或者是想象自己死于街头团伙冲突或吸毒。这些是教育需要面对的一个严峻的新问题，是对美国教育根基的挑战。

变革中的学校

因为外在因素的影响，这个时期的教育面临着很多困境。整个美国教育经费的严重削减影响到了各级各类的教育，限制了学校应对变革的资源。学生的来源也在改变。自 20 世纪 80 年代以来，少数族裔青少年成为美国最大的 100 所城市学校中的多数群体。具有讽刺意味的是，少数派依然被用来形容那些非欧裔学生，而事实上，有色人种在所有主要的城市学区中都占多数。但是这些学区的老师通常具有欧洲文化背景，这就导致了文化理解上存在着严重的沟壑。

政府机构的影响

学校所受的外在控制达到了前所未有的程度。州定课程、联邦法律和州法律以及政府规定，影响着每个教室和每次学校活动。在各种规则、限制和目标要求交织的情形下，师生关系很容易受损害。对此，一位教师表达了自己的看法，以下内容摘自他的日记：

> 教学让我感到很挫败。总是有很多事情要做，时间永远都不够用。成堆的文件或管理职责干扰了真正的课堂教学。
>
> 教学再也不能为学生提供创造性和启发性的机会。无法尝试新事物实在让人很沮丧，你怎么可以成为一个没有创造性的教师呢？我学到的知识不能得到应用，这让我感到窒息，我很气愤。学生和老师都不是机器，但是，面对社会对于减少投入和提高分数的要求，我们全然意识不到我们面对的学生是有血有肉的完整的人。
>
> 作为教师，我觉得社会的期待是：安分上好课就行了，不要破坏惯例，也无需创新或变革。创新或变革会给管理者带来太多麻烦，因为学生们会开始思考和提出一些管理者无法回答的问题。
>
> 人们害怕创造性，因为创造性可能引起变革，从而破坏他们的安全感。我确实希望能帮助学生从内心获得一种安全感，这样他们就不会害怕那些不可避免的变化。我们最好学会如何应对变化！

任何了解教育现状的人都知道，这位教师的感受很具有代表性。我曾与数百名教师交谈，他们都给出了同样的反馈：“我们被管得太死，得不到支持，淹没在成堆的文件中，像被鹰一样地监视着，好像学校所有的问题都是我们的错造成的。”

1992 年，得克萨斯州的教育负责人向全州的学校领导宣布，将尝试性地赋予部分学校自由，州政府不再对其进行监管。结果竟然有 2 000 所学校申请脱离州政府的管理，这让州教育厅感到震惊。最终只有100所学校获得了批准！

教学意味着什么

对大多数人而言，教学包括维持课堂秩序，通过讲课或教科书灌输知识，安排考试、评定等级。我们要修正这一刻板印象 。在这里我想引用德国哲学家马丁·海德格尔关于教学的定义，这个定义非常明确且发人深省 ：

> 教比学更难……为什么呢？并不是因为教师必须拥有丰富的知识储备，随时准备运用。教比学更困难是因为，教要求做到的是允许别人去学。真正的教师要做的是让学生自由学习。因此，虽然从他的课堂上似乎没有学到什么具体东西，但通过真正自由的“学”，我们终有一天会恍然大悟——我们学会了如何获得有用的信息。就这一点而言，老师要走在学生前面，与学生相比，老师需要学习的东西更多——他必须学会如何让学生自由学习。老师必须比初学者更能虚心学习，比向他们求学的人更会质疑自己的知识基础。如果教与被教的关系是真诚的，那种无所不知的权威或官方的权威统治就无立足之地。因而，成为一位教师是一件高尚的事情，它与成为一位知名教授完全不同。（12，P.75）

我想再强调一下海德格尔的思想，这也正是本书核心主题的一部分。教师的首要任务是允许学生学习，满足他们的好奇心。仅仅是记住一些客观知识对现实而言价值不大，对未来更没有什么价值。不管是现在还是未来，学会如何学习都是有意义的。因此，教师的任务微妙而艰巨，是一项真正值得推崇的事业。在真正的教学中没有所谓的权威，也没有自命不凡的人。我想指出的是，海德格尔第一次提出上述论断是在1951年或1952年的一次演讲中。换言之，这一关于教学的观点并不新鲜，它有悠久古老的根源。但在任何时代，它都是一种激进的观点，因为它背离了教师的一贯形象。本书将尽力描述当今各类学校贯彻该核心观念的新方法，试图为“教师如何创造性地促进学生的学习以及对学习的热爱”这一问题，提供切实可行的答案。

何谓学习

既然教学的目的是促进学习，那么我们应该先问问“学习”究竟意味着什么。提及这个问题，我就有点儿激动，我想要谈论的是真正的学习，而不是将无助的个体牢牢地绑在凳子上，再将一些无趣的、枯燥的、毫无价值的、学过就忘的知识灌输到他们的脑子里！我正在谈论真正的学习，这种学习是青少年受永无止境的好奇心的驱使，不断去吸收他们看到的、听到的和读到的一切有意义的东西。我谈论的也是真正在“学”的学生，这类学生会告诉你：“我正在从外界发现和汲取知识，并将它们变成自身的一部分。”以如下任何方式学习的学习者，都在我的探讨范围内：

“不，不，这不是我想要的。”

“等等，这与我感兴趣的和我想要的有点沾边了。”

“呀，就是它！这正是我现在所需要的和想了解的。”

这就是本书的主题。

两种类型的学习

我认为学习可以大致分为处于同一个连续体上的两种类型。该连续体的一端是无意义的音节学习，心理学家有时会为被试设置这类任务，诸如记住 baz、ent、nep、arl、lud 之类的音节。此类任务比较难，因为这些音节没有任何意义，要记住它们并不容易，即使记住了也有可能很快忘记。我们通常意识不到，学生在课堂上学习的很多材料就像这些无意义音节一样复杂而无趣。对于那些缺乏理解学习材料所需的背景知识，未受到良好抚育的儿童而言尤其如此。几乎每一个学生都发现，课堂上所学的大部分内容没有意义。因此，教育变成了徒劳的活动，学生所学的知识对自己而言毫无意义。这样的学习只涉及脑：它发生在“脖子以上”，没有任何情感卷入，也没有任何个人意义，它与整体的人没有任何关系。与之相反，还有一种重要的、有意义的经验学习。蹒跚学步的孩子碰到热暖气片，便意识到了“热”的含义，知道以后要当心所有与之类似的暖气片，通过亲身体验学到的知识是不容易忘记的。同样，那个记住了“二加二等于四”的孩子，也许会在某一天玩积木或弹珠的时候突然意识到：“二加二确实等于四！”在思维和情感都参与的学习中，她发现了对自己有重要意义的东西。某个辛辛苦苦掌握了“阅读技能”的孩子，有一天被某本笑话书或历险记迷住了，他突然意识到文字是多么的神奇啊，可以带她进入另一个世界。她现在真正学会了阅读。马歇尔·麦克卢汉给出了另一个例子：一个刚移民到国外的五岁小孩，如果她可以自由地和新伙伴们玩要，即使没有任何语言指导，她也会在几个月内习得这种新语言，并且发音很准确。她的这种学习是重要的、有个人意义的学习，并且学得很快。但是，如果某个人按照老师所认为的有意义的单元来学习新语言，她很可能会学得非常慢，甚至会停滞不前。这类情况很常见，值得我们深思。为什么让孩子按照他们自己的方式学习，就能以一种不容易遗忘且具有高度实际意义的方式很快地学会？为什么在只涉及智力的“教授”过程中，我前面所说的那种效果就很可能被破坏殆尽？进一步的分析可能会帮助我们理解这些问题。

让我们来更准确地定义有意义学习或经验学习所包含的要素。其中一个要素是个人卷入的程度，即整个人的身心，包括情感和认知，都成为学习的一部分。第二个要素是自我主动投入，即使刺激来自于外部，探索、接触以及理解和掌握的愿望却发自内心。第三个要素是渗透性。它引起了学习者在行为、态度甚至是人格上的改变。第四个要素与学习者对事件的评价有关。学习者很清楚学习内容是否能满足自己的需要，能否将他引向自己想要了解的领域，是否恰好填补了自己的空白。我们认为评价的核心在于学习者自身。对学习者而言，学习的本质是意义，当这样的学习发生时，对学习者有意义的元素会被融合到其全部经验之中。

全人的学习

让我们从另一个角度来分析学习。就传统观念而言，教育者通常认为学习是一种有序的认知类型，是左脑的活动。大脑左半球的功能是负责逻辑和线性思考，其工作是一步一步直线式进行的，强调构成整体的部分和细节。它只接受肯定和明确的信息，处理观念和概念，与生活中所谓的“阳性”方面相关。大脑的这种功能是被中小学和大学完全接受的惟一看法。

但全人的学习意味着解放右脑，充分发挥右脑的作用。大脑右半球发挥功能的方式与左半球完全不同，它是直觉性的，在理解细节之前就先抓住了事物的本质，使人从整体上把握事物的结构。它善于隐喻，具有审美而非逻辑功能。它能使思维产生创造性的飞跃，这正是艺术家和创造性科学家的思维方式。它关系着人们对生活质量的感受。弗朗西斯·沃恩在她的经典著作《唤醒直觉》中写道：

> 每个人都经历过直觉，然而直觉常常处于抑制或者没有完全开发的状态。作为一种心理功能，直觉与感觉、情感和思维一样，也是一种认识世界的方式。当你凭直觉来认识事物时，虽然你的认识是正确的，但通常我们并不知道自己是如何获知的。学习使用直觉就是学会做自己的老师。(13)

有意义的学习结合了逻辑思维和直觉思维、智力和情感、概念和经验、观念和意义。当我们进行有意义学习的时候，我们是完整的个体，我们充分使用了自身的阳性与阴性的能力。

两难困境

我相信，所有的教师和教育家都乐意促进这种经验性的、有意义的、全人的学习，而不喜欢那种无意义音节式的学习。但是，现有的大多数学校都被传统的教育束缚着，有意义的学习难以实现。如果我们还是讲解预设的课程，布置相同的作业，用标准化测验评价所有学生，通过教师打分来评价学生的学习，那么我敢保证，有意义的学习绝对不可能发生。

我们有其他的选择吗

教育工作者遵循这种自我挫败的体系，绝不是因为他们自身不求上进，而是因为他们受到的外在限制太多，害怕任何波动，经常不知道还有什么更好的方法。事实上，的确有一些其他的方法可以很好地管理课堂和课程，依据这些假设和理论，教育得以真正建立起来，教师和学生就能找到他们的目标和方向。关于这些，我们将在后面的章节中一一介绍。

寻求平衡

让我们直面致使美国教师这一职业陷入困境的所有因素，我已在前面尽力指出了一些阻碍和威胁。但我们永远不会逃避这样一些令人兴奋的事实：当学生们的眼睛因为新发现而为之一亮时，当一种新的学习渗透并照亮他们的生活时，教师所有的辛苦和个人付出都是值得的。如何能让学生的眼睛经常这样闪亮呢？作为教育工作者，为了点燃这些火花，我们能做些什么？

本书的目的在于为这些问题提供一些建设性答案。这不是一本方法或技术指导手册，它首先是通往教与学的情境的一条途径，你或许可以把它看做一种哲学，一种可以唤醒许多教师和学生生活经验的哲学，教师和学生可以在其中述说自己各种各样的故事。教育和学习的伟大变革不会源于课堂活动，而是源于寻求变革之道的价值观和信念。本书为我们呈现了一个更美好世界的愿景，在那里，所有的人在自己的广阔天地里生活和学习。

有关我们教育系统正在面临的严重危机，我想我说得足够多了：财政缩减，生源减少，法律和官僚制度这张纠结之网搞得教室毫无人性温暖可言，政治团体限制思想和自由，许多学生感到无聊、挫败、生气和绝望。然而，我们也需要看到事物的另一面，依然有很多学生、教师、家长和其他教育工作者积极参与到令人兴奋的创造性学习之中，这本书就是对他们的歌颂。这里有许多远见卓识的学校领导，致力于激发学生终身学习动机的教师，把学校当作一生中最有趣且成长最快之地的学生，他们喜欢上学 。接下来，我想要介绍一些挑战和机遇，它们会给教师带来更有意义的工作。

第3章

身为教师
能展示真实的自己吗

◆

我们能否在课堂上展现人性

一位教师朋友得知我要写这一章后，便在班上问学生：“教师在课堂上能否做自己？”学生们的第一反应就是“当然不能！”接着给出了一些非常有说服力的理由，说明为什么学生和教育工作者都会认为在课堂上绝不可能存在真实而完整的人。

常规的课堂

首先，在整个职业训练和工作经验中，许多教师已经习惯于把自己当成专家——信息提供者、秩序维持者、结果评价者、考试执行者。最终，也是这个人，规划了所有的“教育”目标。她*深信，如果她表现出真实的自己就会毁掉自己的形象。她深知，那个显现在外的专家形象并不是她真正的样子。作为信息的提供者和演讲者，她知道自己的状态有好有坏，甚至有时自己的工作都会不合格。她知道，在某种程度上，如果她卸下面具，做真实的自己，那么她将不得不对学生提出的某些问题说“我不知道”。她意识到，如果和学生充分互动，她必然会非常喜欢某些学生，真的不喜欢另一些学生。那样在给学生评分时，她还怎么能做到客观公正？更糟糕的是，如果她喜欢的学生功课很糟糕，她又情何以堪！她会给那些她喜欢的人差评吗？另外，如果师生有真正的互动，某些胆大的学生可能会说，他们觉得上课很没有意思，课堂内容与他们真正关心的问题没有任何关系。总之，让学生们了解她也是普通人，这的确非常危险。这对她自己有风险，因为她会觉得自己变得非常脆弱。同时也会给她带来职业风险，她可能落下教得不好的坏名声，被批评为关心学生胜于课程内容，学生乱哄哄地讲话，课堂管理无方。因此，她（可以说是大部分教师）更喜欢保险一点的做法：戴稳面具，维持自己的专家姿态，不惜一切代价保持“客观”，高高在上地俯视学生，在教室里与学生保持恰当的距离，维护自己作为仲裁者、评价者和执行者的权利。

其实学生又何尝不是戴着面具，他们的面具甚至比教师的面具还令人费解。如果他想看上去像个好学生，就会按时上课，目不斜视地盯着教师，或者勤奋地记笔记。别看他们那么专注，也许心中正想着周末的约会；而当他们伏案的时候，其实是在笔记本上写信，或者是在想家里寄的钱到了没有。有时候，他真的想学习教师讲授的内容，但是即便如此，他的注意力还是会被两个问题牢牢地占据：“教师对这门课持什么样的观点，我如何在作业中与教师的观点保持一致？”“教师所讲的内容会出现在考试中吗？”如果学生们提问，一般有两种目的，一是炫耀自己的知识经验，另一个就是让教师在自己所熟悉的领域内发表高见，以迎合教师。所以，他不会问让老师尴尬或暴露自己无知的问题。其实，这对他理解课程、教师和同学都毫无帮助。为了顺利通过课程考试，为了给教师留下好印象，他会小心隐藏自己的态度，直到拿到他自己梦寐以求的学位证这个敲门砖。一旦拥有了这张入场券，他就会获得许多机会。然后，他就可以忘记这里的一切，开始真实的生活。

* 本章我统一用女性的“她”，一般地指代教师或教育工作者，而用男性的“他”，一般地指代学生。

对千千万万个学生来说，在课堂上展现真实完整的自我实在是太冒险了。这意味着，他要表达自己真实的感受：漠不关心，对切身所受歧视的愤怒，偶尔出现的兴奋之情，对班上同学的嫉妒，从不愉快的家庭氛围中带来的沮丧，因女朋友而产生的失望或快乐，想要学习重要事物的欲望，对性、心理现象和政府政策的强烈好奇心……面对这些挑战，学生会和教师一样，选择闭上嘴、保持冷静、逆来顺受、不制造麻烦，顺利拿到毕业文凭，这才是万全之策，他可不愿意冒险在课堂上表现出人性。

可能我有点危言耸听了，但我相信你已经意识到，每个学期都会有无数的教师和学生玩这种哑谜游戏。在这种所谓的教育氛围下，学生变得被动、冷漠、烦躁，他们成为了课堂的观光客。教师们日复一日地努力隐藏真实的自我，变得僵化、刻板，最终就会出现职业倦怠。下面是一些来自学生的证据（波士顿地区的八位从八年级到大学的学生，他们来自不同的社会阶层）：

> 学校只是一个交朋友的场所。上课是你必须熬过去的事，教师讲的内容都非常枯燥！我喜欢那些像朋友一样的教师，但当他们回到他们教师的角色时，也一样地乏味。学生们都没有勇气去面对教师和管理者，告诉他们自己的真实感受。在我上学之前，我钻研书籍甚至百科全书，可到第一学年结束的时候，我却不想再看书了。我希望来一次彻底的毁灭，把所有的学校烧成灰烬，然后从头再来。

现在，我想问的是，这种极端的不满是不可避免的吗？课堂能否变成一个令人兴奋、激励，与生活息息相关的有意义的学习的地方？课堂能否变成一个相互学习的地方：你向别人学习，别人也向你学习；学生向教师学习，教师也向学生学习？我认为这不仅可能，而且我还亲眼看到过它已经发生！如果我不是深信这会在数以千计的课堂上发生，我就不会写这本书了。但是要怎么做呢？让我们来看看具体的细节。

我自己的学习

我通过一条迂回的途径，明白了在课堂上展现人性的重要性。作为一名心理咨询师，我需要处理学生以及其他人的各种个人困扰。我发现与他们交流、提供建议、解释事实，以及告诉他们其行为背后的意义，都无济于事。但我逐步发现，如果我相信他们本质上是有能力的人，与他们真诚相处，努力理解他们的感受和内心世界，那么建设性的变化过程就会发生。他们开始更加清晰和深入地洞察自己，探索能够解决自己困扰的方法；他们开始采取行动，让自己变得更加独立，从而可以解决自身的某些问题。

然而，这种对我而言很重要的学习，却使我开始对自己的教师角色产生了质疑。如果我都不能信任我的学生，我又如何能信任咨询中的来访者，相信他们会向着积极的方向发展呢？因此，我开始摸索，试着改变自己的上课方式。令我吃惊的是，当我放下教师的架子后，我的课堂发生了积极的变化，学生们开始热爱学习了。虽然过程很艰难，但是改变在慢慢发生。随着我开始信任学生，我发现他们在人际交往、学习和成长为人的道路上发生了令人难以置信的变化。最重要的是，他们给了我勇气，让我可以做自己，同时也促进了我们之间的交往。他们把自己的感受告诉我，提出一些我从没有思考过的问题。在这种思想的碰撞之下，一些新的、令人兴奋的观点开始浮现在我的脑海，同样也浮现在学生们的脑海中。当我开始以这样的开场白来上课时，我想我已经跨过了一些关键的分水岭：

> 这门课叫作“人格理论”（或者其他什么名字）。但我们可以自行决定在这门课上做什么。我们可以围绕我们想要达成的目标规划学习，我们可以按照自己喜欢的方式来安排课程。我们可以一起来决定如何考试和打分。我有很多便利的资源可利用，我还可以帮助你们找到更多。我想我也是资源之一，只要你需要，随时可以利用。这是我们大家的课，我们想要如何利用这门课呢？

“我们可以自由地学习我们想学的内容，随心而学”这类开场白的效果很好，它可以使课堂气氛变得很不一样。虽然我当时从来没想过使用这类措辞，但我确实从一名教师和评价者，转变成了一个学习促进者，这可是两种完全不同的角色啊！

但是，学生们的反应并非都是积极的。有些学生很快就感到了解脱，并开始主动学习；而有些学生则感到非常疑惑：“这听起来很不错，但是坦白地说，我们已经从教师那里听到了太多空话，我们不相信你。你准备如何为我们打分？”还有一些学生则愤愤不平："我花很多钱来学校是让你教给我知识的，现在你却让我们自学！我感觉上当受骗了。"

我非常理解学生们的这些消极反应，当我尽力想要更清楚地理解他们时，一些事情发生了。学生们发现，他们可以挑战教师，甚至可以批判他，而不会被制止、谴责或羞辱。这本身就使得现在的课堂完全不同于他们之前任何其他的课堂了。他们一点点地体验到了"负责任的自由"这一概念，不是靠智力理解，不是被告知的，而是在情感、情绪和理智中体会出来的。于是，他们以不同的方式、不同的步调开始理解和实践这一理念。塞缪尔·特南鲍姆曾上过我暑期学校的一门研究生课程，他这样描述当时的课堂：学生们最初的惊讶和愤怒，继而日益增长的激情、班级成员之间的亲近，最终难以置信的学习收获以及自我洞察力等等，都是这类课堂的产物。他还写到，作为教师，就我与班级的关系而言，当时我已经成为我想要成为的人了——一个资源丰富的、会犯错的、充满人性的学习促进者。我在另一本书中引用了他的描述（1，pp.297—313），你如果感兴趣，可以找来看看。

随着经验的不断积累，我觉得我在开课时所激起的不满和敌意完全可以避免。因此，不管是出于怯懦还是智慧，我开始提出一些限制和要求，让学生们认识到这是课程的结构，以使他们可以舒心地开始学习。随着课程的展开，他们会逐渐意识到，把每一个独立的"要求"整合到一起时，只是"在这门课上，做你想做的事情，说出和写出你的想法和感受"的不同表达方式。在灵活的框架下，即便用一些传统的表述来提出一系列的"要求"，"自由"也不再是那么让人感觉挫败和充满焦虑了。为了清楚地阐明我的意思，下面我为大家呈现一个课堂实例。

要　求

在这门课上，我对你们有以下几方面的要求：课程结束之前，我希望你们提交一份阅读清单，列出你为了上这门课都读了哪些书，写清楚你阅读每本书的方式。例如，你可能会列出一本书并注明："精读了第 3 章和第 6 章；"你可能列出另一本书，写道："浏览过这本书，发现我完全读不懂；"你还可能又列出一本书，标明："我读了两遍，从中学到了很多，并对第 5~12 章的内容做了详细的笔记。"或者你会说："我很反感这本书的观点，读得越多，我就越讨厌这个作者。"换言之，我希望你们诚实地写出你们读了什么，读到何种程度。这些书不一定是课程大纲中推荐的。

第二项要求是，写一篇论文，论文可长可短，由你自己决定。文中请谈谈对你而言最重要的价值观和行为方式是否在这门课的学习中发生了变化。第三项要求是交给我一份说明，谈谈你对自己学习的评价，你认为应该给自己打多少分。这份说明中要包括：(1) 你评价自己学习的标准；(2) 说明你在哪些方面达到了这些标准，在哪些方面没有达到；(3) 根据你的达标情况，为自己打分。如果我发现我对你学习的评价与你的自我评价相差甚远，那么我会找你单独谈话，看是否能商讨出一个令双方都满意的分数，这样我才能安心签字并上交成绩。

最后一项要求是，写出你对这门课的整体感受。我希望你把它装进信封里，密封好，在外面写上你的名字，然后交给我。我希望你能如实地谈一下这门课对你的意义，包括积极和消极两方面的。我希望你提出批评和建议，以更好地帮助改进这门课程。简而言之，这是你评价这门课、教师以及课程形式的机会。你大可放心，它完全不会影响到你的课程成绩。如果你有所顾虑，可以在信封上注明："在提交最后成绩之前，请不要打开信封。"如果你作如此说明，我保证会尊重你的要求，提交所有成绩之前绝不打开信封。

直到上述每一项要求都完成之后，我才会上交这门课程的最后成绩。

也许这个例子很好地说明了在貌似传统的课程结构下，教师可以给予学生多少自由。我相信它也表明了教学可以以一种人性化的方式来进行。如果我不愿意全身心地支持那些承诺，我就绝不应该对学生说我会赋予他们某种程度的自由或信任。如果我事先赋予他们一定自由，之后又觉得必须把它收回，学生们的怨恨是无法想象的。我发现，与其给予学生自由之后再将权威收回自己的手中，还不如一开始就不给学生们任何自由。如果自由和信任必须受到一定程度的限制，我发现最好把这些限制说清楚："我希望你们在这门课上享受尽可能多的自由，但是，系里要求我们学完这两本教科书，我会按照系里指定的这两本教材来出题考试和评分。"或者"我会说，'给出你自认为公平的评分'，但我意识到，我必须在成绩单上签字，获得我的认可，所以我认为这个成绩必须是双方都认可的成绩。如果我发现我们相互之间对作业的主观评价不一致时，我们会一起探讨，以寻求一个合理的分数。"（我发现自己越来越倾向于坚持一个较高的分数，而不是和学生争论他是否应该得到一个高分。）

所有这些，对学生和我都产生了重大影响。我发现我可以更自由地允许学生提交多样化的作业。有时候，诗歌、艺术作品和社区经验会成为学生们的课题。对我而言，更重要的是，我可以自由地表达不太明确或组织不甚严密的思想（创造性的观点刚产生时总是不周全的），可以从和学生的讨论中获得大量启发。此外，由于我不再是权威，所以我可以更自由地让学生们了解我的感受："我不知道别人作何感受，但我真的很反感你的发言占据了课堂大部分时间，"或者"你的发言总是切中要害，如此的深刻，我希望你在课堂上多多发言。"

教室里这种人性化的学习具有持续不衰的效果。我曾收到一位多年未联系的年轻女性（现在已不再年轻）的来信。她在信中提到，"我一直想告诉您，20 年前您的那两门课，是我在四所不同大学的九年本科和研究生学习中惟一真正的教育经历。我再也没有像那年那样，读过如此多的心理学书籍，并从中收获如此多的快乐。与那一年相比，其他的经历都是痛苦的。"我几乎已经记不起她了，但相隔 20 年，她依然记得那个可以让她自由学习、自由成长的课堂。

一个促进性的课堂

为什么我要把这些个人经历告诉你呢？因为我相信，从我所讲的这些事例中，你和你的学生可能会发现一种合适的方法，在你们的班上形成自由和创造性的学习氛围。你们不是我，你们的学生也不是我当时的学生，所以我无法给出一条条规则，或者告诉你"这是课堂应有的样子"。我只能简单地建议你，如果学生和教师能够开诚布公地讨论这个问题，也许双方都可以发现如何在课堂上作为完整人的方法。有时奇迹就源于这样的讨论，但更多时候，对于教育工作者、每个学生和整个团体互动而言，这是一个痛苦的成长挣扎的过程。只有在这门课结束之时甚至之后，人们才发现在课堂互动中做一个完整的人是多么有意义。下面是一些高中生在心理学课程结束之后所写的一些评论，他们在心理学课程上可以自由地讨论，不会受到限制，哪怕是性和吸毒这两个最敏感的话题。他们可以使用电影、图书、录音带、绘画材料以及其他资源。在这门课程中，任课的艾略特博士扮演的不是教师的角色，而是真正的促进者。

> 我认为应该有更多允许学生畅所欲言的课程！！！在这门课上，人们更真诚，更能体会他人的感受。

> 这门课使我更自觉、更有学习兴趣。我觉得我更独立了，更像一个探索者了，我想要去探索，去了解更多。

> 与以前相比，这门课使我更多地意识到我是一个独立个体。我不需要通过与他人比较来衡量自己，我跟自己比。

> 这门课是我的学校生活中所发生的最重大的事情，因为它使我意识到自己的生活目标，自己正在这个世界上做什么，以及自己想在这个世界上做什么。

> 这门课使我意识到，在这个世界上，并非只有我一个人有很多问题，每一个人都像我一样面临很多问题。它能帮助我更好地理解某些人做某些事的原因。

> 自从我开始上学并开始理解我的所作所为以来，我就梦想有一天情况会有所不同。我从未喜欢过书本和其他文字材料，但我从体察别人喜欢和不喜欢的事物当中学到了很多。

> 在过去的两年里，我一直在伪装自己。我已经意识到自己曾经的样子，所以我改变了。我努力做自己，忠于自己的感受，不再担心别人的看法。

这些描述来自这样一个班级，教师是一个真实的人，她关心青少年，让学生明白她可以理解他们的想法和感受。

课堂变化的例证

撰写本章的过程中，我意外地收到了一个高中生的来信。信中他描述了发生在其数学教师身上的巨大转变。我对此非常感兴趣，便写信给这位教师，以便了解更多她的经历。这确实是一个非常戏剧化的故事，简直是一部情节剧，我本不想用这个故事，因为读者读完之后放下书，可能会发现它过于美好、不够现实。但进一步想想，这个教师在几周内发生的突变，正如我所观察到的其他教师需要在数月甚至数年的时间里所发生的渐变，实质上是一样的。所以我决定，将这个学生和他的教师提供的高中几何课上发生的故事呈现给大家。只有名字进行了替换。以下是皮特信中的一些描述：

> 自从我们这所公立高中发生那次奇迹以来，已经整整两个月 11 天了。3 月 9 日，周一，某位我以前认识的教师来到我们学校，她已经完全不一样了。是的，温妮·摩尔太太（我们学校的初等代数和平面几何教师）已经变了……我们围成一个圈，孩子们教孩子们。但在课上，我们不仅学习数学，我们还学习生活……就像我之前说的，温妮改变了我对生活的看法，我现在有了奋斗目标：成为一名教师，也用这种神奇的新方法来教学。我现在能够与其他人进行沟通，与父母相处得更好，开始关心很多事情，并注意到我从未关注过的事情。所有这些变化都源于这种新方法。

他还附注了很多有同样经历的学生的陈述，我在后面将引用其中一些内容。我必须承认，我的第一反应是：“你认为在这位教师身上究竟发生了什么？”皮特告诉我她的名字，几周后我给她去了封信，试图确认她是否参加过会心团体心理辅导，因为这种经历有时候会带来巨大变化，还询问了一些其他的事情。她回信说她并没有参加过会心团体，但她愿意告诉我某些引起她变化的事件。

那年冬天，她选修了心理咨询的夜大课程。其间她恰巧读了我的一些作品，了解了我提到的可以促进学习和个人成长的品质：真诚（或真实）、深度同理心*、温暖的爱的接纳。她在信中写道：

> 这些概念启发了我，令我惊讶的是，接下来的一周我便可以运用它们。我的一位 15 岁的学生保罗吸毒成瘾，深受困扰，到我家来拜访我。我觉察到他迫切地想要和人沟通，而我正是上帝指派的那个人。（我很确定这

* empathy，作为一个心理学概念，通常译为“同感、同理心或共情”，本书统一使用了“同理心”这一译法。

一现象可以透彻地用心理学术语来解释。）我尽力倾听他的各种诉说，直到我完全体会到他的困境，认为如果我是他也无法忍受他所面临的痛苦。突然，我意识到生活对他来说是多么痛苦。更令人吃惊的是，我意识到他作为我班上的一名学生的感受。过去，我还一直在增加他的痛苦。我看到了他在参加我的测验时的痛苦挣扎。现在，这也变成了我的痛苦。

那个周三的晚上，我在心理咨询课上进行了角色扮演。前一周我就被确定扮演一个有问题的来访者。这个来访者是一个深受困扰、有自杀想法的人，我深信这个角色是我和保罗的融合体。那位扮演咨询师的妇女感到很吃惊，并对我说："如果你能扮演好这个角色，你就能做任何事情。"看上去，她似乎马上就要落泪了。然后，在接下来的那个周五，3月6日，我有了一次不同寻常的经历，我的丈夫约翰帮助我同保罗进行了交流。我们三个人坐在地板上，约翰说，虽然很难，但我们三个人必须以诚相待。我沉默了很久。保罗泪眼婆娑，于是我靠近他，对他低声耳语。我记不全都说了些什么，但却是脱口而出的。我告诉他，我知道他曾试图自杀。（后来他告诉我，他曾试图自杀过四五次。）我也告诉他，我相信他能够远离孤独或失望。他告诉我，以前从来没有人关心过他。在这次沟通之后，我如释重负，并且充满了能量。我真的触及了某个人的内心世界！我感觉到的力量似乎也传递给了保罗。我偶尔读到在马斯洛有关人格的文章《海洋般的感受》中这样的描述：

> 一望无际的地平线在眼前展开，迎面扑来的是一种从未有过的强大和无助的感觉，一种狂喜、惊异和敬畏的感觉，一种迷失在时空之中的恍惚的感觉，一种深信某些极其重要和有价值的事情发生了的感觉。如此经历之后，即便在日常生活中，个体也能获得某种程度的转变和成长。

这就是我的经历！此后4天我一直有一种奇妙的感觉，我觉得自己再也无法忍受以前所扮演的那个古板的教师角色，我必须改变我的教学，因为我必须做真实的自己。传统的教学方式伤害了我，我也必须让保罗看到，我可以改变，他也可以。在接下来的那个周一，我改变了我所任教的课程，就像我的学生所描述的那样。有那么几个月，保罗一直都很依赖我，但我们现在变成了很好的朋友。在与同伴的交往中，他似乎变得更独立、更自信了。

这就是发生在她身上的事情！显然，她已经经历了一场有深远影响的转变。（我一直怀疑由外因导致的转变，如一个鼓舞人心的演讲者或群体压力。然而，内在经历所带来的转变却完全不同，且这种转变具有恒久性。）她和丈夫对保罗所做的一切，可能会受到很多读者的质疑。她有资格对这个有严重问题的男孩做咨询吗？在我看来，另外一种选择——赶走一个冒险前来求助的孩子必然会带来伤害，我很高兴她能冒险一试。肯定存在一种真正的心理联结，使她能够直觉到男孩自杀的意图。我必须承认她一开始的耳语行为非常冒险，幸好事实证明了她的直觉是正确的。如果换作是我，我可能会进行更多的尝试性交流。无论我们如何评价她为保罗所提供的咨询，这件事对她都影响深远。她已经让自己走进了一个学生的内心世界，不仅体验到了他的痛苦，还进一步感受到了她的课所带给他的痛苦。（想象一下，如果每位教师都能考虑一下每个学生在自己课堂上的感受，哪怕是只有几分钟的时间，结果也会大不相同！）对摩尔太太来说，这次深刻的同理心卷入，使她彻底改变了自己的教学方式。这种变化是显著的，从下面两位同学的描述中可见一斑：

摩尔太太班上的一个男孩 在我的几何课上所发生的一切难以用言辞来形容。但正是因为摩尔太太对我们和对她自己的诚实，便使这一切慢慢地逐步发生了。我无法说清楚，她的每一步给我、我们班、我的教育以及我对人生的看法产生了怎样的影响。我已经从班里那么多人身上学到了那么多东西，并且立志要学好几何。

一个女孩写给摩尔太太的话 多年的受教育经历让我不得不相信，教师就是专门伤害人的机器人。我也意识到，我必须闭上耳朵不听他们说什么，因为他们让我感到恐惧……三年级的时候，当我在测验中表现得一团糟或者不能理解家庭作业时，我的数学教师说我又笨又懒，无可救药。她让我恐惧到每当考试时我都会担心自己考不及格，甚至每一科都不及格。父母认为这是因为我学习不够刻苦，他们剥夺了我所有的权利。我每天必须七点半就睡觉，为第二天恐怖的学校生活提供足够的精力……

这就像一场梦。现在我终于有了一位教师，她明白学生需要她，想和她成为朋友，希望在她的帮助下弄明白如此之多混淆不清的事物！摩尔太太，当我离开您的班级时，我想对每一个人大喊，有人真的关心我们。

我觉得对于一个教师和一个班级来说，这种突然的变化非常罕见，不同寻常。但是，不管是循序渐进还是突然的变化，学生们的反应才是最重要的。发现一位充满人性的教师，在班上被人性地对待，这不仅仅是一种珍贵的经历，而且会激发一个人的学习和自我理解，促进与他人的交流。

如何成为真实的我

至此，前文不断提及的“成为真正的”和“做真实的自己”这些说法本质上意味着什么？我将会从几个方面来探讨。首先，这些问题很普通。我发现相比于课堂、小组讨论和个人讨论，年轻人更容易在咨询关系和会心团体中建立亲密关系。我发现在人们的表面谈话之下，往往隐藏着一个意义深远的问题。几乎每一个人都面临着这样一个至关重要的问题：“我究竟是谁？我曾经发现或者触及过真实的自我吗？我可以在自身感到任何的确定性和稳定性吗？”这不仅仅是年轻人的问题，也是无数年长者的问题。

寻求同一性：一个现代社会的问题

可能我们每一个人都会陷入寻求自我同一性的挣扎之中，想知道自己是什么样的人，想成为什么样的人。同一性寻求涉及各个方面，包括我们的着装、发型和外表。在更具有意义的层面上，它涉及我们的价值观选择，我们对待父母和他人的态度，我们所选择的与社会的关系，我们的人生哲学。在那些日子里，同一性寻求令人无比困惑。正如一位女大学生所说的：

我感到很困惑。正当我苦思不得其解时，我和某个非常确定生活意义是什么的朋友进行了谈话。因为我自己的想法如此不确定，我对这次

> 谈话印象非常深刻。然而，当我离开之后，我意识到这是他的答案，而不是我的答案。我必须去发掘自己的答案，但这太难了，因为所有的事情都如此的散乱和不确定。

我认为，在现代社会，人们对真实自我的探索、对同一性的探索比以往任何时候都要迫切。在过去，个体是否发现自我并不重要。也许他不寻求自我同一性，反而会过得更好，因为他们的身份是与生俱来的。如果你想象自己回到了封建时代，那将会非常有趣。农奴终其一生都是农奴，他的孩子也还是农奴。他只能勉强维持生计，他所有的工作都是为了供养庄园主，而庄园主则保证他的生存。贵族的生活很奢华，但他们的身份也是限定的。他是主人，对他的追随者负责，他的孩子将会继承他的贵族身份。我们的国家曾经有一段非常黑暗的历史：奴隶永远是奴隶，奴隶主永远是奴隶主。放弃这些角色认同之难一直痛苦地伴随着我们。如此严格地界定角色，对现在的我们来说似乎是一种可怕的限制，但它也使生活的许多方面变得简单起来。工匠知道他和他的儿子们将永远都是工匠，他的妻子知道，她和女儿永远都是丈夫的仆人。这里几乎没有其他的选择，但奇怪的是，它却给了人们一种我们现在已不再有的那种安全感。另一个我们比较容易理解的类比可能就是和平时代的军人。许多男性和女性，以出乎自己预料的满意度接受了他们的军旅生活。他们几乎没有别的选择：他们被告知穿什么、如何表现、住在哪里、做什么。他们可以自由地发牢骚，不需要对自己的生活负任何责任。他们被赋予某种同一性，被告知自己是谁。大部分人必须经历的那种痛苦的自我探索，至少可以暂时被搁置在一边。

正是基于这类原因，我才认为寻求真实的自我是现代人特有的问题，个体的生活不再由其家庭、社会阶层、肤色、宗教信仰或国家来决定（虽然会受其影响）。我们自己承担了发现自我同一性的责任。我相信，现代社会中惟一没有承受自我探索之苦的人，是那些自愿将自己的同一性与某些组织或机构的目的、价值观和哲学绑在一起的人。例如某些人皈依教规森严的宗教，他们可以从信仰的宗教中找到所有问题的答案；某些人信仰某一严格的意识形态（不管是革命的还是反革命的），这种意识形态决定了他们的哲学、生活方式和行为；有些人献身于科学、工业或者传统教育（虽然这些机构的本质存在很大不同）；或者就像我前面提到的，把自己的生活交给军队的人。我完全可以理解个体做出这些承诺获得的满足感和安全感，部分是为了获得一定程度的舒适感。从顺从到自由的转变会带来巨大的失衡和不安。但是我猜想，大多数年轻人为了发现真实的自我、选择自己的独特性，宁愿承受更多痛苦的重负。我知道这也正是我的选择。此外，人们普遍担心的一点是，他们努力去发现的那个内在的真实的自我，有可能会是一个毫无价值的、古怪的、邪恶的或者可怕的怪物。一个探索自我的学生表达了这种恐惧：

> 我觉得我的心灵是开放的，就像一个烟囱，上面冒着火花和令人激动的事情，而越往下越黑暗。我害怕走到下面，因为我害怕我自己可能会发现的东西。现在我不想继续这么做了。

事实上，这是一种很常见的心态。

通往自我的道路

人们追求“成为你自己”的方法有很多。有些人的生活因为童年的经历而严重扭曲。对他们而言，追求内心的真实，追求真正的自我，可能是一个漫长而痛苦的过程。幸运的是，已经有人踏上了探索的征途，并且这个过程相对轻松。有些人在探索过程中着实被各种风险吓坏了，以至于固步不前，害怕踏上任何一条未知的道路。我将简单介绍几种人们在追寻真实自我时冒险走过的道路。

一种途径：咨询 现在，越来越多的人通过咨询和心理治疗来探索自我。这种探险的成功与否，很大程度上依赖于探求者本人和治疗师的态度。我和同事归纳出了三种态度（三种存在的方式），这在治疗关系中尤为重要，大量研究已经证实了这种观点。第一种态度是治疗师的真实或真诚。他就是他看起来的样子，他的内心感受与他的外部表达是一致的，表里如一。第二种态度是非占有的、不作评价的关注——一种能够为寻求帮助的人创设安全氛围的爱。第三种是治疗师用一种特别同理心的方式进行的倾听的能力，这能够实现对来访者内心世界的接纳性理解。这种完全得到理解，而不会被品头论足的感觉非常可贵，能促进来访者的成长。但这是从咨询师或治疗师的角度来讲的。需要说明的是，我所描述的过程可能需要数周、数月甚至数年才能完成。

这是梅勒妮来信的一部分。她今年 24 岁，是一名教师。她读了一本我的书，来信告诉我她的治疗经历：

> 我已经发现了新生活，一种充满活力和探险意识的生活。我从自己的内心找到力量，能给予他人爱，并帮助他们自信、独立地成长。我已经重回教学。在健康的氛围中，我看到孩子们冲破了他们的防御并伸出了手，勇敢地在他们自己和我之间的隔阂上架起了桥梁。我看着他们就感到满心欢喜。

我想梅勒妮的话正表明，如果一个人想成为自我，成为一个名副其实的独立的人，从他人那里寻求信任、接纳和爱是非常重要的。显然，梅勒妮为她在校的学生创设的氛围，正在提供这样一种关系。

另一种途径：学习小组　越来越多的人有参与增强团体的经历，这些团体有各种不同名称的标签。与我们目前的讨论主题最为相关的是那些与大学课程相关联，带有多重目的，并能为学生在理解和接纳自我的过程中提供成长机会的团体。大量的医科学校为刚入学的新生组织了类似的团体小组。很多企业组织户外团队，让人们体验户外生存。在亚利桑那州普莱斯考特的普莱斯考特学院，新生要在教员的带领下进行为期 17 天至 19 天的野外生存。那些计划进行改革的公立学校，也纳入了增强团体训练，作为转型过程的一部分。

这样的小组通常由学生、授课教师和行政人员组成，校方还鼓励已婚学生邀请自己的配偶一同参与。这种活动通常在校园外一个非正式的类似营地的地方进行，由一个富有经验的、持有上述心理治疗师那样态度的人主持。对大部分参与者而言，活动的结果都会非常有意义。他们与教员之间建立了深厚的、兄弟般的亲密关系；与其他学员建立了友谊；在发现平时的面具之下真实自我的过程中获得了成长。我和其他教师，也将这样的增强团体经验引入到我们的课程体系之中。我个人倾向于在课程开设之初和临近尾声时分别开展一次这样的活动。我会列举一些实际的例子，这些例子来自于 30 个学生选修的一门课程，有三个往届的学生担任促进者。我选择的都是与发现真实自我主题密切相关的反馈。

> 我总是希望被爱、被接纳和被尊重，并且感觉这只能是由来自于他

人的某种价值判断才能产生的，我没法破坏这种规则，而我真实的感受并不重要。在我们的第一次会心团体聚会上，当触及我内心深处的个人问题之时，当大家对我的反馈感到欣慰之时，当我试图去正视自己之时，虽然思绪很混乱，但感觉很好。可我发现可能这并不是真正的我，也许另一个我有话要说，但他有权利发言吗？……（他叙述了他是如何开始表达自己的感受的）……在这里我真实地告诉别人我的感受，真实地意识到我自己体验到的是什么。写到这里，我变得很激动，已经热泪盈眶。

我感到我确实正在从各种“应该”和迎合他人的期望中抽身离开，因为我不必一直取悦于他人，我能成为我自己，真实地意识到自己正在经历什么，这不是罪过，我确实有这样的权利。我个人的一些价值观发生了重大改变。我发现我正在向着信任自己的那个方向不断前进，虽然这需要一段时间。

自从上次会心团体活动之后，我的心门已被打开，以一种更清晰、更投入和更有意义的方式来体验自我、我的妻儿和我的工作。灵感、思想和情绪洞察力不断涌现，让我在这些方面更为自由，更加开放。我认为这些改变应归功于我的会心团体经历。

当回顾我的会心团体经历时，我意识到我已经学会了通过感受来引导自己，我已经能把团体不适合我思维方式的、所谓的“应该怎样”的那些东西过滤掉了。

团体成员帮我正视自己不理性的行为，不仅仅帮我指出问题，而且是以一种开放和互动的方式进行的……随着团体活动接近尾声，我开始有了良好的感觉体验。我已经培养起了以积极的方式面对自己问题的意愿。当我直面问题时才发现，曾令我恐惧达五年之久的事情，其实并没有那么重要。

有了基本的会心团体的经历，我相信我能学会接纳自己。我清楚地意识到这需要时间，但我很确信当我不再对自己吹毛求疵时，我会越来越快乐。我确信这门课程在这个方面给了我很大的帮助。

我开始清晰地意识到我过于想要证明自己。事实上，我不需要刻意地去证明自己。我真正需要做的，我惟一的责任，就是成为我自己。我珍视自己作为一个人所拥有的一切——我的依赖需求，我的恐惧，我的求证需求，我的不足和局限，以及我对他人温暖的感觉，我的知识、能力、价值和潜力。

当然，也并不是每个人都能从这样的团体经历中受益。在这个班级中，就有一个消极的反馈：

我对这门课程的消极反馈是，对我个人而言，这是一次沮丧的经历，因为看到在我们团体中有那么多内心深处存在困扰的人，其中一些人有如此深入而复杂的个人困扰，以至于让我担心他们永远都没法超越自我。当然，从另一方面而言，我很庆幸我没有他们那样的问题，但这种庆幸似乎没法超脱、抵消我的忧虑：为与我同样在生活中四处漂泊、备感困扰的人而担忧。我个人并没有从这些团队成员中获得任何帮助……但我承认，这样的团体对我的那些有困扰的队友有着巨大的价值。

这些学生的论述（除了最后一个）也许就是个体发现自我，在成为更加深刻、更加真实的自我过程中不断进步的证据。

自我发现的终生旅途

自我发现、自我接纳和自我表达的过程，并非只能在治疗或者团体中进行。很多人并没有这两种经验。对于那些有这样经验的人而言，治疗或团体只是在有限的时间内存在。但对我们所有人而言，探寻成为那个最独特的自己是一个终生的过程。我想这就是为什么传记文学能够吸引那么多读者的一个原因。我们喜欢追随个人的奋斗过程成为其所能成为的样子。对我而言，这一点恰好能够在我刚读完的一本书中加以证明。这本书讲述了艺术家乔治亚·欧姬芙一生的故事，她的人生发展过程存在着几个重要的转折点。14 岁时，内心独立、外表顺从的她，在一所严格的天主教学校因其淑女般的端庄仪态而赢得了金奖。但到 16 岁时，她开始穿着带有中西部风格、手工裁剪的无束缚的宽松衣服（这可是 1903 年！）。这成为了贯穿她人生多年的一个重要特点。在 29 岁时，她把自己禁闭在工作室，用近似残忍的超然态度分析自己所有的作品。她能够说出哪幅画是为了取悦某个教授，哪幅画又是为了取悦另一个教授，哪幅画是受了当时最为著名的艺术家的影响。

> 之后，她脑海里浮现出一个想法。在她的内心有一些抽象的图形开始整合成她的想象，与之前任何老师教给她的都不一样。“属于你自己的东西是如此地接近你自己，但问题在于你常常觉察不到它就在那里。”她之后又解释……“我能想象出一大堆我想画下来的东西，但我从未想过把它们画出来，因为我从来没有见过类似的东西”……她下定决心，这就是她今后将要画的东西。（2，p.81）

就像你所能想象的那样，这个决定是她通向自己巅峰状态，成为伟大艺术家的第一步。即便在 90 多岁的时候，她依然坚持画她自己对沙漠、白骨、庞大而华丽的花朵的独特感受，以致达到了让人一眼就能认出“这是乔治亚·欧姬芙的作品”。

就像乔治亚·欧姬芙一样，我们每一个人都是自己生活的艺术家或建筑师。我们可以刻意模仿他人，我们可以以取悦他人为生，或者，我们也可以发现对我们而言最独特和宝贵的东西，画出那个样子，成为那个样子。这项任务需要我们毕其一生来完成。

一所隐形的大学

作为专业人士，我们当中很多人反而会扮演阻碍终生学习的角色。在专业学术会议上，人们站在演讲台上，向一群高学历的知识分子朗读自己的学术论文。这种形式在我看来就是对宝贵资源的一种浪费。显然，并不只有我一个人持有这种观点。从 1974 年始，致力于学校研究的一批来自大学的学者，开始开会讨论教师职业所面临的一些重要问题。在这里，不需要报告论文，研究者们坐成一圈，讨论一系列由组内成员提出的问题。这个团体没有繁文缛节，注重对话与讨论，因此被称为“隐形大学”。杰雷·布罗菲，密歇根州立大学的杰出教授，他是这个团体的创始人之一，也是这个梦想的守护人和年度会议的组织者。对会员提出的主题感兴趣的人，都可以成为隐形学院的会员，入会只需象征性地缴纳注册费（10 到 15 美元）。隐形大学大约有 200 名会员，每年在美国教育研究协会（AERA）的年度会议的前两天碰面。在这两天，会议经常会持续到深夜，会上有各种热烈的讨论和激烈的模拟辩论，偶尔会有临时发起的歌会。这个年度会议已经持续了 20 年，现在已经允许博士生参加，为大学教员提供了一个在非正式的场合向他人学习的大好机会。终生探寻学习的机会，比它刚出现时看起来更富挑战。

值得庆祝的学习时刻：向他人学习

提升学习质量的运动始于教师和其他人的解放，使其成为学习的促进者。从 20 世纪 80 年代开始，超过 25 个州的教育部门特别针对教师、校长和教育督导人员成立了书院。这些书院一般持续一到两周时间，在远离教学楼的自然环境中开展活动。它们为许多教师提供了深入的增强人际交往的体验。西弗吉尼亚州最先发起了这种教师书院：来自全州的教师相互学习，同时还向全国的教育者学习。该理念运作得非常成功，以至于地方的学区也开始开展各自的书院。1992 年夏天，在西弗吉尼亚查尔斯顿的一个书院中，教师们被要求写下自己重要的学习时刻。这些发自肺腑的间断的随笔，生动地讲述了成为一名现代教师的重要意义，以及向别人学习的力量。以下摘录的短文反映了教师自我发现的历程。

一个学生教我的课程

戴安娜·里特纳（跨道小学）

第一课：第一印象非常重要。我不相信偶然，只相信机会。成为马尔伯里－赫尔姆中心的惟一认证教师，就是我人生中的一次重大机遇。

在我的班级中的每一个孩子都是我的良师益友。他们为我提供了内省与欢乐，弥补了我大学教育的空白部分，并且一直触动着我的人生。

每一个孩子都有自己的故事。我将和读者分享从特里那儿学到的很多有趣的经验教训。特里的临床特征就足以让那些特殊教育领域的终身教授血压激增。特里是一个体重为 21 磅的 5 岁男孩，被诊断为脑瘫。他的身体异常包括脑积水、双眼窝不对称、凹颈、鸡胸、在背部中央有大量突出的骨质、左腿瘸和右腿畸形。

除了在坐姿的情况下能够支撑住自己的身体保持平衡和进食外，特里所有其他的身体功能都需要他人帮助才能得以实现。此外，他还有严重的口吃问题。

唉！在我特殊教育专业的学习中，没有任何知识或方法是为我在这种情况下工作而准备的。即便是用“不知所措”这个词也不足以表达我内心的焦虑，这完全超出我的能力范围了。

从特里进入班级的那一刻开始，他便开始教我。他向我展现了他标志性的灿烂笑容，他对我说：“你好！我叫特里。你就是我的新老师吗？”那一刻，特里所有的异常瞬间瓦解，在我眼前的，只是一个身体孱弱但又渴望学习的小男孩。

第二课：内心美丽的人以不同的眼光看待其他人的丑陋。我们是一个联邦政府资助的项目，因此会接待大量的参观者。当一群人穿过我们的房间时，我总觉得我们就像动物园里的动物那样被游人参观。

很多时候，参观者以一种友善、体谅的方式与我们的孩子互动；但也有时候，他们会缩在门外，脸上露出厌恶的神色。

有一次，被这样地参观之后，我真的被激怒了！我的肢体语言、面部表情和语调语气各方面都表现得非常明显。特里问我发生了什么事，我试图以一种隐晦的方式向他解释，这些人没有权利将他们的消极反应强加于我们的班级，强加于我们。

特里，以他礼貌、友善和大度的方式，简单地说：“也许他们不习惯被这么多小孩子围着吧。”

第三课：不要让别人把他们的限制强加于你。罗威女士的音乐课是我们的一项日常活动。每当这个时候，孩子们会变得异常兴奋，又唱又跳，发出各种声音。他们真的很喜欢音乐。在一次课上，特里竟说他想跳舞。

我们几个成人面面相觑，沉默着。事实上是在向特里反馈：“哦，不！”这给了我们巨大的压力。“因为有一些事情孩子们做不到。这多么令人沮丧！”不希望尴尬持续下去，邦尼抱起了特里。

他结结巴巴地说：“不，不，不，把我放到地上，我要像电视里的他们那样跶、跶地跳舞。”

邦尼只得弯腰把特里放到地上，看着我这个惟一有教师资格证、无所不知的教师，想让我来确定他跳舞的动作是否正确。我心跳得厉害，完全陷入恐慌之中。特里，作为一个独特的个体，展现出了他完成“不可能”任务的能力。他跳起舞来了！我是指他真的跳舞了。从腹部开始，他直起了他的上半身，和地板构成直角。他还有节奏地摇摆身体，在创作动作！他准确地踩中了“节拍”。

第四课：忍耐是有限度的，超过那个度，你就要表现出你真实的自己。教特里掌握进食的技能是我们的一项任务。他有在嘴巴里含食物的习惯。妈妈非常担心当他睡着时，把食物吸入气管而窒息。

特里的父母共有七个孩子，食物刚刚够分。从特里那里我们了解到，如果吃得慢，将会饿着肚子离开餐桌。特里的这个习惯是在特殊的生活环境中养成的。

当我们向其母亲解释这种习惯养成的原因之后，我们开始教特里如何吞咽放进嘴里的食物。这个任务并不简单。他五年时间都在练习正确的进食方法。我们以柔软的婴儿类食物开始我们的矫正任务。

每天，我们都会告诉特里我们计划为他准备的午餐，他都会笑着说：“太好了！”我们有一大包奶油玉米，因此他经常吃这个。

大概在三周之后的某一天，我们像往常一样，告诉特里午餐的食谱：“今天你会吃到炒牛肉酱、酸橙果冻和奶油玉米。”

特里深吸了一口气，面部肌肉开始扭曲，然后嚎啕大哭！我们被吓住了！特里，这个温和的小男孩，从未发过牢骚，从未生过气，从未大哭过。他一定是身体有什么地方非常不舒服！我在他面前跪了下来，轻轻地抚摸他的额头，轻声地问他：“特里，怎么了？”

他继续啜泣了一会儿，又深吸了一口气，抬起头，痛苦地看着我，哽咽地说：“老—老—老师，我不喜欢奶油玉米。”

作为一名教师，我不断地向我的学生学习大量宝贵的东西，并在这个过程中得以重新发现自我。（3）

无声的欢庆

蒂姆·美利菲尔德（埃尔克维尤中学）

学习过程中你是否曾经有欢庆的时刻，而学生却无法知晓你的喜悦？我最值得欢庆的那一刻是独自看着一个学生完全依靠自己取得巨大的成功，当时我真的喜极而泣。请让我慢慢来讲述这个故事。

我的第一年教学工作是在欧文学校担当职业训练员。我的工作是教智障学生在现实生活中所需的各种技能。我要咨询各类用人单位，了解完成各种特定的工作学生所需掌握的技能和技巧。我还得教学生怎么从工作单位回家，比如乘坐卡诺瓦峡谷地区的公交车从单位回到家。你尝试过教一个智障学生付费乘公交回家吗？

这个学生（乔伊）要去一家糖果零售店工作。他住在马米特城。每天，为了赶公交车，我们不得不穿过交通繁忙的街区。

从9月到12月，我们一直在做同样的事情。上班路上要尽量避免街道上飞驰而过的汽车，每天过马路都得小心翼翼……更别提教乔伊如何付公交车费和下车了。

在圣诞假期来临前的最后一天，这个时刻终于到来了。我告诉乔伊，今天他必须自己独立从单位回家。我们已经为这一天准备了好几个月了。一整天，乔伊都非常紧张、焦虑、兴奋和不安。由于激动和恐惧，他很难安心工作。乔伊一再恳求我和他一起坐车回家。他说他无法这样做，也做不到，我必须和他一起回家。我告诉他必须自己找到回家的路，因为下班后我要去看医生。到下班时间三点时，他哭着求我别离开，我却躲到了角落偷偷地哭了起来。我不知道更紧张的是他还是我。他压根儿不知道我会跟着公交车，以确保他能够找到回家的路。

乔伊离开了糖果店，我在角落里看着他。我祈祷着他在过那条繁忙的马路时别被车撞到，弄伤自己。他到达第一个路口时，观察了两个方向的情况准备穿过马路。他刚横穿马路时，一辆黑色的雪佛兰就来了一个急刹车，顿时吓得我想立即冲上街道，阻止可能发生的惨剧。幸运的是，乔伊跑着穿过了马路，因此没有看到我。我大汗淋漓，哭着对自己说："我再也不想教了。”接下来的挑战是穿过麦科克尔马路。乔伊来到了红绿灯前，直到车行道的红灯亮起后才开始穿过马路，他正确地做到了。这次尝试没有发生任何意外，除了我受到惊吓之外。我知道我不用再担心了。公交车似乎像是过了五天才缓缓驶来，乔伊上了车。当那辆车开始启动时，我赶紧奔向自己的车，以便能紧紧跟上它。当我追上公交车时，我变得更焦虑了。乔伊是坐在公交车上，但他能否在正确的站点下车呢？啊，感觉这趟车好像开了好几天。终于，乔伊要到站了，我一直在祈祷他能顺利下车。真是令人欣慰，他做到了。乔伊下了公交车，穿过马路，走回了自己家。到了家，他高兴得又蹦又跳。就在那个时刻，我是如此地兴奋，我多么希望和乔伊一起分享这一刻，但我知道不可以。我在路过的第一个付费电话前停了下来，给我的领导打电话，分享我的喜悦。直到今天，这件事仍然能够带来如此美好的回忆。我们每一个人都欢庆那个时刻，而我因此成为了一个更真实的人。（4）

改变需要时间

珍妮丝·妮丝（锡森威尔高中）

我是在 20 世纪 60 年代后期去锡森威尔高中就职的，当时正值美国民权运动高峰，大部分学生的狭隘与偏执程度让我震惊，改变这种态度便成为了我的目标。经过几年的努力，学生少许的改变令我很欣慰，但还不值得庆祝。

几年后，我非常开心我的英文班中来了一个聪明的年轻人大卫，他身上具有优秀学生的所有特征。当得知他是一个直言不讳、伶牙俐齿的偏执狂，对种族持有狭隘、自以为是的观点时，可以想象我有多么沮丧。

幸运的是，那时我已经意识到，正面的冲突既不合适，也无法实现任何长久的改变。因此，我采用了更为迂回的方式。在我们的诗歌教学环节，我有意识地加入了一些当代黑人诗人的作品，并选择了一部我认为真实反映黑人生活的小说作为文学阅读的材料。

起初，大卫很不愿意来上这门课。但到了学年末，他开始带着黑人诗人兰斯顿·休斯的一卷诗集来教室了。尽管如此，他从未暗示或者明言他的观点已经发生变化。到大卫毕业的时候，他身上其他的优点给我留下了深刻的印象，我也无须强硬地去直接改变他对世界的看法了。

你可能会说，这没什么可值得庆祝的。1983 年，大卫已经成为某知名大学青少年医学系首席心理学家。他写了一封很长的推荐信，提名我参选年度教师。更重要的是，他提到当年我们有关黑人文学那个单元的学习，为他提供了看待黑人生活的新视角，增进了他对黑人青少年的宝贵了解以及和他们的关系，而他现在每天都要和许多黑人青少年打交道。他在信中更为明确地肯定了个体接触新理念和新体验的重要性，肯定了为更好地理解世界和周围的人而进行的努力的价值。

噢！现在，我们有真正值得庆祝的理由了，真的。当读到大卫的信的时候，是我最高兴的时刻！我理解我们是如此真实而深刻地感化了我们的学生，我们竟有如此大的力量，对学生的长期改变产生了影响。我庆幸，我祈祷，希望我们因对学生的影响而带来的改变一直都是积极的，祈祷他们能够肯定自己作为学生和个体的价值。（5）

美就在此

贝蒂·史密斯（圣奥尔本斯高中）

雪兰山谷很美。两周前我沿着 81 号公路一直向南行驶时路过这里。当时天气非常好，我的女儿吉尔就坐在我旁边。吉尔得了一种致命的慢性皮肤病，每隔 8 周就要到国家卫生研究院做一次检查，而 81 号公路正是我们的必经之路。这次，医生告诉我她的情况更加糟糕了。我沿着高速路开车时，脑海里闪现出近来家中的诸多之事。我的父亲刚去世不久；我的小儿子，一个收养的混血儿，不久前和一名可爱的但被父母抛弃的白人女孩结了婚；我的母亲，一位 73 岁的老年痴呆症患者，生活完全不能自理——需要纸尿片和喂食。我坚决不把她送到养老院，让她一直在我身边。现实就是这样残酷。雪兰山谷很美，但我的世界却是灰暗的。

我看着正在做字谜游戏的吉尔，想着她的人生，知道她的人生多么黯淡。此刻世界看起来如此沉重。突然，吉尔的提问打断了我的思绪:“妈妈，为什么你选择当教师？”惊讶之余，我反问我的这个疲劳的小旅行者:“为什么你会问我这个问题呢？”“哦，我只是没有看到你在做其他别的事情啊。”我的眼泪在打转，我看着她，笑着说：“是的，吉尔，没错！”

教师，我一心想从事的职业，一个称呼，一种爱。突然我发现，山谷被太阳照亮了，世界变得更美了。我之所以能够很好地处理自己生活中的问题，是因为我是一名教师！通过这个媒介，生活才有了意义。它带来了幸福！学习中值得庆祝的时刻是由一个孩子的单纯、一趟沉闷的旅行以及我的觉醒唤起的，我成为了我想成为的——一名教师！！！

永远为时不晚

廖碧思·博格斯（锡森威尔高中）

20 年的教龄和硕士学位对于现在的我已足够。和年轻一代的教师一起学习研究生课程，我并不感兴趣。我这样一个中年人的思想已经跟不上年轻人的想法了。我已有足够的技能完成一名图书馆管理员的职责。由于我不承担课堂教学，并不需要学习新的教学策略。但有一天，我的态度改变了。

在一次午餐时间，一位同事走进了图书馆并注意到仍然有很多读者。她问为什么那么多“不合时宜的人”与我一起度过午饭时间？她的问题引发了我一系列的思考。我能影响学生吗？我能让他们在学校的经历更有收获吗？我怎样才能够鼓励他们与同伴之间相互接纳、建立友谊？我是否有足够的热情与这些十几岁的孩子打交道？这些自我质疑的问题揭示了我的固步自封，但我仍然认为自己发挥不了教师的作用。

于是，学习重新开始了。我报名参加了有关有效沟通技巧以及如何建立并维持人际关系的研究生课程。有关合作训练和合作学习的课程，教会了我鼓励学生提高自尊的技巧。这些学习班的学习让我的身心重获新生。

每个新学年，都有一些新学生进入图书馆，孤独地坐下来看书。此时，为了不显得唐突，我会通过给他提供帮助、赞赏他的某个物品很漂亮或者给予他一个积极的评价等方式来试图与他沟通。通常，这些学生与我有过互动之后，他们也开始与其他同学有了互动。当学年结束时，绝大部分“不合时宜的人”与朋友共享一张桌子了，而我在默默地为他们感到高兴。

从自我评估的那一刻起，我开始意识到学习是分很多阶段的。获得知识只是其中的一部分。获得智慧、学会同情和追求个人的潜力是一个不断持续的过程。虽然我的面孔不断衰老，但我却有一颗年轻的心，它说“教我吧，让我感化更多人的生活”。(7)

评 论

戴安娜·里特纳和贝蒂·史密斯都以一种特殊的方式，从面临苦难的孩子身上学到了终生的理解与希望。蒂姆·美利菲尔德、珍妮丝·妮丝和廖碧思·博格斯都从他们的学生身上，重新发现了各自生活的独特之处。蒂姆意识到，乔伊的自立意味着他必须转变自己的教师角色。珍妮丝发现，只有到孩子长大成人之时，才能发现自己曾经为孩子打开了通向世界的大门。而廖碧思则发现，学习是个体终身的追求。

以上每一篇庆祝学习时刻的文章都反映了在身边学习和发现自我的机会。这五位教师之所以能从他们的学生（其中一个是自己的女儿）身上得到这么多启发，是因为他们能够以足够开放的心态去倾听与观察。要想成为别人学习的促进者，教育者必须首先成为自己学习的促进者。

你能成为你自己

让我总结一下“发现个人的真实自我”的意义所在。首先，它是一种过程，一个方向，而不是静态的成就。我估计没有一个人能完全成功地发现自己全部真实（且不断变化）的自我，但这个过程有一些基本的特点——人们会从隐藏的面具和假装背后走出来，无论这种伪装是有意识的还是无意识的。他们在向自己的内在靠近，朝着他们内在体验的觉察方向走来。他们发现这一成长非常复杂和多变，从狂热、疯狂，到沉着、冷静、受社会赞许等各种体验都有。他们试着接受这一切体验，作为他们自己的东西：他们发现，他们是有大量各种各样反应的人。他们越能拥有和接纳内心的这种反应，越不畏惧，就越能感受这些反应具有的意义；这些丰富的内心体验就越多地属于他们自己。个体可能会意识到自己也会像孩子般依赖他人，需要照顾和保护。在合适的场合，她可以让自己成为那个孩子般的依赖的自我。在一些特定的场合，她发现自己容易被激怒。此种场合下她能更加直接地表达怒气，而不是压抑它，直到某一天爆发出来而伤害他人。男人能够发现自己柔软、温柔、慈爱的一面（这对男性而言是特别难拥有的情感），且能以一种满足而不是害羞的方式来表达。这些人在他们的感受、态度和潜能方面变得越来越宽，他们的内心世界开始变得丰富。他们开始欣赏和接纳，而不是憎恶与怀疑所有的体验。因此，他们更接近于发现和成为当下的自己。对我而言，这就是帮助人们探寻“我是谁”这个问题的方法。

我想以持续两个周末的会心团体课程为例来结束本章内容。以下话语并非出于年轻人之口，而是来自于一个当过教师的高中校长，他承担着很繁重的行政职责。很显然，他在发现和成为自我方面才刚迈出第一步。在没有发现真正自我的状态下生活了 30 多年，这似乎是可悲的。但从他的言语中可以发现，他为自己所取得的进步感到骄傲，为开始了解自己而兴奋。

> 当我坐下开始写这篇文章的时候，我体会到了那种内在兴奋的真实感觉。这是我从未有过的体验。不需要恪守任何格式，我提起笔，只是把我的想法如实地记录下来。这就像漂浮的感觉，对我而言，你或者其他任何与此有关的人，对我的想法作何反应并不重要。不过，同时我感觉你会把它们作为我的思想来接纳，尽管我的文笔缺少文体、格式或学术的表达……我真正关注的是试图与我自己进行沟通，那样我才能更好地理解我自己。我想说的是，我不是为你、班级或年级而写，我是在为我自己而写。这样做的感觉特别好，因为这是我过去不敢做甚至不敢想的事情。因为在过去，如果“别人不认可我”，这样的问题会很困扰我……

但现在我意识到，我真的希望人们因为现在的我、真实的我，而不是假装的那个样子而喜欢我。

挑 战

我希望这一章已经开启了一扇门，让你惊鸿一瞥到另一个世界。这是一扇能让教室充满生机的门；这也是一扇能让你更完整地做你自己的门。有些人想关闭这扇门，因为另一边的世界看起来太冒险，太令人情绪激动，而且有令人害怕自我承担的责任。这扇门看起来通向有着太多的不确定性和未知的领域。有些人则可能希望谨慎地审视一下门里面的情况，做一些尝试。还有些人会觉得，“这扇门就是为我而开的”，并且能从上述例子中清晰地意识到，它能真正地为他们开启一个新世界。

第二编

课堂上负责任的自由

第4章

一位六年级教师的实验

本章以几篇日记作为开头（1）。我感到它直接指出了教师的困扰：学生的漠然、纪律问题、家长的抱怨、死板的课程，以及每天在与许多个性迥异的学生接触时遇到的难题。这篇日记充满了人性的关怀，我希望各位教师都能像我一样从中获益：使人感觉到希望，即使是在令人绝望的课堂上。我希望它有助于解放其他的教师，赋予他们探险精神，使他们能够真诚地对待自己和学生，勇于采取一些措施。即使这些措施并不能保证成功，但这都是基于对人性的信任。

一位教师的日记

巴巴拉·希尔

我在小学已经执教13年了，1~6年级都教过。我日记中提到的班级（最初我只是想把它作为私人日记）是我遇到过的最难应对的班级，无论是班级纪律、学习兴趣，还是家长配合方面都很糟糕。这个班上共有36名学生，他们的智商从82~135不等。其中有很多学生“社会适应不良”“低成就”或“存在情绪障碍”。我竭尽所能来应对这些状况，但收效甚微。

违纪问题仍未见好转：他们常常因为违规而被叫到办公室，或被罚“坐板凳”，他们的态度和行为使他们麻烦不断，好几个学生还因此被勒令短期休学。另外，家长也不与我合作，或者只是一味地袒护自己的孩子，其中有些家长还曾为孩子的问题而责怪教师和学校。

3月5日：我们开始

一周前，我决定在我所教的六年级的班中尝试一种新方案，即“以学生为中心的教学法”。这是一种无结构的或非指导性的方法。起初，我告诉班上的学生，我们将进行一项“实验”，我会给他们一天的时间，让他们去做自己想做的事情，如果他们什么也不想做，就可以什么都不做。

许多学生开始画画，几乎一整天都在绘画或者着色；另一些学生在读书或者完成数学和其他课程的作业。这一整天的课堂氛围都很愉悦，很多学生因为对自己所做的事情太感兴趣，甚至放弃了课间休息和午休。

这一天快结束的时候，我要求学生们评价今天的这项“实验”。学生们的评论非常有意义，但有些人感到“困惑”，为教师没有告诉他们要做什么、没有指定要完成的作业而感到沮丧。

多数学生都认为这一天“非常棒”。然而，有些学生也在为过度吵闹和少数学生一整天都“游手好闲”而感到担心。大部分学生觉得他们完成的任务和平常一样多，他们喜欢在没有任何时间限制的情况下工作，直到完成任务。他们喜欢没有强迫地做事情，喜欢自己决定。他们要求继续这项“实验”，因此我们决定延长两天时间。之后，我们将会重新评估这项实验。

第二天早上，我提出了“工作契约”的想法。每个孩子都必须写一份契约：选择自己今天要做的工作，并制定详细的计划。每当完成一项任务时，学生们要依据教师手册，检查和纠正自己的作业。作业连同契约一起放在一个文件袋内，教师提供资料和建议，学生需要时可以自由利用。

我与每位学生讨论了他们的计划。有些学生很快就完成了计划，于是我们便分组讨论这样的情形意味着什么，对此我们该作何处理。有人提出建议说，计划可能太简单了，需要做出调整，可以继续做，或是做点其他什么事情。

我发现自己多出了很多时间，所以我和每个学生、每个小组一起工作、谈话。在第三天结束时，我和每个学生一起评估了工作。至于成绩，我让每个孩子告诉我他应得的分数。

同时，全班学生第二次评估了这项实验，并附上了家长的意见。除了四个学生，其他学生都很兴奋，他们对计划充满热情，并认为上学更有趣了。而那四个学生仍感到不安，希望有明确的任务。我和他们讨论再给这项实验一些时间——他们需要时间来适应新情况，他们答应了进行尝试。其余的学生对这一年中剩下的学时充满期待。

我所遇到的最大难题是纪律问题。在我的班上有很多问题学生，如果取消外部控制，纪律就难以维持。出现问题在一定程度上是因为我告诉学生们，他们可以根据自己的喜好选择坐在哪里，和谁坐在一起。当这些“问题”交织在一起时，学生们就会有大半天的时间处在战斗中（言语争吵和肢体冲突），他们互相干扰，一天下来，完成的工作很少。这样一来，我想到了另外一个问题——本来就会有那么一段困难时期：我眼睁睁地看着他们什么也不做，担心着他们的进步和成绩。我必须不断地提醒自己，在旧的教学方法下，这些学生原本就是“失败”的，他们从来就没有做完过作业，他们只是假装在做事。

我曾经考虑过把问题区的几把椅子挪开，但我很快意识到，倘若我重新控制局面，这个计划的一个重要方面就会遭到破坏。只要我们熬过这段时间，也许他们会形成更好的自控能力。

有趣的是，学生自己也感到烦恼。他们都围着我的桌子，说这种新方法太难了，“诱惑”也太大了。这说明学生并不像看上去那么难应付。

总体来说，这个班还是非常令人欣慰的。他们甚至会把自己的计划和工作带到课外去做，这引起了整个学校的兴趣，并开始讨论这一方法。我听到学生们在议论我，说我真的变了。（因为我不再让他们遵守我制订的标准和规则，也不再让他们达到我设定的目标！！）

课堂的氛围令人鼓舞、宽松而愉悦（问题区的骚乱除外）。

学生们策划了一个有趣的方案。我发现有些男生正在绘制和设计汽车，我为他们准备好纸张以备不时之需。他们讨论方案，制作关于汽车发展史的壁画，并把自己设计的未来汽车纳入其中。我感到很欣慰。他们参考了大百科全书以及他们带来的所有关于汽车的图书。他们一起工作，其中有些学生开始制作模型和剪贴簿。总之，这只是个开头而已，这一学年还有很长的路要走。

其他领域也开始出现一些特别的想法，主动性和创造性的种子已经发芽并开始成长。

许多学生开始在与自己兴趣有关（或无关）的领域内开展一些有趣的研究。在某些领域，比如拼写，有些学生已经完成了一年的课程“要求”。

对我而言，最重要的是，学生们的主动性和自我负责的能力被激发了出来。

3月12日：进展报告

实际上，经过调整，我们的“实验”已经变成了我们的计划。

在没有教师指导的情况下，有些学生依然感到挫败和不安；某些学生的纪律依然是个问题。我意识到，虽然有问题的学生可能比其他学生更需要该计划，但我对他们期待太多了，太急于求成了。到现在为止，他们还没有做好自我指导的准备，要做到这一点，可能需要循序渐进。

我重新将班里的学生分为两个小组。人数多的组为不用教师指导的小组，人数少的组为教师指导小组。教师指导组中包括那些想回到先前教师指导教学的学生，以及那些因各种原因而无法在自我指导情况下正常学习的学生。

我本想多观察一段时间，看看到底会发生什么，但是情形一天比一天糟糕，致使整个班级都处在混乱之中。混乱干扰了每个学生，限制了那些想要学习和做事的人。所以，在我看来，对全班学生都有利的是修改计划。

那些继续参与实验的学生已经稳步前进。我告诉他们如何规划自己的工作，如何把教材当作基本的参考书。他们已经了解到，他们可以自学（和互帮互教），并且知道当他们对下一步要做什么感到疑惑或者需要建议时，我随时可以给予帮助。

在这周结束时，他们评价了自己在每个领域的表现，如工作完成情况、准确性等。我们认识到不能通过错误次数来判定成败，错误是学习过程中的自然组成部分，我们可以从错误中学习。我们还讨论了，一直得高分可能是因为任务挑战性不够，需要加大难度。

自我评价结束后，每个孩子都带着他们的评价结果和工作袋来找我讨论。

与我一起工作的小组中的某些成员非常渴望成长为“独立”的个体，我们每周都会评估他们的进步情况。

截至目前，我只遇到一位反对该实验的家长。这位家长认为如果没有教师的指导，她的孩子就不能学好。

有几个一开始就想回到教师指导小组的学生（两到三个），现在则又期待着尽快回到自我指导小组。（我猜想他们可能很难再适应旧的教学方法，就像我一样。）

3 月 19 日：进展报告

作为教师，今天是我们实施新计划以来最令人满意的一天。

在教师指导小组，我首先让每个孩子进行个人评价。（非教师指导组的孩子们早在前一天便进行了评价）。其中几个孩子觉得自己已经做好了回到非指导小组的准备，他们还是喜欢自由，并理解了获得自由所要承担的责任。最后我们决定他们先回到非指导小组尝试一周，看看自己是否真的已经准备好了。当他们需要帮助时，我随时可以为他们提供指导。迄今为止，教师指导小组中仅剩下六个人。有一个孩子想要换到非指导小组，但是因为之前其母亲曾经抱怨过新计划，所以，我告诉她先回家和母亲商量。

我们有一个口头评估环节，其中一个项目是讨论父母的反应。一个小男孩说，他母亲说我好像已经放弃了教学！另一个小男孩说，他父亲告诉他，他父亲之前曾经尝试培养他的自我负责能力，但却被搞得筋疲力尽；他父亲认为我一定是疯了，才想着同时培养这么多孩子的自我负责能力。

我和学生讨论自己可以做些什么来让父母理解这一计划。孩子们建议，可以把每周的工作文件袋带回家，让父母看看他们做了些什么。孩子们还提议，既然我们会把不确定的工作写在契约上，那他们也可以把契约拿出来和父母讨论。

在这一天剩余的时间里，我尽量不去干扰他们，各个小组和组员都继续按计划推进。这是富有成效的一天，非常有意义。

在这些日子里，我们时而乐观、充满希望，时而担忧害怕。我的情绪随着探险经历的每一步而上下起伏。

有时我充满自信，富有激情，坚信我们的道路是对的，而有时我又充满疑虑。所有的教师训练、权威传统、课程设置和成绩单都在质疑我、恐吓我。

当我看到一个孩子几乎一整天都无所事事时，我就觉得我必须加以控制。有时，给孩子们机会让他们发展自律能力，对他们来说是巨大的挑战。我意识到，我要承担这一计划就要有坚定的自我信念。作为教师，要消除在教师指导项目中已习得的角色认同，首先要理解和接纳自己。这就如同要对自己努力达成的目标形成清晰的认识一样重要。

希尔在后来的一份记录中描述了实验期间典型的一天。我在这里引用它，以便读者能更好地了解希尔和孩子们所采取的这一新方法。

班级生活的一天

每天都是不一样的开始。学生们首先要做的是制定自己的工作计划或“契约”。有时几个孩子会一起制定计划，期间会不断出现重新分组现象，也有些人脱离小组独立工作。

一旦制定好了契约，孩子们就开始学习或实施计划。他们可以按照自己的需要和意愿来决定自己的工作时间。因为我不能放弃州政府指定的课程表，所以我会向学生们说明每周的课程进度，他们在制定计划时需要考虑这一点。我们还讨论了循序渐进的学习，尤其是数学学习。他们要先掌握好一种技能之后，才可以进入下一阶段的学习。他们发现教材会介绍某种技能，并有练习题和评估测验。当他们觉得自己已经准备好下一步的学习时，就可以继续。他们可以设定自己的学习节奏，从自己现有的水平出发，尽可能达到自己能达到的程度。

我也会不断受到质疑：“你如何给学生传授事实和概念呢？”很明显，这样发问的人肯定认为，没有教师的讲授、指导和解释，学习就不会发生。我的回答是，我不“教”，学生们可以自己教自己，可以相互为师。

当个体或小组希望在班里分享他们的计划、学习和研究成果，或者想放映全班同学都感兴趣的影像资料时，他们可以在黑板上发布公告，把这些纳入到每个人的学习计划中。例如，如果我们放映一部关于南美洲的电影，全班同学都会观看，但是看完电影后做什么就是他们自己的事情了。他们可以概括、总结电影内容，可以依据电影画画，也可以什么都不做。

只要孩子们觉得有必要来讨论一下个人、小组或者班级的“问题”，我们就围桌而坐，举行讨论会。在音乐、体育课上，我们也作为一个小组来参加活动。

由于评估是自发的，并得到教师的尊重，因此他们没有必要通过欺骗来获取成功。我们发现，犯错并不意味着失败，失败和犯错完全不同，犯错是学习过程的一部分。

在艺术领域内，学生可以用纸张、油彩、蜡笔、粉笔和黏土等各种材料以及各类书籍和想法来进行自由探索。通过动手和实验，他们亲自发现新技术和使用工具的新方式。尽管他们一开始会相互借鉴他人的想法，但任何两幅作品都不会相同。经过一段时间之后，每个人都变得自信和开放。虽然我认为艺术是我的特长，但我发现他们比在传统课堂上的收获更大。

在学习过程中，学生们形成了一种工作纪律：尊重每个个体独立或安静学习的需要，允许同学之间的交流。在这样的课堂上，他们没有必要传小纸条或违纪互动。在这里，沉思、冥想和公开的制作活动都会受到尊重。在这里，他们有机会了解每个人，他们通过实际交流来学习如何与人沟通。

尾 记

4月9日：进展报告

在描述我们的实验时，与没有指导相比，我更喜欢自我指导这个词。因为它更确切地描述了实验的目标和实施情况。我们必须在课程框架和特定的学习内容下实施实验，从这个角度而言，实验有指导性。但它是自我指导的，因为在这个基本框架下，每个孩子都自行制定计划。

截至目前，仅有四个学生还没有参与这项实验。当他们能够承担部分责任，作出一些决策时，我每天都会尽量为他们腾出专门的时间。这些孩子需要额外的帮助，一旦没有我的指导，他们就会显得特别不安和沮丧。

往成绩单上登记分数时，我开始意识到，孩子成长过程中最为宝贵的东西是无法用分数来衡量的。因为有些变化是不可见的，它本身就是无形的。但当孩子们意识到自己的成长时，蜕变正在发生。

孩子们能逐渐地认识到自己在沟通和社会性方面的成长。他无法精确地测量自己态度的变化、兴趣的增加以及自我改进中自尊的提高，但他确确实实地觉察到变化的存在。教师如何评价学生的自律呢？对我而言很简单的事情，对他人却未必如此简单。

成绩单仅仅是一种记录，但我相信，随着分数的提高和对他们品德考核的大量减少，孩子们和我都会很开心。

在检查他们的作业时，我发现他们有相当好的觉察力，知道自己的能力以及能力和成绩之间的关系。我很少改动分数，即使需要修改，通常也是给他们加分。

我之前提到班上的问题主要是纪律和情绪方面的。事实上，这项实验正是为应对这些"问题"应运而生的。之前，我常感觉很挫败，感觉自己一直在原地踏步，并且很憎恶自己是管制者的角色。

随着实验的全面推进，我发现自己也在改变。年初，我还一直在期待着把这帮人送走时刻的到来——至少看着他们升入七年级。

我发现，现在我会用不一样的眼光看待这些孩子。当我看到他们时，我意识到了希望的存在。我已经要求在七年级时，靠学生的自制力，继续带这个班级。但受限于学校课程的安排，这个要求可能无法实现。但我认为，在自我指导这个框架和自由的氛围中，这些孩子能够向着自我实现不断前进。

我觉得，目前这项实验已经开始发挥作用了。（自从放下自己的权威之后）我和学生之间的相互理解越来越深，关系越发融洽。不仅在创造力、主动性、想象力方面，还在自律、自我接纳和理解方面，我们都还存在很大的自我成长空间。

有时，看到学生并没有做我所期望的事情时，我必须再次提醒自己最终的目的和这样一个事实：以前布置作业时，他们也没有按要求完成。他们可能会画一些让我觉得缺乏美感的图画，但他们确实是在画画，而且是在富有想象力地进行创作。他们可能并不“忙”，但他们可能是在思考。他们可能在聊天，但他们是在相互合作，学习如何沟通。他们可能会争吵，甚至相互谩骂，但这可能是他们那一刻了解世界的惟一方法。他们可能没有做足够多的数学习题，但是他们理解并且记住了他们所做的那些。

最值得欣慰的是，他们对学校和自己的进步更感兴趣了。我大胆地推测，这项实验会大大减少学生们的辍学和学业失败。

虽然这不是灵丹妙药，但确实向前迈进了一步。每天都是新的探险，充满了压力、焦虑和喜悦——它们都是通向自我实现这个目标的基石。

我一直将这项实验坚持到学期末，距离上次记录已经过去了两个月。那时候，孩子们还在持续变化中。他们相互之间仍然会争吵，但似乎开始关注我们的社会结构，包括学校、大人、教师和财产等。随着他们能够更深入地理解自己和自己的反应，各种情绪发作和争吵便会减少。

……他们形成了自己的态度、价值观和行为准则，并努力遵守这些准则。他们虽然无法成为“天使”，但他们确确实实有了变化。其他教师和操场的监督员不仅很少批评、惩罚他们，还对他们在行为和态度上的改变给予了很高的评价。在剩下的日子中，他们很少因为违反纪律而被叫到办公室去，也没有任何家长的抱怨。随着孩子在学业和社会性发展上的成就和成长，家长的态度也发生了巨大变化。我几乎忘了提那些没有问题和成绩中上的学生。我坚信那些聪明的孩子从中受益最多。他们形成了强烈的团队合作意识，对互动任务最感兴趣，由于不再受到其他孩子的学习进度的牵制，他们进步迅速，连我都感到惊讶。

同样，我发现那些学习最为困难的学生也获得了很大的进步。那些连乘法口诀表都记不住的学生（这应该是在四年级时就掌握的内容），到六月份时，竟然能够开始进行分数的乘除运算，而且几乎不出差错。

我无法对发生的这一切作出准确的合理解释。但我觉得当学生的自我概念发生变化，当他们发现自己能够做到的时候，他们就真的做到了。那些后进生都成为了高效的学习者，成功接连而来。

……我清楚地意识到，如果在其他的学校或地区，我无法获得如此大的自由。

校长和督导都对我的努力感兴趣，并且给予了大力支持。学校特意调整了课程安排，以保证我能在有自制力的七年级继续实施我的实验。但随后发现那位新聘担任中级职务的教师，不具备小学教师的资质，无法接替我的工作，我不得不回去继续教六年级。孩子们、家长和我都非常失望。

部分由于这件令人沮丧的事件，希尔跳槽了。但是她没有完全失去和那个班的联系。第二年秋天，她收到了一份报告。

这周我收到了校长的一封来信，他在信中说："我必须告诉你……你之前的学生一直致力于建设而不是破坏……你真的应当为你之前所做的贡献感到骄傲……我没有对你的学生进行过任何批评、责骂或处罚……即使他们处于各种麻烦中……你的那些令人印象深刻的方法，看起来真的很有效，他们对你的承诺是可信的。"

希尔总结道：

如果三个月的"自我指导"能在这个年龄段的孩子身上产生如此实质的效果，想象一下，若在一项更长期的实验中，又将会有怎样的效果！这是多么令人兴奋的一件事啊！

对实验的评论

希尔的记录已经说明了一切，但我必须指出这项实验中的一些突出特点和可贵的经验。因为在我看来，这些都是在其他教育情境中值得学习和借鉴的。

内心承诺

希尔深信和承诺着一种哲学，即依靠自我指导和自由能够实现最有意义的学习。但这种承诺一开始并不十分坚定，因为在她的叙述中可以明显发现她的怀疑和动摇。而这正说明该方法是能够由那些信心不足、态度不确定的人来实施的。我认为这不是一种简单的技术或技巧。希尔称之为“实验”，这是一项她怀有一定信念的实验。在她给我的一封信中,短短的几句话体现了这种内心承诺的重要性。她说：“有几个教师尝试了我的理念，但都失败了。我认为，主要是他们并没有真正地认同这种理念，只是由于一时的热情、学生的进步和我的鼓舞人心的报告，他们便开始付诸行动。”如果说将自我指导和自由还给学生只是一种简单的新“方法”，那么这种实验是注定要失败的。内心承诺和信念才是关键所在。

内控评价

毫无疑问，希尔的方法所体现的理念汲取了众家之长，但显然从她的记录中可以看出，这是“她的”实验。她相信自己的判断——知道去尝试什么，什么时候应当放弃，她并不是在执行他人设计好的计划。

这种坚持非常重要，我称之为“内控评价”。她能自行判断何时这个新项目不如人意。她觉得有必要把学生分为自我指导和教师指导两个小组，即使原来的计划并没有这种安排。对情境中的各种线索持开放态度，包括她自己的感受与直觉，并基于这些线索进行判断，她就能在实际情境中随机应变。她并不是为了取悦他人或遵循某个“正确”的模型，她是在变动不居的情境中生活、行动和决策。她甚至发现了实验中那些最危险的因素，并且以开放的态度来面对这些可怕的经历。

认清现实

我非常佩服希尔能够根据必修课的要求和记分需要，调整自己的实验。我认为，她的学生接受这些外部要求的方式也不足为怪。孩子或者成人都能够接受社会或机构对他们提出的合理要求。关键在于，给予一个团体自由和自我指导之后，成员们处于感到他们是自由的心理空间氛围中，因此更容易接受约束与义务。所以，她的学生完成了规定的作业之后，还会继续参加更有趣的活动。在令人头痛的成绩单问题上，他们还想出了双方都满意的解决办法。

团体问题解决

从希尔处理偶发问题的方式中，可以看出她对这个班级团体及其潜力的信任和承诺。我猜想她早已预料到家长会批评她的计划。但她相信这个团体有能力处理好这一问题。通过对这个问题的自由讨论，他们找到了许多建设性的解决方法。

教学经验

如果这是希尔第一年从教，她会开展这项实验吗？我不知道。她多年的教学经验肯定有助于她处理班级的日常问题，并让她有足够的勇气去尝试新的处理方法。但同时，她过去多年与学生建立起来的那种师生关系发生了最为显著的改变。学生是最先发现这种改变的人。希尔在日记中以调侃的口吻描述了学生对这种改变的评论，好像这种改变只是学生自己的感觉似的。直到后来，她才意识到，她和学生之间的关系竟然发生了如此深刻的变化。因此，有人会认为，由于新教师缺乏这些经验，所以更适合开展这种实验。我想把这个问题留给大家思考。

社会支持

当然，希尔很幸运地得到了校长和督导的大力支持。有了校方的支持和保证，实验的压力就会大大减小。在很多情况下，教师会低估获得这种支持的可能性。我知道一些例子，有些教师想当然地认为无法得到上级主管的支持。只有当他们要求进行改变的时候，才会发现事实并非如自己所预料的，他们的上级主管会全身心地支持这种改革与实验。管理者也是人，通常会欢迎变革与实验。至少教师应当给他们机会，让他们决定是否愿意支持教师开展一项新的实验。

惠及他人

在自我指导课程的实验实施一年后，希尔应邀成为一个新项目（在其他地区）的协调人。该项目是专门针对处境不利的孩子、他们的教师和管理者进行的，旨在为学生提供一门实验的、自我指导的课程。对教师而言，也同样是一次难得的机会。当教师努力改变认知和行为时，他们也面临着挣扎和痛苦，也需要支持和理解。希尔报告了她的经验：

> 参与实验的教师整个上午都和学生在一起完成任务。下午，他们在会心团体中与一位心理学家见面，共同探讨上午的经验和他们各自的感受与态度。这个工作坊的目的并不是要展示“一种方法”，而是要以此为例说明存在“其他方法”的可能性。我们希望教师在为学生提供的同样的环境中去体验自我指导。在一种自由的氛围中与问题儿童相处，几乎每个教师都体验到了巨大的焦虑与恐惧。总之，这是一种考验情绪的时刻，它是痛苦的，就像成长有时会体验痛苦一样。但是，各种形式的评价表明，这种工作坊成功地帮助教师改变了他们的认知与态度。

一名教师由于无法应对这种情境，最终退出了这个项目。来自教师、学生和家长的总体反馈是积极的甚至热烈的，30 多个教师报名参加了新一轮的工作坊。

我们将会在后面的章节中具体介绍这种工作坊。但可以肯定的是，这是一个探索自我、探索自己与他人关系的好机会。

希尔是这样总结她的报告的：

> 回想起来，谁都无法说清有多少真实的眼泪、痛苦和勇气投入到了这一探索之中。我们当中很多人都深入地走进了内在的自我，发现我们的焦虑、敌意和需要深深地影响着作为教师的我们。这种系统的结构能够成为

形形色色的庇护所，任何对现状有意的“破坏”都会成为可怕的威胁。

对我而言，发现自己成为一个“实时的管理者”（缺乏准备或课程）是一种新的挑战——起先是恐惧：“我行吗？如果我失败了怎么办？我是否在做能力范围之外的事情？”我发现无法同时戴那么多帽子，我发现自己对成人“孩子”的耐心比对小孩子的耐心更为有限。我知道，成为真正的学习促进者与口头上说说是完全不同的。

这整个方案或项目便是一个很好的证据：希尔在她的六年级班级中使用的方法，特别是那些重要的态度，是可传递的。但作为教师在其中所学到的新东西，则只有在他们亲身经历和体验了更多的自我指导、更多的自由沟通之后才能发挥作用。这是无法在理智的层面上进行传递的。

小　结

非常感谢芭芭拉·希尔允许我使用她的这些资料。这些资料有特别实际的帮助，因为它清楚地描绘了希尔在实施这种新方法时，与学生们共同经历的各种不确定性和困惑。显然，尝试新方法需要勇气，而这正是绝大多数教师所缺乏的。当然，希尔的经验不是用来作为其他教师模仿的典范。在希尔的这些记述中，关键之处在于，只有在希尔觉得合理可行的前提下，她才敢尝试放手给学生自由。这就是一名乐意变革、愿意探险的人，对一个班级实施的冒险探索的记述。其中，既有失败的苦楚，也有成功的喜悦，更有无数的感动！

后　记

从一个班级的控制者向学习促进者的转变，芭芭拉·希尔的故事已经被一遍又一遍地讲述。虽然对每个教师来说都是独特的，但反省、质疑和改变这三个阶段，已经形成一种演化模式，鲜有其他捷径可循。那些希望能够促进学习的教师、管理者和其他人，以及本书描写的所有人，都有各自通向自由学习的道路。

第 5 章

一位与学生一起成长的法语教师

高中学生的情形又是什么样子的？可以相信他们会自己想要去学习吗？他们能对自己学什么做出恰当的选择吗？

通过与盖伊·斯温森的交谈（她现在已经是博士、心理学家），我了解到了多年前她教法语的经历。她手头有丰富的笔记和材料，足以写成故事。因此，我鼓励她把自己的经历都写下来。这有助于判定她的那些经验在当前仍有作用，对任何学科的教师和打算从教的人都可能会有帮助。

这里她将分享自己作为法语教师的个人成长经历，以及学生们令人兴奋的成长过程（1，pp.115—127）。我十分感激盖伊·斯温森和她的学生们，他们带领我们一起见证了这一非常普遍但又变化莫测的学习过程。

语法与成长

开篇

1966~1967 年间，当我开始做代课教师时，我正处于极佳状态。当时我很年轻，充满热情，全身心致力于我的两个主要专业领域：法语和社会研究，因此我在教学经验方面也颇有收获。到那一学年末，我获得了一所以创新而闻名的高中的教职。整个夏天我都在为法语课准备教学材料、视听教具和范文。

秋季学期伊始，我就把自己在研究生教育阶段所学到的教学原理运用到了课堂上。再加上我的幽默和个性化的讲授风格，我的课深受学生们的欢迎。我有时候觉得自己好像是在运用智慧和动机激发策略，诱使学生学习某些知识。显然，绝大多数时候学生们都喜欢这种方式。因此，我就以良好教学法的名义，继续采用这种方式，以“保持学生处于积极状态”。年末，我感到相当满意，因为师生们都过得非常愉快。他们喜欢我这个新教师，也学习了大量法语。年级主任、校长和同事们都给予了积极的肯定，认为我有成为优秀教师的潜力。我还被委任为一位实习教师的督导，这对一名新任教师而言，是很难得的机会。

但我总还是觉得缺少点什么。我的那些“伟大”的课程计划，有时也会意外地、不可思议地失败；而我的一些普通课程计划却很成功，好像我为此花了大量的时间。我推断这些成败可能与一天的时段、季节的温度变化、学生或者我的生活以及任何其他各种可能的变化有关。最糟糕的是，我曾因为自己一整天的不顺而迁怒于他们，冲着他们生气地说：“如果你们一直只是期望从我身上找乐子，还不如回家去打开那该死的电视机……”“你们是来这里学习的，学习不可能总是好玩的”，等等。

在这些起起落落的日子里，一种模式开始清晰地显现并逐步成为一个初步原则。我发现学习如果涉及以下因素，学习就不可避免地发生且持续进行，而某种触摸不到的东西就会为我们大家茁壮成长起来：(1)个体的创造性；(2)学生在制定计划时的个人选择；(3)围绕某个主题展开争议，该主题与他们的个人世界有关。下面的一个例子将具体证明我的这些发现。

两个学生选择了教全班同学一周的法语。他们挑选了他们想要教的概念，设计了合理的教学方法和视听教具，准备讲授某个单元，并编制测验给同学们考试，然后为他们打分。他们对自己进行了评价，全班同学也对他们的努力进行了反馈。在这个单元教学之中和之后，整个班级有各种各样的反应，有时觉得有趣、热情，有时又觉得生气、挫败……但总是生机勃勃。他们很乐意对讲解、测验、评分等方面是否清晰明了进行评判。结果，学习者和教师（包括我自己）都很有收获：(1) 全班的分数普遍提高；(2) 有显著的证据表明学生获得了技能；(3) 大家对组织一堂连贯而又能被每个人所理解的课程肯定会遇到的困难开始有所洞察；(4) 学生对教师产生了同理心，更能理解教师了。很明显，这里的一个重要原则是：当学习是自我指导的，由学生自己选择发起的时候，积极参与和学习的激情便会被激发。这个让学生自由学习的早期经验，是我作为教师在接下来几年实施的一系列改变的基础。

随着我们开始与学生讨论私生活或社会现实话题，作为学习催化剂的争论的重要性频繁显现。虽然我们不可能对所有的事物都有相同的看法，但无论何时，无论法语的水平如何，从开口说法语开始，我们就一起使用法语讨论各种有趣的话题，我们彼此分享各自的价值观和看法。这种经历，对大家而言都是非常独特的，他们会尽力用法语来表达自己的各种想法。最终，他们似乎发现我尊重他们，重视他们的价值，让他们参与到争论中，这对他们而言是非常大的支持。他们常常在班级匿名评估中表达这样的感受。

上述以及很多类似的经历，让我开始对自己的发展方向有了明确的意识。在那个暑假，我读了大量教育创新方面的书籍，参与了很多关注教育和社会改革人士组织的会议。

转变中的学校

我们学校本来就对一项重大的结构和社会改革酝酿已久，在我入职的第二年便开始实施。之后，这项改革吸引了整个社区参与进来。最为突出的改变是，我们学校开始实施“模块化或弹性课表”，这让所有人都激动不已，但也是一个挑战。模块化课程安排类似于大学的模式，课程安排在每天或者每周的固定时间段，而不是死板地一个小时接一个小时地上课。上课时间依据课程本身从 20 分钟到两个小时不等，班级人数为

8~200 人不等，参与授课的教师为 1~5 人。学生一天中有 60%~90% 的时间安排了课程，因此有了不同的“开放”或“自由”时间。弹性课程安排的问题和优势都很多，且依据个人的具体情况而不同。我个人认为这是处理义务教育诸多方面问题早该实施的方法。

这种新式的课程模式包含一个重要的改变，即小组讨论，这是我后面要提到的整体改变的前奏。就像我们在外语系实施的那种讨论，这种方法为学习者提供了更多练习听说的时间。已经学了两年外语的学生每周参加一次小组讨论会，每次 45 分钟，人数不超过 12 人。用于这些研讨会的内容和材料是基于词汇表特意安排的，主题涉及房子、身体、衣服、成语以及诸如电影院和餐馆等特定场合的对话。如果教师能再发挥一下想象力，那么学生就会喜欢它，并能充分利用时间。当然，只有谈话内容涉及学生们关注的话题，他们才会不断地想要表达自己的想法。我们一直使用这个方法，它的效果非常明显。因此我开始根据学生的建议来设计讨论的主题清单，根据培养口语能力的需要选择合适的词汇。我们的主题涉及了性、毒品、生态平衡、学校课程、分数、酗酒、约会、开车、偏见、政治、和平、家长和教师等等。学生课程参与度的变化令人惊讶。他们的语言流畅性提高了，学习兴趣和投入的精力也增加了。由于见解不同，他们都竞相用法语进行表达与沟通，他们情绪高涨，小小的空间里各种思想在相互碰撞。学生的评价表明，这样的学习充满乐趣。

早期的合约

虽然对课程安排和课程本身进行了改革，强调小组讨论和学生主导的学习，但我感觉班级结构和等级系统并没有发生实质的变化，仍然是教师掌控大权，决定着学生的出勤率、课程和评分，仍然有学生未感觉到挑战，或感到厌烦或是想退缩。我想为这些人找到其他可行的办法。我试了几种方法，每一种都很不同。它们给了我动力，使我日后开始在全班推行它们。

其中一种方法是由两个已经学了两年法语的优秀女士选定的。我们设计了一种跨学科学习英语和法语的方法。一位年轻女士在她的英语课中学习儿童文学，用法语写了一本童话书并自绘插图。此外，通过和朋友的合作，她们分析比较了美国和法国的浪漫诗歌。每一个人都认真撰写了有关诗歌风格的研究报告，翻译了一些维克多·雨果所写的高难度诗歌，力图原汁原味地呈现原作的风格、韵律和意境。她们做得很好。直到现在，这两位年轻女士仍对法语保持着浓厚兴趣，每年都会给我写信或拜访我。

日益显现的价值

在两年的教学中，我经历了一些小成功。这使我对某些价值非常坚定。但我对学习过程仍然还有很多的担忧，让学生自由学习既有陷阱又有潜力。因此，如何最大化地挖掘学生的潜力，成为了我探索的核心。

我自问："我如何才能满足不同学生的各种需求，让他们创造性地、独特地使用规定的课堂时间和自由支配的时间？"这牵涉到如何提高学生的出勤率并积极参与课堂教学。由于实施了新的弹性课表，原先负担很重的课程模式得以减负，有的选修课得以精简，使得有些学生未有效利用自由时间。我个人并不觉得删减了太多东西。这多少是因为我很幸运有这些学生；也许更为重要的是，我们在课堂上一起做了一些完全不一样的事情。

主要是后一种思想的影响，我带着这一信念开始了第三年的教学：到目前为止，我所用过的不完全个性化方法中所有最好的特点，都能而且都应该成为课堂结构中的永久部分。再加上那个暑假刚好读完卡尔·罗杰斯的著作《自由学习》（此处指本书 1969 年的第一版——译者注），我更强烈地感觉到坚定实施个性化学习的重要性。

但从哪里开始着手？显然我不能采用激进的方式，立刻对我所有的班级都进行个性化改革，因为这一年我所教的是五个水平不一样的法语班。那么我选择班级的标准是什么？在花费了一定的时间来了解各个不同班级之后，我选择了一个在各方面都最具潜力的班级。

自由学习者

随后，1969～1970 年度的这些"自由学习者"成为了我执教法语第三年的学生。从构成来看，班中有28个学生，大部分是高中二年级学生，还有小部分是高一学生和两三个毕业班的学生。其中，既有非常积极、见多识广且品德良好的学生，也有完全不是如此的——在过去他们不愿意让我知道他们什么时候会烦恼或不愿意参与。这门课一周三次，每次一个小时。除此之外，还有每周一次的小组讨论，以及与另外两位法语教师所教的三年级班一起上的影视或文学赏析课。

秋季学期开始，我并没有开始原先计划的“项目制”教学。我仍然害怕冒险，还在犹豫、拖延。我被自己的恐惧所遏制，我担心给学生太多选择的自由，会让他们无法认真学习必要的语法知识。相反，我利用自己的“魔术包”，尽量让普通的短篇故事、语法、听写、写作和听力理解变得更有意思。

同时，我正在协助一个课外辅导项目，让志愿者学生在他们的业余时间辅导300名法语学生。这项极具逻辑性的工作占用了我很多精力、时间和勇气，也是使得我没有开启“项目制”的一个原因。但是理性的“阻碍”也给了我启发，它让我对自我激励的教学/学习有了更多认识，而这些都被运用到了我后续的计划中。

犹豫的脚步

我第一次犹豫的尝试是试图重新组织上课内容，包括我计划进行教学的一个单元，那是基于杰克斯·布瑞尔的歌词与音乐而设计的，是高度结构化的内容。这是一个“我”事先为学生设计好的单元。今天我明白了，我的犹豫明显地体现在上述话语所使用的代词上。即便在单元结束的时候，我仍然觉得如果让我重新设计，我会把课程的主导权交给学生，让他们去合作进行。虽然根据反馈，这个单元非常受学生欢迎，但我相信，如果起初让学生们自己去设计，这个单元将会变得更富有想象力，更重要的是，这将更有意义。

圣诞假期过后，我们开始使用另一本教材。学生们不想回到传统的学习方式，因此，他们建议重新分组来学习不同的章节，各组向全班报告他们的成果，构建他们自己的词汇表和测验，就像他们学习布瑞尔那个单元的内容一样。但这次这种方式也过时了。学生们很快对这种模式以及教材本身内容的贫乏感到不满。整个学期基本过完了，而我们还在原地打转。他们开始感到厌烦，而我则老调重弹："你们就想听有趣的东西。"对于我们的课到底哪里出了问题，我们有过几次开诚布公但又痛苦的讨论。他们就是提不起兴趣，有些人甚至打算放弃法语课。我们都很气馁，我甚至变得更加反对让他们按自己的方式自由学习。然而，正是这次危机，成为最终的一个助推力，让我和学生们一起投身于充满风险但又富有希望的改革浪潮之中。

探索与自我探索

首先，假如他们对这门课不再有兴趣，什么可以重燃他们的兴趣呢？我征求了学生的意见，而他们给了我一长串的答案：诗歌、音乐、艺术、历史、时尚、戏剧、动漫、美食、各种文学、哲学甚至语法。学生和我耗费了数周的时间，把语言系拥有的所有书面和视听材料统统找出来，另外再加上学校图书馆的资料，以及我们每个人的家庭藏书和收藏的唱片。单就文学方面的书籍就有《花生》《小熊维尼的故事》《红色气球》以及布瑞尔、皮埃、波多莱尔、魏尔伦、拉封丹、莫里哀、萨特、加缪、维龙、普莱维尔等人的著作。这其中包含了短篇故事、诗歌、音乐、杂志、选集、大学教科书、有关文学分析的各方面的参考文献、历史或语法等等。

我利用这些材料组建了后来被大家所熟知的"图书车"——一辆会移动的装有图书的小车，顶部的投影仪会不断地播放唱片、磁带和图书目录，小组和个人可以从中挑选材料，以制定他们在春季开学时的学习计划。

项目制的实施

随着开始实施完全个性化的方法，我们经常需要谨慎地处理一些与组织和个人相关的问题。随着我们不断地推进，我们处理这些问题的方式也随之不同，但有几个经常出现的一般性主题：

在处理变化中的个人问题时，我们有非正式的组会或班会。我们深入探讨的一些主题有 :(1)与这种方式有关的问题与机会 ;(2)自己和他人所需承担的责任;(3)当挫折出现时,直面它且不要让负面情绪蔓延;(4)调节对个人计划产生的过高期望以及目标改变或无法实现时所产生的失望与挫败感。我们会及时表达在日常生活中可能遇到的各种情绪——将思想付诸行动时的恐惧,出错时的生气与沮丧,面对缺乏自我指导能力时的悲哀,小组或个人工作中出现问题时的自责。每种情绪和问题都需要注意、关心、理解和鼓励。无论是在个人还是班级层面,我们都相互支持。随后我会列举一些具体的实例,生动地说明这方面的变化。

第二个需要创造性解决办法的因素是计划进展中自然出现的一些问题。例如 :(1)形成个人合约的机制 ;(2)选定计划的抉择 ;(3)时间的使用 ;(4)保持对个人工作进度的准确记录和对新学材料的记录 ;(5)当工作完成时应当上交材料并决定什么时候接受测验 ; 根据个人学习单元编制的测验,既可用于个人,也可用于其他小组成员 ;(6)个人的当前计划完成后选择一个新的目标 ;(7)改变目标和(或)从"图书车"或其他地方获得更多资料。上述所有的潜在主题都是属于个人的,但大家会对不断变动的问题,共同承担责任。

第三个因素是关键性的学习过程,更准确地说是抛弃旧有学习模式的过程,随着学生更投入到自己的计划并完成这些计划,新的评价过程便产生了。评价方式的调整包括 : 学会向内审视自己的进步与成长,而不是再与同学作比较,或单靠老师评价作标准。起先,我们对这种自我评价有很强的抵触。这并不奇怪,因为对教师而言,他们很难放弃评价的责任,而被管制了多年的学生也很难立刻承担起这个责任。在计划推进过程中,我发现,如果学生学会了成为自我评价者,而不是等待传统的权威说 :"是的,这很好 ; 你是对的,继续。"这可是发生了一次重大的转变。就像处理前面提到的问题一样,学生以不同的效率和愉悦的心情,学会了承担这个责任,或者说,与我分担了这个责任。这同样也需要指导和鼓励,以便使学生在成长过程中实现个人的满足。

随着计划的进一步推进,现实状况让人啼笑皆非。通常,我和几个学生吃力地挟着录音机、放音机和幻灯机穿过校园走向教室。然后没过多久，又匆匆跑向另一个教室，资料随风散落在路上。突然更换教室或集合日的日程安排，或有学生无法按时向全班报告自己的计划等，都会增加活动的慌张程度，需要灵活处理。当我们终于能够深呼一口气，在某一个地方安顿下来，开始一天的活动时，各种创造性的混乱也随之而来了。由于每个学生选择了一项个人或小组活动，若一个没有任何心理准备的访客走进我们的教室，他会发现：有一组人正在排演某一部戏剧中的一个场景；另一组人在大声朗读故事或者进行翻译；一个学生可能正安静地在地板上展开他自己的艺术创作计划，或正陶醉在某首诗歌当中；(与此同时)附近有个孩子正在用电唱机学习，为了听清楚电唱机播放的内容，他努力抗拒附近角落里的录音机的干扰；其他人可能正在努力理解虚拟语气中的情绪；当一些学生用法语讨论有关人类、性、生活或当前生态危机等主题遇到困难时，会向我寻求帮助；而有些学生则用英语聊天来打发时间，除非我靠近他们时才会有所收敛，而其中有些学生则完全不在乎。在这样的混乱场面中，某个焦虑的灵魂可能会对我们极度吃惊的来访者大叫："我不知道我究竟在干什么，这些毫无头绪的混乱把我逼疯了。"

不得不承认，这种看起来混乱的场景确实存在。物质上的、哲学上的、逻辑上的和情绪上的问题都曾出现过。无论是对学生还是对我而言，这都是一个非常困难的转变。这也是一个令人兴奋的转变，因为它使得到处都生机勃勃。我们从不知道这种活力最终会以愧疚、愤怒、责怪的形式出现，或者在发现和完成的那一刻，会以欢呼、喜悦的形式出现。这真是一个令人兴奋的时刻。

社区的疑惑

用教育学专业术语来说，到目前为止，我们所讨论的依然主要是"情感范围"的问题……学生们的"认知过程"实际上发生了哪些变化？换言之，他们真正学习到的东西我们可测量吗？

说到"可测量的结果"，有两件事与之密切相关，它们对计划的效果有重要影响。其中一件事影响到我们，尤其影响到整个班级，另一件事牵涉到整个学校。

首先，在春季学期，我们受到了社区少数人的严厉批评，他们怀疑我们的这一新的弹性课程安排的价值，以为让孩子们自由决定如何利用时间是在滥用他们的时间。在这一点上，他们得到了当地报纸的强烈支持。随着矛盾升级，白天和晚上都有开不完的会议。学生、家长和教师委员会形成了，有赞成的，有反对的，还有调和派。如此持续了好几个星期，每个人都感到焦虑和不安，希望打破这种僵局，找到解决问题的办法。

在整个春季学期，我和我的很多学生都卷入了这件事中，不管是在课堂内还是课堂外。我们的心思经常不在“图书车”上。在这件事情上本末倒置不仅是一种陈腐的做法，而且是一场灾难。然而在课堂上，我们的小组讨论就像当地的市政会议，是争论和冲突的缩影。不过，都是用法语进行的。

通过这种对话，我们的团队精神得以形成并加强，支持学校及其创新举措；学生们也为改进教育系统提出了宝贵的建议。学期结束时，我们对问题的讨论依然意犹未尽，下一学年又如火如荼地开展起来。

影响全班的第二个因素是我个人的健康问题。计划实施期间我病得很重。这项计划刚刚开展了五周，我就生病住院，在医院住了十天，然后回家休养了一个月。要找人代替我上课是很难的一件事情。对他们而言，这项计划令人吃惊，甚至是一种冲击。他们常常被课堂上发生的事情或即将可能发生的事情吓坏了。一个代课老师很快撤退了，然后又换一个；这个跑了，就再换一个。但对学生们而言，在某些方面则相对轻松一点，因为他们自始至终都在掌控自己的计划，就像以前一样。他们每个人都有责任去帮助代课教师，我的资料和课桌对他们是开放的，他们知道去哪里找图书车、资料和设备。他们会告诉代课教师不用担心，他们知道自己在做什么。他们还会给住院的我打电话，询问我什么东西在哪里，或者告诉我，这一周是哪个学生和代课教师一起负责教学。他们常常会到医院或者我家里来看我，带来开心的礼物、笑话和美好的祝福。值得注意的是，他们还会提出法语学习中的一些严肃问题和担忧。我相信，在这段时间里，他们体验到了在传统课堂上体验不到的自由和责任：他们依据自己的喜好，对无所事事还是成长作出了他们自己的选择，并因自己的选择而收获适当的果实。

图书车带来的收获

四周后，我回到了学校，整个学期还有不到一个月就要结束了。我有点忐忑不安，恐惧在我的心中翻腾。我害怕由于中途停顿，学生们先前的努力会付之东流。我不知道我过去几年里建立起的信念和价值观是否还存在。要回答这些内心的困惑，很重要的一点是考察我们一起为之冒险的计划的价值。现在是时候检验结果或"收获"了，虽然土壤不怎么样，就是在这样一片混乱和第一次试用的土地上，我们的收获却是令人惊奇的，我们这个创造性的团体及每一个成员都得到了意想不到的结果。收获完全超出了我的预期，令人难以置信。下面是一些成长的果实，涉及工作、游戏和学习：

1. 一个女孩用法语写了 15 篇关于诗歌、音乐和文学的论文和散文。
2. 一个学生读了 12 则短篇故事，并将它们整合浓缩成了一个富有想象力的法语读本，并设计了测验、词汇和语法单元。
3. 几个学生将一些流行的漫画翻译成了法语，绘制了一些原创性的法语漫画。
4. 一个学生从报纸上剪下一首诗歌制成了画报，并用法语对故事进行了解释。
5. 许多学生将他们第一次翻译的故事和诗歌改编成拼贴画、图片和照片等多种艺术形式来诠释。
6. 几个学生通过阅读、听录音带，对法国诗人拉封丹的寓言的内涵进行了分析，并据此撰写了散文。
7. 一些学生研究语法，并将学到的知识点应用到故事、散文和个人日记中。
8. 几个学生阅读了由许多法国诗人所写的诗歌，从中学习词汇，并用法语讨论各自的心得。

9. 歌唱家琵雅芙和布雷尔继续成为他们寻求个人价值和生活意义的最受欢迎的源泉。
10. 学生们不仅只是翻译诸如《红气球》和《大象巴巴》等神话故事，还根据故事进行表演或者创作，从而提高了他们的语法能力，丰富了词汇量。
11. 许多学生通过写诗歌或日记来表达自己内心深处的感受。
12. 学生们通过不同的方式来学习语法。有些学生仍然用传统的强化方式来学习语法，可他们阅读的材料远远超出了我布置的内容。

比较的事实

在类似这样七周的时间里，我们原本可以像过去一样，采用传统的方式，在课堂上一起阅读一些短篇故事，做一些语法、听写和听力练习。而实际上，80% 的学生每人至少完成了 3 项不同的计划，并且每个人至少完成了一项包含翻译、写作、测验、词汇和语法的学习成果计划。只有一个学生没有上交任何作业。她来上课的时候，就在课堂上朗读一些诗歌。她有时候不来上课，我们会花时间找她一起探讨她的选择对她下一学年的学习的影响，以及对她在家中和别处的个人生活的影响。

评价

学生和我都很清楚，这种学习方式有其自身的利弊。通过总结学期末学生所写的评价，我发现他们重复提到或着重强调的问题有以下几点：

1. 学生们提到最多的是我的缺席。许多学生认为这导致了效率低下，尤其是那些感到需要更多指导的学生。提到这种需要的竟然有一个得 A+ 的学生，他很胆怯，害怕自我指导。另一个学生说，为了避免考试不及格，她需要被“推动”。还有一个学生说：“如果老师告诉我怎么做，我会做得更好。”
2. 出现了翻译错误。当单独以个人或者小组形式进行学习时，他们并不总能通过我或查字典来核实每个成语或语法的细微之处，因此导致出现了学习的不准确性。

3. 有几个学生希望我设定更加严格的期限制度，包括每周的预期，在某个特定的时间点上需要达到的目标。传统的那些约束条件让人感觉更安全，更好运作。
4. 某些学生承认没有充分发挥自身的能力。他们没有设定或完成更为清晰或合理的目标，甚至有一个学生经常不来上课。根据他们的报告，这些学生也确实从这一过程中学到了一些有价值的自我认识。
5. 很多学生希望有更多的机会练习法语口语，比如在每周一次的小组讨论上多练练口语。
6. 有些学生担心，他们可能没有学到在传统课堂上应该学到的知识，因此不能很好地应对大学课业的要求。

有关收获部分更积极的方面已经得到了清晰的阐述。就学习法语而言，学生们表达了兴奋之情，积极参与到学习中，重新燃起了兴趣，或进一步加强了对法语的兴趣。许多学生说，他们读的法语书籍越多，就越喜欢法语。通常是自发阅读，而不是为了完成某项计划，只是出自对法语的强烈兴趣。就个人而言，学生们表达了对小组合作的好感，变成了没有竞争关系的学习者，在学习中互相帮助，从而使竞争最小化。竞争的减少消除了对考试的恐惧，他们称赞课堂氛围温暖而轻松。成绩中等的学生对法语的兴趣也日益增加，因为自从他们选择了与自身能力更相符的目标之后，目标便不再遥不可及。所有学习者都很享受自由创造、自我指导和自我负责的感觉，没有了欺骗的压力，可以直面自身的潜能和不足，指导和掌控自己的学习过程。最后，也是最经常提及的一点是，相比于教师灌输的知识而言，他们对自己所作所为的记忆将会更长久，并从中获得更多快乐。只有一个学生建议回到传统的学习方法。

作为该项计划的参与者，我的观点自然反映了我自身的倾向性和价值取向。此外，我的观点也体现了我对年轻人的敏感性，以及对自身直觉和智力优势的尊重。因此，我很乐意与大家分享一些结论：

1. 对我而言，一个有价值的新发现是，学生的学习不是在一维空间进行的，即学习不仅仅发生在课堂上。在课堂之外、办公室里、绿荫下以及大厅里，你都可以发现学生们真的特别上心和兴奋地与其他人在讨论“他们的”诗歌或者某个知名的作者。学习也并非仅限于完成“任务”。他们会和朋友坐在一起，开始对别人的计划感兴趣。他们经常会交换图书，购买或者“借阅”自己需要的书，即使是在计划完成之后，依然会很长一段时间保存这些书。他们经常会来办公室寻找其他参考书，或者寻求我的帮助，又或者只是为了用法语或英语交谈。我们会一起去一些地方，在车上、公园、博物馆或者旅馆里讲法语，除非有人认为“说太多了，停会儿吧”。也许某些改变的发生仅仅是因为他们现在有时间在课外做这些事了，也可能还有其他原因。

2. 对我而言，很重要的一个事实是，我们一同变成了学习者。显然，我并非对他们钻研的每一个领域都很熟悉，而是要和他们一起去探索和研究。我并没有掌握全部的语法和法语文学中的词汇，对此我们都可以坦然接受。我从不害怕说“我不知道”，而他们也越来越能适应并乐意接受这一事实。

3. 学生们的个人成长、同学关系和师生关系的变化显而易见且令我感动。我们都很开放，毫不掩饰自己的情绪，彼此可以明显地觉察到对方的情绪变化。我和他们都能自由地表达生气、开心、痛苦，捧腹大笑和伤心流泪。你可能时不时会听到他们或者我说：“如果你觉得我已经说得太多，可以让我停下来”；“我今天真的很伤心，在我情绪好一点之前，你可以替我处理这件事吗？”；“我刚刚经受了巨大的打击，现在脑子里一片混乱”；“这个周末在我身上发生了一件不可思议的事”；“抱歉，我刚才确实没有听进去你在说什么”；“你给我的已经够多了”；“我真的很爱你们”；“我真的非常生气”；“你根本不关心我！”我们通过小组例会或课后小组的形式，尽可能开放地讨论性、物质滥用和堕胎等问题。在我住院期间，学生们经常来看我，并为我带来礼物，其中一份礼物是一小盆玫瑰花，上面附有一张“小王子”写的纸条——“你是独一无二的”。我知道每个教

> 师都会经历这样的关怀，这与教学方法和课程安排无关。然而，我确实觉得我们在那一年、在那样的情境下作出的改变，使得他们更容易表达这种关怀。我们每个人所感受到的信任的不断增长，对其他人来说都有着非常特别的意义和价值。更重要的是，随着我们日益兼具理智和情感，它对我们的价值也不断增加，进而促进了随之而来的那一个个成果出现的可能性。

当我因生活中可能出现的个人变化而感到特别不安时，我的情绪就很容易表现出来。这时候，那些敏感的学生就会在我桌上放上鲜花或小纸条，给我特别的关怀。有一天一个学生来到我办公室，她坐下来，表达了她对我的真切关怀，毫不在意我们的年龄和角色差异。她说："斯温森夫人，这几天您看起来跟平常有点不一样。我们大家都很关心您，我知道我们只是学生，但当我们不开心的时候您会出现。我们想要您知道，如果您想找人谈谈，我们很愿意倾听。"直到现在，回忆起这一幕，我还是深受感动，不仅仅是因为他们对我健康状况的关心，也因为这位年轻女性所表现出来的这种自尊。走向成熟不仅仅在于掌握更多知识，在过去的一年里，我们一直在一起经历着这样的共同成长。

原有的恐惧

然而快到年底的时候，原来的那些感觉又袭上心头，我和学生们再次体验到了从前的那种恐惧。用格式塔心理学的话来说就是，曾经"根深蒂固"的东西，现在正以怀疑的形式像"图形"那样浮现出来。学生在新方法下学到的知识和传统方法学到的一样多吗？他们能在那些始终存在的重要的成绩测验中表现良好吗？而诸如"他们学到了自己需要的价值观和信念了吗？他们会成长为自由的学习者吗？他们会关心自己的人性需求吗？"这类问题却只能羞怯地退避三舍。

学生和我都面临这样的担忧，因此在考试的前一周，我告诉他们，我们最好快速回顾一下之前可能没有单独详细"讲解"过的语法部分。我建议他们复习一下前半学年用过的，之后又断断续续用过的语法练习册。

我们的考试使用一份包含80个多选题的测验，涉及动词和语法，但有一项作了改变。以前，在三个小时的期末考试中，他们每做完一页就交给我，我会用圆圈标出他们答错的问题，然后给他们第二次机会，再次选择正确答案。但这一次，他们必须解释自己所选的答案，用书面或口头语言来表明他们已经理解了答案背后的规则，这样就避免了瞎猜或碰运气。这次测验很难，但结果却很好，许多学生都不需要第二次选择的机会。其中有一些学生“从来就没有理解过”语法，也是班上最具创造性的学生。当我问他们怎么可以做得这么好时，他们的回答是对我们惯用的学习方法的评论，既幽默又令人忧伤：“这有什么不同吗？我们总是在期末考试的前一周拼命学习，考完之后很快就忘掉。这次我们做了同样的事情。惟一不同的是，这一整年，我们还做了许多有趣的事情。”

这28个学生中有25人将在下一年继续第四年的法语学习，他们希望依然像这一年一样组织——毋宁说“不组织”——课堂。

一些结论

我们已经指出了该项计划的主要缺点，以及它带给个人和学业的潜力。我很乐意总结计划实施以来的几年里，我一直持有的几个重要信念。长久以来，这些价值观和前提假设都是我的“内在动力”。当我以它们作为行动的基础时，这些信念就变成了学习可以是“自我指导”的切实依据，正如罗杰斯的《自由学习》一书中所提到的那样。实际上，以下所列出的价值观与罗杰斯所提出的十分相近。

我深刻地感悟到：

1. 学生可以根据自己当前的兴趣和能力，自主选择他们的课程。
2. 学生可以自我测验、自我评价、自我设定目标，这些都是有效的。
3. 可以结合个体学习者、教师和全班同学的意见，定期评估一个计划的有效性。
4. 这样的方法要求开展小型的“会心团体”会议或“时事讨论”，这很有可能会带来抱怨、积极情感、复杂的感受和创造性地解决问题的方法。

5. 如果兴趣改变了，我们不应该把变化视为失败或者为此而有负罪感……而应该将之视为自我选择方向的改变和成长。
6. 会自然出现和应该鼓励的是合作而非竞争。
7. 教师应该根据个体的期望而给出评分，这样评分的含义会因人而异，即一个学生得“A”与另一个学生得“A”有很大不同。
8. 在不同的时间段，不同的学生花在学习上的时间也会有所不同。有些学生可能会用课外时间来学习，因为他们在课堂上很害羞，或者在某个领域内缺乏自信；一些学生想要深入研究某个问题，而另一些学生对之投入的时间和精力却较少。
9. 在设计课程或选择材料和方法以实现他们的目标时，需要考虑每个学生现有的水平。
10. 语言是一种基本的文化和口头交流工具，学习语言可以增加不同人之间的相互洞察和理解，从而减少因文化差异而产生的不和谐和刻板印象反应。
11. 最适宜和令人满意的小组讨论内容应该是学生自己选择的有争议性的主题，他们可能会和同龄的法国年轻人讨论这些话题。
12. 可以将关于人的价值观和信念的教育，整合到文学和语法学习当中。

走自己的路

践行这种信念系统是一种冒险，令人畏惧，必然会面临挑战。作为教师，你要在心理上和研究方面做好大量的准备。然而，随着计划的开展，甚至会激发出更大的潜力，抑或教师和学生会提出更好的建议。能与充满热情的同事合作教学，这就一定是一次令人兴奋的丰富经历；当一地的语言中心提供的材料、设备和“氛围”很给力时，计划就会运转得更加顺畅；学生能够帮助形成一种核心文化（如我们学校的西班牙语小组的氛围）；可以根据学生的兴趣，比如手工、戏剧、政治或社会活动等，组织一些小型课程，可以由学生自己来主导。

上述活动形式并非实施计划所必需的。我们所需要的是勇气、学生，以及对人们具有发现自我的能力的确信。只有这样，我们才能开始更多地成为我们真实的自己：自由的、兴奋的学习者和成长者。

后记

许多年后，我的学生还是会给我写信和拜访我，分享前面所描述的经历。这些都让我更加确信，当时所遭遇的困境和提供的机会，有助于这群年轻人成为更有能力的决策者。更重要的是，他们成为了开放、敢于冒险的成人，明白了该如何做人。

我想起了前几天给我写来一封信的一个学生，我也是这周才刚知道她的近况。她在信中写道："我很怀念那段学习经历，尤其是友善的合作小组（教师和学生）、刺激的学习环境和获得知识的兴奋之情。这些都是我在其他地方不曾经历过的，即使与大学阶段相比，我依然觉得那段时光更美好。对我来说，法语课环境是如此丰富，我可以探索许多不同的方向……每一天都会有新的发现……我所居住过和学习过的地方，没有一处像我们班那样，提供支持，鼓励成长。"

因此，我意识到，我们在学习和个人方面共同成长的那种方式，在时空上已经超越了那个班级，一直延续至今。它的确提供了一种更人性化的课程，让人们成为共同成长的学习者。

评 论

我只想强调斯温森博士的描述中我认为很重要的那些要素，其中大部分她已经提到过。

这是一个很好的例子，它说明教师可以冒一点小风险，只要他可以承受冒险带来的失败即可。每一步冒险都可能带来新的认识和新的自信，教师可以继续开展更大、更深入的教学改革，允许学生担负责任。换句话说，在教室里提供负责任的自由并非一件"全有或全无"的事情，而是一个逐渐成长的过程，这个成长既包括学生，也包括教师。

显然，教师需要胸怀"每个学生都具有潜能"这一根本的哲学、基本的信念，然后才能灵活运用。技术或特殊的教学方法是次要的。

从一开始，斯温森就承诺以学生和她所教的课程为己任，她渴望从每一种经验中学习。这种向经验开放的学习态度，使她逐渐形成了一种新的个人教育哲学，从而提升了她促进学生成长的能力。

从斯温森的经历中，我们了解到，她从一名严厉的、评价性的教师，变成了一名倾听学生、向学生学习的教师。一开始她会说："你们只是想找乐子"，"学习不可能总是好玩的"。后来她会问学生："什么能重新燃起你的兴趣？"——学生会告诉她怎么做！很显然，这种学习过程要求教师不断自我成长。

她越来越能开放地表达自己的感受，不管是开心、愤怒或者心中的信念，同时也给别人空间表达不同的情绪，这种变化令人震惊。

她以多种方式和途径，关怀她的学生；作为回报，学生也给予她满满的回报，比如生病期间得到学生温暖的关心。最感人的是，在她遭遇心理危机的时候，有位年轻女性还为她提供了心理上的帮助。

在危机情境下，父母和社区的支持很重要。斯温森博士说："在教学改革的前、中、后期，倾听彼此的意见，倾听不同的声音和观点都很重要。"

斯温森的报告表明，只要赋予学生自由和责任，他们就能成为合作的学习者、有能力的决策者和负责任的领导者（尤其在她生病期间）。

在由斯温森博士发起的、学生和教师共同营造的教学氛围中，他们学到的法语比传统课堂更多。此外，他们还学会了对自己和他人的生活负责，学会了自己去创造，以及与他人共同创造。

最后一点，学生们的一种观点是相当正确的，即应付考试的学习只需花很少的时间。这一事实一旦被承认，学生便有了充裕的时间进行创造性的个体和小组学习。

看到学生和教师在个人负责、开放性交流、自我价值感、创造性以及温暖的人际关系方面的成长，着实令人兴奋，尽管他们只是着眼于学习某一具体学科。自此之后，这些学习可以持续多年，增加了"全人"体验的重要性。

第6章

管理者如何成为促进者

◆

太上，下知有之；

其次，亲而誉之；

其次，畏之；

其次，侮之。

信不足焉，有不信焉。

悠兮其贵言。

功成事遂，百姓皆谓我自然。(1)

——《老子》第十七章

在第1章结尾和本章开篇，我都引用了老子的这段话。这段话提醒我，做促进者要比做领导者困难得多。领导者要求其他人成为其追随者，而促进者则要融入他人之中，不能与他人分离。最佳的促进者能与团体保持融洽关系。

矛盾还是一致?

“作为促进者的管理者”这一概念并非矛盾修辞法；该术语并没有前后矛盾。管理者能够并且确实可以促进学习。本章将会介绍一些学习促进者，他们创办了深受孩子们和老师们喜爱的学校；也会举例说明如何将教师与校长互动过程中最为棘手的问题——监督与评价——变成一种相互促进和建构的过程。第 1 章提到了很多热爱自己学校的学生，他们热爱学校是因为学校有许多管理者、教师以及其他关心和照料他们的人，这些人的人生目标和使命就是促进年轻人的健康成长。正如第 1 章受访学生们的评论，这些促进者言行一致。学校和社区有着许多风格不同的领导者，我们要拜访几位将促进他人发展作为自己人生使命的人。

叫我鲍勃

“20 年前，‘自由学校’还在极力推崇地方对学校的控制。今天，我可以自豪地说，在教育改革浪潮的推动下，学校管理权正从州议会和［学校］董事会转交到学校自己的手中。”（2）这番话是罗伯特·费理斯（一位学习促进者）在新奥尔良自由学校 20 周年校庆上所说的。

新奥尔良自由学校的学生们亲切地称这位促进者为“鲍勃”，其他人则将其视为这所学校的创始人。这所公立学校包括幼儿园至八年级。校舍是一栋百年老楼，木质地板，高高的天花板，即使新奥尔良气候潮湿也没有安装空调。在学校中心区的办公室，罗伯特·费理斯博士（又叫鲍勃）被公认为这所学校的校长。

在它 20 周年校庆时，我参观了这所学校。鲍勃在办公室接待了我，里面的办公设备都是一些旧家具。他的办公桌是一张废弃的学生课桌，目测约为 60×90 厘米大小。这所学校主要招收新奥尔良低收入家庭的孩子，约 90% 的学生领取了“免费午餐”补助。为了庆祝 20 周年校庆，家长和孩子们发起了一次晚宴和舞会。校庆也是学校不定期募捐活动的一部分。为了获取教育改革的资源，学校不得不投入时间和精力募集资金。鲍勃在校庆上没有发表演讲，而是把他的想法写了下来，题目为《从牛虻到主流：20 年后的新奥尔良自由学校》。以下内容就选自他在 20 周年校庆上写给学生、家长、教师和社区成员的一封信。

我们一起分享建校 20 年来的历程。回顾过往，虽然这个过程漫长而又艰辛，但也不乏收获。我们最初的想法已成为现实，而且日益成熟和完善。现在，我们一起为此而庆祝。

20 年前，我们意志坚定，拼劲十足，对自己的想法深信不疑，坚信可以改变历史的进程。现在，惟一的区别是我们老了，不再轻狂，但却更加深思熟虑。改革者不再被视为违反法律和践踏规则的人、叛逆的人和令人讨厌的人；相反，改革者现在被认为是法律制定者、梦想家、思考者和探路人。

1971 年，我们创办自由学校时的核心理念是：教育必须与孩子的生活紧密相联，因为最好的学习往往发生在每个独特的个体都赖以生存的现实生活中。至今我依然可以自豪地说，我们学校一直坚持提供探究式、体验式和创造性的教育。与强调正确答案、严格、惯例和对已知内容的复制相比，我们更鼓励学生积极参与学习的过程，让学生以其独特个体的身份，主动参与到他们获得知识的过程之中。

20 年前，我们认为，如果美国真的要让公立学校重获生机，那么我们必须致力于建立小型的学校。那样，学校里的每一个学生都不会被忽视。在美国这个高度发达的工业化国家里，我们必须确保提供给每个学生的教育都是高度个体化的体验。

20 年前我们就强烈反对等级计分制度，至今我们依然认为，等级计分对于聪明的学生而言毫无帮助，对那些成绩不够好但很用功的学生而言则是对其努力的否定与抹杀。

……新奥尔良自由学校为学生提供了良好的环境，在这里学生不用担心自己的学业成绩会进行传统的、有害的社会比较。事实上，横向的社会比较只会导致学生较低的自尊和自我意象。

如今，分数等级不再像 1971 年那么备受关注。当前，教育界争论的焦点是标准化测验。标准化测验在公立学校是如此普及和具有影响力，它已经大大地降低了学校本身的教学质量。

……我们总是一味地强调技能的发展，要求学生掌握各种单一或系列技能，甚至是应试技巧，从而忽略了学习本身应有的乐趣、兴奋和挑战。

课程设置不再以学生的兴趣、需求或好奇心为基础，而是受到考试这根指挥棒的指引。作为教育者，我们知道考试不应作弊的道理，但是考什么，我们就会教什么。过度强调成绩测验,反而限制了某一年龄段的课程内容。事实上，我们本应关注培养学生热爱学习、学会学习和应对当今社会各种难题的复杂技能，从而扩充学生的知识。现在，考试已经颠倒了学习过程：不是通过考试来促进和评价学习，而是将考试作为评价教学能力的方式；不是学习指挥考试，而是考试决定学习；[我们]不是为了学生的发展而使用考试,而是[考试]……成为了评判学生的……价值的标尺。

公立学校庞大而又官僚的组织结构，迫使我们每个人都变得顺从和趋同。用兰德公司最近一篇题为《特色高中》的研究报告中的原话来说，这种政治化和官僚主义的结构迫使学校成为了“妥协的机构”。尽管少数学校由于拥有充足的资金和丰富的实践经验，能够正常运作，然而绝大多数政治化的公立学校却只能墨守成规。学校系统中的员工被迫成为精神的侏儒，迫使那些最优秀和最聪明的员工屈尊，从而放弃自己的原则和思想。他们最终要么离开这一系统，要么成为愤世嫉俗的人，孤老终身。

……20 年前，我们在围城外向里张望。我们猛烈地抨击学校所受的官僚主义控制，严厉地批判美国这种商业化的发展……现在，我们关注的焦点不再是官僚体制，但我们依然处在教育改革的浪尖，要成为向绝大多数贫困学生提供回应内心需求和人本主义教育的服务典范。我们甚至与美国的企业合作，现在，我们已经与两家企业建立了合作伙伴关系……我们逐渐意识到，社会是如此复杂，问题是如此根深蒂固，我们只有团结合作才可能使我们的事业蓬勃发展。

……我们必须把千篇一律、一潭死水的学校，改变为多样化的、富有创造性和充满生机的组织。[我们]并不是纸上谈兵，校本管理、共同决策和权力下放等，都是抵制官僚主义的有效方法……为了改革，我们是否必须破釜沉舟？现在还不得而知。但我很清楚，为了喝到香槟，我们必须拔掉瓶塞。我也知道 20 年是一段很长的时光，让我们为学校的 20 周年校庆举杯共饮。(2)

评　论

鲍勃终身致力于学习的促进工作，我被他这种顽强的意志所感动。在他的心目中，学生永远排第一，官僚主义排最后。这表明在过去的 20 年中，费理斯已经成长为一名学习促进者。为了帮助孩子们，学校需要整合各方面的资源，包括当地的商业资源。为了保持独立性，学校需要置身于这些资源之外；但是为了支持学习社区，学校又需要与之保持适当的联系，以确保充分地利用这些资源。因此，要很好地在两者之间取得平衡。鲍勃认为，教育应以日常生活为基础；从他的话语中我们可以看到，测验、分数等级、竞争和漠不关心对儿童生活具有负面影响。很显然，即使再过 20 年，鲍勃也无法找出所有问题的答案。现在，鲍勃依然在探索改善新奥尔良学校的学生生活的方法。在这一过程中，他可能也会为其他地方的孩子们的生活改善带去福音。

对鲍勃的采访

作为一名校长（促进者），鲍勃不同寻常的经历在全美国都负有盛名，于是我在 1991 年对他进行了采访，又在 1993 年和他进行了一次追踪访谈。我们就秩序、信任和沟通障碍等主题进行了讨论。鲍勃还介绍了一些管理者促进学习的方法。下面的内容主要节选自 1991 年的采访，有一些额外的补充信息则选自 1993 年的对话。

关于沟通障碍

问题：我觉得可以用“简朴”一词来形容你办公室的风格，你的办公桌和学生的课桌大小差不多。你是否觉得这样能让来访的家长更为放松？

鲍勃：我……认为如果办公室过于正式，会让人觉得有压力。……说实话，这是一间多功能的办公室。这里曾经用来存放演出服；现在被用作舞蹈练习室，有时我会在这里教孩子们民族舞蹈，带领两三个孩子在这里复习学过的舞步，我平时尽量不在这里待着。

有关安静与秩序

鲍勃： 进入工业时代后，我们的学校基本上都是一个模式，学校实际上如同工厂，并按照工厂的方式运营。在这种学校，秩序比学习生活更为重要。不幸的是，绝大多数人都希望学校非常安静，并且秩序井然。然而，孩子们不可能总是安静而有序的。特别是当你想给孩子们自由时，这将会成为一项更艰巨的挑战……你试图让学习变得更有意义、更活跃和更有趣。我们这里的嘈杂声是学生们互动和学习的声音。你需要下放一些控制权，但绝大多数人不想放弃这种控制权……他们没有意识到，对教师和学生而言，分享控制权会比较好。

关于信任

问题：很抱歉，我无意中听到了你和一位家长的对话。她的孩子对你撒谎了，所以你提到了有关信任的话题。

鲍勃： 她［一名中学生］带着另一个学生来到学校，并且告诉我说这是她的弟弟……这是一个很大的问题：她向我谎称那是她弟弟，事实上我们谁都不认识那个孩子……我刚刚与这个孩子以及她的母亲谈过话，目的是想告诉她们这个问题的严重性，这是对信任的破坏，因为我希望能信任我的学生们。

关于学生的选择

问题：不同年级的学生如何进行互动？

鲍勃： 他们有很多互动的机会，因为我们有丰富多彩的“选修课”。每周一上午，所有班级的学生都能在全校范围活动。事实上，这一项目现在正在进行中。学生们可以选择不同类型的班级，然后从周一到周四，在每天的最后一节课去那个班级上课。这个班级的学生每周都会变化。一年级到四年级的学生可以在一起上课，五年级到八年级的学生可以一起上课。因此，一名四年级的学生可能会与一名一年级的学生一起学习，而一名五年级的学生可能会与一名八年级的学生一起学习。这是我们有意安排的，它能……极大地促进学生们的互动与交流。例如，学生能够选修语言、管乐、民族舞、踢踏舞、合唱、摄影、棋类、工艺和美术等课程。

除了……“选修课”外，从七年级开始，学生要在儿童博物馆、市政厅、养老院以及其他公共机构完成自己的“实习”任务。他们要写简历，参加面试。每周他们要花半天时间去完成自己的实习。1993年，我们要求学生考虑新奥尔良州面临的一个问题，并针对该问题提供服务。他们选择了帮助无家可归者。

关于体罚

鲍勃：我们从不对学生进行任何形式的体罚。值得称赞的是，奥尔良教区明文规定反对对学生进行体罚。我们事先都会［向学生］表明：“我们不会打你。”

相关的州规定

鲍勃：我们努力使我们的课程与州规定相一致，但这让我很闹心。不得不说，从根本上而言，学校是服从性的组织，而不是充满活力的机构。这是严重的问题，因为我们大部分时间都被人牵着鼻子走……而不能根据我们自己的实际情况来行事。大家都要求我们去创新，但对教师的评估决定着我们的教学方式，教材决定着我们的教学内容，标准化测验决定着教学内容的价值。

关于成功与失败

鲍勃：在这所自由学校，并不是每个学生都能获得成功。如果孩子们越早进入我们的学校，那么我们和他们就能收获越多的成功。从小学就开始在我们学校就读的学生，到八年级时已经相当成功。也有一些在七年级或八年级时才入校的学生，他们无法适应这种自由。因为他们已经习惯于别人告诉他们学什么、怎么学以及何时学。他们完全不知道如何应对我们提供的各种选择。当孩子们宁愿做习题也不愿意完成一个项目，或者将我们的自由选择视为破坏他人选择的一种特许时，这真是我们学校和社会的极大悲哀。幸运的是，只有极少数学生无法利用我们提供的机会获得成功。

关于项目

鲍勃：我们学校隶属艺术联盟，我们每周会请两位艺术家到学校为老师和学生讲课或与师生一起学习两天半时间。

在所有的学科领域，我们都要求学生和教师发展具有创造性艺术成分的项目，并将其融入到他们的班级报告中。例如，在科学课上我们并不使用教科书，学生们开展各种研究和实验，并向班级报告他们的结果。老师会要求学生在他们的科学项目的研究报告中包含艺术成分。

关于校长

鲍勃：许多年来，准确的说是 14 年，我们没有设置校长一职了。学校在创建之初属于私立学校。1973 年，我们的学校开始转入公立学校系统。从 20 世纪 60 年代末 70 年代初开始成为一所自由学校。1980 年，我们搬到了这栋建筑，并开始不断发展。在我们发展之初，区管理者们建议："你们需要有一位校长。"言外之意是，他们希望把我们纳入到他们的行政系统中……说实话，运营一所学校本身就很难，运营一家靠募集资金来维持的组织更是难上加难。我们要做的事情很多。我们真的不想设校长一职，但是［没有校长］……学校或许很难正常运作。我们试图证明［自由］这种理念对城市环境中的孩子一样适用。这是新奥尔良地区惟一的一所致力于低收入家庭儿童的特色学校。

评 论

20 多年来，作为一位促进者，鲍勃邀请其他人来学习并分享学习的乐趣。从朴素的办公室到向他人开放他的办公室，给任何真正需要的人提供帮助，鲍勃真正地身体力行了他所倡导的各种理念。他的办公室一直都向所有人开放。他也用各种方法来促进学习：他经常在校园里巡视，很少悠闲地在办公室里待着。这些行动将会遍及整个学校。他的大部分时间都是在教室和教学楼里度过的。他很乐意成为每个年级、所有学生学习的促进者：从每天最后一节课的选修，到他亲自给学生们上民族舞的课程。通过社区实习，他为学生提供了真实的生活体验。通过选修课，他为不同年级的学生们提供了见面、互动和相互学习的机会。教学内容经过专门设计，让学生们有机会看到学习的全貌，避免学生们迷失在孤立的事实或毫无联系的概念之中。

艺术联盟是另一个充分利用社区资源来促进学习的例子。我们可以看到，同样创建于 20 世纪 70 年代初的休斯敦表演与视觉艺术中学，是如何从社区获取资源、对学习提供整体支持的。无论是在新奥尔良、休斯敦、芝加哥、普雷斯顿或美国的其他任何地方，无论学生是谁或者来自哪里，社区互动是为所有学生提供最好教育的重要因素。我发现，学生们喜欢的学校与社区合作的时间是其他学校的 2~3 倍。

首席教师

值得一提的是，在没有校长的情况下，新奥尔良自由学校已经正常运转了 14 年。这非常有趣。在学校实行官僚制度之前，大多数学校都是围绕着教师和学生而不是管理者组织的。教职员工选出他们中的一位作为首席教师。现代的校长就源于此，只不过现在的校长通常与学生的学习没有多大联系，主要负责管理工作。

我见过很多校长，他们都是学习的促进者，每天都把大量的时间投入到课堂之中。他们教一些固定的课程，这不是因为他们有很多的闲暇时间，而是因为他们真正地认识到了与学生接触以及体验教学经历的重要性。密尔比高中是一所位于休斯敦市区的学校，拥有 3 600 名学生，以拉丁裔学生为主。其前任校长约翰 · 麦克莱伦博士在职时，每天都给学生上课。校长及其助理的母语都是英语，但他们都专门学习了西班牙语。同样，校长助理也有固定的教学任务。我问麦克莱伦先生，师生对他教课有何反应，他这样描述：

嗯，让我告诉你吧，有个老师这样说："他上课将会挑选学生。"我们告诉辅导员："由你来为我们安排学生，"我教的学生从初三到高三都有。其中有调皮捣乱分子，也有优秀的孩子。于是，这个老师又说："好吧，他是校长，所以学生们肯定会……。"事实上，一周后，学生就不再在乎你是谁了。他们才不管你是博士或任何其他什么身份，这些都不能让他们在课堂上变乖。他们只在乎"你是否真的关心我"，以及我们的实际行动……我并没有忘记我是校长这一事实，但随着我继续给学生们上课，他们早就忘了这一点。对他们而言，你只不过是一个老师罢了，当他们有不同意见时，他们就会立刻反驳你……一个老教师前来找我说："我在这里已经教了20年书了，[并且]我从未见过一位管理者走进课堂，走上讲台。我真的很欣赏你能那样做。"现在，我和这位老教师组成了一个教学团队，为孩子们教领导力这门课。

当人们相互交流问题和解决办法时，集体的智慧总是比个人的才智更具创造性。

促进伟大的想法

如果校长促进教师和学生学习，并允许他们从失败中吸取教训，那么成功指日可待。这样的例子很多，下面这个最为典型。

在很多学校，有些教师会在一学年的中间甚至刚开学时离职。这些教师很快就会意志消沉，与班级的社会关系网被打破，或者不复再建立，于是他们就这样远离了自己的学生。老师们选择离职可能是因为无法营造学习氛围或建立学习社区；而违纪通常只是教师离职的原因之一。

离职或许对教师本人，有时甚至对学生都有益；但我接触过的大多数学生都会对此感到愤怒和心痛，他们觉得被自己的老师抛弃了。一旦有教师离职，学校通常的做法是，先聘请一位临时的代课老师，直到找到合适的正式老师为止。在很多班级中，在聘请到正式的老师前竟然换了五六位代课老师。学生们将愤怒和被抛弃的感受发泄在每一个代课老师身上。在老师们走马灯式地被换掉后，很多班级陷入混乱。难怪学生会质疑，凭什么他们应该相信或听从眼前这位成年人的话。“她几周之内就会离开我们。”这是一个四年级孩子的反应。

这种情形每一年都重复上演,并产生了灾难性的后果。几位老师这样向我描述：教师成为了一种可替换的角色，如同照料孩子的保姆一样。

集体的智慧

同样的一幕也发生在市区的一所小学，但结果却截然不同。在感恩节前夕，一位四年级的老师辞职了。这个班级以纪律差在全校闻名。校长立即召集其他四位同年级的老师，仔细商讨解决该问题的可行办法。他们关注这个被抛弃的班级中的学生需求，最终找到了解决办法，即把该班学生平均分插到其他的四个班级中。每位教师将会亲自邀请七名学生来其班级学习至少六周左右的时间。同时，一名代课教师每天都会与每个班级中的“新学生”一起学习一个半小时。一旦聘请到正式的教师后，这位新老师至少要先和每个班级中的“新学生”一起学习一周时间，以了解这些学生的姓名、兴趣、学习进展以及其他情况，然后将这些学生重组为一个新班级。校长同意了他们的方案。在新老师的带领下，这个原本纪律很差的班级成为了勤奋的团队，教师和学生息息相关。

这些学生经历了从被抛弃到被邀请去学习的过程，校长和老师们找到了有益于学生和整个学校的解决方案。虽然四年级其他四位老师的工作量增加了，但他们认识到，教育好学校里的孩子不是某个教师的责任，而是所有人的责任。这位校长是促进者而不是管理者（后者只会遵从教条去寻找代课教师），是问题解决者而不是问题漠视者。在解决问题的过程中，这位校长为了满足孩子们的需要，灵活地改变了一些陈规。永远以师生的最佳利益为重，是促进型校长的重要特质。

能将愿景发扬光大吗

最好的领导者能把领导权下放给其他人。在那些几十年以来一直是促进学生学习的学校，领导者如何继续发扬“以人为中心”的愿景？但如果领导者离任后，会发生什么？通常的结果是学校或教育项目面临危机。

我曾经研究过一所市区小学，该学校聘请了一位富有活力的领导者。就在一年前，这所小学还被州教育机构评为该州教育业绩最差的 5% 的学校之一。新校长上任后，为学校注入了许多活力。他聘请了新教师；一些年纪大的教师退休了，其他一些教师因为在前两年内岗位要求不达标离职了。留下的经验丰富的教师和新教师们紧密地团结在这位校长周围，组成了充满活力的团队，可以更好地满足学生们的需求。

为了让学校拥有更加丰富的社区资源，校长亲自参加贫困社区的工作，以汇聚各种社区资源。他说服一位牧师将自己的孩子从一所私立的宗教学校转到这所公立学校。渐渐地，这位牧师成了该校坚决的拥护者，并鼓励社区中的其他人将自己的孩子送到这所公立学校。不久，其他的资源也开始慢慢地流向该校。在那一年，该校的商业赞助和社区赞助源源不断，支持学校设立各种荣誉奖项和奖学金，其中包括星期六和暑期拓展项目。校长筹集到了不少钱，用这些钱来建设必需的社区公园和学校操场。调查显示，学生们对学校氛围和学习环境都很满意。五年内，这所学校的校长、教师、社区和学生因为其出色的学业成就而多次得到该州教育机构的表彰。可惜好景不长，这位校长和几位教师离职了，他们去另一个学区创办学校。曾经使学校复苏的资助项目和社区支持开始萎缩。学校的成就和氛围也开始变化。很快这所学校就退回到了原来的光景。

这种由兴盛到衰落的过程正日益成为一种普遍的学校发展模式，尤其是在城区。有活力的领导离职后，学校的社区资源也随之消失，这表明学校之前建立的人际资助，是隶属于某位领导者的，与学校、学生和学校的使命无关。新任领导上任后，如果学校的员工都忠于和维护前任管理者，那么新领导永远都不能施展自己的才华。难怪新校长或新主管上任后都会中止原来的项目和实践活动。新的领导者意识到这样一种需求：要在教师和家长中发展自己的支持者。于是，对学生有益的原有项目突然中断了，一些新项目又会相继开展。很多情况下，教师、学生、家长和社区对新项目几乎没有投入。因此，教育似乎不断地在重蹈覆辙。这一幕似乎能解释一直以来开放的和健康的学校运动很少出现的原因。

另一种原因可能是领导者不能给予他人愿景和机会，让他们创造自己的未来。如果我们感受不到中国老子在很久以前所指出的，“百姓皆谓我自然”，那么当领导者离职后，愿景也会随之消失。如果学校有明确的愿景，并且拥有对愿景的主导权，那么即使变换了领导者，学校的愿景也会不断发展，因为它拥有确立新理念的基础，现在的利益相关者（家长、学生和社区）都会参与到促进满足儿童和青少年需求的过程中来。是否有学校能够长久地维持美好的愿景？当然有。下面这个例子就表明了领导力可以变成一种共同的愿景。

休斯敦表演与视觉艺术中学（HSPVA）自建校至今已经 20 多年，虽然该校不断发展和壮大，但依然坚持最初的使命。在过去的 23 年里，这所高中（第 1 章中讨论过）共有三任校长。现任校长安妮特·沃森在 1970 年建校时是一名艺术教师，也是第一任校长露丝·丹尼创建该校时筹划委员会的一员。沃森在这所高中任教 7 年，然后离职，12 年后她又回到这里担任校长。她以一个教师立场和现任校长的身份回顾了该校建校时的情况。

嗯，它是一种经历；实际上，我并不知道我们是否清楚应该怎么去做。露丝·丹尼给我打电话，说她有一个疯狂的想法。学校主管和董事会决定投资建立一所表演和视觉艺术中学，通过这种磁力场将校区内不同［种族的］人自然地整合在一起。露丝知道艺术超越了所有的社会经济地位和种族障碍。

作为一名戏剧老师，她［丹尼］根据自身经验，很清楚，你可以招收很多缺乏艺术熏陶和创造性的孩子，……并且……为他们提供充分的艺术氛围……或许你能让他们在许多方面发生改变。所以她打电话给我，问我是否愿意成为［学校］筹划委员会的一员。我欣然接受了。她聘请我担任该校的艺术老师。

……这所学校真是史无前例。谁愿意让自己的孩子坐着公交车穿越城区，到一所没有足球队和篮球队、也没有俱乐部和社团的表演艺术中学呢？

露丝和同事们共同设定了学校的愿景。她认为这所中学不仅要有艺术老师和文化课老师，而且还要有社区中的艺术家的参与和支持。

……我们发现，艺术体验会使你更好地帮助他人。无论是休斯敦芭蕾舞团的舞蹈家，还是交响乐团的音乐家，他们的经验都会对学生有帮助。

同时，你也需要这样的人：热爱孩子、能与人友好相处、具有一定的生活技能。所以，你必须找到那些专业的艺术家、音乐家和舞蹈家，他们既能与人们进行良好的沟通，又能实实在在地为人们做些事情。虽然他们只是辅助教师，并不能取代正式教师，但他们经历丰富。这样，教师和学生们可以源源不断地获得各专业领域的新观念和新经验。当然，你也可以选择待在象牙塔内，与世隔绝，……[之后]，你就失去了动力。

然而，从一开始，她[露丝]的座右铭就是，……“教育是在拿信任进行风险投资。”她相信我们会竭尽全力地把工作做好。相应地，我们也相信学生会努力把事情做好。

……我们发现，如果你想给孩子们成功的自由，你也必须给予他们选择的机会，而这些选择可能会让他们失败。所以，你也有失败的可能。……失败并不可怕，关键是这并不是我想度过余生的方式。

露丝·丹尼说：“你们在数学课上讲的内容应该对孩子们学习艺术有帮助。”难怪她会聘用有音乐背景和经验的数学老师、会唱歌剧的语言老师以及会弹钢琴和有表演经验的英语老师，等等。我永远都不会忘记，在一次科学课上，一组学生通过舞蹈诠释了细胞突变的全过程。我看到这些细胞分裂、分裂、再分裂……真是美极了。有一次，我走进一个正在上社会研究课的班级，他们正在研究印第安文化。一个吹长笛的学生原创了一首诠释美洲印第安人音乐概念的曲子。我想说的是，他对印第安人的音乐做了大量的研究和思考。一个学美术的学生创造了一系列受到奴役的女性雕塑，这些精美的雕塑栩栩如生，简直太棒了。

我们坚持这样一种理念，现在是，将来也是。我刚刚聘请了一位年轻的女英语教师。她不仅是一位出色的英语老师，也参加了学校年鉴和校报的编辑工作。为了更好地理解舞蹈，她还到休斯敦芭蕾舞学院学习舞蹈。

我问安妮特：“你是如何维持学校活力的？”她从学校和艺术社区之间关系的视角进行了回答。

首先，不断加入的新人为我们增添了活力，这些新人是我们特聘的艺术家为我们带来的。如果每天都有二三十个背景不同的人来访，那么学校不可能静止不变；这为学校注入了活力。如果是同样的人，年复一年地做着同样的事，那么学校的活力就会慢慢消失，学校将会墨守陈规。这必将会影响每一位教师、管理者和学生的状态。这时学校就必须采取一些措施来激励他们，使他们摆脱自己的生活惯性。

对管理者来说，我认为与专业领域保持联系很重要。你不应孤立自己，而是要把自己视为管理者。你要把自己视为联络者，充分利用所有的资源，从而帮助学校的师生们。管理者应持开放的心态，允许别人表达并充分听取各种意见。我相信好的管理者会说："一切皆有可能，让我们一起寻找解决的办法。"好的管理者总会找到最佳人选——最聪明、最具爱心和奉献精神的教师，并且赋予他们做事的自由。我认为称职的管理者必须保护学生，时刻在头脑中牢记要维护学生的最佳利益。但是，管理者也不能因此对员工过于苛刻。我努力以我想要的那种方式，把每个人视为独特的个体那样对待员工。如果你发现教师们遇到了麻烦，就应该真诚地邀请他们坐下来谈一谈；关爱地一起讨论问题。如果你希望……教师[们]取得成功……就应该让[他们]感受到这一点，你应该通过各种方式来支持……[他们]并给予他们充足的时间。

管理者必须要有勇气。如果你没有勇气去做自己内心认可的事情，那么你就不适合做管理者……如果你有时间坐下来静心思考："什么才是正确的事情？"那么内心就会有个声音告诉你何谓正确，何谓错误。如果你违背了自己内心的声音，就会为此付出代价，因为有时你会让自己的理智战胜直觉。你必须相信自己。我认为艺术的作用之一，就是有助于你变成一位冒险家。如果你做任何事情都很保守，那么你注定会成为墨守成规的官僚主义者，锱铢必较，牺牲孩子们的利益。

从建校到我离开学校的那七年里，我们从来不会把成绩等级或考试分数作为录取学生的标准。不知何故，在我离开期间，学校开始强调，学生不仅要通过严格的面试，还要通过特定的考试，其成绩需要达到一定的等级标准。我在回来之前就对此有所耳闻，它困扰了我好几年，因为这根本不是我们建校的初衷。

我们对孩子的惟一期望是，只要他们愿意每天花3个小时来学习艺术，并［用其他的4个小时］学习文化课。如果他们愿意这么做，我们就会安排他们参加面试，通过面试的就可以入学。

最终的结果是，［学生的］分数并没有下滑。新生入学时的文化水平参差不齐，老师们要努力工作，以确保所有孩子的成绩都能稳步提高。当然，我们这样做并非看重考试分数，而是让孩子们打好基础，去做他们想做的事。

评　论

我和安妮特·沃森的谈话一直围绕着学校发展的愿景和可持续性展开。表现艺术天赋是休斯敦表演与视觉艺术中学录取学生的标准，但许多学校的管理者往往会忽视这一点。休斯敦表演与视觉艺术中学始终努力为学生们提供良好的环境，使他们热爱学习。我们在第1章提到1980年至1992年的学生评论，它们表明了赋予学生们自由学习的权利多么重要。

作为连接学校和社区的桥梁，沃森不仅邀请艺术家们走进学校，给师生们带来专业领域的教育；同时她又让本校的学生们走进社区进行表演，以此回馈社会。自露丝·丹尼提出"教育是在拿信任进行风险投资"的校训20多年以来，休斯敦表演与视觉艺术中学一直坚守不变。这一宝贵的财富之所以能代代相传，是因为它反映了选择管理者的标准：视学校的使命为己任。这么多年来，学校已经发生了很大变化。学校的资源不再隶属于某一个人，而是用于支持学生们自由学习。人们需要体验学习的自由，进而他们才能促进他人的学习。露丝·丹尼为教师们提供了这样的机会，沃森便是受益者之一。现在，沃森正致力于促进其他人的学习。

开放而健康的学校

本章列举的例子得到了很多研究的支持，这些研究考察了校长支持性或控制性管理的优劣。韦恩·霍伊、约翰·塔特和罗伯特·科特坎普针对学校健康的环境和氛围进行了研究，一篇题为《开放而健康的学校》的文章报道了他们的研究。文章中描述了新泽西州 72 所中学管理者的特质。研究者发现，"当教师们缺乏做出专业判断的自由，并处于［校长的］严密监控下时，他们通常会不信任校长。"校长越开明，越支持老师的工作，教师们就会越信任校长。通过"分享对学校的自豪感、对学生的承诺……同事间的互相关心，以及……信任可能促进教师行为"（3，p.121），教师们会更多地参与到学校工作中。研究还发现，校长在培养自己与教师之间的信任时起到了直接作用，而在发展教师间的合作和信任关系时更多地发挥间接作用。根据霍伊及其同事的观点，"校长的主要作用是，通过形成开放、健康和信任的氛围间接地促进教育发展"（3，p.121）。

校长的指导和控制行为似乎会导致学校的不良发展。尽管研究者从未使用过"促进性"这个词语，但在他们研究中讨论的这些校长确实具有促进性，这些校长为师生们创造了支持性的学习环境，寻求资源来帮助学习社区，鼓励开放和健康的学习环境。校长尽量不监管教师的需求，与校长根据事先确定的教学目标来评估和考核教师的国家规定相反，自由学校的鲍勃如是说："它［评价］并不是提高教育的途径，它只是控制教育的方式。它是一种让教师非常传统地遵循考试和书本的控制机制。"鼓励教师改进师生关系的其他间接方式还有很多，我很乐意对之进行深入的探索。

自我评估：全面培养专业人士

校长如何帮助教师从知识的传授者成长为学习的促进者？请将下面的事件与传统的教师评价（校长依据教师的教学对其进行评价）进行比较。想象一下，在校长和老师共同参加的教学会议上，由老师而非校长发起关于教学方法的讨论。这位科学课老师非常自信地分析了自己某节课的优点和不足。

在这节课上，我用了 40% 的时间来讲解，其他的时间让学生们自己去探索门捷列夫已经发现的化学元素。他们每个人都要去发现这些元素，并把这些元素写在卡片上。在原有知识的基础上，他们通过小组合作和头脑风暴法发现新元素。学生们开始把卡片贴到墙上，很快我们的现代元素周期表就形成了。我很高兴学生们在没有我参与的情况下就能积极讨论。记得上次，我上了一节类似的课，课上我用了80%的时间来讲解知识。在那次课上,除了我以外没有人有新发现。我也采纳学生们的观点，一起设计下一节课的内容。学生们讨论了创造性，以及门捷列夫在他那个时代发现新元素时的经历。我还减少了对上一节课所遇问题的复述。我意识到，要让学生多思考就不要向他们提如此多的低级问题。我耐心地等着他们回答,再也不像以前那样,在每个学生回答后就立即给出评论。在我没有干预的情况下，学生们相互之间提出了更多的问题，促进了他们之间的互动。

在这次会议上，这位老师还精心准备了会议资料，老师和校长用15分钟时间阅读了这份资料。

通过听课堂录音磁带和分析教学结果，这位教师能进行自我评估。在分析教学结果时，教师们可以参考《一般教学策略》一书，本书最后一章“通过自我评估来提升自我”提供了这样的表格（4，pp.413-453）。这位教师把录音带调到了学生课堂讨论部分，她和校长一起听了那部分内容。除了课堂录音分析，她还采用了学生调查问卷来考察课堂状态和氛围，本书的某些章节也曾提到相关内容。这两份资料真实地反映了师生在课堂上的活动。她播放录音给学生们听，这样他们就可以听到自己在课堂上的讨论。学生们给教师的反馈是:她很固执，不肯听取他们的想法。她与校长分享了这一信息，于是他们利用这次会议的剩余时间来讨论：如何才能更好地聆听学生们的心声。她决定开一次班会，和学生一起讨论如何才能更好地发挥班级功能。在下次会议时，她将和校长深入探讨这一问题。

内部控制点的评估

知识就是力量，关于自我的知识是最大的力量。在上面的例子中，教师和校长的角色已经发生了变化。在此之前，通常都是校长坐在教室里听课，将教师的上课情况记录在一张观察表上，然后再反馈给老师。教师从入行到退休，一直都依赖于他人来回答这个问题：“我做得如何？”评估的控制点往往是外在的而非内在的，而全面的专业人士在一定程度上需要独立成长。一贯地依赖他人的评估会抑制个体成长，甚至会扼杀整个行业的发展。当我们自己力图去寻求答案时，有意义的持续变化才会发生。

录音只是教师考察师生互动的一种工具。如果你的目标是以人为中心，那么你必须改变用 70% 或 80% 的时间来讲解知识这种师生互动的课堂模式。上面例子中提及的那位校长正在促进这种改变。过去，校长一年也难得去教室一两次，想通过校长对教师的评估来促进他们成长，这根本就不可能。但在上面的例子中，校长对教师的转变起到了促进作用。

在其他学校，教师们会组成对话小组，促进型的管理者支持这种发展。小组中的教师们一起分析录音，分享彼此的自我评估。我发现美国的学校都在使用这种评估方式。公开分享和讨论教学理念，很明显地促进了同事间的开放性。一位中学英语教师曾经这样评价她的一堂课："在我看来，我最明显的不足是，总是告诉学生们知识，而不是提问。我经常重复或者回答我自己提出的问题，没有给学生们留出充足的思考时间。"（5，p.91）当校长和学校环境支持自我学习时，老师们才可以建立一种内部控制点的评估。优秀的教师能够从自身的成败中吸取经验教训。

管理者可以促成这样一种氛围，教师能相互学习，并分享自己的成败经历。校长可以成为教师、学生、家长以及致力于发展开放和健康学校的社区成员的合作者。在本章中，我们已经了解到学校应以学生而非任何其他个人为中心，这种促进性的愿景对于学校发展很重要。如果学校的领导者只是"明星"而非"促进者"，那么领导者带给学校的辉煌也只能昙花一现。只有那些与他人分享愿景，愿意并能促进他人发展的领导者，才能延续学校的使命。安妮特·沃森体验到了露丝·丹尼校长对她的信任和促进。现在，已经身为校长的安妮特继承了信任他人的愿景，促进大家成为共同的学习者。

改变学校似乎是有道理的，越来越多的人渴望与促进者一起工作。当促进者的数量不断增加时，下一任领导者才更可能支持自由学习。管理者要想成为促进者，他们必须先懂得"教育是在拿信任进行风险投资"的深刻内涵，并且当其他人说"我们依靠自己的力量做到了"时，他们一定会从内心备感自豪。

第 7 章

其他的自由促进者

◆

对“以人为中心”的教育方法最普遍的误解是：这种方法只适用于某些学科或特定的场合。在前面的几章中，我们已经看到这种方法在美国各地的中小学校和外语课堂中的运用。在这一章中，我想向大家展示如何把这种方法应用于各式各样的教学情境中。

通过介绍多样化的个体经验，我希望可以说明，我们谈论的不仅是一种方法或一门技巧。在教育情境中，“以人为中心”的方法可以帮助个体不断成长。它是一整套不能轻易树立的价值观，强调个体的尊严、个人选择的重要性、承担责任的重大意义以及创造的欢乐。它是一种哲学，建立在民主方式的基础上，给每个人成长的权利。因此，你在本章中将会发现以下内容：

- 一位努力在课堂上创设自由的科学教师，因为一个错误而事倍功半。
- 一位相信民主教学过程的系主任，尽其所能授权于学生和教师。
- 一位懂得创设创造性思维环境的数学家。
- 一位教师们的老师，把童年记忆作为改变教师态度的方法。

◆ 一位传统学校的辅导员，耕耘出一块有限的自由园地，结出了丰硕的果实，并经久不衰。

勇气、正直和一个错误

我很清楚，到目前为止我所呈现的例子中，学习过程和结果对师生们都具有积极意义。然而，我不想给你们留下这样的误解：在实施“以人为中心”的教育方法的过程中不会产生问题，不需要进行调整。下面要介绍的这个例子，在我看来，就是在创新的过程中犯了一个真正的错误，并导致了不良的结果。

约翰·巴克姆博士在英国的一所大学教环境科学。他寄给我一份长篇的详细课程分析资料，他使用独创的方法来教这门课程（1）。这门课程对师生们而言都非常有学习价值。巴克姆博士在精心备课和评估这门课程时，都使用了独创性的研究方法。限于篇幅，我无法对此进行过多介绍，只希望从他的报告中援引几个鲜明的特征加以分析。虽然对整门课程而言，这样做会有失偏颇，但我想强调的是他已做和未做的一些事情。依据我的判断，正是这些事情造成了严重的错误，使得他的经历偏离了原本应有的正确轨道。

巴克姆博士使用这种创新的方法已经有一段时间了。

> 许多年来，我一直致力于发展和改变《生态系统管理》这门课的教学方法……1978 年，我开始认识到小组教学中参与式学习的潜力。（他讲述了 1970~1980 年期间发展小组讨论的情况。）与此同时，我第一次读了两本对我产生深远影响的著作。亚当·柯尔写的《解放的教育》（2）深入我的心坎，传递给我一股革命的热情。卡尔·罗杰斯的《自由学习》（3）证实了我的这些感觉，并真正帮我找到了我当时正在寻找的工具——促进学生更有效学习的方法。如果你只想固步于自己现有的教学思想，那就无需看这些书。

他把自己的内心斗争如实地记录下来，并娓娓道来，引发了许多教师的共鸣。

在 1970~1980 年期间，我第一次意识到，学生们在《生态系统管理》课程中遇到的困难，实际上正反映了我对自己角色的混淆。他们会听到我说："我想给你们自由去探索……"但他们真正感觉到的是，我只是在控制他们。更糟糕的是，我用另一种方式在操控他们。我的确在这样做。给予学生自由和责任，让其自主学习是让人提心吊胆的事情。我害怕可能出现的失控。毕竟，我知道的比学生们多得多。但这是否意味着我就有责任把我所知道的全都放在他们面前？无论如何，如果我让他们认为他们的思想与我的一样重要，一样有用，那么他们就不会尊重我了……我知道什么重要；重要的是教学大纲，以及学生必须接受我懂得最多这一事实。这便是我内心的一些恐惧，而且我无法直面它们。因此，我意识到，如果学生感受到真正的自由，我就必须松开手中的缰绳。读了罗杰斯的书，我立即在一天的时间内为 1980~1981 学年的课程写了一份大纲。

在课程正式开始前的几个月，他就把这份大纲发给了选课的 37 名学生。这是一份单倍行距、长达 11 页且非常详尽的材料。从以下简短的节选中我们就可以看出作者（约翰·巴克姆博士）的语气和目的。

你们能否和我一起真正地完成一门长达三年、有众多人选修的课程？……我个人对这门课程设定的目标是，给予你们各种自由去进行有关生态系统管理和自然保护的研究。你们都不是空杯子，需要从我的杯中把一些东西倒进去。无论何时，我必须牢记，这是你们的课程，不是我的。你们选修这门课程已经表明你们对它的兴趣，而我的角色就是一名促进者：尽我所能去帮助你们追寻你们的兴趣。我想创设一种环境，它有助于产生自由的自我指导和创造性学习。

影响这门课程的内在冲突痕迹已开始显露出来。请注意这些话语之间的分歧："和我一起"与"这是你们的课程，不是我的"。到底哪一句才代表他的立场呢？

这份教学大纲紧接着讨论了各种主题。巴克姆博士建议学生可以利用这些问题来确定自己的目标。他列出了大量的资料：书籍、实地调查和校外专家等，他还提出了学生们可以从事的各种项目。他详细地说明了对学生的工作进行评估的方式，并声称他的目标是："要与学生一起找到一种评估方法，使之既能符合学校的要求，同时又不破坏这门课程的精神——自由学习。我想这将是我们第一次上课时要讨论的主要议题。"他还告诉学生，在期末时要求学生上交一份报告，可以具名也可以匿名，从正面和负面来评估教师以及学习这门课程的经历。

在他列举的各种可用资源中，其中资源之一便是"我"。

> 我的感觉是，至少在起初，你们当中有些人会对如何最有效地利用"我"产生困惑，觉得这是一个棘手的问题。你们已经习惯于由老师来上全部或大部分的课程。现在，要由你们自己来上这门课了。我相信你们能够克服困难，解决这一问题。我必须提供给你们什么以促进你们的学习呢？我觉得我能提供的可能与你认为我应该提供的会有所不同！这里有一些我能提供的东西，你们可能在某段特定的时间用得到。（随后，他列举了他的经验和兴趣。）
>
> 也许还有其他你们希望我能提供帮助的方法。为了促进你们对"我的"利用，我将以预约的方式让你们找到我。以下时间我会一直都在，至少在秋季这一学期是如此。（他提供了一份办公时间表。）基本可以确定的是，你们需要提前预约才能找到我。请仔细考虑，有明确的需要时才来找我，因为在这些时间里，将会有很多学生来找我。你们必须明确需要我提供什么帮助，你们将如何利用我，以便我做好相应的准备。如果我不理解或者无法满足你的需求，或者 [我] 对这些要求表示异议时，我会直接表态。除此之外，我将尽我所能答应你们的要求。

他这样提供自己让学生利用的方式，让人感觉拘谨而又有距离感。这与教学大纲的基调格格不入。

他记录了第一次与学生开会的日期、时间和地点，并以下面这番唐突的话语收尾：

> 我将在下午 3:30 开始我们的会议，会在五分钟内发给你们会议提纲，你们可以按照你们认为合适的方式来使用它。我建议至少将以下项目作为会议议程。（他列举了关于如何分组、如何利用校外专家以及考试和评估等问题。）

从他最后的一句话可以看出，他进一步拉大了自己与这门课程之间的距离。任何这类学习经历，第一次会议都会产生不同程度的混乱，但他在会议中并没有起到很重要的作用。

第一次班会让我感到紧张而又焦虑。我做了开场白，之后便把控制和领导权交由学生。显然大多数学生发现，在如此大的群体中感到无所适从。许多人为领导权争执不下，还有很多人保持沉默。这次会议的大部分时间花在解决评估问题上，还有人表达了对于本门课程期末考试的焦虑。

从下面这两段不安却真实的摘录中可以看出，他确实置身于课程之外了。

总体而言，最令我担心的是前几周。自从第一次会议后，有一些学生我整个学期都没有再看见过。我发现这很难应对，只能这样回应：我已经给了他们自由，如果他们想要完全依靠自己的力量去工作，那么他们就需要对自己的决定负责。我担心某些情况下，学生们什么工作也没做。但这种担忧无法得到证实。

我的活动。不再坐着干着急，我最终解脱自己，开始采取独立行动。除了回复学生们的要求外，我打算利用任何可能的时间去学习新的环保知识，让自己成为可以为学生提供更有效资源的人。

当然，小组也并不是真的没有领导。此时，一个学生主动担任起领导者的角色，组织班级工作。他决心推进各项工作，并采取积极的态度，带领其他人一起完成各种事情，比如安排讨论会等。巴克姆教授的确主动做过两件事情：他邀请了一些专业的自然保护专家与全班进行非正式的会谈，学生的参与度很高，也都很满意。有意义的是，他并没有主导这其中的任何一次活动。但他也讲了几次课。第一次是应学生的要求，他阐述了在自然保护领域中他个人的价值观。学生们非常喜欢这次课。

从学生们的成果、反馈和评价来看，总体而言，这门课的结果令人满意，或者说很满意。对于绝大多数学生而言，这是一段独立学习的经历。比较典型的反馈是这样的：

我认为这门课程的结构能很好地促进自己思路的形成。一开始就很明确，你只能依靠自己。这鼓舞我将这门课程更多地视为是一段自我发现的旅程，而不仅仅是一门课程。也因为没有“规定”的事情要做，我觉得自己能更加自由地发展。我们不可能用灌输的方式来学习这门课……我认为这门课真正地教会你如何培养兴趣。

尽管如此，学生们还是希望他能发挥更为积极的作用。

🦋 我认为你的贡献还不够。我希望有更多的对话……甚至是真正的讨论会……那你就真的需要认真准备一些东西了。

🦋 我个人觉得你应该发挥更大的作用——不是在讲课方面，而是在指导讨论方面。

评 论

我想评论一下巴克姆博士的经历。在对这是“我们的”课程还是“你们的”课程这一问题上，他显然持自相矛盾的观点。但从他的行动来看，他选择了后一种答案。他成功地将自己从集体经历中分离出来，一旦分离后他就很难再融入，除非强行侵入。他后来意识到了这一点，感到很抱歉。他在报告中提到，当他决定上几堂课的时候，这“并不仅仅是对学生恐惧的回应……或者担心自己不中用。”当他安排校外专家的非正式讨论会时，他谈到了“采取主动的正当理由。”显然，他觉得自己没有真正的权利去为这门课程采取行动。

虽然我认为巴克姆教授将自己与他的课程相隔离是一个真正的错误，但是我很同情他。我对一次周末会议记忆犹新。这是为一批重要的高级教师召开的会议，旨在帮助他们重新思考自己的教育目标。就像巴克姆教授一样，我明确表示这是他们的群体，他们可以依己所愿来利用时间。让我纳闷的是，他们喜欢把大部分时间放在闲聊上，而我却无法改变这种状况。如果这是我们的群体，作为其中的一员，对于这种浪费宝贵时间的行为，我会明确地表达愤怒，并让所有的成员都听到。结果是，这次周末会议作为一次真正的悲剧而被我铭记。

在我看来，我怀疑巴克姆教授错在对他人过度热情的信任。我的失败之处在于，没有相信自己能够成为群体中一名有用的成员。因此，我欺骗了他们我可能做出的贡献。我认为巴克姆的例子也是同样的问题。他丧失了共同参与者的机会，更重要的是，他错失了成为共同学习者的机会。

将自己隔离于课程之外的第二个后果是，丧失了成员之间全面、开放的互动所带来的激励与创造性。由于他没有与学生进行互动和交流——只是不安地坐在办公室里——学生们也倾向于做出同样的反应。虽然他们也举行过一些小组讨论，但大多数时候他们都各行其道，独立学习。虽然小组学习也是一种很好的学习方式，但如果在教师的促进下，使之成为定期的讨论会，那么效果将会大大提高。在这样的氛围中，自由因此产生，一个人的思想将会和另一个人的思想碰撞出火花，一个人的真知灼见会激发其他人许许多多的创造性反应，这个群体动力过程将会提升整个学习过程。

正如我所见，教师将自己孤立于群体之外，不但剥夺了他自己的学习机会，也剥夺了学生与他共同学习的重要机会。组建促进型学习团体的失败经历，使双方都丧失了本应产生大量创造性见解的机会。这是一项大胆的实验，在细节上投入了大量的精力，它的结果大部分是好的。但是，如果在实施过程中没有犯这个错误——教师未把自己视为群体中的重要一员，那么它将会带给师生们更大的价值。

地理系的激进民主化

比尔·罗梅伊曾有一个梦想，就是要在地理和地球科学领域实现真正的学习。最后，他在圣劳伦斯大学为这个梦想找到了归宿。我将让他用自己的话来讲述这个计划（4，pp.680-96）。

在圣劳伦斯大学的多次讨论中，我提出我的想法——一个真正的教育机构应当关注人本身，而不是预先设定的学科结构。学校接纳了这一想法，初次的谈话结果表明，大家对这项计划的实施都持开放态度。这项计划包括下列要素：

1. 对所有师生而言，各年级独立的项目工作将替代一切的标准化课程。
2. 学生将评估自己的工作。
3. 学生用工作档案袋作为他们完成工作的依据，不再有传统形式的考试。

4. 师生将充分、平等地参与本系的管理事务。
5. 学生将自己决定学什么、何时学、学多久，以及和谁一起学。“地质学”和“地理学”被赋予了最广泛的可能诠释。
6. 教师将承担责任，与学生一起创造和维持一种丰富而激励人心的学习环境，让所有人都能从中受益。
7. 本系以一种开放的机制来运行，大学中的任何人都能自由地利用本系的教育资源，无论他们是否正式选修本系课程。
8. 任何事情都可以通过协商解决。师生一致达成协议：不动用权力去操控任何人。
9. 学校将努力创设和维持开放的交流氛围，彼此尊重和爱护公物。因此，友谊、相互支持和亲密的人际关系有望建立。
10. 每个人既要发挥教师的作用，也要发挥学习者的作用。
11. 扁平化的管理机构将给予所有参与者平等的权力、权威和机会。系主任以协调者的身份参与按照严格的垂直等级制度构建的学校事务。但系主任是轮流担任的。
12. 本系不再受制于最初的专业取向，而是朝向一个更加自由的系发展。在这里，关于地球一般知识的学习与狭义的成为“地质”或“地理”专家的学习同样重要。因此，商人、政治家、音乐家、历史学家、语言学家等各行各业的人，都有机会了解和学习有关地球的知识。

评　论

不出所料，问题很快便出现了。一个大问题是如何评分。罗梅伊和他的团队最终接受了这样的评分系统：每个选课的人只有两种评价记录，即是否获得了学分，以及是否获得了持续的进步。换言之，在这个评分系统中根本没有分数，不具有比较评估的意义。另一个主要的问题与这个实验所涉及的五个领域的教师有关。由于缺乏按部就班的课程进度，有的教师对此很不适应。逐渐地，这些课程被重复讲授。五年半以后，这个项目变成了一种双轨制，超过 60% 的学生按照预定的计划进行学习，其余的学生则用传统的方式学习。

要评估这样一项具有深远意义的实验是困难的。一个旁观者提到：

> 从狭义的评估角度来看，这个实验可以说是失败的，因为部分教师已经回到旧的教学方法上。但是把这种走回头路简单地视为倒退又是错误的。因为整个氛围已经发生了变化，它对那些保守教师的影响，已经远远超出他们自己能意识到的程度。而且，如果预期的目标是为学习者创设一种提供最大自由选择权的环境，那么这项实验是成功的……系里的每一个人都清楚这些多样化的教学风格和主张，因此在学生中间产生了一种对教育的高度觉醒。（5，pp.16-17）

从本质上讲，罗梅伊和他的同事们旨在一个相当传统的文理科大学里创建新式的学院。更进一步讲，这个可供选择的学院是高度民主化的。

为什么我们宁愿教授民主，而不是真正地实践民主呢？现在，在圣劳伦斯大学的这所新式学院中，师生们能参与所有重要的决策，甚至民主到允许两种体制并存。教师和学生都不是被迫去享有自由，他们可以选择自己认为最合适的教与学的模式。他们背离等级制度的程度令人惊讶。这是在传统大学的大环境中的一场小规模革命，它的发展形式是健康的，已成为其他学校的楷模。

在持续实验的 5 年中，选修这个领域的学生人数增加了两倍；高年级学生完成高质量论文的人数也增加了，这些论文大多数达到了公开发表的水平；进入研究生院学习的人数保持缓慢而平稳的增长。很显然，在这个项目中，学生在真正地学习，并且很享受这种学习乐趣。

创造性的知识：来自爱和信任

加州克莱尔蒙特的哈维・姆德学院的阿特文・怀特，是一名与众不同的数学教师。几年前，他描述了自己在“变分学”[我也不知道这是什么意思！] 这门课程中开展的实验。这是一次人性化、以人为中心的学习经验（6，pp.128-33）。阿尔文曾持续地投身于各种大胆的冒险尝试，例如，对教职员工进行培训，在教室里尝试更独特的做法，等等。对于所有那些关心他的创新做法人来说，他的这次实验，无疑也是这样的一个成长学习的过程。在一次报告中，他谈到了一次非同寻常的分组讨论会，讨论的目的是让学生了解我们获取知识和创造新事物的过程和方式。他的论述有很多吸引人的地方（7）。

> 有时，一次经历竟能产生如此深远的影响，它能够引导一个人推断出一般规律，此特殊经历是一般规律的一个实例。如果这种洞察力为真，那么，此一般规律就能对引发出它的这一特殊事件给出清晰的说明。
>
> 几年前，我和麻省理工大学的学生分享了我的这次幸运经历。记忆犹新的经历仍然在激励着我。教育研究与学习教研室聘请我为访问教授，邀请我主持一次由我选择的讨论会，该工作在春季的学期进行。藉此机会，正好可以思考所有学科共同面临的问题，而这些问题鲜有人问津。我提出了一系列的问题：
>
> > 人们如何获取知识？确定性的局限是什么？一般规律与科学知识之间的关系是什么？在创造性的发现中，审美、简单性或直觉有何作用？我们目前在艺术、人文和科学领域的知识都是创造性想象力的结果，这些结果如何影响各级水平的教育？
>
> 这些问题的覆盖面很广，且具有很大挑战性，让我既兴奋又有些担心。最后，我凭着访问教授的身份，大胆地进行了各种创新和尝试。
>
> 讨论会共有12名学生，其专业涉及人工智能、生物学、计算机科学、电子工程、环境科学、语言学、数学、物理和视觉艺术等。整个小组是跨学科、多领域的。我们的经历也是跨学科或超越学科的！在探求答案的过程中，我们写读书报告，思索和讨论不同作家的作品。无论如何，对于“我们如何获取知识”这个问题的答案，其实已经蕴含在整个过程中了。
>
> 我们每周进行两次讨论会，从上午9:00至10:30。但我们经常会持续讨论到中午。大家都取消了上午其他的安排。学生邀请他们的教授一同参与。来宾可以安静地旁观，但是他们的沉默很快消失了。一个学生认为，我们的讨论会之所以受到来宾的欢迎，大概是因为他们看到我们的讨论会如此开放、真诚、彼此关怀。每一个提议都不加评价地接受。没

有人被迫发言，每一个人也都有机会发言。我们研读杜威、康德、波兰尼、波普尔和罗素等人的作品。

学期的最后一周用来讨论和评估我们讨论会的效果。为什么它会如此成功？我们发生了什么变化？我们如何从陌生人成为朋友和同事？就好像我们恰好赶上了长达一学期的庆祝会，就如亚兰·傅尼叶的《漫游者》所描述的，我们的灵魂已经被这个地方深深吸引。一个学生说，这是她第一次有这样的上课经历：她的出现让整个课堂都“变得不一样”了。

为什么讨论会如此让人满意？我们从中学到了什么？如果我们想再次找到那种喜庆的氛围，我们应当怎么做？一个意想不到的答案出现了，这个答案既回答了讨论会关注的问题，又回答了有关讨论会的问题。这个来自于某个学生瞬间顿悟的答案是“爱和信任”。

“爱和信任”有何含义？这个概念来自于我们的探索过程，而不是来自于任何一门现有的学科。爱和信任创造了快乐的氛围，是获取知识过程中的重要成分。在一些例子中，由于缺乏这些重要的成分，学习的成效微乎其微。爱和信任真的是让人意外的答案吗？我之所以如此意外，是因为受我所接受的正规教育的影响吗？在过去，我是否过于无视这些特质，还是因为我的记忆受学校环境的残忍和刻薄所影响？学生和我都认为，我们的经验是真实而又特殊的。因为这种经历的稀缺，我们特别珍惜它。不过，得出这样一个答案，是否会显得我们过于感情用事而没有说服力呢？

当爱和信任出现在课堂上时，它们似乎与数学逻辑和电子工程风马牛不相及。但如果我们投身于学习和教学之中，所有学科都会涉及智力上的想象和创造过程。爱和信任是我们团队学习中最本质的成分。我们一起被讨论会的内容所吸引，在理解方面取得了进步，但我们的理解已经超越了讨论会本身。

也许我惊讶是因为，在任何一门课程的教学大纲、教学目标和教科书的目录中都没有“爱和信任”这个明确的项目。教学大纲仅仅关注学科本身。我们“如何获取知识”被认为是学科之外的内容，因此通常不予讨论。

然而，在路上的旅程与知道如何找到路同样重要。所以，“如何获取知识”应该成为课程的教学目标。为什么不能认同我们的讨论会是一种自然的教学模式，而缺乏爱和信任的教学才是不自然的模式呢？回顾那次讨论会就是在寻求一种肯定的动力，学生们对于我们成功的洞察就是一般规律中的一个具体例子。采用这种模式不是感情用事，而是自然的结果。

在外行来看，数学是不带有任何感情色彩的学科。进一步说，数学的教学也可以不带有任何感情色彩。最近，“数学焦虑”这个概念已经得到人们的承认（8）。卫斯理、斯坦福和米尔斯大学都开展了各类克服数学焦虑的研究，除去各种方法表面上的差异，这些研究一致认为，他们的项目获得成功有一个共同点：焦虑的学生知道有那么一个人能帮助并且相信他们能成功。无论引发焦虑的原因是什么，人与人之间的爱和信任是治愈的妙方。

除了了解他人的知识观点之外，[我们发现]讨论会本身就是人们如何获取知识的一个例子。我们的讨论会创设了一种支持性的、免于焦虑的环境，看似简单，但是却很难实现。虽然这个想法并没有得到师生的一致赞同，但是它让我们感到解脱。学生带着主人翁精神和个人意义，以一种愉快的状态进行学习。我们的讨论不仅是帮助记忆的工具，分享大家想法和洞察的机会；还孕育着思想与顿悟的萌芽。讨论的过程就是创造知识的过程。

评 论

一个数学家在其课堂中努力地把“爱和信任”确立为基本的要素，这真的让人难以置信。但是，人性化的氛围确实能促进各个领域的学习，包括数学、哲学问题、“硬”学科、心理学和人文科学。我对怀特的工作特别感兴趣，因为人们往往认为，人性化的学习方法只适用于“软”学科。他不仅证明了这样的方法能适用于像微积分一类的学科学习，而且能促进数学这门学科的创造性学习，同时还适用于他的讨论会中关于人类知识的研究——认识论。

前面节选的内容仅是手稿的一部分，在手稿的其他部分，怀特提到了很多教学理念，以及一个国家委员会已经得出了与他的讨论会同样的结论，只不过他们使用了更为学术化的语言。他说："现在，我的惊讶不再是学生具有洞察力的回答，而是我认为我已经发现了一个新领域，我现在看到，这是一条标识得很清楚的道路！"这确实是一条标识得非常清楚的道路，许多人已在这条道路上践行多年。然而，这仍然是一条少有人走的路。整个社会和整个教育界仍然不敢信任，更不敢爱。但勇于将这些要素纳入教育中的老师，正在为学生和教师们开启一扇通往创造性学习的大门。

教师培训中的幻想活动

朱莉·安·艾伦特博士使用特殊的方法，帮助教师们觉察那些阻碍或促进真正学习的体验（9）。我认为，她的方法特别适用于教师的在职培训。

过去的八年里，我一直在天普大学兼职做教师培训工作，训练他们如何更有成效、更有感情地进行教学，并分析诸如传统教育与开放教育的区别。基本上，培训涉及的主要内容有教师、教学风格、团体动力技术、以契约体系为依据的评分制度，以及以罗杰斯、马斯洛和杜威的理论为基础的开放教育技术。

每节课开始时，我都是以教育问题中的某种消极观点作为引子，我称之为"错误的教育"。我们一起分析学习受到阻碍的过程：教师如何制造一种令自己和学生都感到不愉快的氛围，学生的动机和好奇心如何受到压制，以及学生和教师的恐惧与不满。我们先考察哪些因素不起作用，然后利用剩余的三分之二的课堂时间讨论哪些因素起作用。哪些因素可以促进学习？哪些因素可以激发学习的好奇心？哪些因素可以创设令人愉悦的积极氛围？哪些因素可以激励学生，增强他们的好奇心？我们考察师生们欣赏和反感的诸项事物，学习如何给他人建设性的反馈。

为了引导学员们思考都存在哪些问题或者不起作用的因素，我们首先在地板上围坐成一圈，然后我把一些标有"错误的教育"故事分发给他们，并让他们大声地读给全班听。其中很多故事是众所周知的，还有一些是大家不熟悉的，都是些我多年收集的故事。

当了解到很多故事都是真实事件时，他们都感到震惊和恐惧。学员们也开始谈论他们自己在学校中所经历的可怕故事。这些“错误的教育故事”为我们分享以后的体验奠定了基础。

现在,我给大家介绍四年级学生的“幻想活动”。我告诉［大家］……找一个舒适的位置坐下，闭上眼睛，然后我关上灯。(这样做总会引发骚动和嬉笑，别忘了大多数学生已经习惯了传统的上课方式。)我继续往下进行，要求他们静静地深呼吸 2~3 分钟，倾听空气在他们体内的流转，接着用 2~3 分钟时间,从脚到头绷紧和放松身体每个部位。当他们的身体完全放松时，活动才正式开始。

(在幻想中)我带他们走出房间，回到他们就读的小学。走近学校时，我让他们慢下来，环顾四周,努力接受他们所看到的一切。我告诉他们，他们是四年级的学生,上课时间快到了,所以他们要赶快回到教室去。(我也允许那些对四年级没有印象的人，想象自己就读五年级。)在我的引导下，他们在幻想中的四年级教室中待了大约 10 分钟。他们要观察教室里桌椅的摆放、课桌的位置、课堂的氛围以及他们当时的感受，等等。我留给他们充足的时间，集中精力想一想当时教室是什么样子，然后……放学了。接着，我告诉学员们，如果他们准备好了回到现在的教室，就可以慢慢地睁开眼睛。当所有学员都睁开眼睛后，我把灯打开。

下一步，我让他们静静地画出想象中的四年级教室，不用太详尽。画完之后，我让他们 4 个人组成一组，每个小组分享各自所画的四年级教室。最后，我把全班同学集合在一起，让他们分享各组所讨论的问题。

近年来，参加我主持的幻想活动的学员大约有 195 个，大多数来自费城。绝大多数学员除了把教室想象成传统的一排排桌椅的模样外，什么都没有，每个班级最多有一人例外。有些讲桌的排放位置可能会有所不同(在边上、后面或前面)，但教室都是一模一样的。课桌都是单排或双排，而且不能移动。在某些更严格的学校中，教室里的桌椅甚至都被钉死在地板上。每班通常至少有两名来自天主教教区学校的学生,这很平常。

在他们以前就读的小学，每个教师每次要给 50~90 名学生上课。对我班上的学员而言,这太令人震惊了。但慢慢地我也就习以为常了。三四年后，我不再为此吃惊。班级人数和严格的课堂结构影响着他们的学习，这让我感到悲哀，但却不再惊讶。

这些因素如何影响着学习？接下来，我会让学员们进行头脑风暴，把想到的话都说出来。他们可以把想到的描述学习的词句写到黑板上，并进行归类。左边是积极的词汇，右边是消极的词汇。每次进行这项活动时，黑板很快就被写满了……哦，至少是一半被写满……这就是他们眼中的学习……

右边的黑板总是不够用。学生们会迫不及待地说出消极词汇。然而，在我的引导和诱发下，左边的黑板才勉强写满一半。这些消极词汇都与学习无关，主要是关于纪律、行为、惩罚、被藏起来的记事册、成绩和测验等，例如：尴尬、害怕、失败、坐直了、不要说话、不要吵闹等。积极词汇主要和离开学校有关:休息、午饭、放假、会见朋友等，还是与学习无关。曾经有一位老师的名字被归入了积极词汇，他关心、体贴学生，像朋友一样。但这样的情形很少。

我想我没有意识到的是，身为一位教师，我掌握多少信息，又了解多少真实情况。这只是一个例子，但却是事实，并且也足够有说服力。这 195 个学生代表了大部分学校，如果他们认为自己所接受的教育如此糟糕，那么一定是教育出了什么问题，我们需要更多地曝光这类真实故事。我们要鼓励更多学校采用既卓有成效又富于情感的教育方法。但这并不是说积极学习和积极回忆完全不存在。（在这 195 个学员中）我曾经遇到了三四个体验过开放式教育的学员，他们的感受完全不同。他们对教室的描绘各不相同，我不能将他们放在一起，像描述其他学生的学习那样简单。这些学员在我的课堂上通常更积极、更活跃。

他们用积极的词汇描述四年级的教室。实际上，黑板上大部分的积极词汇都是他们写上去的。我不用再花费 14 周的时间来使他们信任教育，他们自始至终都非常活跃。其余 97%~98% 的学生只经历过传统的教育，缺乏其他教育的经验，因此他们对教育过程的积极回忆很少。令人备受鼓舞的是，在课程结束时，大部分学生转变为主动和怀有兴趣的学习者。然而，不可避免的是，有人会问……“现在怎么办？我们要回去上其他老师的课，接受我们不喜欢的传统教学方式吗？”我不得不沮丧地回答：“是的，你们必须回去。但是总会有改变的一天。”我告诉他们：“现在至少你们了解了差异所在，而且你们确实有改变事情的力量。”

评　论

当我们反思这一经历的意义时，我们都感到很震惊。这是一个教师的班级，或者说是教师的培训班。如果这些老师觉得教育工作没有什么价值，想必他们是不会选择教师这份职业的。然而，当他们回忆以前的学校教育时，几乎都是消极感受，仅有的积极感受通常都跟离开学校有关。他们经历的感受包括害怕、失败、屈辱、怨恨和压抑，这些都是与作为一个人有关的重要学习。他们竟然没有想起与课程（他们理应学习的内容）相关的任何内容！这是多么可怕的事实啊！我们纳税的目的难道是为了使我们的孩子受到惊吓、伤害、折磨，变得愚昧？使他们从充满热情的学习者变成主动对抗教育的叛逆者？

这一切充满愚昧和悲剧色彩，这种恶果完全可以避免。少数接受开放的、多样的和个性化教育的学生，他们的反应说明了这一点。从第 1 章我们可以看出，学生们是热爱学校的，积极的学习体验是真实存在并能获得的。这些学生没有受到惊吓。在我们已经证明有其他可行的教育方法存在时，我们的社会为什么还要继续坚持破坏性的学校教育呢？这是一个非常让人困扰的问题。

自由的课外时间及其结果

本书的基本理念和哲学并不新颖，它具有许多的历史根基。我将以某所学校的创新项目来加以说明，它始于 20 世纪 60 年代初。有一位参与者完整地讲述了该项目产生的影响。这是一个非同寻常的项目，它只占用师生们的课余时间。参加该项目的学生有七年级的差生到十一年级的优等生。除了每周上 30~35 节正课之外，学生们还需要参加该项目的 6~7 节课，教师和教学顾问也需要投入相同的时间。该项目得到了校长的全力支持，所以课程安排有很大的灵活性。

以下是主要负责人露丝·桑福德对这个项目的介绍，该项目开展了八年（10）：

这项学习实验是为了满足我的迫切需要而开始的。作为一所公立学校的管理顾问，有一段时间，我觉得自己正一天天地死去。我觉得自己就是一个逆来顺受的人，承受着来自学生、家长、管理者、教师、教育董事会和社区等各方面的压力，充满着焦虑与挫败感；与此同时，我还在努力地宣扬学生们的成长和学习成果。在我看来，我们每个人都迷失其中，尤其是我。我想一定会有更好的办法！除非我能找到一种方法，否则我的精力和热情就会慢慢消退，我将成为另一个从教育系统半途而废的人。

我认为我的优点是，一旦我有了想法，就会付诸行动。

我第一步是申请休假，利用假期来研究“一所公立中学的创造力、智力和成就：对课堂教学的影响”。第二年，该项目发展成为一项教育实验。我第一次以顾问的身份与老师们合作，以后还要与他们在课堂上一起工作。我们的目的是，营造可以激发创造力和培养学习兴趣的课堂氛围。令我们吃惊的是，在我们努力营造的氛围中，我们自己也得到了熏陶，重新萌发了学习兴趣。

之后的八年是我职业生涯（到那时为止）中最重要、最冒险的一段时间。

该项目由学生命名为“EXP”，虽然项目的形式、参与的学生和课程表每年都会不同，但仍然沿用了这一标题。可能就像许多生物（如动植物）一样，该项目得以幸存下来的主要原因是它的适应性和生存意志。它为学生们提供了空间和时间，方便他们用自己的方式去学习自己想学的知识。这是补充和整合必修学科的重要机会。

校长满怀热情地参与建立初步的工作坊，合作制定课程表。某些小组每周会面两次，每次两节课，另外多增加的会面时间通常用于美术、音乐和阅读；其他的小组每天会面一到两次，如果接下来的课是自由活动时间，他们会征得学生同意后，将两段时间连起来用于放电影、讨论和开展艺术工作。教师的准备时间和自由时间也被写进课表中，这样他们就可以每周有一次小组会面时间，与顾问或顾问团共同协商事宜。

我们将主题内容整理成一本活页式的“活的教科书”（注：根据密歇根州立大学的伊丽莎白·德鲁斯博士所发展出来的“活的教科书”的模式进行编排），我们将这本书划分为所谓的“四个世界”：自然世界、美学世界、科技世界以及人类或社会世界。

这本书的前言是写给学习者的一段话，告诉他们这四个“世界”既可以合并，也可以分离，还可以忽略不读。前言中写道：“这是拥有属于你自己的书的开始。当你对本书内容进行改写、增加、删除或者重写，增加一幅插图、加入一张照片或者自己写一页内容时，它就变成了你自己的独一无二的书了，随着你一起生活，一起改变。即使你只是在书页的空白处写了一条注解，它也变成你自己的书了。”

我们也使用《现在与将来》这套系列影片作为实验活动的重点。该系列影片由德鲁斯博士制作，得到了联邦政府的赞助。这些影片讲述了一群自我实现的男性和女性，介绍了他们作为“全人”在工作、娱乐、家庭、社会中的表现。我们挑选了一些对男女职业选择的性别刻板印象具有挑战性的影片。例如，影片中涉及女法官、男艺术家和女医生等等。这本“活的教科书”和这套影片引发了大家对信念、价值观、偏见和志向的激烈讨论，鼓励了原创作品和广泛的阅读兴趣。有些学生受到鼓舞，成为某些特定领域的权威，这些领域通常是他们新的兴趣点。后来我们发现，这类探险活动惠及放学后的时间和家庭聚餐，甚至有益于他们父母的社交聚会。

有些学生几乎只专注于“活的教科书”，而“痛恨”那套电影；有些学生“喜欢”那套电影，而对“活的教科书”很少做什么；有些学生在班上侃侃而谈，而有些学生则很沉默；有些学生退出这两项活动，去做雕塑或汽车模型，也有些学生作诗或写故事，或凝视天空：少数几个从未写出过像样文章的学生，如果有人将他们与朋友或小组中的一位成人谈话进行录音，然后将录音转录成文字，他们会感到非常吃惊：“这是我写的吗？”

出于评估和“反馈”的目的，我们对大部分小组活动进行了全部或部分录音，以便需要时回放。将小组逐步建立信心和信任的过程的录音回放出来，是整个学习过程的重要部分。因为数年来一直受到成人的控制，所以信任需要慢慢建立。但是到了第二学期，对许多人来说，他们在课堂上已经能做一个完整的、真实的人了。

学生、教师、直接参与本项目的辅导员、只在“课堂外”接触学生的教师和家长，都参与了评价过程。一份简短的综合性评语连同一张整学期的学业记录单一起放在档案袋中。这里没有分数评价。

小组中的学生和成人以及家长也要对项目做出评估。一个男孩写道：“在 9 年的学校生活中，这是我第一次感到自己得到重视。”另一个学生说：“这个项目让我对教育有了新看法，除此之外，没有其他收获。”一个十年级女孩问：“与有固定老师的课相比，为什么我在这个没有老师的课上反而学到更多的知识？”一个十一年级的学生写道：“EXP 带给我很多麻烦。现在，一旦我有了什么想法或者不同意某人的意见时，我会直接说出来。老师通常并不喜欢我这样做，尤其是当我不同意老师的意见时。”我们知道，我们不能仅仅根据课上的外显行为来评估一个学生的参与度和学习情况：老师和辅导员曾经一度觉得某位年轻的女子从该项目中“收获极少”，她对这项计划有许多疑问，她问：“这个项目只能用那种方式进行吗？”然而，她在高中毕业后四年再次回来时，兴奋地告诉我们，那次的 EXP 经历对她的教学实践有重要的意义。

教师们了解到，一般而言，在没有分数压力的情况下，学生们的收获更大，连同纪律问题也减少了。这让他们很是惊讶。

一般而言，参与该项目的学生，在英语方面的成绩有了很大提高，社会研究的成绩依据个人经历而定。大多数学生选择了他们擅长的科目，据其他学科老师的观察，大多数学生在学习中更能进行自我指导，在班级讨论中更能权衡不同的价值取向，而不是以“非白即黑”的二分法来看问题；在该项目开展一年或多年之后，大多数学生会更积极地参与各种自己感兴趣的活动。

EXP 结束后的第八年，它对那些积极参与其中的教师产生的影响依然存在。我一直与负责该项目的五个核心教师中的四人保持着联系。其中两人对该项目的描述几乎一样：“EXP 结束几年后，我变得完全不一样了。”这四个人中，一个是管理者，一个是音乐老师，一个是英语老师，还有一个在贫穷的农业社区从事协助弱势儿童和成人的工作。在每一种场合下，他们都坚持将学习视为一种合作关系，相信他人可以自己去选择、去参与、去学习。EXP 项目的影响依然存在。

我们也看到 EXP 对参与其中的学生所产生的影响，他们现在成了教师或辅导员。EXP 产生了持久的影响，可以用下面的故事作最好的例证。这个故事来自一位年轻的女子，她曾参与 EXP 两年，后一年是该项目的学生助教。对我而言，她的叙述有特殊的意义。因为，我曾在笔记本上将她描述为一个安静、害羞的女孩，她一直都没在小组中发言，直到第一个学期结束，才开始试探性地发言。这段回忆可以从她自己在第一年 EXP 结束时所写的评论中得到证明。

珍妮·金斯伯格描述了 EXP 在学生眼中的样子（11）。

回首往事

震惊与困惑

我对 EXP 项目的第一印象是：我好像走进了一个嘉年华游乐园；它完全不同于课堂教学本该有的样子。这里没有考试评分；老师提供最少的指导，学生得到了与成人一样多的尊重。

由于 EXP 没有为我们设定外在标准，所以我总觉得不管是工作或是参与小组活动似乎都没有任何意义，甚至我们的讨论也无所谓对错。大多数同学和我的感觉一样，一开始我们的讨论枯燥乏味，都是一些保守言论，或者长时间的沉默冷场。

即便如此，教师也不会干预。我开始觉得这样是不对的，但是没有人指出来。当我意识到缺乏外在的支持或惩罚时，这让我感到很焦虑。既然没有一个有知识或权威的成人告诉我什么是“对的”，那么我必须自己去发现，搞清楚我想从这段经历中获得什么。只有我自己才能让学习变得有趣、有意义或好玩。

正是这种认识，才帮助我打开了一扇长久以来一直紧闭的大门，为我带来了阳光、空气和活力。EXP 中最先吸引我的是那套系列电影。我的家庭对性别角色和权利进行了严格的限定。每种场合下都有所谓的正确或不正确的举止行为，生怕有一点点偏离。

系列影片《现在与将来》（我现在仍然记得的一次有趣讨论，我们讨论了这些词语的含义，以及它们如何组合在一起）为我们呈现了一些非传统的职业，并不是什么性别才能从事什么职业。瞬间，我感到职业选择的范围，由备受限制变得无限宽广。我开始获得一种独立、热情和自尊的感觉。

学习与自我发现

之后不久，我从“活的教科书”中看到了一篇文章，谈到海豚可能有自己的语言。一个名叫约翰·黎利的人正在研究这种语言。人们能够真正学会破解海豚语言，从而了解这种哺乳动物在海中的生活和它们的历史，这些都深深地吸引了我。于是，出于个人兴趣，我开始疯狂地探索这一趣闻。我写信给黎利，在图书馆查阅文章和书籍，和其他人讨论我的发现，我第一次对自己发现的事物充满热情。后来，我将自己的发现整理成文章，作为生物学的作业上交了，并得到了 A+。然而，这篇文章我是为自己写的，学分只是副产品。

逐渐地，我做事情不再是因为老师要求我做，而是因为自己想做。为什么会这样呢？我认为主要的原因是，教师们似乎都能接受我所说的任何东西。他们既不赞同也不反对，不做任何评判，而且他们似乎也很感兴趣。因此，我没有必要再根据他人的反应而行事。

自从我不再按照他人的要求做事时，我开始认识到我的兴趣所在，我想学什么，什么对我来说是重要的；更重要的是，我开始思考“我究竟是谁”，我开始从父母的庇护和老师的期望中走出来，成为我自己。

自由与僵化

多年以后，我依然记忆犹新的画面是：从 EXP 教室走到拉丁语教室。这需要走过一段难走的路，沿着一条过道一直走，穿过一段人行道后，然后左转进入另一条过道就到了。走完整段路程不超过两分钟，但对于 14 岁的我而言，无异于从生到死的差异。

生:我想到改变、行动、冲突、色彩、情感、冒险、成长和选择。死：我想到停滞不前、懈怠懒散、无冲突、色调灰暗、被控制的情感、确定无疑和别无选择——相信只有一种做事和思考的方式，只能有一种感受。安杰卢曾经说过：“孩子们之所以能忍受不如意的事物，是因为他们对变通方法的无知。”在 EXP 实验中，老师要求我去思考、去深入地钻研、去探索、去感受、去成长、去做我自己。我们的教科书是活的教科书。课堂为我们提供了跳离书本进入材料、讨论、互动的地方，让我们了解课堂之外的世界。这种课堂引导我们走上一条与世界和他人发生联系的道路。

在拉丁语课上，老师按照姓氏的首字母顺序来安排座位，我们需要把老师的板书原封不动地记到笔记本上，我们抄写的课文译自凯撒大帝。老师在教室里来回走动，看我们是否在工整、确切地记笔记。每天测验一次，检查前一天晚上老师要求我们背诵的内容。家庭作业，就是最无聊的抄写，说实话，我已经完全不记得那两年学了些什么了。难怪我上课会常常迟到，真是噩梦般的经历。

对现在的影响

现在，我是一名教师了，教那些有情绪障碍和神经损伤的学生。在发展自己的教学风格过程中，我回忆了从实验班到拉丁语课堂的那段经历，以及我的痛苦感受。在日常生活和工作中，这些特殊儿童需要大量的指导，只能完成结构化的任务，因为他们的内心世界和感知系统通常是无序而混乱的。此外，我还了解到，尽管学习可以划分为几大类型（视觉学习者、听觉学习者、动觉学习者），但是不同儿童的学习风格也各不相同。例如学习数学，有的学生可能先要理解概念，然后才能应用概念；有的学生可能要死记硬背公式，做 50 次练习，之后才开始理解概念。有的学生每天都把课本丢到地上，这也许是因为他想观察书上符号上下跳动。另一个迷恋恐龙的学生（我想起了我的海豚），现在已成为同学中这方面的专家。为了让他学习除法，我只能将问题写在恐龙图案的背面。对我而言，每一个孩子都是独特的，我觉得教学最大的乐趣在于发现这些差异，并依据这些孩子的不同状况进行有针对性的教学。

我认为最重要的是，鼓励孩子们自己思考，使学习经历变得有意义、个体化，而不是单纯地接受信息。我要挑战单一片面的观点，为他们提供体验世界的其他方式。通过这种方法，我希望每个孩子都认识到，他们对自己的学习负有一定的责任。

与传统课堂相比，这种课堂有时显得比较吵闹、混乱或缺乏纪律。实际上，为了让有障碍的儿童（就这一点而言，每一个孩子都如此）学会发现问题，根据自身经验总结自己的看法和结论，老师需要事前做周密的计划和安排。

我认为，班上的学生最难做到的事情是，无法理解除了自己的答案或看法外，还有很多其他的观点。当我帮助解决两个孩子的打架问题时，其中一个孩子尖叫道："事情就是这样的！他是故意的，你为什么不相信我？我是对的，他是错的！！"实际上，另一个孩子只是不小心用球碰到了他，因为这个孩子有严重的手眼协调问题。第一个孩子却执意认为对方故意伤害自己。

当我听说了这一切后，我感到害怕。我不禁想起了纳粹德国，当时的犹太人、同性恋（事实上每一个与政府观点不同的人）都失去了自由甚至生命。那个孩子的话也让我想到新的恐惧，例如那些自以为是的"道德多数派"；《家庭保护法案》的提案，该法案禁止联邦政府干预儿童或夫妻虐待事件，禁止法律服务部门赞助涉及堕胎、离婚、同性恋者权利或废除种族隔离的案件。这项法案的三十多条条款将美国人民多年来所取得的工作成就和进步成果毁于一旦。这件事也让人害怕三 K 党势力的死灰复燃以及亚特兰大地区杀害黑人儿童的凶手。如果我用同样狭隘而呆板的思维方式回应这个孩子，或是管理我的班级，那么我无疑是在助长他的歪理，使之变得缺乏同理心、不讲道理或冥顽不化。

简言之，为了形成合理的观点，我认为每一个孩子都必须学会聆听，学会思考自己的所见所闻，结合自身经验、文化、个性和当前的信息，形成自己的看法，并表达这些看法。我通常用大部分的课堂时间来培养孩子们的这些技能。我会设计结构化的课程，让他们模仿榜样的言行，再用三个完整的句子来分享个人经历，就某个主题构想创造性的故事，讨论感受、想法和价值观。

我在实验班的学习和成长过程充满了欢乐和兴奋。“实验”本身就意味着，只要你敞开心扉，用心去感受，任何事情都可能发生。我希望把这种兴奋带进课堂，让孩子们感受到它的能量和威力。

在一所传统学校中，利用业余时间，创设自由的学习环境，这需要改革者能强烈地意识到人（包括教师和学生）的重要性。为什么实验班能成功呢？因为它得到了校长的支持，吸引了很多正式在编的教师和辅导员参与实验，这样就能避免由外行人来执行该项目可能引发的许多批评。实验不会强迫任何人——教师或学生——做任何事情，它只是提供了一种机会。学生们用建设性的方式来利用这一机会，从而使该项目得到了家长和那些一开始持怀疑态度的人认可。

当我读这两段短文时，我被学生们许多有价值的学习而打动。显然，他们的主动性、学习兴趣、独立思考的能力、选择能力、组织和坚持项目的能力、创造力、开放性、诚信度和自尊水平都得到了提升。所有这一切都源自一种氛围：对学生不做价值判断的关怀、激发应变能力以及对学生的信任。

在珍妮·金斯伯格的陈述中，有三个比较突出的方面。第一，自我指导式学习的乐趣与传统课堂学习梦魇的对比；第二，EXP 对她产生的影响是持久的。显然，EXP 影响了她的教学工作。因为学生特殊，需要一定的结构化，所以珍妮·金斯伯格并没有完全照搬 EXP，但是她的教学态度深受 EXP 的影响。最后，EXP 实验帮她成为一个具有独立思考能力的公民，愿意在个人、道德和政治问题上审慎地阐明自己的见解，并且她也正在帮助她的学生成为独立思考的个体。由此，我能得出这样的结论：自由学习的经历，哪怕一周只有几个小时，它所产生的积极影响也会持续多年。

小　结

我十分感激本章引文中提到的六位人士，感谢他们用文字和我们一起分享他们独特的经历。我也非常感谢故事中那些富于表现力的学生。我相信，只要教育者秉持人本主义的、以人为中心的理念，教育就会出现巨大的转机，或大或小的教育改革就会发生。

第三编

为了教师

第8章

促进学习过程中的人际关系

本章洋溢着激情和个人色彩，因为我在本章试图努力探寻我与学习过程的关系，以及在促进这一过程中所持的态度。它在不同的时期以不同的形式呈现过，首次是在哈佛大学（1，pp.1-18），不过在写本书时已经重新修订过。我认为，它表达了我对我们称之为教育过程的一些最坚定的信念。

我想用一句话来开始本章的内容，这句话可能会让某些人觉得惊讶，甚至会冒犯他们。这句话很简单：在我看来，教学的作用被极大地高估了。说完这句话，我赶紧去查字典，以确认我是否真正地表达了我的想法。教学有“教导”的意思。就我个人而言，我对教别人应该知道什么和思考什么并没有太大兴趣，而很多人却热衷于此。它也有“传授知识或技能”的含义。我对此的反应是，为什么不使用更高效的方式呢？譬如借助书本或程序化的学习。它还有一层含义：“让人知道”。这令我勃然大怒。我并不想强迫任何人知道什么。还有“演示、引导和指导”的意思。在我看来，已有太多的人接受别人的演示、指引和指导。所以我觉得我的话准确地表达了我的想法。对我而言，教学是一个相对无关紧要却被极大地高估了的活动。

然而，我对教学的态度还远不止于此，甚至还持有消极态度。为什么呢？我认为教学是导致一切错误的根源。我们一旦关注教学，这些问题就出现了，例如我们应该教什么？从我们强势群体的角度来看，其他人需要知道什么？在现代社会，假设我们对未来有明智的判断，而年轻人的理解是愚笨的。我很好奇该假设是否公平。我们真的确定我们清楚他们应该知道什么吗？于是有了关于学习范围这个荒谬的问题。课程应当涉及哪些内容？这个问题的前提假设是所教即所得，也就是说，老师教什么，学生就能学到什么。我从未听说过如此明显错误的假设。人们无须提供例证来说明其荒谬之处，只需要和几个学生聊一聊就知道了。

我又扪心自问："我对教学是否真的持有如此深的偏见，以至于找不出它能发挥价值和作用的场合？"我立刻想到了很久以前我在澳大利亚的一段经历。我对澳大利亚的土著居民很感兴趣，他们已经在荒无人烟的环境中生存了两万多年。若是现代人生活于这样的环境中，估计熬不过几天。他们能够生存下来的秘诀就是他们一直在"教学"。他们世代相传，教给下一代如何寻找水源、追踪猎物、捕杀袋鼠、穿越荒无人迹的沙漠等各种知识与技能。这些知识都是通过言传身教的方式传递给下一代的，任何创新都会被人嗤之以鼻。显然，教学让土著居民在一种恶劣但相对不变的自然环境中生存了下来。

现在，距离能让我兴奋的问题核心更近了。在一种不变的环境中教学或传授知识是有意义的。这就是几百年来人们对教学的作用一直深信不疑的原因。如果说存在真相，那就是我们的生活环境是不断变化的。当我们迈入新世纪时，似乎惟变化永恒。我敢肯定，今天教给学生的物理学知识在 5 年甚至更短的时间内将会过时；而所教的心理学知识在 10 年后也会过时。所谓的历史事实则很大程度上依赖于当前文化的氛围和倾向。而像化学、生物学、基因学和社会学更是处于不断的发展中，以至于今天还是定论的知识，在学生使用之时，几乎可以断定会得到修正。

我们正面临全新的环境，如果我们想生存下去，那么就应该把教育目标界定为促进变化和学习。真正的受教育者是那些学会如何学习的人，那些学会如何适应与改变的人，那些意识到没有任何知识可靠、只有探寻知识的过程才是可靠的人。在当今社会，变化（依赖于过程而非静态的知识）才是惟一有意义的教育目标。

抒发了以上感想之后，终于松了一口气。现在我介绍一项活动，即一个真正让我感到温暖的教学目的——促进学习。当我能将一个团体（此处是指所有成员，也包括我在内）转变成一个学习者共同体时，这种兴奋是难以言表的。释放好奇心：

允许个体向自己感兴趣的方向前进；激励怀疑精神；公开一切，任由所有人提问与探索；意识到每一件事情都处于变化的过程中。这些是我永生难忘的经历。我在参加的每一个团体中并非都有这种经历，但是当部分或绝大部分都能实现时，它就成为了一种刻骨铭心的团体经历。从这样的环境中脱颖而出的学生是名副其实的学习者，富有创造力的科学家、学者和实践家。只有创造这种灵活的环境，学习者才能生活在一种微妙而又不断变化的平衡中，即在目前已知的与未来流动变化的问题和事实之间的平衡。

于是，我有了一个可以让我全身心为之奋斗的目标。我将促进学习与教育的目标视为一种过程，一种培养学习者的方式，一种我们作为个体学会生活之道。我认为促进学习的作用是，能为当今人类的一些深层次的困惑和问题提供建设性、尝试性的答案，从而改变教育过程。但是，我们知道如何实现这一教育的新目标吗？或者它只是忽隐忽现、捉摸不透的东西，无法带给人们真正的希望？我的回答是，我们拥有关于学习条件的大量知识，利用好就能鼓励完整的个体自发的、有意义的、经验性的和发自内心的学习。我们之所以很少看到这些条件发挥作用，是因为它们要求我们在教育方式上进行一场真正的革命，而革命不是为懦夫准备的。然而，就像在前几章所看到的，我们确实找到了将这场革命付诸行动的实例。我们知道——我将简短地提到一些例证——这种学习的主动性并非依赖于领导者的教学技能，并非依赖于专业领域的学术知识，并非依赖于课程设计，并非依赖于视听教学设备，并非依赖于辅助性的学习程序，并非依赖于讲课与报告，也并非依赖于成堆的书籍，虽然上述每一项在特定时间都可作为重要的资源来使用。促进有意义的学习，依赖于某些特定的态度品质，它们存在于促进者和学习者相互之间的人际关系中。我们首先在心理治疗领域发现了这些品质，但现在已有强有力的证据表明，这些品质同样适用于课堂。可能大家比较容易想到在治疗师与来访者之间的互动关系中可能存在这些品质，但是我们发现，它们也可能存在于无数师生间的人际互动之中。

促进学习的品质

哪些态度和品质能促进学习呢？我将扼要地描述一下，并从教学领域中引用一些实例加以说明。

学习促进者的真实性

也许在这些主要的态度中最基本的是真实性或真诚。如果促进者是真实的人，不管是谁，只要她不带着面具或装着与学习者互动，那么她的工作就更可能会卓有成效。这意味着，她所体验到的感受是随时可以获得的，随时可以觉察到它们。这也意味着，她与这些感受共存，是这些感受的化身，在合适的时候能与他人交流。这意味着，她与学习者能在一对一的基础上进行直接的人际接触。这意味着促进者在展示真实的自我，而无须伪装。

从这个观点来看，在与学生的关系中，教师能成为一个真实的人。她可以对学生热情、厌烦或充满兴趣，也可以表现愤怒、敏感和同情心。她把这些情感视为自己的感受，所以不会强加给学生。她可以喜欢或讨厌一个学生的作业，但这不代表该作业客观上的好坏，或者那个学生本身的优劣。她只是表达了对学生作业的感受，一种她体验到的真实感受。因此，对她的学生而言，她是一个真实的人，而不是课程标准的代言人，也不是灌输知识的机器。很显然，这种在心理治疗中有效的态度，与绝大多数教师在学生面前表明自己教师角色的倾向，形成了鲜明的对比。与其说是有意识地戴上面具，摆出一副一本正经的教师的样子，还不如说他们更习惯于带上面具，扮演教师这种角色，整天都带着面具，直到晚上下班回家才摘下。

然而，并非所有的老师都如此。以西尔维娅·阿什顿—华纳为例，在新西兰的一所小学，她教那些学习迟缓的毛利族儿童，并让他们阅读词汇。每个孩子可以每天只学一个单词，这些单词可以是他们想学的任何单词，她会把单词印在卡片上，然后交给他们。例如亲吻、鬼怪、炸弹、老虎、打架、爱和爸爸等。不久他们就开始造句了："它在舔食。""猫咪害怕了。"孩子永远不会忘记这些自发的学习。把她的这些教学方法告诉读者并不是我的目的。我更想让你们看到她的态度，这是她的小学生和你们都能真切感受到的充满热情的事实。一位记者向她提了一些问题，她回答道："你问了一些冷漠的事情……我不知道我有什么冷漠的故事，或者有关冷漠的事情。我只有关于创造性教学的一长串炙热的故事，热得都快把我和课本烤焦了。"（2，P.26）

这里没有虚伪的面具，只有活生生的、有信念和有感情的人。我确信，正是因为她那种透明的真实，才使她成为一个令人激动的学习促进者。她并不适合那些按部就班的教育规则。她就是她，学生们与这样一个真实而又开放的人接触，能够茁壮成长。

再举一个完全不同的例子——芭芭拉 · 希尔，我们在前面的章节中介绍过她对六年级学生学习的促进工作。她给予了学生许多负责任的自由，我将会在后文介绍一些学生对此的反应。但是这里讲的是，她与学生分享感受的例子。他们分享的感受不仅有甜蜜和轻松，同时还有愤怒与沮丧。她为学生准备了美工材料，方便他们随时使用，学生们经常创造性地使用这些材料，教室里看到的通常是一片乱哄哄的场景。下面是一篇有关她自己的感受，以及她与学生互动的报告。

> 身处这样混乱的环境简直让人发疯！我要特别强调一下这个“乱”字。除了我似乎没人在乎这个。终于有一天我告诉孩子们……我天生是一个爱整洁、讲究秩序的人，混乱让我无法集中注意力。你们是否有解决办法呢？有人提议志愿者可以打扫……我说如果总是让一些人为其他人服务是不公平的，但这确实能解决我的问题。他们回答说：“嗯，有些人就是喜欢打扫。”问题就这样解决了。（3）

我希望这个例子能很好地佐证我前面所说的一些话，即促进者“能真实地表露这些情感，接纳它们，在合适的时候能与他人沟通这些情感”。我之所以选择负性情感的例子，是因为对我们大多数人而言，很难看出负性情感所具有的意义。在这个例子中，芭芭拉 · 希尔冒险让别人看穿她对混乱的生气与沮丧，结果如何呢？以我的经验来看，结果是一样的。这些年轻人接受并尊重她的感受，经过认真思考后，提出了创造性的解决办法。我相信这个办法是我们当中任何人都想不到的。希尔女士明智地评论道：“当我生气时，我总是感到不安和愧疚。我最终意识到孩子们也能接纳我的这些感受。让孩子们知道他们也能帮助我，这是很重要的。我也有我的局限性”（3）。

同样，我们也要表达积极的情感，只要它们是真实的，就会发挥同样的效果。在此，让我简单地援引一所大学的大学生们对不同课程的反馈：

> 你在课堂上的幽默感带给我们很多欢笑；我们感到很放松，因为你展现给我们你最人性的一面，而不是像机器一样的教师形象。我觉得我现在更能理解和信任老师了。同时，我也感觉与其他同学的关系更亲近了。

另一个学生说：

> 你的课有鲜明的个人特色。在我心里你是一个有血有肉的真正的人，而不仅仅是一本会走路的教科书。

上同一门课的另一个学生说：

> 教室里好像没有老师，却有一个我们可以信赖的“分享者”。你对我们的想法是如此敏感和观察入微，这让我觉得格外“真实”。这是一次“真实的”经历，而不仅仅是一门课程。(4)

我认为我已经明确地表达了自己的观点：虽然成为一个真实的人不是一件容易的事，不可能一蹴而就，但对于想成为改革者——学习的促进者的人，这是最基本的要求。

珍视、接纳与信任

成功的促进者还有另一种重要的态度特征。我曾经观察过这种态度，并且经历过。但是我很难找到合适的词汇来描述它，所以我用了几种不同的说法。我认为这种态度珍视学习者——珍视她的感受、意见，珍视她这个人。这是对学习者的关爱，但并非是占有性的关爱。这是对独立个体的接纳，承认每个人都有自己的权利。这是一种基本的信任——相信不管怎样，他人在本质上都是可信的。无论我们称之为珍视、接纳、信任或任何其他的词汇，它可以以任何可观察的方式显露出来。促进者拥有这种态度时，既能全面地接纳学生面临问题时所产生的恐惧和犹豫，也能接纳学生进步时产生的满足感。这样的老师能接纳学生偶尔的冷漠，钻牛角尖时的古怪想法，以及为了达成重要目标而付出的努力。这样的教师能接纳困扰和促进学习的个人感受：手足相忌、憎恶权威以及计较个人得失。我们所说的珍视学习者，是要将其视为一个拥有丰富情感和巨大潜力的不完美的人。我们可以把促进者对学习者的珍视或接纳，看作是对人类有机体能力的基本信任的一种操作性表达。

我将举一些课堂上的例子来说明这些态度。在这里，引用任何一位教师的陈述都可能会引来质疑，因为我们中许多人都自以为已经拥有了这种态度，因此会对我们的态度产生偏见。但是，对于那些经历过珍视、接纳和信任态度的学生而言，这是多么地幸运。下面这段文字来自于莫利·阿佩尔博士所教班级的一位大学生：

> 你与我们的相处方式对我而言是一种启示。在你的班里，我觉得自己重要、成熟，有能力独立做许多事情。我需要独立思考，而这种需要仅靠教材和听课是无法实现的，它只能源于生活。我觉得你把我视为一个有真情实感和需要的人，一个独立的个体。我的所作所为，都是我有意义的表达和诠释，你认识到了这一点。（5）

这位大学生不仅描绘了这些珍视和信任的态度，而且阐明了这些态度对其他互动方面的影响。

> 我依然感觉和你很亲近，就好像我们之间的理解心照不宣，事先策划好的一般。这极大地促进了我在班级中的参与度，因为我知道，在班中至少有一个人会对我作出反馈，即使我并不确信其他人是否也会这样做。无论这种反馈是积极的或者消极的，我只在乎反馈本身。谢谢您。

> 我欣赏你对他人（包括我）的尊重和关心……由于在班上的经历，加上阅读的影响，我坚信以学生为中心的教学方法确实为学习提供了一种理想的框架。不仅能积累知识，而且能学习我们与他人的关系……回想九月份时我浅薄的见识，与我现在的深刻见解相比时，我意识到，这门课程为我提供了一次极有价值的学习经历，这是我从其他途径所无法获得的。

> 很少有教师愿意尝试这种方法，因为他们觉得这样做会失去学生对他们的尊重。事实却恰好相反。通过与我们平等对话，而不是将我们拒于千里之外，你赢得了我们的尊重。在我们这所太缺乏沟通与交流的学校里，可我们班的同学们会相互倾听，以一种成人式的、明智的方式进

行真正的交流，这是很棒的体验。应当有更多的课程为我们提供这样的经历。(4)

以上的例子充分地说明，关怀、珍视和信任学习者的促进者能为学习创设如此不同于一般课堂的氛围。一般课堂只有在纯粹巧合时才会出现这样相似的情况。

同理心的理解

另一种能建立自发的、体验式学习氛围的重要因素是同理心的或共情的理解。当教师能够理解学生内心的反应，敏锐地捕捉到学生眼中的教育和学习过程时，产生有意义学习的可能性就会大大增加。同理心的理解与通常的评估性理解大相径庭，因为评估性理解遵循的模式是“我知道你错在哪里”。当存在敏锐的同理心时，学习者的反应模式是：“终于有人理解我的感受了，他不会对我进行分析，也不会妄加评判。现在我能尽情地发展、成长和学习。”这种设身处地、站在别人角度看问题的态度，以学生的视角看世界的态度，在课堂上几乎闻所未闻。你可能听说过许多普通课堂上的互动故事，却很难见到清晰的沟通以及敏感的、准确的和具有同理心的理解的例子。但是一旦出现了，就会产生神奇的扩散效应。

我以弗吉尼亚·阿瑟兰处理二年级男孩的问题为例。7 岁的小杰具有攻击倾向，是一个麻烦制造者，其语言和学习发展迟缓。他因为骂人而受到了校长的体罚。阿瑟兰女士对此一无所知。在一堂自由创作的手工课上，小杰非常仔细地做了一个泥人，它带着帽子，揣着手绢。阿瑟兰女士问：“这是谁？”“我不知道，”小杰回答说。“可能是校长吧。他的衣服口袋中也有一块类似的手绢。”小杰瞪着那个泥人说：“是的，就是校长。”然后，他掰下了泥人的脑袋，抬起头看着老师笑了。阿瑟兰女士说：“你有时想把他的脑袋拧掉，是吗？他让你很生气。”小杰掰掉了泥人的一只手臂，接着又掰掉了另一只，然后用拳头把泥人打得稀烂。一个知情的男孩解释说：“小杰非常讨厌校长先生，因为中午他揍了小杰。”“那你现在一定感觉好多了吧。”阿瑟兰女士说。小杰笑了，然后开始重新做校长先生（6，pp.521-33）。

我曾提及的另一个例子也充分说明，当学生得到理解——没有评价和判断，从学生自己而非老师的视角得到理解时，他们会十分感激老师。如果教师能试着每天对某个学生的言行做出非评价式的、接纳的和具有同理心的反馈，那么我相信这位教师就能发现，这种目前几乎不存在的理解具有巨大的潜力。

促进性态度的基础是什么

一个难题

当然，我们不能总是具有上述的态度，这很正常。有些教师问："如果我缺乏同理心，无法珍视、接纳或喜欢我的学生，那该怎么办？"我的回答是：至少要"真实"。真实是上述所有态度中最重要的，我特意先介绍这种态度，这不是巧合。如果你对学生的内心毫无了解，讨厌学生或学生的行为，若能真实地表现出来，总比假装同情或带着关怀的假面具更有建设性。但知易行难。真诚、坦率、一致和真实，意味着我们要用这样的态度对待自己。我不知道如何让他人变得真实，因为我不知道对他而言什么才是真实的。我只能说，如果我希望成为一个真正诚实的人，那就是跟随我的内心。

如前所述，希尔女士真实地表露了自己对手工课上混乱局面的感受。她毫不掩饰地说："身处这样混乱的环境简直让人发疯！我天生是一个爱整洁、讲究秩序的人，混乱让我无法集中注意力。"设想一下，如果她的感受以一种完全不同的方式表达出来，即教师们在任何年级和班级中惯用的伪装来表达，她可能会说："你们是我见过的最脏乱的孩子！你们不爱整洁。你们真是差劲！"这些话肯定不是真诚或真实的例子。两种表达方式存在天壤之别，我想阐明一下这种差异。

在第二种表达方式中，老师根本没有提到自己，没有与学生分享任何感受。毫无疑问，学生们能感觉到她在生气。虽然学生们的观察力非常敏锐，但是他们搞不清楚，老师生气是因为他们还是因为刚和校长吵过架。这种表达方式完全缺乏第一种表达方式中的真诚。在第一种方式中，教师真诚地表达了自己的心烦，以及被这种混乱所分心的感受。

第二种表达方式还存在一个问题，它包含了判断或评价。就像大多数的评判一样，也存在争议。这些孩子真的不爱干净，或许只是因为对他们正在做的事情太投入、太兴奋了？所有的孩子都不爱干净，还是也有一部分孩子与教师一样被这种混乱所干扰？他们压根儿就不关心整洁，还是他们只是不能天天保持整洁？如果有人来参观，学生们的态度会有所不同吗？学生们真的无药可救，还是因为他们只是孩子不懂事？我坚信当我们进行评判时，不可能做到完全准确，因此会引起学生怨愤、憎恶、内疚和担忧。如果希尔女士用第二种表达方式，那么班里孩子们的反应将会完全不同。

我将用更多的篇幅来澄清这一点，因为我从经验中发现，如果个体能重视真实，重视表达真实情感的价值，它就能有效避免对他人进行评判，避免把自己的情感投射到他人身上。这就是我要表达的本意。事实上，要做到真实是最困难的，即使个体想成为真正坦诚的人，也很少能做到。显然，这不是简单的措辞问题。如果一个人总想对他人行为做出评判，即使他使用了貌似分享感受的词汇来表达也是没用的。这只是换了一种表达方式，戴上了真诚的假面具罢了。我们只能慢慢地学会让自己真实起来。首先，一个人必须接近自己的感受，意识到它们的存在。其次，他必须愿意冒险与人分享这些内心的真情实感，而不是把它们伪装为评判或投射到别人身上。这就是为什么我如此钦佩希尔女士的原因，她能毫不掩饰地与学生分享自己的愤怒和沮丧。

对人类有机体的信任

一个人同时拥有我所描述的三种态度或者成为学习的促进者，这种可能性似乎很小，除非她对人类有机体及其潜能有深刻的信任。如果我不信任人类，我一定会灌输给她大量我自己选择的信息，以免她“误入歧途”。但是，如果我相信人类个体有能力发挥自己的潜能，我会为她提供许多机会，并允许她选择自己的道路和学习方向。

我认为，很显然，前述教师和校长们的工作主要依赖于学生的自我满足和自我实现来完成。他们将工作建立在这样的假设之上：当面对与自己相关的问题时，学生们愿意学习、希望成长、寻求发展、努力掌握和期待创造，并逐步实现自律。这些老师试图在课堂中创设一种高质量的氛围，与学生建立一种高质量的人际关系，让这些自然倾向结出“丰盛的果实”。

直面发现过程中的不确定性

我认为，我描述的这种根本信任和对待学生的态度，不可能以某种奇迹般的方式突然出现在学习促进者的身上。相反，只有通过冒险，并尝试一些验证性的假设才能实现。这点在希尔女士的工作中表现得尤为明显，她在自己也不确定的假设基础上，冒险与学生建立一种新关系，这种新关系从班里所发生的一切得到了证实。斯文森老师的外语班级中也经历过同样的情况。我敢肯定，其他老师也都经历过类似的不确定情况。我以这种坚定的信念来指导自己的职业生涯：个体必须掌控自己的幸福。我逐渐地持有珍视、接纳的态度以及对人的信任，因为这些态度在产生学习和促进结构性改变方面更加有效。因此，我坚信，只有敢于冒险尝试的老师，才能发现这些态度对促进学习是否有效，才能发现这样的方法是否适合自己。

至此，根据本书所引用的促进者及其学生的例子，我能得出这样的结论：当一个促进者极力营造一种她所能达成的真实、珍视和同理心的课堂氛围（哪怕最初只有中等程度），当她信任个体和团队的建设性的倾向时，她便会发现自己已经发起了一场教育革命。一种不同性质的学习，伴随着更大的影响力，以不同的速度发生了。积极的、消极的或困惑的感受都成为课堂体验的一部分。从这种意义来说，学习即生活，一种充满勃勃生机的生活。在学习过程中，学生时而兴奋，时而低落，他们正在成为一个不断学习、不断变化的人。

研究证据

当前，支持上述观点的研究证据已经非常确凿。见证这些证据不断积累直到它们毋庸置疑，这是一件非常有意思的事情。

20 世纪 60 年代，心理治疗和教育领域的几项研究都得出了初步结论。我简短地总结一下这些研究结论，不再具体介绍它们所使用的研究方法了。（如果读者想了解更多的相关信息，请参见本章的参考文献。）在治疗过程中，当来访者认识到他们的治疗师具有高度的真诚、十分珍视他们、对他们怀有高度同理心的理解时，来访者的自我学习和治疗效果都会得以促进。巴雷特—伦纳德（G.T. Barrett-Lennard）的经典研究有力地支持了治疗师态度的重要性（7）。

另一项研究关注教师。一些老师认为他们的当务之急是“帮助学生自主思考和学会独立”、“让学生积极参与”，等等。这些老师被视为“积极取向”组。另一些老师认为当务之急是“让学生学会听讲”、“设法去教那些缺乏学习能力的学生”，等等。他们被视为“消极取向”组。研究结果表明，与第二组老师相比，学生察觉到第一组老师表现出更多的同理心、珍视和真实的态度。第一组老师表现出了更高程度的促进性态度，而第二组则不然（8）。

舒马克的研究表明，当教师具有同理心的理解时，学生更可能互相喜欢（9）。在一种互相理解的课堂氛围中，每个学生都会感到自己被其他人所喜欢，对自己和学校就会持有更积极的态度。这种教师态度所激发起的“涟漪”具有激励性和重要意义。它将同理心的理解拓展到学生身上，并具有持续不断的效应。

上述的研究例子可以为健康的学习环境指明方向。但是我们还是会问，当这些态度出现时，学生真的能学到更多吗？1965 年，大卫·阿斯拜对六个三年级的班级进行了深入的研究（10）。他发现，在教师促进性态度最高的三个班级中，学生的阅读成绩明显高于其他三个班级的学生。阿斯拜和同事佛洛拉·罗巴克后来对这项研究进行了拓展，进行了十多年的追踪研究。他们积累的大量证据将在本书后面的章节呈现。“事实是什么？”他们的研究结果清楚地证明，由老师营造的课堂态度氛围是促进或抑制学习的重要因素之一。

20 世纪 90 年代，韦恩·霍伊、约翰·塔特和罗伯特·考特坎普在他们的《开放而健康的学校》一书中（11），回顾总结了近 30 年来有关学校健康氛围的研究。他们指出，据不完全统计，在影响学生学习的因素中，学校健康发挥了 59% 的作用。健康学校中的所有成员都有强烈的合作意识和社区意识。“教师协会（一种整合学校生机的关键机制）是教师们对构成学校社区中的学校、同事和学生的友善和承诺……健康的学校不需要强制性的合作，而是由专业人员自发提供的。”（11, p.194）

来自学生的证据

当然，在研究证据出现前，学生们对“以学生中心”或“以人为中心”的课堂的反应已经明显地说明，一场教育革命正在进行。这种证据一直持续至今。在这种氛围中学习的学生，其最显著的特点是，学习不再局限于在读、写、算三个方面获得好成绩。有意义的学习是更加个体化的学习：独立、自发和负责任地学习，释放创造力，成为真实的人。我随机选取了一些学生的反馈加以说明，他们的老师努力营造了一种信任、珍视、真实、理解的氛围，并最终营造了一种自由的环境。

我再次引用西尔维娅·阿什顿—华纳对这种氛围重要影响的描述："学习的驱动力不再来自教师，而是来自学生自己……教师最终会顺应而不是阻碍这种激流，这是一股不可阻挡的学习创造力激流。"（2，p.93）如果你想确证这一点，下面有一个很好的例子，里面有大量的学生评论，这些学生都来自于由塞缪尔·穆博士领导（而不是教）的诗歌课程：

> 回顾过去，我发现我真的很喜欢这门课，它既是一门课程也是一项实验，虽然有时让我感到无所适从。而正是这一点，让这门课变得非常有价值。因为本学期中的大部分课程都让我感到无聊，整个"高等教育"的过程也是如此。不是其他的原因，主要是这门课的关系，我投入了更多时间来写诗歌。而以前我只是写些短篇故事，对于我的写作没有太大帮助。

> 我想说一件从这门课程中获得的非常确定的事情；对我来说，我逐渐感到自己能够认真倾听并考虑其他同学的意见。与我过去对同学的态度相比，仅这一点就使得这门课很有价值。我觉得任何一门课的实际效果都能通过回答这个问题表现出来："你会再次选修这门课吗？"我会毫不犹豫地回答："是。"（12，p.227）

我想再加几条在鲍尔博士的"青少年心理学"课上一些大二学生的评论。前两条是期中评论（4）：

> 对我而言，这门课是一段生动而又复杂的经历。独特的学习情境教给我一种全新的概念,即"学习是什么"……在这种建设性的自由氛围中，我正在经历一次真正的成长……整段经历都具有挑战性。

> 我觉得这门课对我有极大的价值……我很开心能有这样的经历，因为它让我学会了思考……我从未如此全身心地投入一门课程中，特别是在课后。这门课让我体验了挫败、收获、喜悦和疲倦！

以下几段是期末评论：

🦋 对我而言，这门课并未随着学期的结束而结束，它仍在继续……从一门课的获益来看，我不知道还有什么能比获得求知欲更大的收益。

🦋 我觉得，这种类型的课堂情境让我认识到了自己的责任所在，特别是由我自己完成工作时。我不再为考试而读书。我觉得我将要完成的工作是为了获取知识，而不是只为了考试分数。

🦋 通过观察课堂上发生的一切，我已经敏锐地意识到，在我们的社会中存在沟通障碍……我突然间长大了。我知道，现在的我与刚选修这门课时的我，已经判若两人……在更好地理解自我方面，这门课给了我很大的帮助……非常感谢这门课促进了我的成长。

🦋 我以前对教育的理解是：通过上课，从老师那里获取信息。教师是整个过程的重点和关键所在……在这门课中，我的最大改变之一就是我对教育看法的转变。学习不仅仅是成绩报告单上的分数，没有人能测量你学到了多少，因为这纯属你个人自己的事情。我过去对学习与记忆之间的关系很困惑。我的记忆力很好，但是我怀疑我是否学到了我能学到的那么多知识。我想我对学习的态度已经从以分数为中心转向了更多以个人需要为中心。

如果你想知道，这种类型的课程在一个小学六年级学生的眼中是什么样的，那么我举两个学生对希尔女士所教课的反馈的例子，这些反馈中有不少拼写错误。

🦋 我觉得我正在学习自我能力［有拼写错误］。我不仅学习学校的功课，而且也在学习你能通过自己学到的以及别人能教你的知识。

🦋 我喜欢这个计划，因为它很自由。通过这种方式，我学到的更多。因为你不必等［有拼写错误］其他人,你可以按照自己的进度来学习。当然，这也需要承担更多的责任。(3)

我从阿佩尔博士的研究生班中再举两个例子：

> 我一直在思考这整段经历中到底发生了什么。我能得到的惟一结论是，如果我努力地想知道究竟发生了什么，或者起初我是什么样的，我就必须知道在开始时我是什么样子的，然而我并不知道……那么多我做过的和感受过的事情都消失了……我的内心在挣扎……我无法条理清晰地把这些事情说出来或写下来……有太多的事情无法言表。我知道，我只是抓住了一些皮毛。我能感觉到有许多的事情随时准备涌现出来……可能这就足够了。所有的事情现在看起来比以往更具有意义……这种经历是有意义的，对我有所触动，虽然我不知道它有多大和多深远的影响。我觉得到秋季班时，我能成为更好的“我”。这是我能肯定的事情。（13，pp.143-48）

> 你虽然没有实施任何教学计划，但是我一直在学习。从这个学期开始，我似乎觉得自己更有活力，更加真实。我既享受独处，也喜欢与他人相处的时光。我与孩子们以及其他成人之间的关系变得更加感性和亲密。上周吃橘子时，我先把皮剥去，将每一瓣分开，我更喜欢剥了透明皮后的橘子，因为这样的橘子尝起来多汁且美味。我想，这就是有时我会有的感觉，在我周围没有了一堵透明的墙时，我才能真正地与他人交流我的感受。我感到我在成长，变化有多大，我并不知道。我在思考、推敲、揣摩和学习。（5）

我被这些学生的评价——小学六年级、本科生和研究生——深深地感动了。有一些老师主动改变自己、成为自己、信任学生、敢于向未知冒险、主动采取行动。结果会如何呢？令人兴奋和难以置信的“人”出现了。你能感觉到真正的人的存在、学习在开始，未来的公民正茁壮成长，以迎接未知世界的挑战。即使现在的教师队伍中只有 1% 的人敢于冒险，敢于成为自己，敢于信任和理解学生，这也必将为我们的教育注入一股鲜活的精神。在我看来，这是无价的。

对教师的影响

让我们再来看一下令人欣慰的另一方面。我已经讲述了鼓励有意义的、自主的和个别化的学习氛围对学生的影响。但是我没有相应地提及它对教师产生的影响。当教师成为发起这种自主学习的中介时，他们会发现，作为教师，自己与学生一样也发生了改变。一位教师这样说：

> 说实话，我已经被发生的一切所折服。我教了很多年书，但却从未经历过类似的事情。对我而言，在以前的课堂上，我从未发现有如此多“完整的人”，如此全身心地投入学习，如此富有激情。进一步说，我怀疑如果按照传统的方式开设课程，强调学科的重要性，强调考试和分数，是否还有这样的一个空间提供给正在“成长”的学生，以满足他们内心深层和多重的需要。但这有点偏离主题了。我只能告诉你发生了什么，告诉你我很感激，并且被这次经历所折服。我想让你知道，这极大地丰富了我的生活和人生。（14，p.313）

另一位教师这样说：

> 罗杰斯说过，基于这些假设建构起来的关系意味着“颠覆当前的教育”。我觉得这是千真万确的，因为我已经尝试运用了这种与学生相处的方式。这些经历让我更加投入这些关系中。对我而言，这些关系既有意义，又有挑战，是无与伦比的经历。它们激励着我，但有时我也会因它们对我和学生的影响而产生动摇和恐惧。这些关系引导我看到了当前的现实，我只能将之称为……我们这个时代的教育悲剧——一个接一个的学生报告说，这是他们第一次经历完全的信任和自由，能够以提高和维护核心尊严的方式存在和相处。而这种核心的尊严在某种程度上已经饱受羞辱、扭曲和腐蚀性的冷嘲热讽。（5）

过于理想化？

有些读者可能会觉得本章的整个取向——教师作为真实的人与学生互动的理念——是脱离现实的空想，过于理想化。他们可能会看到，在本质上，这是在鼓励师生相互之间的关系，以及在他们与学科的关系中要有创造性，并且认为这样的目标完全不可能实现。事实上，不仅这些人这样认为，我听说，一些主流科学家以及身居要职的大学教授都声称，鼓励所有的学生具有创造性是荒谬的——我们需要大量的普通技术员和工人，只需要少量的具有创造性的科学家、艺术家和领导者就足够了。

那对他们而言或许是足够了。或许你也觉得足够了。但是我要公开表明，这对我而言是不够的。当我意识到每个学生身上具有不可估量的潜能时，我希望把这些潜力释放出来。我们正在努力释放原子和原子核中不可估量的能量。如果我们不能投入同等的精力——是的，还有同等的资金——去释放每个人的潜能，那么，存在于物质资源和人力资源之间的巨大鸿沟，将导致人类走向厄运和全面的毁灭。

我很抱歉，对此我无法抱有超然冷静的态度。这个问题太紧迫了。我只能充满激情地说，人际关系非常重要，我们知道如何释放人类的潜能，我们可以学得更多；除非给予教育困境中的人际交往方面更多积极的关注，否则我们的文明将会黯然失色。更好的科目、更好的课程、更大的知识覆盖面、更好的教学设备，只靠这些永远无法从根本上解决我们的困境。在与学生的关系中，只有平等的人性化的交往方式，才能使现代教育中最紧迫的难题迎刃而解。

结　语

让我们以更加平静和严肃的方式，重述前面我充满激情和感性所论述的那些内容。我曾说过，最不幸的是我们的教育者和公众都只关注教学。这导致了与真正的教育既无关又荒谬的一大堆问题。我曾说过，如果我们关注学习的促进——学生怎样学习、为什么学习以及什么时候学习，学生从内心如何看待学习，学生的学习感受是什么——我们可能会走上一条更有利的道路。我曾说过，关于促进学习的条件我们已经掌握了一些知识，而且还可以获得更多，这其中最重要的条件之一就是，促进者和学习者之间人际关系中的态度品质。

这些能够有效促进学习的态度是可描述的。其中最重要的态度是促进者透明的真实性，成为一个真实的人的意愿，愿意体会和接受当下的感受和想法。当这种真实性包含对学习者的珍视、关怀、信任和尊重时，促进学习的氛围便会得到进一步的提升。当这种真实性包含了敏锐的和准确的同理心倾听时，真正自由的氛围、自发学习和成长的驱动力便出现了，学生会因为受到信任而发展。我曾试图阐明，拥有这种态度，并且有足够的勇气去实践这种态度的人，不仅是在改进课堂的教学方法，而且是在对教学进行革命。这时，再称呼他们为教师是不准确的。他们是催化剂、促进者和能量器；他们给予学生自由、生活和学习的机会。更重要的是，他们是学生的共同学习者。

我引用了大量的研究证据来说明，持有这些态度的个体在课堂中的教与学都更有效；他们关注如何释放学生的潜能，而不是学生的缺点；他们创设的课堂情境中没有讨厌的和令人羡慕的孩子，在这里，爱和喜欢成为了每一个孩子日常生活的一部分;在课堂中营造一种和谐的氛围，学生能够学到更多传统的学科知识。但是，我已经有意识地超越了实验研究的结果，让你们进入学生的内心世界——小学生、大学生和研究生——这些学生有幸能与学习促进者在这样一种人际关系中生活与学习。这样做的目的是为了让你们看看当学习是自由和自发的时候，学生们真实的学习状况。我也试图说明它如何改变了学生间的人际关系，使学生更有意识、更加关心他人、更加敏锐，同时也促进了与自我相关的有意义学习。此外，我还谈到了这种学习带给教师的变化。

自始至终，我一直都在试图说明，在这个千变万化的世界中，如果我们想培养能够建设性地生活的公民，我们必须解放我们的孩子，让他们成为自发、自主的学习者。最后，我还要特别说明，迄今据我们所知，在全部学习者中发展得最好的，恰是那些促进成长、与他人以“人”的方式形成促进性关系的这类学习者。

第9章

成为学习促进者

◆

作为一名教师，为了倾听学生的声音，我必须首先放慢步伐——以抓住这些瞬间，
给予学生所说的内容以足够的重视，无论他们是大声嚷嚷还是娓娓道来，
心平气和还是怒气冲冲，也不管它与主题有关或无关。

——《**小学教师**》（1，p.30）

一根魔杖

不久前，一位教师问我："在教育中你希望看到什么样的变化？" 我尽管当时尽可能地回答了这个问题,但是它至今仍然萦绕在我的脑海中。假如我有一根魔杖，而且它只能让我们的教育系统产生一种变化，那变化会是什么呢？

我最后决定，希望用这根魔杖轻轻地一挥，就能让你和其他各级各类学校中的每一位教师都忘了自己的教师身份。你可以彻底忘掉多年来努力积累的教学技巧，

你将发现你完全不会教学了。但是，你会发现自己仍然拥有学习促进者所具备的态度和能力：真诚、珍视和同理心。为什么我要如此残忍地剥夺教师们宝贵的教学技巧呢？因为我感到我们的教育机构正处于一种让人绝望的状态中。如果我们的学校无法变成让人兴奋和充满乐趣的学习中心，那么它很可能将走向灭亡。

你可能正在想，学习的促进者不过是为教师起的一个有噱头的名称罢了，实际上不会有什么真正的改变。如果你真这样想，那你就错了。传统的教学与学习促进者的教学没有相似之处。一方面，作为一名传统的教师——优秀的传统教师——你可能会问自己类似这样的一些问题：

> 对处在这个特定年龄阶段和能力水平的学生来说，什么对他们有益？如何为学生设计出一门合适的课程？如何激发学生学习这门课程的动机？如何进行教学才能让学生学到应该掌握的知识？如何才能最好地组织一次考试，以准确地测查学生的知识掌握情况？

另一方面，作为学习的促进者，你会问学生而不是你自己这样一些问题：

> 你们想学什么？什么事情困扰着你们？你们对什么好奇？你们关心什么问题？你们觉得自己能解决什么问题？（当你从学生那里得到答案之后，你会继续问以下问题。）
>
> 现在我如何才能帮助学生去寻找这些资源——人、经验、学习设备、书籍以及我自己的知识——帮助他们学习，从而找到一些迫切问题的答案？（然后要问的问题是）我如何才能帮助他们评估自己的进步，并在自我评估的基础上确定下一步的学习目标？

传统教师和促进者的态度处于完全对立的两极。传统的教学，无论如何伪装，其本质都是建立在“杯与壶”的学习理论基础之上。传统的教师可能会问：“我如何才能将课程编写者和我都认为很重要的事实知识，从‘水壶’中稳稳地倒在‘杯子’里呢？”但促进者则总是全力去营造氛围：

> 我如何才能营造一种心理氛围，让学生们的好奇心不受限制，不害怕犯错，从周围环境、同伴、老师以及经验中自由学习？我如何才能帮助他们重新找回婴儿时期就天生拥有的对于学习的兴奋之情？

一旦把促进想要学习的过程付诸实践，学校将会变成学生心目中的“我的学校”。在前面的章节中，我们发现热爱学校的学生把班级视为“我们的班级”，把学习视为“我的学习”。每一个学生都感到自己是这个非常令人满意的过程中最具活力的、最为重要的一部分。瞠目结舌的大人们开始听到孩子们说：“今天我迫不及待地想去学校。”“喂，放下砖头！否则你会打碎我学校的窗户玻璃！”

无论是智障儿童、天才儿童、农村儿童或贫困儿童，他们都能出色地使用同样的词汇。这是因为当学生们探讨他们真正关心和感兴趣的问题时，他们能根据自己的水平来理解问题，并寻找有效的解决办法。每个学生都有持续成功的经历。就像在第 1 章中提到的，当休斯敦表演与视觉艺术高中（HSPVA）的高年级学生克里斯蒂娜看到午餐时间的“黑人餐桌、西班牙裔餐桌和爵士乐餐桌”时，她认为“教学生与其他同学相互交往以成为一个大家庭，这是她的责任之一”。她道出了真实的本质所在。

有些教育家认为，如此个别化的学习完全不切实际，因为这需要增加大量教师。事实并非如此。首先，当学生们热衷于学习时，他们会进行大量自我指导的独立学习。纪律或控制方面的问题大大减少，因而节省了教师很多时间。此外，在这种氛围下所产生的自由互动，使得大量未被开发使用的资源得以利用——孩子们在学习中互相帮助。当约翰和罗伯特听到“你们这些小绅士干得很出色，采用连除法解决了这道难题”的赞美时，对他俩而言，这是一段非凡的经历。更了不起的是，他们一起合作，相互帮助，*并没有人要求他们这样做！*约翰在帮助罗伯特学习的同时，也真正地学会了连除法。罗伯特接受帮助并进行学习，因为不管在公开场合还是在成绩单上，他都没有被认为是愚笨的学生。

成为一名学习的促进者，放弃做一位传统的教师，这是一件冒险的事情。因为这意味着不确定性、困难和挫折；伴随学生开始茁壮成长，这同时也意味着一场令人兴奋的人性冒险。一位曾经冒过这种险的教师告诉我，她最惊讶的一件事情是，当她让每个孩子自由地去学习时，她与每个孩子相处的时间反而增加了。

我必须强调，我是多么希望有人能够挥动那根魔杖，把教学变为促进。我深信，在当今不断变化的世界中，传统教学几乎是无益的，浪费时间，并且它的作用也被过分夸大了。如果非要说传统教学有什么成功的话，当学生不能理解材料时，倒是成功地给了他们一种挫败感；当学生发现所学的内容几乎与他们的生活毫无关系时，倒是“成功地”说服了学生们中途辍学。任何人都不应该被迫去学习那些与自己无关的内容。我们不应把来自于评分系统、教师和他人的批评与嘲笑，以及因孩子理解慢而遭受训斥时所产生的挫败感强加于任何一个学生身上。然而，当学生自己努力想要完成实际上对他们来说过难的事情时，体验一些挫败感是有益的，因为这种挫败感有助于驱动学生的进一步学习。这种体验与那种人为强加的挫败感截然不同，因为后者贬低了学习者作为人的价值。

路在何方

作为一名教师，如果你想给学生们学习的自由，换言之，如果你想成为一位促进者，你如何才能实现这个目标？

我无法替任何人回答这个问题，因为实现的方式有很多。因此，我只能就我个人的观点简单地谈谈我的看法，并提出我的问题：如果让我负责一个班级学生的学习，我会问我自己或学生什么问题。我会如何应对这些学生带来的挑战？

学习是什么样的

我想这是我要提的第一个问题：一个孩子在学习有意义的事情时应该是什么样的呢？

我想我能给出的最有意义的答案是从我自身的经历说起。从小学到高中，我一直是优等生，成绩很好。但我经常会让老师们很恼火，虽然没有公开地挑衅或反抗，但我会要小聪明来逃避老师们制定的规章。因为我的家庭有严格的宗教信仰，使我与其他人疏远，我成了一个离群的孩子，几乎没有什么朋友。

在我 13 岁那年，我家从郊区搬到了林木茂盛的大农场。那时，吉恩·斯特拉顿·波特的书很流行，书中有对荒野的描述，提到了许多在夜间活动的飞蛾。我们搬到农场不久，我在橡树的树干上发现了一对月形天蚕蛾，大大的翅膀呈淡绿色，上有紫色花纹。我还能看见那对展开来有 15 厘米长的绿色翅膀上闪耀着紫色斑点。这与粗糙黑色的树皮形成了鲜明的对比。我彻底被陶醉了。我把它们捉来养，后来雌蛾产下了几百颗卵。我找来一本介绍飞蛾的书，一边学一边喂养幼蛾。虽然在抚养第一批飞蛾时我失败了，但是我继续扑捉其他的飞蛾，并逐步学会了在飞蛾的整个蜕变过程中如何保护和饲养它们：频繁地蜕皮，吐丝做茧，一直到来年春天破茧而出的飞蛾。看到一只破茧而出的飞蛾，其翅膀只有拇指指甲盖那般大，一两个小时内双翅便长到 12~18 厘米长，这个过程真是太神奇了。在养飞蛾的大多数时间里，都是在做艰苦的工作：每天需要从不同的树木上采摘适当的新鲜树叶，清扫养飞蛾的盒子，冬天时为了防止过于干燥，要为蚕茧喷水。总之，这是一项大工程。在我十五六岁时，我已经成为这类飞蛾的专家了。我大概知道二十多种不同品种的飞蛾，它们的习性和食物，以及那些除了在幼虫时期，一生中都不进食的飞蛾。我能识别幼虫的种类，我可以轻而易举地认出长约 3~4 英寸的幼虫。我不需要走太多的路就能找到幼虫或茧。

当我回顾这段最美好的经历时，仍然觉得很有意思。我从未告诉过任何一位老师，只有极少数与我志同道合、对飞蛾有同样兴趣的同学知道。这个耗时的项目不属于“我的教育”的一部分。教育是在学校开展的事情；教师也不会对此感兴趣。否则，我还必须对此做大量的解释，因为毕竟他（她）是教我的老师。在那段时间里，我有一两个喜欢的老师，但我的研究是私人的，不能与老师分享。至少，这是一项需要耗费两年时间的事业——进行学术性的详细研究，需要辛苦的劳作和很强的自律，以及广博的知识和实践技能。但当时我心想，它当然也不是“我的教育”的一部分。然而，对一个男孩而言，那才是真正学习的样子。

我确信，有意义的学习对每个儿童而言都是截然不同的，因为他们的生活经历与我并不相同。如果只从我的角度来看教育，我将会错失很多和学生一起成长的机会。作为一个在乡村环境和严格宗教信仰家庭中长大的孩子，作为一个在中国生活过的孩子，我的世界观与女孩、城市儿童或身体残疾儿童的观点可能不同。但作为一个促进者，在脑海中仍保存着童年学习的记忆，我会努力找出孩子们学习时真正的样子。我想进入到孩子的内心世界一探究竟，看看到底什么对他们是有意义的。无论有意义学习将发生在孩子生命中的哪一阶段，我都希望至少学校能成为这种有意义学习的温馨之所。

我所接受的学校教育还塑造了我的世界观和学习观。我也不止一次地尝试用我所接受的教育方式来进行教学。打破这种模式，要求反思什么对学习者最好，而不是选择自己最熟悉的。

我能在建立关系中冒险吗

第二类问题是沿着这样的思路提出的：我敢将这个男孩或女孩视为独立的个体，一个值得我尊重的人来对待吗？我敢向他敞开心扉吗？相应地，我敢让他对我也打开心扉吗？我敢承认在某些方面他可能知道得比我更多——或者说他比我更聪明吗？

回答这些问题需要思考两方面因素。一方面是风险问题：我是否敢于冒险对我自己提出的这些疑问给予肯定的答复？另一方面是，我与学生之间的这种关系如何才能产生？我认为，答案可能存在于关系比较亲密的团体经验中，这种团体有时又被称为沟通团体、人际关系团体、合作团体等等。在这种人际团体中，成员更愿意冒这种风险，因为团体为这种关系的建立提供了合适的心理氛围。

我想起了一部非常感人的电影《因为那是我的道路》(2)，它讲述了一位教师、一名缉毒刑警和一个被判刑的吸毒成瘾者一起参加团队的经历。在影片的结尾，这个吸毒成瘾的高中生惊讶地说："我发现教师、警察和吸毒者都是人。这在以前我是绝对不信的。"过去他在学校里从未发现与教师有这样的关系。另一部电影《为人师表》，讲述了数学老师杰米·埃斯卡兰特在东洛杉矶市区的加菲尔德高中辛勤工作的真实生活。在埃斯卡兰特从教前，该校没有一个学生能通过美国高级微积分大学入学考试。他深信，他的 18 个学生能够学会微积分，并通过这个全国性的入学考试(3)。埃斯卡兰特从培养学生的学习兴趣入手，并让学生们意识到，数学将会是他们人生中的重要基石。18 个学生，两次均顺利通过了美国高级微积分大学入学考试。他们不得不重新参加考试是因为，他们在第一次考试中全部通过，可考试中心怀疑他们考试作弊了。具有讽刺意味的是，学生们在第二次考试中依然"犯错"，全部通过考试，因为他们是同一个老师教出来的。他的"失误"变成了学生们的"失误"。从 1982~1987 年间，加菲尔德高中的 354 名学生通过了 AP 微积分考试。1992 年，由于不满学校的官僚主义作风以及缺乏同事支持，埃斯卡兰特从学校辞职。现在，他在加利福尼亚北部的一所高中任教。

对许多学生而言，他们对学习的期望水平、拥有的学习机会和学习意愿等，会影响他们在人生十字路口所作出的选择。当学生觉得没有人（如教师）关心他，他们可能会走上导致自己和他人毁灭的道路。一位同事曾经和我分享了他的经历：白天在市区的中学从教，晚上在一所最安全的监狱教书。他发现，要打破犯罪和监禁的恶性循环存在三大障碍：一是所有的囚犯都存在不同程度的阅读问题，因此被拒于社会之外；二是读高中时，他们发现老师并没有把他们当作人来对待；三是只有当他们惹麻烦时，才会有人关注他们（4）。与建造更多的监狱相比，创建人性化的学校可能是降低犯罪率的更好办法。

在讨论如何让医学教育人性化的会议中，我们发现，学习过程中的人际关系需求大体相同。在那些关系密切的团体中显著的学习是：受训的医生发现，他们的部门主任、医学院的院长及教职员都是和他们一样的人。他们认为这是不可思议的。在与圣心学校系统（既有高中部也有大学部）的接触中，我们也有同样的经历：师生相互之间都以诚相待，而不是以各自所扮演的角色相处。这对双方而言都是一种全新的体验。

虽然在学习者和促进者之间开放而人性化的关系上，我已经看到了许多非常积极的结果，但这并不意味着我在每一个班级或与任何一个学生都能轻松地建立这种关系。我知道，展现真实自我——不完美的，有时还具有防御性——的经历似乎是冒险行为。如果我与学生之间是真正的平等关系，我们就能获益匪浅。如果我愿意承认有些学生在知识方面、有些学生在见识方面、有些学生在洞察人际关系方面超越了我，那么我可以从讲台上走下来，成为学习者中的促进者。

学生的兴趣是什么

第三个我想问自己的问题是：这些学生的兴趣、目标、目的和爱好是什么？我想从群体和个体两个层面来提问。什么事情能激发他们？我如何才能发现？

我可能过于自信了，但我认为回答这个问题其实很简单。如果我真心想发现一个学生的兴趣，我能做到：营造一种适合兴趣萌芽的氛围即可。虽然年轻人已经因为他们的学校经历而变得麻木，但在健康的心理氛围中，大多数孩子都能恢复活力，从而更愿意与他人分享自己的想法和意愿。

回想起来，从没有哪个教师曾问过我的兴趣是什么，这让我印象很深刻，听起来可能不可思议，但确实如此。如果有老师问过我这个问题，我肯定会告诉她，我喜欢野花、树林中的野生动物以及夜间的飞蛾，等等。我甚至还可能会告诉她我正在努力写诗，或者我对宗教感兴趣。但是没有教师问过我这个问题。

尽管已经过去六十多年了，我依然记得一位老师在一个新生的作文本空白处用铅笔写的问题。我记得当时我写了自己为小狗做的一件事。看到我所描述的一些行为，这个老师写道："为什么，卡尔？"我一直都记得这个旁注，但直到近些年我才明白我一直能够记住的原因。之所以印象如此深刻，是因为这位老师真的在问我对什么事情感兴趣。我已经忘记所有其他对我主题作文的评论，只记住了这一条。因为对我这样的学生而言，发现老师真的想了解我的动机和兴趣，从而给我作了个记号，这是一件多么稀罕的事情啊！因此，如果我是一名教师，我会非常乐意让学生告诉我这些事情。

如何激发学生的好奇心

这是第四个我想问自己的问题：我如何才能保护和激发学生的好奇心？

有证据显示，当学生开始接受公立学校的系统教育后，他们逐渐丧失了探究和质疑的能力，丧失了好奇心。这是我所知的最糟糕的控诉。加利福尼亚理工学院的教务长告诉我，如果他只能用一条标准来挑选学生，他会根据学生所表现出的好奇心程度来进行挑选。然而，我们似乎在想尽一切办法来扼杀学生的好奇心——这种对世界和人类社会包罗万象、寻根究底的好奇心。

我认识一位来自加利福尼亚的大学教授，他正在寻找保持学生强烈好奇心的方法。他在写给我的一封信中提道："我想告诉您，您的大作《自由学习》这本书对我和学生都产生了影响。"（5）他告诉我，他决定对他的每一门心理学课程进行调整，让学生成为自由的学习者：

> 我详细地向学生们解释了我们将要尝试的这种方法背后的假设，并且征求了他们的意见，他们是否愿意参加这样一项"实验"（我的课是选修课），结果没有一个学生想退出。我们——全班和我——在相处过程中创造了这门课程（全班共有 60 名学生）。卡尔，这是我所体验过的最

激动人心的课堂经历！而且，结果表明，学生们也和我一样兴奋。他们交上来的一些作品非常优秀……我从未见过这么优秀的本科生作业。他们的兴奋很具有感染力。我随后从不同的渠道发现，我课上的这些学生不断地被他们的室友、同伴在餐厅等地方问道："你们今天在课上做什么了？""今天的课程进行得如何？"我不断地收到学生要求随堂旁听的申请。

也许，对我最有意义的评价来自于这些学生。他们说他们没有学到他们本可以学到的那么多知识，但这是他们自己的错，他们要对此负责。卡尔，我还有很多话想要对你说，但我不想喋喋不休。我想说的是，你知道这些学生对这种学习机会的反应是多么热烈，这对他们来说是很重要的学习方式。同样，作为一个共同的学习者，我也感到非常自由。

如何提供资源

还有一个我要问自己的问题是：我如何才能富有想象力地提供学习资源——既包括物质上的也包括心理上需要的资源。

我认为，好的学习促进者应当尽量为年轻人提供适合他们的资源。在很大程度上，对所有的儿童，特别是那些聪明的儿童，完全没必要去教他们，但他们确实需要学习资源来满足自身的兴趣。提供这样的机会需要丰富的想象力、认真思考和努力工作。

我的儿子是医生。为什么他会成为医生呢？因为有一所有远见卓识的高中，每个高三学生都有数周时间来考虑和安排自己为期两周的实习，并能得到许多帮助。我的儿子得到了一位医生的首肯。因为他觉得虽然一个高中男孩提的问题很幼稚，但这些问题很重要，这给他带来了挑战。他在门诊和出诊时都带着我儿子戴维，还让他进产房和手术室。戴维完全沉浸在医学实习中。这使得他刚刚萌芽的医学兴趣发展成一项耗费时间和精力的事业。有人为戴维的学习资源做了创造性的考虑，我希望我也能有那样的巧思。

如何培养创造力

如果我是一名教师，我希望我能问自己这样的问题：我是否有足够的勇气和谦逊的态度来培养学生的创造性思维？创造力强的孩子常常会提出烦人的、挑衅的和古怪的问题，我有足够的胸怀接纳这些问题吗？我能否为富有创造力的人提供空间？

我认为师范教育应当增加一门课程，即“关注和培育幼稚想法”课程。创造性的想法和行为在诞生时就像婴儿一样：不起眼、脆弱、不堪一击。新思想总是无法与已经发展成熟的思想相抗衡。孩子们充满了这样天马行空、不同寻常的想法和认识，但大部分都被呆板僵化的学校生活扼杀。

就像盖特泽尔斯和杰克逊的成果所表明的那样，聪明的学生与那些既聪明又具有创造力的学生之间存在着差异（6）。后者的个性更有棱角，不知道他会干出点什么，更可能惹麻烦。我能允许这样的学生在我的班中存在并且茁壮成长吗？显然，教育——无论是小学、大学或职业培训学校——在这方面都乏善可陈。因此，托马斯·爱迪生在教育者眼中是个愚笨的孩子；航空飞行的发明出自两个自行车机械师，他们缺乏专业知识，无畏地试验了那个异想天开又有点愚昧的想法，制造出了比空气更重但却能飞的机器。受过教育的“专业人士”是不可能把时间浪费在这些蠢事上的。

我希望在我的班级中营造一种让大多数教育者都“恐惧”的氛围——一种相互尊重且能自由表达的氛围。我觉得那样的氛围能让具有创造性的个体自由地写诗、作画、萌发创意，尝试新的冒险而不用担心受限制。我希望自己能够做到这一点。

蔡司·麦克迈克尔是休斯敦大学物理专业的高年级学生，因与人合作发明了几乎完全消除了机械摩擦力的磁悬浮轴承而在1993年荣获了两项专利。在他的这些发明中，最令人感兴趣的是，他对学习的记忆以及他做出具有里程碑意义的发明所采取的方法。他的这项发明能减少发动机的摩擦，从而为全世界节省了数十亿的电力成本。

读高中时，他被贴上了有注意力缺陷和阅读障碍的标签。高中的辅导员认为他“不是上大学的料”（7，p.1e）。据休斯敦一家报社的访谈所言，他的高中成绩大部分都是B或C。“他对课堂内容没多大兴趣，总是想知道一些课外的东西”（7，p.10e）。虽然缺乏学校的支持，但这并不能阻止他想进入重点大学的梦想——与超导体领域的权威人物保罗 · 朱教授一起工作。阅读相关文献之后，他萌生了制造“永动机”的想法。“因此，我必须造出世界上最好的轴承”（7，p.10e）。幸运的是，从一开始，大学就根据他的需求调整了考试和教学安排。由于他有阅读障碍，考试时间相应地增加了，因此他在大学的成绩都是 A 或 B。我在想，有多少个潜在的蔡司 · 麦克迈克尔已经被学校的消极反馈所扼杀。这不仅对个人是损失，更是整个世界的巨大损失。

有必要强调全人的发展吗

这也许是最后一个问题了。我能帮助学生过上一种情感丰富而又充满智慧的生活吗？我能帮助他（她）成为汤姆森 · 汉纳所谓的血肉之躯（soma）——身与心、情感与理智的结合吗？

我觉得我们已经充分意识到了这样的现实：现代教育的悲哀之处是只重视认知的学习。我认为大卫 · 哈伯斯坦所写的《最好与最聪明的人》一书就是这种悲剧的缩影。在总统肯尼迪和约翰逊周围的人都是相当有才干的，就像哈伯斯坦所说的：“如果那些年有任何核心的主题或任何事情将这些人捆绑在一起，那便是这样的信念：纯靠智力和理性能回答和解决任何事情。”显然，他们是从学校习得这一观点的。正是因为这样一群完全依赖于认知和智力的智囊团，致使我们所有人都受到了误导，一步一步地陷入越南战争这个让人难以置信的泥潭。计算机的运算完全忽略了人们的情绪和情感承诺，忽略了那些几乎没有装备、没有空军力量，但却为坚定的信念而战斗的人。结果表明这种疏忽是致命的。人的因素并没有被输入计算机，因为“最好和最聪明的人”在他们的计算机中并没有为个体情绪和情感承诺留出空间。我热切地希望，在我的班里发生的学习是一个全人的学习——虽然很难达成，但最终会有丰厚的回报。

一个案例

你可能会问，哪些学校的老师能对我提出的这些问题普遍地给予积极的回答。

这样的学校很多，卡伦·沃尔兹·巴霍弗就详细描述了其中一所学校。她用四年时间追踪记录了圣地亚哥市奥法雷尔社区学校的发展（8）。就让我们根据巴霍弗的描述来参观这所学校吧。

当别人都还在走老路时，我们已经期待我们的学校进行革新了。这就像人们试图维修一架正在飞行的飞机一样。在某一时刻，人们必须先让飞机着陆以便进行修理，或者事先花时间设计好一架飞机，以满足不断发展的严苛的细节要求和顾客需求。如果想让学校发生真正的改变，我们就需要思考学校改革的不同方式。我们必须意识到，飞机起飞后再维修，这样太危险，我们承担不起这样的风险。相反，我们必须花时间深思熟虑，对我们的学校重新进行精心的规划。只有这样，它们才能同时满足所有学生的需求，又能达到国际标准。

奥法雷尔社区学校成立于1990年9月4日，是加利福尼亚州圣地亚哥市的一所中学，完全按照事先的规划建造。它也是圣地亚哥市学校重新规划的典范。1988年1月，根据决议，圣地亚哥市的创作和表演艺术学校（SCPA）将迁到新址，原有的旧址将改建成一所新式学校。区域规划人员开始讨论在SCPA的旧址上创建新的社区学校。奥法雷尔社区学校应运而生，在第一年招收了450名学生，在随后的几年中，招生数量超过1 300人。

从1989年10月起，奥法雷尔学校的校长和起初的7位教师开始每周定期开会，讨论如何建设学校以满足年轻人的教育需求。他们还邀请地区管理人员、大学教授、社会服务机构代表、家长、社区成员以及其他学校的同行们参加规划讨论会，他们组成了一个团队。除了持续开展规划讨论会外，团队成员还到全国各地参观考察了许多改建而成的学校，整个暑期参加了大量的相关培训活动。由于受到地区政府和私人基金的大力支持，这些规划工作在奥法雷尔社区学校的愿景、项目制定和架构等各方面都发挥了重要作用。

奥法雷尔社区学校的参观者们几乎都由学生带领参观校园。这些学生会带领参观者到各个教室参观，有的班级学生们正在进行十进制的学习，解代数方程；有的班级学生们在开展苏格拉底式的讨论，他们正在热烈地讨论一篇文学作品；有的班级学生正在以小组为单位学习眼睛的构造；还有的班级学生正在学校的计算机上编制关于美国内战主题的游戏软件。学生还会带领参观者走进图书馆，演示计算机化的会议系统，介绍由学校的家庭支持服务部（这是把社会和医疗服务……直接接入到学校）提供的各项服务，还会从理念、历史和组织结构等方面对学校的概貌进行介绍。正如人们能想象到的那样，学生要不断地回答参观者提出的各种问题。学生每年都承担了近千人的参观接待任务，这是很引人注意的。更令人惊叹的是，奥法雷尔社区学校的每一个学生，至少有一次为参观者做导游的服务机会，这在美国的学校中是很少见的。

当前，奥法雷尔社区学校是市中心重建的一所富有吸引力的学校。坐落在加利福尼亚州圣地亚哥市的东南部，为一千多名六至八年级的学生提供教育，这些学生来自不同的族裔，使用不同的母语。学校将学生划分为九种教育家庭，除了有严重情绪障碍和身体残疾的学生外，在任何一个教育家庭中，所有学生都能接受同样高水准和丰富多彩的课程。学生每天都会学习人文（语言艺术和社会研究）、科技（数学、科学和计算机）和体育三大核心课程。而美术、音乐和外语则构成一个发现模块，每天轮流学习。这些跨学科的项目共同构成了全校范围内九周时间的主题单元学习。

奥法雷尔社区学校的教学安排是教师、管理者、家长和社区成员等集体智慧的结晶。该项目将以学生为中心、活动定向的学习经验和当前的技术与社区服务相结合，以满足中学生在社会性、智力、心理和生理发展诸方面的需求。学校的每一项决策都反映了同一个承诺：为所有学生尽可能地提供最好的教育。在奥法雷尔社区学校，学生至上。

奥法雷尔的每个学生都有自己的支持老师，经常举行家庭见面会，定期举行全校范围的会议，以便分享信息和讨论重要的议题，并加强学生间的认同感。创新的作息安排使得每个教育家庭中的教师每天可以一起备课，一起开发跨学科的课程，共同做出教育家庭的决策，以及与学生和家长会面。教师职业化以及支持高质量教学和学习的环境都是奥法雷尔模式成功的关键所在，这也恰好回应了 1987 年加利福尼亚中学的任务推进报告《左右为难》中所阐述的精神："当教师和学生分组形成跨学科的团队时，教育的'凝聚力'便产生了，它几乎能把学校项目中的各个方面汇聚起来，齐头并进。"

为了减少班级人数，把师生比控制在 1:23 左右。奥法雷尔学校投票决定，取消传统的副校长和教学顾问的职位，并且把因撤销这些职位所节省下来的资金用于补贴学校员工的经费预算，从而在核心教学时间段降低学生与教师的比例。结果，原本由副校长和首席顾问所承担的领导和管理职责，现在由所有的教学人员来分担。首席教育官（Chief Educational Officer，CEO）取代了校长一职，主要负责领导所有的教育家庭，直接给予学生支持以及承担全校范围内的组织工作。

乍一看，创新性的组织结构、跨学科的课程以及教职工的组织模式似乎是该校最重要的特点。然而，奥法雷尔学校的员工会马上指出，该项目惟一最重要的特点是，全校上下对奥法雷尔的一致定位。该定位清楚地表达了员工的承诺：确保所有的学生在丰富的学业课程中都有同样的学习和成功的机会。在规划过程中，所有员工都优先考虑奥法雷尔的愿景，持续关注学校所有的决策是否都以有利于学生为出发点，而不是为了方便教师、易于课程安排，或者与地区计划保持一致。

对优异学业和公平的承诺，紧密联结教师、学生和家长的组织结构，以及向所有学生传达殷切期望的学校氛围，这些都是奥法雷尔学校成功的关键。奥法雷尔学校的学生们知道，他们的老师期望他们能做得更好。正是基于老师的鼓励和支持，以及老师对他们的能力所持有的信念，他们逐渐地成长为独立的学习者。

1993 年 2 月，我们采访了一群该校的学生，问他们对自己的学校有何看法。一个学生以典型的七年级学生的风格写道："奥法雷尔的食物能冲击你的味蕾——物美价廉的法式薯条、冰激凌和其他很棒的食物！"但是大部分学生告诉我说，他们的老师是他们真正喜欢这所学校的原因所在。

艾米：我最喜欢奥法雷尔学校的老师，因为他们真的很辛苦地帮助我们学习，值得我们尊重。他们也非常用心地理解我们的感受以及我们现代的生活方式。

拉克尔：奥法雷尔学校的另一大亮点是，老师们非常关心他们的学生。他们努力做出各种改变来帮助学生。有时，老师不厌其烦地帮助学生，并确保学生理解了班级任务或自己的家庭作业。有些老师放学后还留下来，直到他们确信学生能独立完成作业为止。

伊克欧：老师不只是老师，也是我们的朋友。

劳里： 这里的老师随时都准备帮助我们，他们总是教给我们有趣的东西，调动我们的学习兴趣。

约翰妮塔：我很敬佩我的老师，他们不仅关心我们的成绩，也关心我们的长远发展。如果你来这所学校读书，你就会深有同感。

格伦： 我最喜欢奥法雷尔的就是这里的老师。他们为了我们废寝忘食地工作，但我们当中有些人却只知道玩耍，整天无所事事。

修纳：我认为奥法雷尔最棒的是老师，因为他们帮助你学习。即使他们有时很严厉，但他们从来都很尊重学生的想法，不对这些想法做无足轻重的评论。明年，我妹妹就来奥法雷尔学校念书了，我希望老师们能像对待我一样来对待她，给予她同样的尊重。

安托瓦内特：奥法雷尔学校有很多令我喜欢的地方，但我最喜欢的是这里的老师。因为他们自始至终都很信任学生。无论我们做什么，他们总是不厌其烦地帮我们做得更好。这里的人都很有爱心。

从这些反馈中可以看出，学生们非常认同和感激老师的辛勤劳动，同时，他们也深刻地意识到了自己在“教与学”的过程中的责任。显然，奥法雷尔的梦想已经成为学校文化中不可分割的一部分，受到师生的重视和喜欢。奥法雷尔的每个老师胸前的铭牌表明他（她）是“奥法雷尔梦之队”的一员，而 CEO 的铭牌则象征着他是这个美好梦想的守护者。奥法雷尔的梦想被某位教师挂在墙上的座右铭所诠释——“天生的聪明并不代表什么，真正的聪明是去努力追求。”

评 论

当我们把学生的健康成长和对世界的探索作为我们努力工作的重点，当我们团结一致为这个目标而努力时，没有谁是惟一的明星，这是非常有意义的。在奥法雷尔学校就读的学生分享自己的想法时，都是在谈论老师，但这并不指某位特定的老师。我们从来自休斯敦 HSPVA 学生中也发现了同样的反馈，学习环境和这种环境中的促进者是学校成功的关键。

学校要靠来自整个社区的团队共同建设，它构建的基石是智慧而非砖石。在这样的环境中，学习者是关注的焦点。团队的理念也就成为这所学校组织结构的基础，它是围绕着定位清晰的学习者之家而建立的。虽然学校规模过大会带来很多潜在的问题，但是，将家庭作为学习和关心的单元，并给予学生支持，这会促使老师和其他人通力合作，以消除成功道路上的障碍。这些障碍存在太久了，以至于让很多学生的有意义学习绕了弯路，甚至走向死胡同。就像本章开场引用的那位小学教师的话一样，要想成为学习的促进者，首先要学会倾听学生的声音。

第 10 章

构建自由学习的途径

我想，受前面九章内容影响的教师或教育者可能会提出这样的问题，“我可以在课堂上也这样做吗？”在本章，我会介绍一些具体的方法，帮助教师为自主学习提供更多机会。我希望这些思想能给那些有志于课堂创新的老师和其他人以信心和鼓舞。

如果你想让学生自由地学习，你会怎么做？我们已经回顾了营造这样一种氛围所必需的个人与主观态度。毫无疑问，在形成这些态度的过程中，教师们将会构建自由的个人风格，这种风格源于与学生自由且直接的互动。是的，你会慢慢地形成一种属于你自己的方法，即一种最佳的程序。对那些正在尝试创新改革的人来说，他们很自然地想知道别人是怎么做的，别人如何在课堂上实施这些个人的态度，使学生洞悉并使用他们提供的自由。本章的目的就是简单地介绍一些这样的途径、方法和技巧，它们已经被许多教师成功地用于促进学生以及他们自己的自由学习。

设定对学生具有真实意义的问题

为了实现我们所讨论的这种类型的学习，学生必须接触对他们有意义和与他们有关的问题。在我们的文化氛围中，我们往往把学生与生活中各种真实的问题割裂开来，正是这种现实造成了当前教育的困境。因此，如果我们想让学生成为自由和负责任的个体，我们就必须让他们去直面有实际意义的问题。

明智的老师能够从学生的角度出发，挑选那些对学生真实而又与所教课程有关的问题。因为学校就像象牙塔，学生很少碰到麻烦，因此有必要让学生置身于各种特意创设的情境，这些情境可能是他们在未来生活中所要面对的各种真实问题。创设种种情境，使学生参与其中，并让每个人面对一个非常实际的问题，这是老师可以做到的。

年轻人都有很强的发自内心的成长的愿望。虽然很多环境要素对他们构成了挑战，但他们充满好奇心，渴望发现、了解和解决问题。许多教育的可悲之处在于，随着孩子在学校待的时间越长，他们的内在动机就越低。然而，动机还是存在的，作为学习促进者的我们，有责任重新激发他们的内在动机，发现对年轻人而言真正的挑战，提供机会让他们迎接这些挑战。

提供学习资源

与传统的注重教学效果的教师相比，关注学习的促进者在投入时间和精力分配等方面存在巨大差异。与花费大量时间备课的教师相反，促进者注重为学生提供与体验式学习需求相关的各种资源。为了让学生方便使用资源，并清楚如何使用资源，这些教师反复斟酌，简化学生使用这些资源的实际步骤和心理过程。例如，告诉学生可以在图书馆借到某本特定的书，有可能学生通过查询目录，发现这本书已经被别人借走了。并不是每个学生都有足够的耐心或兴趣等到这本书归还。我发现，如果在班里放一个书架，专门用来放可供借阅的图书和复印资料，那么，学生的阅读量和根据个人需求使用图书馆的积极程度，就会成倍地增长。

所谓资源，我所指的并不仅仅是通常意义的学术资源——书籍、论文、工作场所、实验室及设备、工具、地图、影片和磁带等，还包括人力资源，即那些有精力并对学生感兴趣的人。通常，社区成员会被邀请来讲解学生们所关心的问题。但是很显然，教师才是最重要的资源。老师应当允许学生将其视为人来了解，使自己的知识和经验清晰地让学生获得。无需强制性手段，老师便可为学生提供帮助。促进者能够概括出他（她）所拥有的特定能力，于是学生们能在这些方面寻求帮助。

我们已经考察了某些教师让自己成为学生有效利用资源的方式。芭芭拉・希尔为那些在完成任务过程中遇到问题的学生提供个别咨询。盖・斯文森则为学生提供了多方面的帮助，不胜枚举。比尔・罗梅伊则通过课程安排让学生能够选修系里的任何课程。露丝・桑福德带领学生进行实地调查。毫无例外，所有的教师都让自己成为了课堂中可供学生使用的资源。

加利福尼亚理工学院的理查德・迪恩曾用一种非常自由的方式教一门高等数学的课程。他为学生们提供反馈单，对每节课中讨论过或解决了的问题（也包括已经进行讨论但仍未解决的问题）进行总结。每个学生在每次课上都会得到上一堂课的反馈单。这些信息能够帮助学生复习上一堂课的内容。后来，迪恩提出任何学生都可以自愿为大家提供反馈单。如此,他和部分学生共同承担了摘录课堂讨论的工作。除此之外，迪恩或学生还经常会对已经提出的主题和问题加上他们自己的分析，或者提出他们自己的解决方案。

如果我们不是将时间用于计划课程、讲课和考试中，而是为学生提供具有想象力的多角度的学习，我们就能找到很多创设学习环境的好方法，而学生则能从这些环境中找到最符合他们需求的东西。

学习目标

自从 20 世纪 50 年代起，老师所教的大部分学习内容都是围绕着行为目标进行的。作为第二次世界大战的产物和工业化时代流传下来的成果，行为目标把学生学习的内容分解为可观察的行为步骤。事实上，学习原本有三种不同类型的目标：行为、情感和技能。虽然这种分类的提出者鼓励学生在三种目标水平上全面发展，但在实践中,绝大多数目标都只定位在行为和事实的识记水平上。更高水平的目标——

情感的或心理运动的目标，很少纳入老师的课堂教学中。

体验式学习与行为目标

由于教材出版商和测验编制者将其精力投入在提高低水平的思维上，20 世纪 50 年代的一项实验成为了当今的主题，人们普遍依赖行为目标来提升教学质量。正如我们在第 1 章中所见，这种质量要求使美国的学校对学生的期望和能力要求变得越来越低。当前，仍然有许多学校要求教师备课，制定教学目标，但也有例外。如果说，行为目标阐述的是学生应该学什么，那么体验式学习谈论的不是最终产品，而是学习条件。促进式课堂关注于创建学习与体验式氛围，这有助于学生理解整体的知识系统，而不是教条式的识记。

以下两个例子充分地说明了两位教师课堂中的行为目标和体验式学习之间的差异：

- 学生能准确地列出古代埃及对现代社会的五种贡献。
- 学生自己设计、规划，并实地去参观艺术博物馆的古埃及藏品展览。

第一条描述是行为目标式的，它预设了学生将要学习的内容。第二条描述则鼓励体验式学习，描述的是具体的经历，且没有预设学生的学习内容。在第一种课堂上，教师的作用是确定学生是否能讲出五种贡献。在第二种课堂上，教师的作用则是支持学生策划去参观艺术博物馆的古埃及展品，从而促进学习。让全班学生都参与参观艺术博物馆这种学习经历的设计，为他们提供了丰富的学习体验。

这种类型的学习并不只局限于中小学。亚利桑那州的普利斯考特学院在 1966 年便开展了体验式学习，所有的新生都要进行为期三周的户外生存训练。28 年来，这种为期三周的训练一直未间断。这项训练旨在赋予学生这个新班级的意义，以熟悉这个自己将学习和生活四年的环境。在普利斯考特学院学生们通过实地考察、个体独立学习、团体独立学习、实习与实践、学习日志以及学习合约等多种方式进行学习。每位学生在教师团队的指导下制定毕业计划，而这将开启终生学习之旅。普利斯考特学院的院长吉米·斯塔基在 1990 年道出了该校的理念，要为个体学习营造良好氛围：

> 文学艺术教育致力于寻找一种方法，尽可能地指引人们成为知识渊博的人。在收集信息、掌握技能之外……还要思考工作本身、过程和结果，思考他们最终的投入和价值，不仅要从消费者的角度思考，也从社会、人类和地球的角度思考。问问自己，你对自己价值观的假设，认识我们的知识和理解在多大程度上具有试探性，但却仍愿意维持一种理性和道德的立场。（1，p.12）

普利斯考特学院运用多种学习工具，为每一名学生和教师提供了丰富的选择和学习机会。

教学连续体

我们通过不同的方式学习：听、看、问、做和帮助其他人学习。在大多数的初中和高中课堂上，教学的选择空间很狭窄——通常是讲授、提问、训练和实践。20 世纪 80 年代，拉里·库班（2）、约翰·古德莱德（3）以及杰里·布罗非和汤姆·古德（4）等人的研究结果表明，在大多数课堂上教与学的方法都很有限。太多的课堂都采用了以教师为中心而非以学生为中心的教学策略。但问题的关键并不是非此即彼，而在于整个课堂所有参与者都是教育之旅中的共同学习者。

以人为中心的课堂能为教师和学生的学习提供丰富多样的机会。每个人都可以在这个可选择的教学连续体（见图 10.1）上找到适合自己的活动。为了让师生成为共同的学习者，老师应该在连续体中把聚焦于学生的策略融入以人为中心的课堂中。本章重点介绍一些策略，并且从大量的资源中挑选了一部分加以说明。

合约的使用

在自由的氛围中，能为学生提供安全和负责任的灵活策略是使用学习合约。毫无疑问，这能缓和促进者经历的不确定性，提升其安全感。我们已经看到，芭芭拉·希尔迅速与学生订立每日合约的过程。合约允许学生设立他们各自的学习目标和计划。

图 10.1

教学连续体

关注教师
• 授课 • 提问 • 练习与实践 • 展示 • 讨论 • 合作小组 • 有指导的发现 • 合约 • 角色扮演 • 项目 • 探究 • 自我评估
关注学生

摘自 H. J. Freiberg and A. Driscoll, "Instructional Continuum" in *Instructor's Manual: Universal Teasching Strategies* prepared by H. J. Freiberg, A. Driscoll, and R. H. Stetson.

资料来源：Allyn & Bacon, 1992, p.46.

合约在两种不同的学习之间提供了一种过渡性经验：这两种学习分别是能学习感兴趣内容的完全自由的学习，以及在学校要求或课程要求限制内的相对自由的学习。亚瑟·库姆斯给大学生和研究生所使用的合约颇具特色，他在课程开始之初便宣布，每个学生能获得任何自己所选择的分数。如果只想获得及格分数，拿到课程的学分，那么学生只要阅读一定数量的指定书目，并通过相关的考试即可。该决定不附加任何条件。想要得到较高分数的学生则必须制订个人学习计划，并保证出色地完成相应课程，以获得 B 或 A 等分数。一旦完成任务，学生就可以获得合约中规定的分数。这就消除了学生在课堂上不必要的恐惧和担忧，并使真正自由的讨论成为可能。学生可以与教授持不同看法，但不用担心这会影响到他们的分数。他们也能表达他们的真情实感。

合约还有助于打消老师或学生心中的疑虑。如果老师对学生能否成为负责任的学习者有所怀疑，如果学生很难相信自己在无人督促的情况下能够学习，那么制定一份合约对双方都有助益。事实上，课程刚开始的前几堂课可以用来制定合约。学习合约是在质性和量化相结合的基础上对学生进行评估。传统的做法是教师决定 A 等的具体标准，从不考虑学生投入的时间和精力。但若使用合约，学生就有机会参与相关评估的决定。为帮助学生达成认知目标，合约能够提供活动计划、动机和强化。它们能用于任何学科、任何年级。但就像许多课堂管理技术一样，合约应当视为学习的辅助工具，而不是教学的惟一方法。

合约使用的样例

合约是传统教学与更加自由的学习之间的有益桥梁，我在这里将介绍一个使用合约的具体例子（5）。这是六年级学生在社会课中形成的独立学习合约。这门课程的学习主题是非洲历史，因而，这份合约与非洲研究有关（见图 10.2）。

有一天在班上，辛西娅（非裔美国学生）问道："如果非洲天气炎热，而食物又不充足，那么人们如何才能生存？"我们坐下来，就这个问题中的两个假定进行了讨论：（a）非洲天气炎热，（b）缺乏充足的食物。她所提出的假定和研究中的假设很接近，并且成为了我们合约的基础。（合约里假设不能太多，否则可能意味着，需要进一步提出更多具体的问题。）

使用合约的第一步是，概括地解释合约的功能以及如何发挥作用。在我解释了合约使用的过程后，辛西娅可以自行决定她的参与水平。（和学生一起制订合约，是轻松进入实际使用学习合约阶段的最好途径。因为这有助于老师审视个别化教学、评估的难度和资源利用等方面的问题。）

一旦合约订立，双方都必须努力遵从合约的要求。在本案例中（这是辛西娅的第三份合约），该项目将持续两三周的时间。但在刚开始时，建议合约期最好短一点，然后再逐步扩大合约的范围，增长合约时间。在合约规定的时间段内，与学生互动以了解学习的进展状况，这非常重要，它有助于你发现合约是否过难或对学生缺乏挑战性。

我们规定每周二是固定的师生会面时间，除此之外根据实际情况，在合约期内的其他任何时间都可以随时会面。我们还为辛西娅确定了固定的独立学习时间，在这个时间里，她可以在图书馆查阅资料或者在班里独立学习。这完全由辛西娅自己

图 10.2
独立学习合约

独立学习合约

（学生）辛西娅 S.
（老师）弗赖伯格先生

问题：如果非洲天气炎热，而食物又不充足，那么人们如何才能生存下来？

假设：

1. 非洲天气炎热
2. 缺乏充足食物

独立学习时间：	如果需要，辛西娅将在每周二去图书馆查阅资料。
合约持续时间：	2~3 周
弗赖伯格先生与辛西娅会面的时间：	每周二，也可以根据需要增加会面次数。
活动：	辛西娅将用如下方式来呈现她对上述问题的回答： 1. 天气图和雨量图 2. 就十个问题对阿瓦德和施刚果先生进行采访 3. 对有关非洲的电影和幻灯片写日志 4. 向全班同学呈现上述问题的结果 5. 回答来自弗赖伯格先生和全班同学提出的相关问题
评估：	如果完成了以上五项活动，那么辛西娅将会得到 A 等成绩。
可使用的资源：	年鉴 地图集 图书馆的影片和幻灯片 对施刚果和阿瓦德先生的访谈 图书馆的书籍

签名：________________________

辛西娅 S.

____

弗赖伯格先生

决定。

在合约开始时提出的问题（也就是辛西娅最初的假设），经过师生的共同努力逐步得到了解答。辛西娅从雨量图上发现，非洲的某些地方会下雪，那里雨量充沛，植物繁茂。通过采访来自非洲不同地方的两个人，她对非洲大陆有了更多的了解。

通过观看影片和幻灯片后写日志，她能够描述从中所见的各种事物。

她同意把她的发现向全班同学汇报，并接受同学和老师的提问。在这段期间，全班同学也都在讨论非洲，辛西娅除了周二去图书馆外，其他时间也都在班级上课。因此，她在完成日常班级作业的同时，也完成了她自己的独立研究项目（两者存在部分重叠）。

小结：合约期可长可短。通常，第一份合约的期限应该短一点；随后根据学生的能力可以逐步延长合约期。在合约的活动部分，多样化非常重要——将阅读、写作、美术、访谈、口头报告和书面报告等多种形式相结合。如果缺乏影片，就用书籍代替。应让学生有目的地去图书馆查阅资料，而不是将图书馆的研究成品作为研究活动的开始。还有一点很重要，在开始之初，师生应共同探讨有哪些可用的资源。此外，合约的签署和时间规定同样也很重要。

现在你应该对学习合约有了大概的了解。接下来，我将列出合约涉及的具体要素，希望对你认识合约有进一步的帮助。

学习合约的要素：

1. 决定合约是短期的还是长期的。
2. 为合约建立一个通用模板。
3. 收集素材和信息。
4. 设立一些反馈环节，与学生讨论他们的进步。
5. 在合约中阐明如何对学生进行评估。
6. 先与一位学生签订合约，如果进展顺利，再与另一个学生签订合约。

你应该问自己的问题：

1. 合约中需要完成什么工作？
2. 由谁来完成？（当学生成功完成第一份合约后，可以让他们以小组的形式开展研究。）
3. 当合约结束后，学生将获得什么？
4. 对学生期望的结果是什么？（学生能从本次学习经历中学到什么？）
5. 你如何评估问题 3 和问题 4？

6. 需要利用什么学习资源？

7. 学生可以从哪里独立找到资源？

为了帮助你更有效地撰写合约，你需要坐下来，或许某次在职培训期间，与另一位老师一起简单地写一份合约。你们可以进行角色扮演，一人扮演学生，另一人扮演老师。你们可以就合约进行商讨，然后互换角色，商讨另一份合约。通过这种方式，你将发现你的合约与这种特定活动中的某些标准贴切程度如何。

起初，学习合约和其他工具可能是由老师主导的；但随着学生逐步对自己的学习能力有了更多了解以后，合约将会逐步转由学生主导。吉米斯塔基描述了在普利斯考特学院逐渐形成的制定学习合约的方式，至今该方式已有30多年的历史：

> 在普利斯考特学院学习的早期，她（指学生）可能会觉得，高质量地完成一份学习合约非常困难，因此教授建议她对课程或研究进行更多的课程设计。当学生对学院的学习过程更熟悉、对世界的知识以及如何获取知识的方法更了解时，她将会在自己的学习合约中发挥更大的作用。（1，p.17）

以人为中心的学习为师生提供了诸多选择，而学习合约只是构建自由的众多工具之一。

利用社区资源

另一种促进有意义学习的重要途径是使用社区的学习资源。例如，新奥尔良自由学校是一所位于路易斯安娜州市区的公立学校，该校学生为无家可归者提供社区支持。学生们先了解了无家可归者的背景，并对他们进行调查。他们必须学习如何与人接近，如何倾听，以及对自己的笔记进行分析，以发现在他们社区中该项目的需求所在。因此，这项活动比任何一门我能想象到的具体课程都更有价值。还有很多其他类型的社区项目。帕萨迪纳市加州理工学院的一批学生因对洛杉矶的烟雾问题进行了深入细致的研究，获得了联邦政府的资助。

还有另外一种运用社区资源的形式也值得一提。如果学生对与人接触的工作特别感兴趣，那么他（她）可以在老师的帮助下，跟随社区中的心理学家、精神分析学家或社会工作者实习。他（她）可能会参与一个具有同样兴趣的同伴团队。换言之，这些学生可以通过亲身经历来学习心理学。

所有这些值得尝试的建议形成了我所持有的一种观点——如果给予学生真正的自由，他们通常会获得令人激动的学习经验，并从中受益匪浅。他们能成为知识的探索者，而不是消极的知识接受者。他们能进入学习的过程中，并发现这是一种多么令人兴奋的探险。

通过项目学习

以学生为中心的教师通过使用学习合约，为死气沉沉的课程带来了些许生机，为看似毫无关联的信息赋予了意义。在信息和变化成为时代主题的背景下，在昨日知识转眼成为今日历史并在一两年内遭到淘汰的时代背景下，我们深知，帮年轻人做好准备以迎接将来挑战的迫切需求。许多教师通过项目来鼓励学生构建课程，从而使课堂变得以人为中心。项目能够集合师生们迥异的想法、概念和事实，并对他们的一生都具有重要意义。像新奥尔良自由学校开展的这些项目（如前所述），学生可以研究自己感兴趣、同时又能满足新奥尔良城市需求的内容。在其他的项目中，学生可能关注自己的同伴群体中存在的问题，渴望一探究竟。项目可能会以头脑风暴的形式开始，所有的想法都写在黑板上，全班同学对所有的主题都进行讨论。教师在项目设计和实施中的作用是引导、提供资源，并且促进学生从经验中学习。

项目能让学生寻找有趣且充满意义的事物。有些项目由老师发起，但很快成为师生共享的学习经历。能够让师生成为共同学习者的机会实在太少，而项目恰能提供这样绝好的机会。这种能够提供学习机会的项目，通常能为学生展示问题的全貌。而一些高质量的项目则能引发出更多的问题。就像学习合约一样，项目能以课堂或学生生活中的某一问题或情景开始。项目能调用各种感官，把学生每天的问题都关联起来，从而将各种学习联系起来，项目可以通过学生自己或与其他人的合作来共同完成。

与初中或高中相比，项目形式在小学阶段使用更广泛，部分原因在于中学阶段的时间分配相对固定。中学每堂课的时间只有42分钟，而思考和计划项目则需要数天时间。但即使是这样，这个缺点也是可以克服的，比如通过学生间的合作来计划项目。就像我们将在后面章节看到的那样，很多中学都对教学时间的分配方式进行了改革，以创造更多的学习机会。

老师应怎样将学生的日常现实生活与课堂联系起来？下面的例子讲述了戴安娜·拉比诺威茨和她的学生开展项目的过程（6）。戴安娜是旧金山一所中学的教师，该学校有1 100名不同族裔的学生。戴安娜利用计算机，在学校这个小天地与学生生活的其他方面搭建起桥梁，与学生连接在一起。他们设计了一个项目，对全校四百多名学生观看电视的习惯进行调查。戴安娜描述了她与30名八年级学生在计算机课堂上的这段旅程，提供了这个项目开展的过程，并且让学生讲述了他们对该项目的看法（6，p.1-5）：

> 一种熟悉的场景——当我开始呈现自己精心准备的有趣课程时，我注意到了那些昏昏欲睡的学生。虽然我知道学生们在注意力方面并没有什么缺陷，但是我似乎无法吸引他们的注意。最近的研究结果告诉我们，他们能数小时全神贯注地看电视机。与我当年相比，他们对这个世界的意识似乎更成熟。我认为，其中主要的原因是他们长时间耗在电视机前。这些年轻人的感官被大量的图像、人物和情景所充斥，这些材料成为他们构建自己真实世界的主导力量。然而，对他们可能影响最大的教师却无法帮他们批判性地看待这些经验。电视影响着年轻人对自我的看法、在生活中与他人交往的方式，以及他们对生命“普遍规律”运行的理解。作为教师，我们怎能对学生虚度光阴坐视不管呢？曾经听到这样的警句，“未经反思的生活是不值得过的”（苏格拉底语——译者注），就足以让我们反省自己。但是现在，电视媒体是如此全面渗入我们的生活，我们不得不说：“沉迷于媒体而不反思的生活是不值得过的。”我们如何利用这种媒体的观看经验，在学生的自身经验与课堂学习之间架起一座桥梁？
>
> 每周都有许多学生花50多个小时看电视，获取有关我们这个世界各种虚构或真实的图像。没有人能够全面透彻地了解电视对我们的影响。例如，电视是否会对我们的家庭结构产生影响呢？在电影《阿瓦隆》中，

其中一个主题就是，随着观看电视的时间不断增长，家庭成员之间的关系变得越来越疏离。电影以多代同堂的大家庭聚集在一起庆祝感恩节开场，最后却以孤独的核心家庭观看蓝光电影而结束。其次，看电视是否会影响我们的口头和书面表达？在公共电视频道播放美国《内战》系列片期间，许多观众都被战士们的家信中表现出的口才所折服。人们一直想知道，当今年轻人的书面表达能力为什么远不如从前？是否是因为看了太多的电视所致？

如此流行的媒体并没有从我们的生活中消失，反而与我们的生活结合得更紧密，成为我们了解世界的一种广为接受的方式。因为我很少看电视，不用担心它对我产生不良影响，但我真的很担心它对年轻人产生不良影响，因为看电视已经成为年轻人的一项主要活动。年轻人到底在多大程度上认为，从电视里获得的这些狭隘的经验就代表了现实？特别是当制片人只关注收视率，关注广告收入而不是节目本身的质量时，年轻人的好奇心能被这种现象唤醒吗？他们是否有兴趣对此进行研究？

我对这个项目的兴趣源于黑人教育家约翰·泰勒·盖特的一篇文章。他曾是纽约的年度最佳教师，呼吁对“教育目标和方法进行激烈辩论”[7]。他用统计数据来说明年轻人的时间都安排得满满的，以至于每天他们只有几分钟的时间进行自我反思。这些数据显示，儿童每周看电视的时间平均为 55 个小时。这个数字让我很震惊，因此我给学生布置了简单的作业，写一篇日记，在日记中回答这个问题：“写出你最喜欢的三个电视节目，并且以其中一个为例，告诉我你喜欢它的原因。”我的好奇心被他们的回答进一步激发了。几乎没有任何事先的计划，我们的讨论变成了一个小型调研会。我们相互询问：“每天晚上你会看多长时间的电视？”（大部分学生回答 7 个小时，从下午 4 点到晚上 11 点。）我们所有人都参与了这场热烈的讨论，大部分问题都是从这个主题衍生出来的。在下一堂课，我们记录并讨论了看电视习惯的五个问题。

学生们都想知道同伴对看电视的看法。在下一次班会上，我们开始了调研，这标志着这个项目的开始。学生们的问题都写在黑板上，而所有的答案都一一记录在案。我们对同年级的其他班级也进行调查，看其他班级同学的反应是否与我们班类似。问题主要围绕学生看电视的习惯和看电视的动机两个方面。

刚开始学生很害羞，不好意思进入其他班级，向同学介绍这项调研活动，并且收集他们的答案。但是经过第一次的成功尝试之后，他们的热情被点燃了。我们学校的学生来自不同的族裔、不同的文化背景——很大一部分学生来自中国、俄罗斯和拉美等国家，英语是他们的第二语言，他们正在学习英语。还有很多从特殊教育班转学过来的学生，以及被学校公认有问题的学生。如此复杂的学生群体，使我们开展和实施这项调查所涉及的样本以及调查结果都具有很好的代表性。

我们决定对八年级的400多名学生也进行调查。这30名学生创建了数据库，并把所有的调查数据都输入计算机。学生们以组对的形式录入数据。他们还须学习如何将问题录入数据库，如何对数据格式进行整理、排序，以供进一步的分析。突然间，学生们就萌发了学习计算机和统计技术的热情，因为他们有需求，有兴趣。

以下是在项目结束时，对参加项目学生的访谈摘录。

王帆 我以前从没参加过这样的工作。这和其他项目完全不同。你会感觉到独立，不需要完成老师布置的任务，相反，现在你就是你自己，就像一个孩子在复杂的社会中没有父母的帮助一样。这改变了我之前对所谓的旧学习方法的看法，也就是说，学生总是……消极的。

梅丽莎 我从未有过这样的经历，但我真的很兴奋。我们访谈时锻炼了在公共场合讲话的能力。我体验到了独立性，这也为我将来的工作（做好了准备）。用计算机来完成这次调研，让我意识到学习不能只靠识记。在最后一天，当我们交上一叠论文时，这种感觉真的很棒。

梅根 我最喜欢去不同的班级访谈其他人。我不喜欢录入数据的工作，因为它很枯燥。与敲键盘相比，我更喜欢和人聊天……我喜欢这个项目。它很有趣，因为我们可以采访自己的同龄人，了解（我们的）朋友喜欢看什么电视节目。

塞尔比 我们班之前从未做过类似的项目。杰西卡对此很兴奋，很感兴趣。

开始时，斯科特觉得这个项目很愚蠢，但没过多久就开始喜欢它了……（他）喜欢去不同班级回答他们的提问……我认为这个项目似乎很奇怪，因为我从未有过类似的经历……我喜欢去不同的班级分发我们的调查问卷……这让我在其他班级中提出了更多的问题。

安吉　去其他班级并和这些班级的同学交谈让我很紧张，因为我从未和很多人交谈过。我最喜欢的事情是找出其他同学的信息。我觉得完成一个类似的项目能让我获得我不知道的信息，例如电视是如何影响其他人的，这让我远离电视，以免它对我产生不良影响……我很惊讶，许多亚洲人观看《新鲜王子妙事多》，因为我认为中国人通常只看中国频道。而让我更开心的是，我认识了很多中国同学……我觉得这个项目很有趣，并且希望能参与更多类似的项目。

蒂姆彼勒　之前，我们从未做过类似的项目……我最喜欢通过编程将信息录入到计算机。因为我很害羞，所以去其他班级采访真的让我很恐惧。这个项目帮助我克服了胆怯的缺点。

老师鼓励学生们预测大多数的同伴对本次调查都会有怎样的反馈，然后使用数据库，运用数据分析的结果来回答他们的问题。通过小组合作，他们相互检查，以确保所调查的类别与他们的研究问题密切相关，保证统计结果能支持研究所得出的结论。

下面是学生们获得的一些结果：

- 绝大多数学生都承认自己通过电视了解时事。
- 大多数学生表示他们喜欢阅读，他们每周看电视的时间为 0 ~ 20 个小时左右，少于约翰·盖特所说的每周 55 个小时。
- 在那些报告不喜欢阅读的学生群体中，他们看电视的时间每周超过 50 个小时。
- 与看电视相比，大多数学生表示他们从阅读中学到了更多的知识；但绝大多数学生也表示，看电视对他们完成学校功课和解决自己的各种问题都有帮助。
- 虽然有更多的学生认同电视具有教育性，但大多数学生也表示看电视是因为自己太过无聊。

- 大多数学生表示不清楚自己的身体是否健康，但在身体不健康的那部分学生中，大部分学生看电视的时间每周都超过 50 个小时。
- 在电视是否有助于语法学习的问题上，学生之间存在明显的分歧。
- 学生最喜欢的四档电视节目依次是：《生活的色彩》《新鲜王子妙事多》《家庭琐事》和《辛普森一家》。这种喜好几乎不存在性别差异。

其中，最有趣的结果之一是，一个母语为非英语的华裔学生发现，男生认为电视节目能促进道德发展的人数比例比女生高，而女生对电视节目是否具有这样的功能没有明确表示。由于电视这种媒体仍然是由男性主导，他的发现是有意义的。此外，由于女性在电视广告中通常作为性诱饵以促销产品，因此，绝大多数女生对观看电视的道德价值有所怀疑就不足为奇了……

该项目最具挑战性的是，学生完全被调查所揭示的浩瀚信息淹没，这可能是因为他们之前在学校从未讨论过这样的主题。通过讨论，他们踏上了自我意识的第一步。虽然调查还未深入开展，但他们就电视影响知觉、思维、学习和建构现实等方面提出了更多问题。师生能对神话英雄、媒体中的文学以及历史记录中的人物进行比较。这种以学生为中心的学习把看电视这一现象从消极活动转换为积极活动。对年轻人而言，这是一次难得的机会，促使他们对自己这代人、所生活的这个时代以及媒体所传达的时代信息等问题进行反思。这种学习方式在他们的日常现实生活与课堂之间架设了一座桥梁，让他们真正投身于有意义的学习之中。

评　论

反思自己作为教师促进者的角色，戴安娜·拉比诺威茨进行了总结："这个项目是教师旅途的起点，这是一种与学生建立亲密关系的旅程，成为促进者的旅程，与学生建立信任关系的旅程。"学生们也体验了创造新知识的经历，与同伴一起学习人际交往的经历。

梅丽莎和王帆的评论反映出了他们强烈的独立感。安吉意识到，即使看电视的习惯相似，其他同学与自己还是存在差异的。这恰好提供了一次共同讨论的机会。学生们从中收益良多，包括使用电脑来收集数据。尽管要通过数据分析与整合才能得出研究结论，但学生们在他们的评论中却强调了自己的情感体验。

尤其值得关注的是，师生都从这次项目的经历中收获良多。因为戴安娜在班上第一次做这样的项目，所以她对整个过程都给予了指导。当她和全班学生能更熟练地运用项目作为一种学习工具时，她将会更加放手让学生去做，而自己则成为一名真正的学习促进者。

同伴教学

这种促进学习的“小老师”模式，无论对被辅导的学生还是对承担辅导任务的年长或能力更强的学生都有益。这种学习形式比较著名的案例是由辛辛那提大学的两位教师发起的（8）。他们精心挑选了 76 名六年级学生，以一对一的形式作为二三年级学生的“小老师”。学生们分别来自于市区、郊区和农村的学校，结对帮助的学科是数学。研究者根据六年级学生的人格特质、学业成绩、责任感和热情度等几个方面来挑选“小老师”。他们发现，这些学生已经很清楚如何才能有效地促进学习。他们需要参加三堂各 30 分钟的训练课。辅导者和被辅导者双方的家长都会收到研究者发出的信件，旨在介绍该项目，并获得家长们的支持。他们根据观察和教师的建议，来决定辅导者和被辅导者的组对。在两周时间内，共有 6 次每次 30 分钟的一对一结对辅导。

对这项非常简单的实验进行评估表明，大多数被辅导者的数学成绩有了明显提高：仅有 12% 的学生进步很小或没有进步。更重要的是，研究者观察发现，这些受辅导者“更自信了，学习动机也提高了，对数学的态度也改善了。”而“小老师们”的抱怨主要是辅导的次数太少了。“小老师们获得了更多的自信，更愿意承担责任了。而且部分小老师还努力拓展和提升自己的数学知识”（2，p.431）。最近的综合研究结果支持了早期研究的结果，即同伴教学对学生的学习有着显著的积极效应（9）。特别是在削减经费和班级规模扩大的时期，“小老师”这种方式应该多加利用，因为它能让所有的学生受益。

分组学习

将自由强加给不需要的人身上，这似乎不合理。当老师提供给学生学习的自由，并让他们自己承担责任时，同时也要为那些不想要这种自由，更愿意被教导的学生提供选择机会。希尔看到了这个问题，将她的六年级班分为两组，一组是自我指导的学习组，另一组是用传统方式的学习组。学生也可以在两组之间自由选择，这种方式让师生们皆大欢喜，并且非常有效。理查德·迪恩在教高等数学时，让那些不喜欢自由学习的学生重新回到传统教学的课堂。

如此简单的解决办法，并不一定在任何时间和任何环境下都能实现，但学习促进者一直在思考这个问题。如果学生是自由的，他们就应该自由地选择自己的学习方式——被动的学习或主动的学习。有些学生比较喜欢让人引导走上一条预先精心设计好的学习道路，他们会选择接受计划式的学习。那些喜欢按照自己的方向进行自主学习的学生，可以组成一个小组，按照上述的任何一种学习模式进行独立学习。

组织促进者的学习小组

在大规模的班级中可以进行自由学习吗？这是一个经常被提及的问题，也是一个非常有价值的问题。威尔登·肖夫斯托尔在给未来的高中教师上课时，以一种有趣的方式来解决这个问题（10）。他通过以下的论述为班级营造氛围：

> 我是学习的促进者，你们是学习者。这里没有传统观念上的老师。你们学习与否完全是你们的个人责任。我惟一的工作是，让你运用自己的主动性来承担这份责任……我随时欢迎你们来与我进行单独会面。我竭力建议你们在第一周就开始这些单独会面……
>
> 此外，作为你们的学习促进者，这种私人会面对我非常有帮助，因为我也希望成为一名学习者。只有你们向我提出问题、表示异议和对我提出建议，我才能学到知识。

然后，他提供了一种相对自主的促进者学习小组的结构形式。

> 你们将被分到一个促进者学习小组……由 7~10 名学生构成。在这个小组里，你可以浪费自己和别人的时间，也可以体验你从未经历过的最激动人心和最有价值的学习经历。对你们大多数人而言，这不再存在什么中间立场，需要二选一……只有当你们小组发出邀请时，我才会参与你们的小组活动。如果你们想让我参与你们的会面，请提前一天告诉我。
>
> 每个促进者学习小组应该选出一位主席，我建议主席的任期不要超过一周。主席是这个小组的调解员，在小组每次会面前都必须向我报告。除了选出主席之外，还应该指派一名小组成员作为报告员。他负责在小组会面之后把相关会议内容报告给我。我建议促进者学习小组对小组工作和任务分配进行计划的战线不要拉得过长，每次小组会最多计划未来两周的目标……如果个别成员无法及时为小组会做好准备，将会严重阻碍小组发挥作用。

在课程结束时，肖夫斯托尔要求学生们为下一学年计划选修这门课程的其他同学写一封信。下面是其中一封信的节选内容：

> 朋友，首先我必须说，如果你之前的大学经历都是坐着听课，记录老师希望你记下的笔记，阅读老师推荐你读的书籍，写或者报告老师指定的内容，在期末参加老师希望你参加的各种考试——如果你喜欢这种教育方式——那么请放弃这门课吧……但是，如果你真心实意地愿意承担起自己的学习责任，那么欢迎你选修这门课程！

还有很多其他的方法可以将大规模的班级划分为小型的、功能化的和自我激励的小组。小组成员能按照特定的兴趣、特定的主题或其他方式来划分。我对肖夫斯托尔方法的介绍旨在说明，如果我们重视促进者学习的计划工作，就像我们平时重视备课那样，那么许多看似无法克服的问题都能迎刃而解。

合作小组

合作学习小组是营造有意义学习的典型例子。这种方法不仅能帮助学生，还能帮助老师和管理者确立新的教育目标。在过去的 20 年间，大量有关合作学习小组的专著相继问世。你可以在本章最后或本书后面的附录中查询其中一些专著。

合作小组通常是在一个班级中由四名左右的学生构成，而这四名学生一般具有不同的能力特长。合作学习前，学生们要先学习如何一起工作。很多老师都让学生从简单任务开始，然后让四人小组解决老师提出的问题，最终，让小组提出问题并解决问题。一般来说，合作小组有助于增进小组成员之间的种族关系和人际关系，有助于有特殊需求的学生融入正常的班级，提高学业成就测验的成绩，发展学生们解决问题所需的合作性策略（11）。

在合作学习小组中，教师扮演着小组顾问、学习促进者以及小组资源提供者的角色。对大多数教师而言，从信息给予者的角色转换成促进者和资源提供者的角色是非常困难的转型，因为教师已经适应了前一种角色。与突然给予学生超过你感觉舒适的自由、然后再将这些自由收回的做法相比，先给予学生少量他们能掌控的自由倒是一种更好的做法。由莫斯科维茨及其同事共同开展的一项研究发现，部分教师已经使用改进后的拼图法来开展合作学习，这种方法要求每个学生负责项目中的一部分（12）。因此，每个学生的工作都成为小组不可或缺的一部分。例如，一个四人小组选择阿尔及利亚这个国家作为他们的合作项目。小组中的每个学生独立负责这个国家某一方面的学习内容（例如物产、文化、语言或地理）。尽管如此，老师还是在这个项目中对合作方法稍加调整，使其更像传统教学，这样他们可能会感到更舒适些。这也充分说明了教师和其他教育者应该深刻理解“以人为中心”的学习理念的精髓，并始终遵守给予学生学习自由的承诺。只有当师生都能打破传统、尝试新的学习方法时，诸如合作小组这类活动才能为更有价值的学习提供机会。

诱发学生的探究之心

探究是一种特殊的参与式和体验式学习，近些年来受到越来越多的重视。它是在科学领域中逐渐发展起来的。美国许多团体和个体都向着同一个目标努力：在通往科学殿堂的创造发明之路上，帮助学生成为探究者。这项运动的动力源自一种迫切的需求：使科学成为不断变化和进步的领域，就像我们当今的世界一样，而不是一本只刊登已发现事实的封闭书籍。仅仅拥有许多科学知识对当今的学生是远远不够的。当前的目标是，避免让学生认为科学是绝对的、完整的和永恒的。

为了实现这个目标，教师应向学生提出问题，创设积极发言的环境，并在探究过程中为学生提供帮助，教师为探究过程设定了各个阶段。这种环境能让学生实现自主发现，并参与到自发学习中。就像本章前面所描述的，戴安娜·拉比诺威茨所教班级的学生都成为了“小科学家”，寻求真实问题的答案，并在研究过程中亲身体验了探究的各种苦恼和欢乐。他们可能并未学到很多科学知识，但他们对科学有了真正的理解，明确科学是永无止境的探索，也认识到任何真正的科学都是没有绝对答案的。显然，如果将来的为人师者希望自己具备促进和培养学生探究的能力，那么他们必须自己先有这样的体验。如果他们真正想体验这种在科学殿堂中自主探究所获得的满足感，那么在教师培训课上必须包含我们刚刚谈到的那些活动。

科学领域的这种新趋势对我们当前的教学理念提出了巨大的挑战。在小学阶段，伴随小学生升班，当前的教育实践倾向于减少学生在探求知识和理解过程中的自主性和体验。这种趋势与致力培养探究能力的目标背道而驰。如果允许学生们以自己的新的理解方式去思考，那么在思考过程中得出的新概念会更有深度，理解得更透彻，也记得更牢。学生们也会变得更自信，并且更坚定地使用这种体验式的学习方法。

因此，有必要为教师提供各种各样的学习经历。当前的教育系统（特别是教师）比过去任何时候都面临着更多、更棘手的问题。然而，我们却继续要求教师们用 15 世纪的教育方法来应对 20 世纪的教育问题。问题与方法之间的鸿沟越来越大。作为教育者，我们需要提供与实践最接近的工具，我们不会指望木匠只用一把斧子就能建造一栋房子，那么为什么我们却希望教师们只用一种方法就能构建教育的基础呢?

正如本章所描述的任何一种方法一样，与形成探究的思维形式有关的任何过程，都能简单地被“以教师为主导”的课堂所利用并强加给学生。而且我知道这种事已经发生了。除非教师有明确的意愿来营造自由的学习氛围，否则，本章所介绍的任何一种方法都很难产生效果。

自我评估

对学习结果进行自我评估，是自主学习成为负责任学习的一种重要方法。当个体不得不承担责任来决定哪些标准重要，哪些目标必须要实现，以及他要在多大程度上实现这一目标时，他才算真正地学会对自己和自己的学习结果负责。正是基于这个原因，一定程度的自我评估应当纳入旨在促进体验式学习的意图之中。

我们已经看过许多实施自我评估的方法。希尔通过和学生一起讨论解决了分数问题。斯文森和她的学生们合作建立了高度个别化的评分规则。在我的一个班级中，学生们承担了设立分数标准和打分的主要职责。在其他班级，完成合约本身就完成了自我评估。肖夫斯托尔通过对上一届学生的学习和自我评估进行简单总结，使得本届学生对该任务有所了解。在这门课程中，学生们分析了各自的强项和不足，与小组中的其他成员进行协商以获取反馈。评分规则是由各个小组选举出来的代表和教师共同协商制定的。在第 6 章中，我们已经了解了教师和管理者可以通过自我评估一起构建督导基础。

很显然，评估个体努力程度和学习成就的模式很多。但是，任何评价模式都远不如追求特定学习目标的责任感重要。有的学生可能会选择非常严格的目标，例如对一定量的可测查的信息进行评估；有的学生可能会通过一门课程在学习中变得更加积极主动，对各种刺激持更开放的态度，或者使自己更自由地使用各种可利用的资源来进行评估。显然，这两个学生所设立的标准截然不同。但是，他们两个人都在社会中表现出负责任的、专业化的一面。

其他资源

在本章中，我特意将讨论范围局限在教师们可能会考虑的一些普通领域和方法上，而投身于课堂教学的教师们已经提出了许多其他理念和创造性的方法。下面这些专著（当然还有很多其他专著）仅供参考，可以帮助老师们在自己的班级实现人性化教学：

1.《设计分组：异质性课堂的策略》（ E. Cohen, *Designing Groupwork: Strategies for the Heterogeneous Classroom*. New York: Teachers College Press, 1986. ）本书介绍了在课堂上开展实践性和人性化的合作学习活动的相关策略。

2.《一般教学策略》（ H. J. Freiberg and A. Driscoll, *Universal Teaching Strategies*. Boston: Allyn and Bacon, 1992 ）。本书的作者具有丰富的课堂教学经验，书中介绍了大量中小学课堂上各种教学策略的实际案例。书中的教师们讲述了自己如何在班级中运用各种策略。

3.《以学习者为中心的教学：一种人本主义的观点》（ Gerald I. Pine and Angelo V. Boy, *Learner-centered Teaching: A Humanistic View*. Denver: Love Publishing, 1977 ）。这本书是根据两位一线教师丰富的教学经验而写成的。书中列举了大量有参考价值的书目、影片，以及致力于人本主义教育的组织形式。

4.《合作学习方法手册》（ Shlomo Sharon, ed., *Handbook of Cooperative Learning Methods*. Westport, Conn.: Greenwood, 1993 ）。该手册深入浅出地讲解了在课堂上开展合作性学习的方法，可操作性强。它包括跨学科开展合作性学习的策略，以及在特定学科领域实施合作性学习的案例，同时还列举了在学校开展合作性学习的方法，让师生们都从中获益。

结　语

我确信，如果你想为负责任的自主学习创设条件，那么阅读本章之后，你已经积累了大量可以使用的方法了。本章对其中的一部分进行了讨论，同时，还提供了许多其他可利用的参考文献。我希望这只是为你进一步拓展教学连续体的促进性方法提供动力。如果一种教学方法以主动的教师和被动的学习者为特征，那么这并不是我们需要的方法。如果你正为营造一种负责任的、自由的课堂氛围而努力，那大可以放心，因为相关研究和学校的实践已经表明，你的学生将会从中获益。这种经历对他们在持续变化的世界中的生活具有重要意义。

第 11 章

教育的政治学

◆

持人本主义取向的教师通常会发现，她不适合待在传统的学校。人本主义的教师可能会觉得，自己与传统的教育体制格格不入。这一点不足为奇，因为人本主义和传统教育本来就对学习过程持有截然不同的观点。我很乐意对这两种观点做详细的介绍。

可以把传统教育和以人为中心的教育视为一个连续体的两极。我认为每一种教育尝试、每一位教师和每一个学习机构都可以在这个连续体上找到自己相应的位置。你或许想知道你自己、你所在学校或教育单位在这个连续体上处在什么位置。

传统教育的模式

我们都知道，传统教育在美国已盛行多年，教师和学生对此深有体会。我认为，以下几点是传统教育的主要特征：

◆ *教师是知识的拥有者，学生是接受者。*教师是该领域的专家，学生坐在那里，准备好铅笔和笔记本，等待着智慧之言。教师与学生之间的地位悬殊。

◆ 课堂讲授、教科书或其他一些言语智力的教学手段，是接受者获取知识的主要途径。考试是衡量学生知识掌握程度的主要方式。这些标准是传统教育的核心要素。为什么讲授是教育的主要方式，这让人难以理解。在书籍出版未普及之前，这是可以理解的，但它存在于今天却难以解释。日益增加的考试压力也令人费解。然而，在过去的几十年里考试在美国变得越来越重要，已成为教育中最重要的部分，一切教育都是为了考试。

◆ 教师拥有权力，学生只能服从。教育管理者也拥有权力，教师和学生都只能服从于他们。这种控制是自上而下的。

◆ 权威者制定的规则是课堂上必须遵守的政策。新来的小学老师往往会收到这样的忠告："你必须在第一天上课时给学生一个下马威，要镇住他们。"表达这种无情控制的另一句常见格言是："不到圣诞节，千万别给孩子笑脸。"权威的形象——教师——一直是传统教育的核心。不管教师是被学生视为知识的化身而受到崇拜，还是被视为独裁者而心存厌恶，他们永远是教育的核心。

◆ 缺乏信任。传统教育最显著的特点是，教师不信任学生。如果没有老师持续的监督，学生的作业就不可能令人满意。学生不信任老师的现象更普遍，他们会质疑老师的动机、诚实、公正和能力。虽然风趣的授课老师和深受其感染的学生之间可能存在一种真正的默契，学生可能非常崇拜这位老师，但是显然不是出于相互信任。

◆ 教育主体（学生）总是被间断的或持续的恐惧所控制。如今学校里的体罚现象已经很少了，但是当众的批评和嘲讽，以及学生对失败的持续恐惧却日益严重。根据我的经验，学生们的恐惧会随着升班而加剧，因为他们失去的东西越来越多。小学生可能会受到蔑视或被认为很笨。高中生可能更担心自己无法毕业，从而影响到自己的就业、经济收入和接受更高程度的教育。进入大学之后，所有这些后果都会得到放大和强化。到了研究生阶段，由一位导师把持的状况为极端的惩罚提供了更多的可能性。许多研究生就是因为没有完全遵循导师的意愿而未获得学位。他们的处境就像奴隶一样，导师掌握着生杀大权。

◆ 民主及其价值在实践中被忽视和践踏。学生无权选择学习目标、课程和学习方式。这些都是已经制定好的。学生无法选择自己的老师，对学校的教育政策没有任何发言权。同样地，教师也无权选择自己的管理者。此外，他们通常也无法参与教育政策的制定。很显然，这与教师教给学生的民主本质和自由世界的精神相悖。学校的政治实践与其所教的内容背道而驰。当我们告诉学生，自由和责任是民主最光荣的特性时，他们却发现自己是如此的无能为力，没有任何自由，并且几乎没有任何机会做出选择和履行责任。

◆ *教育系统只重视学生的智力发展，而不重视人的全面发展。*在小学阶段，正常儿童的好奇心和充沛的体力受到压制，甚至被完全扼杀。在中学阶段，所有学生的主要兴趣是性，以及两性之间的情感关系和身体关系。然而，教师却完全无视这些，自然也就不会把它们当作必要的学习内容。在中学，情感教育几乎不受重视。到了大学情况更糟糕，只有理性思维才受欢迎。

传统教育的政治学

在讨论传统教育模式的政治学时，我采用了*政治学*在社会学中的含义，例如，“家庭政治学”、“心理治疗政治学”或“性政治学”。从这个意义上来讲，政治学与控制和选择有关，必然涉及个体控制和做选择时所用的策略和计谋。简言之，它是获得、使用、分享或放弃权力以及做选择的过程。当以上要素存在于人与人、人与团体以及团体与团体之间的关系中时，它也是这些要素相互作用和相互影响的复杂过程。

从这种观点来看，传统教育的政治学意味显而易见。决策由最高层来做，“控制权”非常重要。获得和行使权力的策略有：(1) 将学分和就业机会作为奖励，(2) 使用考试不及格、不予毕业和公开批评等令人厌恶的、惩罚性的和制造恐惧的方法。“壶和杯”式教育的政治学在于：教师（壶）拥有认知技能和知识，学生是被动的接受者（杯子），从而让教师将知识灌输给学生。

在我们身边传统教育的理念随处可见。通常人们不会公开声称它是*最好的*，只是把它视为必不可少的来接受。然而，偶尔也会有人站出来替它说话，比如加州大学的副校长杰·迈克尔博士，他强烈反对州立法机构提出的两项提议。一项提议是拨出一部分预算资金用于教育创新，他认为这项建议完全无法接受。另一项提议是教育应该同时包含情感和认知学习。对此迈克尔回应说：“有一种知识与人的感受是分开的……这类知识的积累是*认知的*，它可以得到传播、传授和学习。”他担心纳入情感学习会削弱认知学习的重要性，达到“学者们无法接受的程度”。这是明显支持“壶和杯”理论的政治学：教师最了解应该教给学生什么知识。

以人为中心的教育模式

以人为中心的教育取向处于教育连续体的另一极。它的哲学基础、方法和政治学与传统教育截然不同。在我们当前的教育文化中它不可能存在，除非具备一个前提条件。如果具备了这个前提条件，你就有可能在任何教育阶段（从幼儿园到大学研究生院）体验或观察到下面列出的一些其他特征。

前提条件是：

> 一个领导者或个人在这样的情境中被视为权威人物，其内在以及与他人的关系中都有充分的安全感，相信别人有独立思考和学习的能力。她将人类视为可信赖的有机体。如果这一前提条件成立，那么以下几个方面才有可能实现。

◆ 促进性的领导力会产生连锁效应。促进他人发展的领导者也会带来自身进步。共同做决策可以让所有人都参与进来，相互支持，更好地权衡利弊。在做决策的过程中，很多管理者都感到孤立无援。参与其中，可以让大家共同承担学习过程中的责任。在为每个学生创造最好的学习氛围时，如果学校里的教师不能彼此支持，很难想象会有积极的学习环境。

◆ 促进性的教师与他人（学生、家长或社区成员）共同承担学习过程中的责任。课程设置、行政管理模式、经费以及教育政策的确定，这些都是一个团体要承担的共同责任。因此，班级应该为自己的课程负责，而更大的团体则负责制定总的政策。在任何情况下大家都要共同承担责任。

◆ 促进者提供学习资源，这些资源来自促进者自身及其经验，还来自书籍、材料或社区成员的经验。她鼓励学习者根据自己的知识和经历来挖掘他们的资源，并为学习者提供本团体之外的资源。

◆ 学生提出自己的学习课题，自己单独或与他人合作完成。通过探索自己的兴趣，正视自身的资源，学生们选择自己的学习方向，并为这些选择后果承担责任。他们在一种促进性的学习氛围中工作。在整个班级或学校，明显存在一种真实的、关怀的和理解的倾听氛围。最初，这种氛围可能源于某位领导者。随着学习的开展，每一个学习者越来越成为氛围的营造者。相互学习变得与从书本、电影或工作经验中学习一样重要。

◆　促进者关注的是促进一个持续的学习过程。教育的重点在于促进学习的持续进行。学习内容虽然也重要，但居次要地位。因此，一门课的成功结束并不在于学生学到了所有她想了解的内容，而在于她在如何学习自己想了解的内容上取得了重大进步。

◆　学生通过自律实现个人目标。学习者将纪律作为自己的责任来接受，自我约束取代了外部约束。（参见第 12 章对这一问题的关注："'以人为中心'的课堂有纪律可言吗"）

◆　学生评估自己的学习。尽管自我评估会受到小组中其他成员和促进者善意反馈的影响，但学习者是自己学习程度和意义的主要评价者。

◆　与传统课堂上的学习相比，在这种促进成长的氛围中，学生的学习更加深入，学得更快，并且对其生活和行为的影响更大。学习方向是学生自己选择的，学习是自发的，他们在整个过程中都会全身心地投入（无论是智力还是情感）。

以人为中心的教育政治学

请思考以人为中心的教育的政治意义。谁真正拥有权力和控制权？显然，答案是学习者或学习小组，包括促进者。又是谁在试图控制这一切？在这一过程中，一直是学生在控制着自己的学习内容和生活过程。促进者将控制权让渡给了学生，他们只负责管理好自己。

在权力问题上，我发现促进者使用了两种策略：促进者为学习者营造了可以自我负责的心理氛围；促进者也帮助学习者弱化静态目标或内容目标，转而鼓励他们重视过程，体验学习发生的心路历程。决策权则掌握在受决策影响的个体或团体手中。针对不同的问题，由单个学生、学生团体或是促进者团体来做出选择，也可能会涉及管理者、家长、当地政府官员或社区成员。学生在某门课上学习什么内容，可以由学生和促进者全权决定，而像修建新教学楼这种影响更大团体的事情，则需要有关团体参与决策。

每个人通过自律管理自己的情感、思维、行为和价值观。显然，在这种教育下，不断成长的学习者掌握实权，是学习活动的中心。这一学习过程是对传统教育政治的彻底颠覆。

“以人为中心”的教育所面临的挑战

我逐渐意识到，就政治主张而言，以人为中心的学习取向面临着重大威胁。采用这种取向的教师和管理者必然会担心权力和控制的分担可能带来的问题。他们不清楚教师或学生是否值得信任，这一过程是否会带来好的结果。他们只能冒险行事。

“以人为中心”的教育对学生而言也是一种威胁。与自我负责、尝试错误和承担结果相比，服从和抱怨要容易得多。多年以来，学生们一直在教师的指导下学习，这带给他们一种安全感，他们渴望继续被告知要做些什么。就在不久前，有位老师向我讲述了他在“婚姻与家庭”课上与学生共同分担责任的故事。即使是这样一门对个体发展有重大实际意义的课程，大部分学生依然会问：“最后如何给成绩？”“有多少考试？”“我们应该学习多少内容？”显然我们忽略了这样一个事实：有责任的选择具有威胁性。另一位高中几何老师分享了他由教案式教学向项目式教学转变的渐进过程。学生们抱怨说，传统的教案式教学对他们的大学考试可能更有利。老师告诉他们，自己选择的项目式教学能更好地为将来的生活做准备。

管理者所面临的威胁自不必说。我不止一次地观察到，如果传统体制下的一位教师试图在课堂上实行以人为中心的学习，那么他将必然成为整个体制的威胁。负责任的自由和分享权力带来的混乱会被视为叛逆，从而遭到压制。当然，传统体制下的成员不会承认自己反对民主的教学和负责任的自由，他们对这一威胁的常见反应是：“这是一种不切实际的白日梦，在实践中不会奏效。”

上述言论似乎在说“以人为中心”的教育既不可行又无效。但是本书提供的例子很好地驳斥了这一观点。来自休斯敦表演和视觉艺术高中、新奥尔良自由学校、奥法雷尔社区学校和 Milby 高中等公立学校的学生的评价，也都得到了过去二十多年来相关研究的支持。这些研究详见第 13 章“对教育中以人为中心问题的研究”。教师和管理者将“以人为中心”视为一种不可行且无效的学习模式，这样的时代已成为历史。事实证明，“以人为中心”的教育能够促进学习。

证据的政治启示

促进性条件使得教育环境中的权力关系发生了重大变化。尊重和重视学生，理解学校经验对学生自身的意义，以及作为一个真实的人与学生交往，这些都使学校远离了传统的权威模式。这些条件为课堂创设了一种人性的互动环境，强调学生是负责自身经验评估的重要角色。研究表明，这种人性化的政治环境能促进各种建构性的学习，包括人格和智力方面。此外，如果缺乏这种人道的环境，学生就不能获得很好的发展。在人道的政治学之下，学生们能改善对自身的认识及其社会行为。前面章节中提到的学生的思考，反映了他们的一种成长意识：即使不是全部，也有很多学生、老师和管理者受到了“以人为中心”的环境的鼓舞。这些都是对“以人为中心”的教育之价值的高度肯定。

我们能影响整个教育行业吗

我们有可能把整个教育行业推向更人性化、“以人为中心”的道路吗？很显然，我们正在尝试这么做。我们的策略是为那些准备从事教育工作的人提供“以人为中心”的学习体验。例如，人们普遍抱有一种偏见，认为与社会科学或“软”科学相比，“硬”科学更难改变。对许多人而言，医学是一个拒绝人性化改变的领域。然而我却知道一个有趣的故事，有人试图将整个医学界努力推向“以人为中心”的学习。或许我们可以从这个故事中学到些什么。

二十多年前，我们中心的一位同事欧瑞妮·斯彻马隆尼（她的前夫生前是一名内科大夫）发起了一项计划，以帮助内科医生在他们的关系中变得更人性化。她获得了很多支持和鼓励，包括约翰斯·霍普金斯大学医学院的院长以及我在内的许多人。她策划了一个项目，目标是那些医学教育者，他们对年轻内科医生的态度负有主要的责任。

1972 年 6 月，我们举办了第一次工作坊，为期四天，主题是“医学教育中的人文视角”。我们很担心高级医务工作者不会参加这个由非医务工作人员负责的项目。然而，令我们吃惊和感到高兴的是，有 50 多个人参加了这次工作坊，并且大多数是医学院的院长或系主任。我们发现，出席者一开始通常会对这种经验的价值产生质疑。但在离开工作坊时，只有少数人没有从中获益，大多数人都在个人成长和专业发展方面颇有收获。我们还招募了一些医学院的学生和实习医生，以确保对内科医生培训的观点具有代表性。结果证明这样做是明智之举。我们的工作人员惊讶地发现，此次研讨会的参与者以及后续的参与者都觉得，与讨论机构改革的大型会议相比，他们从这个高度人性化的小型研讨会中收获更多。因此，这种小团体日益成为未来研讨会的关注点。

参会者从中获得了什么呢？我想，最好还是从参会者的来信以及在问卷中的反馈来看看他们是怎么说的。

> **教师：** 好好享受“教学”——不再被那些幻想的、不切实际的“坚持到底”“继续前进”或“领先”之类的感觉所驱使，不再为没有看最新的研究资料而感到内疚。与学生和同事的关系更加人性化。
>
> **医学院院长：** 自从参加研讨会以来，这几周我都深受其影响，渴望在家里建立相互理解、温馨的关系，渴望更好地了解同事，并且觉得自己有能力与他人建立关系……这些方法很有效！我感到我与团队成员的关系更亲密了，这是前所未有的感觉。
>
> **教授：** 这种经验使我深刻地意识到学生也是人。
>
> **医学院三年级学生：** 迄今为止，这是我所经历过的最有意义、最有价值的医学教育。在我成长为一名内科医生的道路上，医学界人士之间的这种真诚、双向互动一直支撑着我。
>
> **外科系主任：** 总之我学到了很多。目前的医学和医学教育迫切需要这种活动。在回来的飞机上，我觉得在我们的外科医生和实习医生培训计划中，应该加入人性化关系这一项。

注意，其中很多反应都体现了更加自由的交流和更多的权力分享。

从那时起，这一项目得到了迅速发展。现在，有一千多人参加过这种为期四天的研讨会。几乎美国的每一所医学院都有人来参加过，并且国外一些学校也开始派人参加。许多参会者希望能有更多团队促进的训练，以便他们回去之后能更有效地工作。因此，我们又开始举办了一些为期十天的研讨会。尽管对促进者而言，最好的培训是学习在团队中做更真实的自己，但是他们要学习的认知材料也有所增加。一种常见的反应是，参会者希望自己院系或医学院的其他人也参与进来，结果我们开始鼓励以团队为单位前来参会。许多医学院有 5~15 教授一同参加，这样他们回到自己的学校之后就能组建一个自己的支持小组。

最重要的是，许多人提出要求，希望自己的医学院也举办类似的研讨会。以下是某外科系主任的一个例子：

> 我对于你们会与四所医学院进行一项合作性的冒险的想法很感兴趣，这是一个特别的项目，其目的在于促进全体医生的发展和更人性化的教学和医学实践。

目前，一些医学院已经陆续发起这类人本主义的项目，并分别采取适合自己的形式，但他们都有一个共同的目标，那就是培养有经验的医师，训练他们建立更有效的人际关系。

其中一所医学院的项目独具特色，具有开拓性，因而得到了院长的大力支持，院长还亲自参加了早期的工作坊。这所医学院举办了一场为期四天的研讨会，让所有的新生、30 位教师以及学院员工（教务主任、秘书、图书管理员）体验了强化团体的经历，这 30 位教师负责促进这些学生的学习。强化团体的促进者是来自该地区其他医学院的医师，他们已经参加了为期十天的培训项目。教师、学生和员工之间进行了深层次的交流。你能想象这样一种情境吗？ 90 名新生和全体教职工成了莫逆之交，相互之间可以直呼其名，共同分享彼此的希望、梦想、焦虑、担忧和恐惧，作为平等的人在课堂上互动，而不是扮演各自的角色。这种情境是对传统教育的颠覆！来自各方面的反馈都是积极的。在后来的医学院生活中，这些学生和教职工会定期见面，每半年举办一次为期两天的校外聚会。这又是一次重大的变革。

这个促进医学教育人性化的项目让许多学校的课程安排发生了巨大变化。它唤醒了教师和学生的各种积极态度，从而有效地促进了人性化的学习过程。它创设了一种以人为中心的学习环境，以培养既有能力又有人性的内科医生。

结 论

我扪心自问，为什么这个项目在医学教育中发展得如此迅速，而在绝大多数师范院校和其他的教师培训机构中却没有与之媲美的项目？据我所知，截至目前其他单位甚至都没有开展这类项目的想法。我认为原因可能是多方面的。首先，随着医疗知识和医疗技术的发展，内科医生已经习惯于改变自己的临床医疗方式。作为医生，他们会迫不及待地采用最新、最有效的方法来治疗某种存在已久的疾病，这么做是有好处的。而在教师培训领域内，教育者采用新方法似乎对自己没有什么好处可言。其次，内科医生会不断地收到反馈，善于从错误中吸取教训。对内科医生而言，不论是病人的死亡、对尸体的解剖以及同事的会诊，都可以让他们了解到自己是否出现了严重的误诊，是否选对了治疗方案，抑或病人的死亡已无力回天。如果病人服用了某种新药物后，产生了严重的副作用，那么也会促使医生学习新知识。保持开放的心态和不断进取的态度，可以给医生带来政治效益和经济利益。但在教育领域内，教育者长期得不到反馈。一个教师培训者从来不会了解到，因课堂上的教学失误就能导致学生的好奇心被扼杀、天性被埋没以及其他潜在的伤害。同样，他们也很少能看到自己的成功。反馈可以给师范教育注入新鲜活力，但同时也是一种政治威胁。

我认为，以人为中心的教育取向若想对教师培训产生重要影响，它必须先在非传统学校、开放式大学和医学院等职业教育学校打下坚实的基础。最近，州政府又设立了严格的权力机构，对我们的教育施加影响，这无疑又为实施“以人为中心”的教育设置了更大的障碍。

但是，师范院校是阻挡不住改革潮流的。在最近召开的“城区学校有效教学实践”的会议上，一位高中老师在小组会议上发言：“在我参加的另一个教师资格认证项目中，培训者要求我们与学生保持距离，我们要高高在上。然而，在这里我们听到了独一无二的声音，要我们把学生视为人来平等对待，不必等到圣诞节也可以对学生微笑，在课堂上可以真实地做自己。”会议结束后，她的同事过来告诉我，她（第一位教师）是一个好老师，总是以她的学生为中心。

挑战和机遇总是并存的。显然，教师教育可以像医学教育改革那样，逐步采取措施来营造更加人性化和更有效的课堂学习氛围。在成为促进者的道路上，你不必孤军奋战，如果你将自己的经验与他人分享，你将会收获更多。以人为中心的教育不断带来友谊和同盟军，你们相互促进，共同成长为促进者。本书的附录《改革的资源:学习社区》提供了丰富的资源，包括那些可以参与到你的学习网络中的人。作为教育者，我们是愿意进行改革，还是愿意看着传统教育的政治学继续挡住进步之路呢?

第 12 章

“以人为中心”的课堂有纪律可言吗

“以人为中心”的课堂有纪律可言吗？这个问题问得好。相信那些没有体验过以人为中心的课堂的老师、家长和管理者通常都会有这样的疑问。有的，那就是自律。

在日常生活中，自律是指作为一个人认识自我，知道自己在成长的道路上该做什么，不该做什么。大多数老师鼓励学生自律，但是目标虽好，引导方式却是错误的。教师过多地寻求学生配合自己的教学，却不能使学生真正地参与到学习过程当中。他们把自己的要求强加给学生，很少顾及学生的学习需要。因而，纪律变成了强制性的，而不是在发展中形成的。建立自律与强制性纪律之间的区别，就是以人为中心的学习环境与传统课堂的分水岭。

自律是随着时间和各种经验的积累而逐渐形成的。没有任何一种途径、模型或计划适用于所有的学生养成自律习惯。自律的养成需要一种学习环境，在这种环境下，每个人都有机会从自身经验（包括错误）中学习和反思。自律到底是什么，人们又是如何养成自律的呢？要说明这些问题，最好的方式是考察一些小短文所描述的学校里和课堂上的小例子。

课堂实例

自我指导式的主动学习

二年级的课堂非常活跃，学生们分散在教室里的四个学习中心开展学习活动。在写作中心，四个学生正在描写他们前些时候看到的蝴蝶。写作中心的空间有限，每次只能容纳四个人，另外有两个学生也想加入。他们看到写作中心旁边有一块黑板，上面写着“票已售罄”。但同时也发现计时器显示，有两个同学再过10分钟就该离开了，于是他们把自己的名字写在旁边的小黑板上，预定了写作中心的位置。然后回到书架旁，继续阅读他们昨天没读完的书。

选择、管理自己的时间、设定目标和优先顺序以及遵守秩序，这些都是自律的表现。在可以做出自由选择且有结构可循的环境中，年幼的孩子可以得到蓬勃发展。有限的空间、资料和时间要求某种形式的组织。过多的组织性只能使少部分学生或老师受益，但极少使这两者都受益。在上面的例子中，组织性使写作中心的学生避免了一些不必要的冲突，使他们能够做出合理的安排。这个班级中的学生有自由自己做出一些小变动，决定一天中什么时刻学习什么内容，彼此之间互动商量。教师提供结构，学生在结构内自主安排。

助人树

在一所为四五岁孩子开办的幼儿园里，孩子们正在走向一块贴着“纸树”的黑板。在一片片的树叶上能找到每一个孩子的名字。为什么孩子们把自己的名字写在树叶上？他们写的不是自己的名字，而是把过去一周曾经帮助过自己的同学名字写在树叶上，然后由学生、老师及学校里的其他人将树叶贴到树上去。在家里，父母和兄弟姐妹也可以通过贴树叶这种方式，肯定孩子在家里的助人行为。通过用图画或简单的语句，在树叶背面描述孩子的助人行为。大家不会清点树叶的数目，但老师每个月都会把树叶摘下来放到一个盒子里，这样助人树又可以重新贴上新树叶了。当助人树上挂满树叶，等待摘取收藏时，老师和学生们脸上都洋溢着幸福。每当月末树叶堆满桌子时，每个人都能看到，班上的孩子给予了他人如此多的帮助。

相互帮助和关心也是自律的表现。在相互体谅及合作的环境中，“助人树”是孩子们学会相互关心的重要课程。然而，在竞争的环境中，“助人树”会导致竞争，学生们相互比较谁得到的树叶最多。在刚才的例子中，老师为了避免竞争的隐患，强调的是班级里大家合在一起的努力。

在培养自律的过程中，这里重要的不是“助人树”这个活动，而是指导这个活动背后的思想。“以人为中心”的活动如果没有一个以人为中心的指导思想，对培养真正的自律可能是有害的。这一点非常重要，但却往往被误读。在成就上强调获得更多的树叶，而不是对他人的关心与帮助，这是要力避的一个错误目标。

课堂章程

开学的第一天，在一个八年级的班上，学生们正围坐在一起讨论本学年的课堂规则。全班决定一起制定一份课堂章程，每个人都要在上面签名。老师发言确定了基本方向，建议用积极的语言来表述规则，包括老师在内的每一个人都要在章程上签名。孩子们在章程中写下了这样的导言：“为了创造更好的学习环境，我们 213 教室的全体成员一致决定行使如下权利，履行如下义务。”

这位教师在所教的 6 个班上，都采取了同样的做法。由于墙上空间有限，6 份章程不能同时挂在一面墙上，于是老师把 6 个班的章程做成一本能翻动的挂图。每天，由上课班级的一名学生，主动把挂图翻到自己班章程的那一页。

截至本学年中期，第二学期开学时，学生们决定修订课堂章程，废除一些不需要的内容（如做事拖拉），增加一些新出现的问题（如学会倾听）。老师发现，当孩子们自己参与行为规范的制定时，他们就会对自己的行为更负责任。

课堂上创造的社会结构与民主之基础的社会契约有共同之处。学生们在课堂上采用民主原则，可以体验到一种潜在的成长，而行为主义取向培养纪律的方法则忽视了这些。层级式的、权威的模式要求任何事情都要服从上级的指令。例如，在开学之前，课堂章程就已经制定好并张贴在教室里了。大多数老师发现，孩子们在这个过程中变成了消极的参与者。在一个自上而下管理的学校系统中，每个人都给下一级传达命令。这一传递链的最后一环是课堂，学生和老师对于那些直接影响自己的事几乎没有发言权。如果学校以不关心老师的方式运作，那么老师也很难有精力和爱心更多地关心他们的学生。

如果在课堂上创建一个合作的社会结构时，把 99% 的人排斥在外，那就与促进良好的人际关系背道而驰了。学生们会把规范视为“你们的”规范，而不是“我们的”规范。正如前面的例子所示，我们可以通过合理的方式创建一个谅解合约，以满足每一个人所需要的课堂类型。

课堂上对话的机会

戈麦斯老师班上的六年级学生每天早上都会写日记，刚睡醒时躺在床上读一段文章，或是用录音机把自己的想法录下来。如果日记本是打开的，老师就可以读一下学生都写了些什么；如果日记本是合上的，就说明学生记录的是自己的隐私。录音也是这样的。除了早上的这些活动，学生们会定期召开班会，讨论哪些事情进展良好，哪些问题是大家关心的，需要去解决。学生们围坐成一圈，包括老师在内的任何一个人都可以提出一个讨论主题。戈麦斯老师发现，早上的日记时间和定期班会，有助于促进了学生之间以及师生之间的联系。去年出现在学生中的许多问题，比如不尊重他人、打架和起外号等行为几乎都消失了。

倾听他人和自己的心声是培养自律的基石。孩子们带到学校的不只是铅笔和书本，他们带来的还有来自外部世界、不断增加的伤害、虐待以及冲突和愤怒。这个世界什么都可能成为关注的焦点，除了孩子。在孩子们能够学习热带雨林的知识之前，他们必须先了解自己。让儿童和青少年有时间交谈和倾听，并为他们提供表达机会，这些时间花的都是有价值的。

充当和平使者的学生

在贫民区的一所中学里，两个学生正在操场上拉开架势准备打架，四周围着一圈看热闹的学生，空气中弥漫着紧张的气息。在这种情况下，围观者一般都会起哄，鼓励双方开战。然而这一次围观者却没人这样做，有两个学生作为调停者走出来，分别劝慰要打架的学生。其中一个说：“听着，打架并不能解决任何问题。”另一个说：“你能想出更好的解决方法。”调解了几分钟后，发生冲突的两名学生都停手不打了，四个人开始商讨解决之道。围观者逐渐散去，但是两个调停者继续留下来解决问题。不久，冲突得以解决，四个学生各自回到了教室。

从人群中走出来的这两个学生接受过专门的调解训练，学习过如何在不威胁自身安全的情况下化解冲突和潜在的暴力情境。他们向我谈及有关调解的一些情况。

其中一个说：“没有人会觉得丢脸。”另一个说：“如果你与他人出现了矛盾，我们会帮助你解决。就像‘议会’一样，大家坐在一起共同协商。”学校每周都会举行一次这样的“议会”会议，讨论存在的问题以及解决问题的方法。“同龄人可能比老师更容易接近你。”

我问他们：“在任何时候，这样做都有效吗？”

他们说：“不是每次都有效，但有些时候管用。”

调解是自律的一个重要组成部分。在我们的社会中，媒体每天都会报道大量的冲突，因此，调解更是至关重要。学生应该了解调停者的角色模式，体验非暴力解决之道的益处。当人们的态度、价值观和信念不同时，难免会产生一些不同程度的冲突。然而，冲突有时也会带来更好的理解，而不是更强的敌意。

充当调停者的学生会从中积累更多经验。首先，这些经验会对他们自己的学习环境产生积极的影响；其次，作为学生，当他们与他人发生冲突时，这些经验可以为其提供更多的解决方式；第三，他们开始意识到，帮助他人解决冲突，不知不觉地促进了他们自己的自律。

学生充当促进者：代替老师进行管理

约翰逊女士是一位二年级的老师，今天她生病在家，另一位老师将代替她上课。以下是课堂前五分钟的描述。

“同学们早上好，我叫戴维斯，在接下来的几天里将由我给大家上课。”他问一个举手的学生：“有什么问题吗？”

“戴维斯先生，我是代课老师的管理员，约翰逊女士让我把我们班的座位图和学习进度说明交给您。今天我是您的助理，莎拉、拉尼塔、赛利克和约瑟也是，他们负责到办公室取表格和收发作业。墙上的表格里列出了其他负责人的名字，你需要帮助的话可以找他们。”在约翰逊女士的班上，所有学生都有平等的机会参与班级管理，而不像其他许多班级那样，只有少数人有机会帮助老师管理班级（1）。

放学后，戴维斯给约翰逊写了一封长信，告诉她，她班上的学生表现很棒。他说他以前从未意识到学生们小小年纪，竟然能承担这么多责任。他很乐意以后还到她班上讲课。

自己教自己

凌晨5点钟，副校长家的电话响了，他的妻子接电话，得知维尔克斯老师病了，所以今天不能去学校上课。她接完电话后，就回去继续睡觉了。

维尔克斯女士在一所乡村中学教世界历史、美国历史和州历史已经近20年了，这所学校里既有附近城镇的孩子，也有乡村的孩子。她曾经参加过一个大学暑期班，这个暑期班强调人在学习中的重要性，并认为有必要让学生参与到日常的课堂管理中（1），因此，她在自己班上开展了一项名为“一致性管理”的项目。

首先，她逐一与自己所教的7个班的学生开会，鼓励学生说出适合他们课堂运作的必要条件。她解释说，她有自己的需要，同样学生们也有自己的需要。他们共同列出了一些需要做的工作，以便使每个人都有机会参与到课堂中,而不仅仅是作为旁观者。每个班都列出了20条班级工作,学生自愿申请承担其中的某项工作,申请时需要写一份求职信,解释这个岗位的重要性以及自己如何做好这份工作。一旦学生们选定了他们的工作,维尔克斯女士就会对所有的学生进行简单的岗前培训。因为学生多岗位少,她设定每份工作每三周轮换一次。学生们接手一份新工作之后,需要和原来的工作人员一起工作一段时间,以了解具体的工作内容。墙上贴有全班同学一起确定的工作岗位及其描述。从来没有谁被罢免过,如果有的学生在工作中遇到困难,老师会多花一些时间来指导他们。如果有谁缺勤,另外一个做过该工作的人会自觉地承担当天的工作。

接下来,我要讲的内容已经在整个社区传为了佳话。副校长并不知道维尔克斯女士不能去上课,因此也没有指派代课老师。所以维尔克斯所带的 7 个班都没有老师去上课。然而,在每节课上,学生们都自己上课,制订学习计划,组成讨论小组,并按时提交考勤卡和作业。学校管理者和周围几个班的老师都不知道维尔克斯没来上课。直到第七节课,当办公室有人需要咨询维尔克斯一些其他事宜时,大家才发现她没有来,学生们这一整天都是在自己教自己。管理者被“学生自己教自己”震惊了,这一消息很快传遍了全校和整个社区。维尔克斯女士回到学校后表扬了她所教的每一个班级,称赞他们在她不在的时候,能够自己承担责任,自律地学习与合作。她描述说,如果给予孩子们机会,他们能够担负起的责任,不仅会令人满意,而且觉得非常值得。

信任也是培养自律的一部分。约翰逊女士和维尔克斯女士信任她们的学生。相应地,学生们也会自觉地在课堂上承担起责任,遵守通常的管理要求,因为在过去的一年里,他们参与承担了课堂上的每一项责任。代课老师告诉我,如果一个老师对其所教的班级实行严格的铁腕式管理,那么一旦换另一个老师来代课,学生们就会无法无天。约翰逊和维尔克斯在与学生的长期接触中,建立了一种隐性的关系,她们班上每一个学生都无须成人告诉他们应该学习什么,他们能担负起责任。这些学生不需要成人的全天陪伴,完全可以自己学习和工作。从维尔克斯的例子中,我们可以发现一个不足之处,那就是教师与其他成人之间缺乏互动。一位教师消失了

7个小时，除了其学生，其他人对此却毫不知情。这个例子恰好说明，这种孤立和隔离是许多教师典型一天工作的写照。

一年级课堂上的朋友圈

苏珊·舍伍德担任一年级教师已经整整18年了，她讲述了自己曾经教过的一个班级，而这个班上有一位有多重障碍的学生。这个例子的详细情况列在了本章的参考资料中。

> 6岁的安患有多重障碍。产伤，头部受损，中度到重度的心理障碍，身体右侧瘫痪但能行走，右视野缺失，只有一小部分的左边缘视野和中央视野，色盲，具备语言能力。

我在走廊上来回踱步，思考着一些细节问题。安一定乘坐校巴在上学的路上了，但我的心时而平静时而恐慌。三天前，一个特殊教育老师请求我，照顾一个需要全天候照顾的障碍儿童。想到我能满足所有学生的需要，我毫不犹豫地答应了。现在我有点犹豫了。

作为一个对少儿有18年教龄的教师，我知道在每个班级里，学生之间的能力和问题都会有所差异。这个有21位学生的班自然也不会例外，他们之间的智力存在较大差异，"认知能力测验"的得分范围为68~137（不包括安）。安的阅读能力已经达到了8岁孩子的水平，萨拉被诊断为存在学习障碍，詹姆斯有多动症，迈克擅长解数学题，艾瑞克早熟等等。实际上，安并没有什么特别的。所有的人都要融入到班级集体中来，我们首先要能坦然接纳自己的优点和不足，然后才能自由地接纳别人。为了培养自信、热爱学习和提升自我概念，教师要从每个孩子的独特性出发——创造所有的学生都可以自由合作的充满动力和挑战的氛围。从错误中吸取经验、尝试冒险，以及享受成功的喜悦。这样的班集体对每个成员来说都是一个强大的支持系统。

特殊教育老师用"朋友圈"这个术语来表示在自然环境中围绕在一个有严重多重障碍儿童的身边，给予其支持的同伴、朋友和成人。有些老师自始至终都在课堂上营造这种关系，但他们却不知道这个术语。

就像“朋友圈”将孩子们的生活联系在一起一样，课堂上的关系网促进了特殊教育老师和普通教师的合作，并朝着共同的目标前进……

在社交互动中，无障碍儿童可以作为障碍儿童的角色榜样。通过观察无障碍儿童，障碍儿童可以模仿恰当的社会行为，减少不恰当行为。在成人不在的情况下，我的学生用自己的能力去帮助安，这让我感到震惊。例如，当迈克发现安需要帮助时，他会把安需要的一些材料整理好，悄悄地走近她，指导她完成任务。有一次，安断然拒绝参加，迈克义正辞严地督促她，“你必须参与进来，因为你是一年级学生，这些是一年级学生必须做的。”然后，他就像个大人一样教安写字。

当然，为了培养安的自立，我们不得不对一年级的基本教学材料作一些调整，以便于她能够接受指导，正常参与其中。例如，为了便于她获取学习工具，我们在她的桌子角上粘了一个木盒，把铅笔、彩笔放在里面，她的签名帖放在正前面。

在某些学科任务上，比如，一个一个地数到 100 或五个五个地数到 100，安完全能够胜任。在其他一些时候，我们努力为她创造一些类似的活动，让她觉得自己是我们中的一员。

这个班还由另外几个成人组成了“学习促进者”团队，他们的主要任务是帮助安融入集体。然而，团队中每个成员都在支持每个孩子，而不是只围着安转。这样，其他的孩子们不会意识到，安是需要特殊帮助的。

反思过去的一年，我认识到，由于安是在一个常规的教室里接受自由、公开的教育，所以，她的生活也以多种方式被她的同伴和老师深深地触动。然而，这个整合的过程并不容易。有时，我们会徒劳无功。尽管并没有标准答案，但我们不能被过去束缚住手脚，要勇于去尝试。我们可以从错误中学习，从中吸取经验和教训，并把它们转化为创造性地解决问题的机会。在我看来，教育就是学生、家长、教育者和管理者通力合作，促使常规课堂的每一个学生成为积极主动的学习者。*

---

* 摘录自 Sherwood, Susan K. (1990). “A Circle of Friends in a First Grade Classroom,” *Educational Leadership* 48, 3. Reprinted with permission of the Association for Supervision and Curriculum Development. Copyright 1990 by ASCD. All rights reserved.

“回归主流运动”已经为许多学生提供了新的学习机会。在过去，像安这样的学生会被分到均由像她那样的学生组成的一个单独的班级。20 世纪以来，课堂已经发生了重要的变化，即所有的学生都需要在最少限制的环境中一起学习。公共立法（例如，P.L.94—142）为学生回归主流的常规课堂提供了保障，同时也为所有学生的促进性学习创造了可能性。

通过自由培养自律

以上这些例子有什么共同之处呢？他们把自律描述为选择、时间管理、设定目标和优先顺序、相互帮助和关心、倾听、确立课堂上的社会结构、成为和平使者以及相互信任，等等，可能最重要的是融入到自由、开放的学习环境当中。这些例子共同阐述了自由和责任是如何促进自律的。以自主选择、不怕犯错为基础，在建立分享型学习环境的过程中，学生和教师变成了合作伙伴。

实现自由学习，首先，需要对如何创设一种开放性的学习环境有一种特殊的理解。赋予学生自由不是一种方法，它是一种哲学或人生理念。除非你真地相信学生能够承担责任，否则你不可能会成功。你不能凭空建立一种哲学，你必须去亲自体验才能建立（3）。

自律是随着个体的成长而循序渐进培养起来的。一想到某些大学竟然开设自律课程（3 个小时），我就会颤栗。自律是一生的课题，每天 8 个小时的学校和课堂生活只是人生经验的一部分，而从外部约束到自律的转变是一个长期的过程。通过自由培养自律，对老师和学生而言都是一种新经验。尝试新事物难免会有风险。那些在过去的学习环境中被抑制的学生，如果缺乏支持和鼓励，不可能马上就接纳新的责任和自由。

如果自由让你感到不安，就不要去争取什么自由。倘若一下子动用所有的方式，让学生为自己的学习负太多的责任，他们会临阵脱逃，甚至到最后还是把一切都推回给老师，这是非常糟糕的。最好是在你可以从容应对的范围内，分步赋予他们少量自由，而不是一次赋予他们全部自由。赋予学生自由，就意味着他们需要为自己犯的错误承担责任，也意味着我们要对常规教学程序作彻底的反思。犯错是最有价值的学习途径，它给学生提供了机会，鼓励他们检视自己所做的事情（3）。从错误中吸取教训的责任体验，是产生新认识的基础。孩子们越早体验到自由和责任，这一过程就会越自然。

公众的纪律观

与其他机构不同（教堂和政府部门），99% 的人都曾就读于学校。盖洛普公司所进行的有关教育的民意调查表明，在过去的 30 多年里，学校的纪律一直是人们最关心的问题。1971 年，盖洛普公司开展的一项民意调查发现，纪律是公立学校面临的第三大问题，仅次于财政和种族融合与种族隔离问题。在 1982 年的一项调查中，纪律问题上升为第一大问题。在 1992 年，学校缺乏纪律性的问题再次排在了第三位，仅次于财政和药物滥用问题（4）。

对比 20 世纪 40 年代和 80 年代所开展的有关教师所担心的纪律问题的研究，你会发现，教师们的担心有了很大变化（图 12.1）。20 世纪 90 年代出现了一类新问题：团伙或帮派问题。值得注意的是，20 世纪 40 年代教师所担心的问题源于学

图 12.1

教师在过去和现在所担心的纪律问题

20 世纪 40 年代	20 世纪 80 年代
上课讲话	药物滥用
嚼口香糖	酗酒
制造噪音	少女怀孕
在走廊上乱跑	强奸
不好好排队	抢劫
穿戴奇装异服	斗殴
乱扔废纸	盗窃
	纵火
	爆炸

Dr.Harold L.Hodgkinson, *Discipline Problems Then and Now* (Washington,D.C.:Institute for Educational Leadership, Center for Demographic Policy). Used with permission.

校本身，而到了 80 年代，教师们的担忧反映出社会问题已经成了学校日常生活的一部分。

防患于未然

教师们的担忧反映出，我们的社会已经变得脱离于年轻人。当因受挫而导致做出损害他人财产和人身安全的攻击性行为时，我们需要寻找其根本原因，而不仅仅是停留在现象上。20 世纪 80 年代中期，我曾与西维吉尼亚州的教师一起参加过一次研讨会，我们讨论了小学中的吸毒问题，以及许多城区学校中的团伙暴力和骚乱问题。其中一位教师说："这些问题不会发生在我们这里。"五年后再次相聚时，那个地方的一位中学教师给出了完全不同的答案："所有的问题都来了，"其他教师纷纷点头表示同意。一位五年级教师说："我们没有防患于未然，现在我们每天都要花费大量时间来应对这些问题，我们中的许多人已经被这些'危机'搞得筋疲力尽。"如果人们忽视这些问题，到最后只能靠人际互动来补救的话，我们将为此付出更大的人力和物力。相对于事后干预，防患于未然显然更好。

为什么年轻人会加入帮派

自古以来，人们就会加入某个团体。团体会保护我们远离一些未知的危险，为我们提供身份认同及与他人的联系，让我们获得一种对环境的控制感（但这种控制感通常是虚假的）。原生家庭和几代同堂的大家庭可能是最基本的团体，但也存在其他类型的团体，如宗教、学校（如乐团、棋艺、辩论和计算机等兴趣小组）、体育、商业和投资等团体。每个团体都要为其成员个体和作为整体的集体提供服务。

然而，并不是所有的团体都对社会有益。自第二次世界大战后，20 世纪 50 年代末 60 年代初开始，男性青少年在贫民区拉帮结派，到 90 年代，已演变成为一个全国性的问题。学生们为什么要拉帮结派呢？有很多可能的原因，例如，当他们的童年缺少积极的成年男性榜样时，其需要和人格随后便发生了变化。20 世纪 50 年代，青少年帮派的出现可能是因为第二次世界大战和朝鲜战争期间，大量成年男性去参加战争，从而导致他们年幼的孩子缺乏父爱。如今，绝大多数青少年帮派的成员来自缺失父亲的家庭，或者其父亲本身就是帮派成员。

学生加入帮派主要是为了寻求认同。几乎所有的帮派都有其独特的名字、颜色标志或图标，从而区别于其他帮派。诸如“青龙”、“黑血”、“光头”、“瘸帮”、“血帮”等名字，给人一种权力和控制的印象，而这些恰恰是众多青少年在现实生活中所缺失的，所以他们乐意加入帮派。帮派还提供一种关系，这一支持系统在一开始就非常吸引人。帮派成员通常会把帮派视为家庭的替代品，特别是那些功能失调的问题家庭。但一段时间之后，大部分帮派成员会意识到加入帮派是没有未来的，但此时，他们通常已经难以自拔了。一个帮派成员开玩笑地说：“你不可能递交辞职信。”帮派的纪律在于暴力威胁，甚至是死亡威胁。另一个成员解释说：“在没有外界帮助的情况下，你想脱离帮派无疑是自寻死路。”

《解读街头帮派》一书的作者之一韦斯·麦克布赖德是洛杉矶警署一名研究帮派的专家。他指出，帮派关系和帮派暴力“只是一些外部表现，其根源可能是家庭功能失调、学业失败、失业、绝望、对生活厌倦和极度贫穷等等。”对未来失去憧憬和“没有人关心我”的事实，通常是一些年轻人加入帮派的主要原因。

然而，这些问题学生还是有挽回的希望的，他们最需要的是关怀。关怀能给他们校园外的艰辛生活提供一定程度的保护。在第 1 章中，接受采访的每一个热爱学校的孩子们都提到了关怀。如果说我们的学校和班级需要改变什么的话，当务之急就是让它们成为充满关怀的地方。做到了这一点，我们现在所面临的许多问题都会迎刃而解，而且可以防患于未然。

关于纪律，我们知道些什么

纪律和课堂管理问题是很多书籍和文章讨论的主题。我们可以从其他人有关如何发展以人为中心的学校和课堂的论著中吸取许多经验教训。下面，我们将概括总结我们了解的几种自律类型，它们会带来以人为中心的学校和课堂。更多资源列在本章的参考文献中。

*充满关爱的课堂提供了更好的学习和纪律环境。*艾瑞克·斯凯普斯和丹尼尔·所罗门对儿童亲社会性的发展进行了研究，他们关注的问题是儿童友善性的发展和“儿

童发展计划”对创建关怀型社区的作用（该项目在加利福尼亚州两个区的七所小学开展）。他们发现，如果教师鼓励竞争或单独完成任务，学生体验到的关怀就会降低。学校中的竞争必然导致少数学生成功，其他学生失败。根据研究者的观点，实施“儿童发展计划”的学校重视培养孩子关心和体谅他人、人际意识及理解力，以及平衡考量个人需要与他人需要的能力和意愿（6，p.39）。斯凯普斯和所罗门介绍了“儿童发展计划”的三个关键因素：（a）合作学习，（b）发展性纪律，（c）阅读文学作品。他们通过课堂观察、访谈和问卷调查等方法，对 300 多个学生进行了为期 6 年的追踪研究（从幼儿园到小学 6 年级）。

研究发现，学生在非竞争性的小组中学习，通过阅读整本的文学作品而不是教科书来学习；发展性纪律强调学生的内在动机而不是外部刺激，在这个纪律项目中学生不会得到任何奖赏或惩罚，而是强调自律。斯凯普斯和所罗门发现，“儿童发展计划”试点班级中的学生从中受益匪浅：

> “儿童发展计划”提升了学生们的社交能力、人际交往行为……以及理解力、对民主观念的认同和高水平的阅读理解能力。并且学生们还报告，他们很少在班上感到孤单，社交焦虑也降低了。总之，我们认为该计划培养学生在倾向于满足自己需要的同时，也能很好地兼顾他人的需要和权利。（6，p.40）

研究者还报告，该项计划实施三年后，与对照组的学生相比，试点班的学生认为他们所在的班级更充满关爱。关怀社区的发展在“促进学生智力、社交和道德发展方面都取得了经得起检验的效果”（6，p.42）。

*若教师积极、正向，学生就会更喜欢学校。*民间流传着“不到圣诞节不要给孩子笑脸”的观念，这完全是无稽之谈。弗农和路易斯·琼斯在总结这方面的研究时提到了巴德·弗雷德里克斯的一项研究发现，如果教师使用的积极词汇多于消极词汇，那么 15 周后（即学期末，1 月 22—24 日），学生会比刚开学时（9 月 20—27 日）更喜欢学校。相反，如果教师在这段时间内使用的积极语言少于 65%，那么，学生对“你喜欢学校吗”这一问题做出肯定回答的比例会下降 48%（7，pp.42—43）。

*尽量少用外部奖赏，除非不得已而为之。*沃尔特·多伊尔在《教学研究手册》一书中，针对学生学习动机的研究指出，“通过奖赏激发想要的行为或提升学习成

绩，可能会破坏学生的内在动机”（8，p.423）。发自学习者内心的有意义的学习不需要外部奖励。而由外在刺激决定的枯燥学习，则需要通过外部奖励来维持学生的最低参与度。如果要使用刺激物，应该只是暂时使用，要把学习环境的目标作为主要激励因素。

课堂秩序与课堂上的学习活动类型有关。根据科恩在斯坦福大学对团体学习开展的研究，课堂秩序依赖于课堂教学形式。例如，与传统课堂相比，合作性学习小组制造的噪音水平更高，但在不用教师费心管理的情况下，合作性学习小组依然能够发挥最佳效果。科恩及其同事发现，教师在学习小组中的直接教学，抑制了小组成员之间的互动，也减少了学生的学习收获（9，p.75）。相应地，他们多次发现，“学生之间相互讨论和共同完成任务的机会越多……他们在标准化测验中的进步就越大。”（10，p.9）

由学生发展课堂规范，能减少纪律处罚，并提高学习成绩。有五个学校的教师参加了为期一年的教学管理项目（即一致性管理）的职业发展研讨会。之后，这些学校的学生便很少因为纪律问题而被处罚，并且他们在标准化测验和全国学业成就测验中的成绩均有大幅度的提高（11）。一致性管理是一种教学管理项目，目的在于为学生创造积极主动的学习环境，为教师和管理者提供支持性的工作环境。在某所有 600 名学生的市区小学中，从 9 年（项目开始之前和之后）的纪律处罚记录中可以看出，处罚事件明显减少了：3 年时间从 90% 降到了 3%。教师发现了使学生参与课堂的新方法，不需要再把学生叫到校长办公室去训话。在另一所只有 276 名学生的市区小学中，在实施该项目的前一年中，有 109 名学生因为纪律问题而被叫到校长办公室。在同一年里，有 34 名学生受到了警告处分，24 名学生被勒令停学。但是该项目实施一年后，只有 19 名学生因纪律问题被叫到校长办公室，没有人被勒令停学，只有一名学生收到了警告信（因为放学后的一场争执）。在 19 名被叫到校长办公室的学生中，有 9 名学生是被代课老师送去的（11）。与其他学校相比，这五所学校的学生家长一致认为，自己的孩子所在的学校更安全、更有秩序、学习氛围更浓厚。观察数据（最后一年的数据）也表明，受该项目影响的学生喜欢更加积极主动的学习环境。本章参考文献给出了与该项目有关的书籍。

采用行为主义纪律训练计划的学校，学生通常不会喜欢学校。埃默和奥斯克考察了不同的管理模式对纪律处罚、学生对学校的态度和学生学习的影响。研究发现，

图 12.2

在学校环境中，低收入家庭学生愤怒的原因及其影响

愤怒的原因	愤怒的影响
羞辱	愤怒的迁移 低收入家庭学生之间的争执
嘲笑（出言不逊，背后说坏话）	感受到威胁和无助 与高收入家庭学生之间的争执
被排斥	故意旷课 被动和退缩
失败	对老师言语冲突 无价值感
无能感（无力感）	将愤怒情绪指向自己 自暴自弃 辍学

摘自 E. Brantlinger, "Adolescents' Interpretation of Social Class Influence on Schooling," *Journal of Classroom Interaction* 28, no. 1 (1993): 1-12. Used by permission of the *Journal of Classroom Interaction*, 1993.

越多地采用人本主义的训练计划（例如，戈登的教师效能训练和德瑞克斯的阿德勒模型），越有利于提升学生的学业成就，尽管没有一个计划能大幅度减少纪律处罚问题。他们还发现，采用严明纪律和行为主义管理模式的学校，其学生对学校的喜欢程度最低（12）。

中学里长期存在的社会阶层差异会导致愤怒和纪律问题。艾伦·布兰特林格在《课堂互动杂志》中发表了一项研究，该研究在中西部的一个中等城市挑选了两所初中和两所高中，考察了 40 个来自低收入家庭学生和 34 个来自高收入家庭学生的社会阶层斗争（13）。她发现，学生的家庭收入水平在学生与教师的日常互动中也能体现出来。低收入家庭的学生感到屈辱和愤怒，而高收入家庭的学生却很享受学校生活，这与大多数人把学校视为重要的社会平衡器的观念大相径庭（图 12.2）。学校的阶层结构会使老师面临很多纪律问题。布兰特林格发现，有 57% 来自低收入家庭的学生的不良行为是由愤怒和敌意所致，而来自高收入家庭的学生中因此而出现不良行为的比例仅为 8%。

在布兰特林格的研究中，她描述了低收入家庭学生出现打架等攻击性行为的恶性循环。最初，他们感到很脆弱，对他人的评价和行为异常敏感。当被触怒时，他们就会回击。通常，那些做出回击的学生会受到严厉惩罚。于是，这些学生开始生别人的气，也生自己的气，开始认为自己无价值，进而变得更加脆弱。低收入家庭的青少年报告说，当众受羞辱、学业失败，以及教师和管理者对他人的偏爱，这些都增加了课堂上的不良行为和冲突。布兰特林格引用了学生在访谈中的原话来表明他们感受到的挫败（13，p.5）：

大多数有钱人家的孩子都是势利眼，他们只与那些穿戴名牌服饰的孩子交往。我努力去适应他们的风格，但是依我的经济实力，我买不起名牌衣服。如果他们认为你很穷，那么他们通常会瞧不起你，并躲着你。

另一个学生的话：

在餐厅里，如果一个穷孩子坐在他们旁边，他们会马上换地方，他们真的会这样做。

第三个学生的话：

学校中的小团体划分让我很烦。这是一道无形的沟壑，它拆散了很多本可以成为朋友的人。

57% 的高收入家庭的学生和 80% 的低收入家庭的学生都认为，这种对违反纪律的处罚对低收入家庭的学生不公平。有钱的学生犯规后，只是被训话或是受到一些合理的惩罚。然而，“学校职员可能会对低收入家庭的学生言辞激烈，当众羞辱和赶出教室（例如，‘当着所有学生的面呵斥’，‘让学生站在教室中间’，‘对学生呼来喊去’，‘毫无缘由地对他们叫嚷’）。”一个辍学的学生这样说：

我憎恨学校，我讨厌老师，但有些老师还不错。即使你有不明白的地方，他们也不会把你当作垃圾。E 老师就是一位好老师，如果你遇到问题，他会帮助你解决。而 B 老师不喜欢我，她只关心是否按时完成任务。我们之间经常发生口角，对此我难以理解。她会发疯一样大嚷：“我已经教过你怎么做了！”她会让你觉得自己很蠢……大多数老师都对我十分苛刻，不关心我，只有E老师会关心我。

不管是低收入还是高收入家庭的学生，都觉得现行的教育体系（为大学做准备的常规教育、职业教育和特殊教育）对他们有影响。金姆说：“有钱的学生感到自豪，我们这些穷鬼感到自己很愚蠢。”穷人家的孩子只好通过逃避来应对，他们旷课、迟到，最终辍学。这些消极的应对活动还时常伴随着突然爆发的愤怒以及具有个人风格的恐吓，而这些通常都是对他们感受到的学校中那种极端敌意环境的防御。

评　论

学生入学时就已经存在经济和社会阶层的差异，这并不是教师和其他教育者造成的。然而，布兰特林格的研究表明，学校保持并因循了这种基于社会阶层的分离，强化了那种某些学生不值得接受教育的观念。这项研究尤其是学生们的话发人深思！老师的偏心、不公平的纪律规定、羞辱、老师和学生的贴标签行为（比如，粗人和精英）以及低收入学生的无能感，无一不会导致失败。图 12.2 所列出的愤怒原因表明，教师和其他人没有给予所有学生应有的关心和尊重。因为很少关注学生个人的想法和情感，所以该项研究所反映的社会阶层问题通常被忽视了。

但并非所有的学校都如此。例如，在我们第 1 章提到的休斯敦表演和视觉艺术高中，高年级学生会主动帮助新生打破从初中带来的小圈子。我们的学校需要给予学生更多的关怀。在布兰特林格的研究中，确实有少数老师会关心低收入家庭的学生，但这只是凤毛麟角。研究结果强调了问题的严重性，如果想要建立“以人为中心”的学校和课堂，教师和校长就需要重视这些问题。

“以人为中心”的课堂上有秩序吗

文明满足了人类从生活的随机事件中创造出某种秩序的需要。与自己种植粮食相比，史前时代的狩猎和采集更不可预测。随着食物、住所、安全等基本需要得到满足，人们有了充分的时间来从事其他更高级的活动，比如艺术、音乐、写作和阅读。当不用再担心日常的生存需要时，人们开始将注意力转向周围世界。“学校”这一概念便是人们在寻求更多地了解他们的世界的过程中演化而来的。

学校一词可以追溯到希腊，意思是“休闲”。在当时的希腊，有一小群人可以让别人替他们工作，所以他们有时间和闲暇来学习。在这样的背景下，教师对学习者进行“引导”。用作名词的纪律源于拉丁语，意思是“教和学”。

正如文明是建立在一定的秩序和稳定的基础上一样，课堂需要一定的秩序，从而保证所有人的学习。因此，一些日常要做的事应该被确定下来，以便有充分的时间来学习，而不是耗费在组织工作上。作为人类，我们有不同的需要，包括归属需要、安全需要、衣食住行的需要、受尊重的需要，以及在一定的稳定性和秩序之上使得日常生活持续进行的需要。当孩子们踏入教室时，人的这些需要也不会有所改变。在现代社会，人与人之间的联系越发密切，这就对我们做事方式的可预测性和一致性提出了更高的要求。因此，我们必须建立一些常规，以便尽可能减少每天为每件事重新做决定的需要。

我想起了一个关于爱因斯坦的衣橱的故事。众所周知，爱因斯坦有很多毛衣，并且都是同一个颜色。当有人问为什么他每天都要穿相同的衣服时，他说，每天要穿什么样的衣服并不是他所关心的问题。很显然，他还有更重要的事情要思考。同样，我所采访的每所学校的学生都需要一个可预测的、温暖的、充满关爱的、有序且和平的学习环境。自由是有序的，但是这种秩序源于团体内部，而不是外部施加的。然而，一旦团体契约建立，违背契约就必然带来一定后果。

行为的结果

小孩子触碰热火炉，一定会感到疼痛。孩子如果跑到马路上，很可能会被车撞到。成年人应该为孩子提供安全的生活和学习环境，成年人的陪伴有利于孩子对环境产生安全感。如果孩子的行为会导致外在的惩罚，那么教师的角色就由引导者变成了控制者，学生的角色就会由学习者变成逃避者。

有些学校严格要求教师遵守只关注外部控制系统的那些特定的纪律程序。对学生实施惩罚和后果（这两个词似乎可以替换使用），好像他们都是一样的，有相同的需要和意图。我称这些体系为僵化的后果。生活没有一成不变的结果，但许多课堂却以一种“放之四海而皆准”的模式运作。

与僵化的后果不同，合理的结果会促使学生尽力避免先前的不当行为。如果学生把水洒在了地上，最好是让他（她）自己清理干净，将他（她）的名字写在黑板上是于事无补的。我们再来看另一个例子：两个打架的学生通常会被叫到办公室训话。但是还有另外一种选择，在争执不甚严重时，可以先让他们坐下来，彼此冷静一下。等到他们怒气消退之后，老师可以让他们把事情的经过写下来，并写出还有什么其他的解决方法。学校教育本该如大家所期待的那样，是积极的经历，但是现在却变成了一种惩罚，让犯错的学生放学后单独留下来，这本身传递的就是这种错误的信号。而合理的结果应是学生能反思自己的行为。

我询问了一些身为父母的教师，当他们接到孩子学校的电话时，他们的第一反应是什么。几乎所有人的反应都是：“出了什么事？”很不幸，教师与学生家长接触的首要原因通常是孩子做错了事。与其等到孩子出现错误再与家长联系，不如在学期初便与家长建立联系，这样效果会更好。传统的课堂都是孤立的课堂，家长和其他成人很少受邀请与学生谈论其他情景下的生活。而“以人为中心”的课堂鼓励其他成人的参与，与孩子建立伙伴关系，让他们感觉自己并不是独自在奋战。下面的例子很好地说明了家长的互动是如何有助于学生和老师的：

开学初，一个二年级的老师邀请了一位参加过抗击沙漠风暴的退役军人到她的班上做交流。这个班上的25个学生大部分来自低收入家庭，当老兵谈论责任和自律时，他们都听得非常专注。他和学生们谈论他的生活，他需要遵守的规定，以及当他不遵守特定的规则时将要面临的后果。孩子们问他：“你是如何学会遵守规则的？”“你喜欢学校吗？”“当老师不喜欢你时，你怎么办？”这次讨论之后，学生和老师一起制定了他们的课堂章程。

“以人为中心”的课堂管理

“以人为中心”的课堂管理有利于创造促进性的学习条件，鼓励学生主动参与到合作性的学习环境当中。课堂管理涉及多个方面，既包括管理和监督，同样也包

图 12.3

“以教师为中心”和“以人为中心”的课堂之差异

以教师为中心的课堂	以人为中心的课堂
教师是惟一的领导者	共同承担领导责任
管理是一种监督形式	管理是一种指导形式
教师负责所有的作业批改和组织工作	学生是课堂运作的促进者
教师维持纪律	纪律来自学生的自我约束
少数学生是教师的助手	所有的学生都有机会参与课堂管理
教师制定规则并告知学生	学生和老师共同制定规则，形成课堂章程或契约
用一个固定、僵化的行为后果去约束所有的学生	约束行为的结果依个体而异
奖励大部分都是外部的刺激	奖励大部分是内在的激励
学生只负有限的责任	学生们共同承担课堂责任
社区成员很少到课堂上参与交流	与商业和社区团体形成伙伴关系，丰富和拓宽学生的学习机会

括关心、指导、合作。“以人为中心”的课堂强调关心、指导、合作，以及形成适合所有学生的自律。“以人为中心”的课堂鼓励学生既为自己考虑，也要互相帮助。

图 12.3 列出了“以教师为中心”和“以人为中心”的课堂之差异。其中最重要的是，在“以人为中心”的课堂中，教师和学生都会受益。绝大多数课堂并非纯粹地属于哪一种类型，但两种类型之间确实有明显的差异。

有关纪律的误区

从以下描述学校、儿童和纪律的话语可知，人们流传着许多关于纪律的神话和错误观念：

“不打不成才。”

“打在孩子身，疼在父母心。”

“一分耕耘，一分收获。”

“安安静静的学校就是好学校。”

“守纪律就是好孩子。”

“他们完全不受管教。”

用于描述纪律的词汇也浮现于我们的脑海中：顺从、控制、惩罚、尊敬、权威和严格。

但用来描述“以人为中心”的纪律时却不一样：

“他们确实很关心这里的孩子。”

“我热爱这所学校。”

“在这儿我们根本不需要打架。”

“让我们一起试试。”

“我自己完成的，这种感觉真棒！”

“我需要时间集中精力做事。”

这些话语中所包含的是分享、帮助、给予、合作、专注、关心、尊重和自由，他们体现了态度、价值观和自由意志。

现在，我们回过头来看看最为核心的问题！我们对“教”、“学”和“学生”的本质的看法和哲学，决定了我们的学校和课堂的教学和纪律类型。我们接受了何种类型的教育，就倾向于如何来教别人；我们自己受到了怎样的纪律约束，就倾向于如何来约束学生。这两种经历影响着我们如何营造课堂和学校的学习氛围。对老师和学生而言，在“以人为中心”的环境中体验到的新鲜经验，将会改变课堂教学和纪律影响学生学习的方式。

纪律与学习的三维模型

纪律与课堂教学不能截然分开，它们相互作用，包含三个维度：教师维度（知识和结构的来源）、合作维度（教师和学生一起工作）、自我维度（个体独立地通过多种途径和来源学习）。在第 10 章中，我们介绍过“从以教师为中心到以学生为中心学习”的教学连续体，纪律的这三个维度与该教学连续体相对应。

我们最熟悉的是纪律的教师维度。纪律和知识源自教师，学生的角色是听众，要服从老师的安排。尤其在学生角色的第二个层次（服从老师的安排）上，会发生冲突，学生会抵制那些没考虑到学生实际需要的要求。

合作维度是纪律和教学连续体的中间点，介于外部指导和自我指导的纪律和教学之间。以课堂上所有人都感觉舒适为基础，教师和学生相互合作，教师不再是所有知识和纪律的来源。若要引导教师和学生沿着自我指导的纪律和学习道路前行，那么，通过合作小组在许多课堂上的运作建立起来的经验维度就是必需的。第 4 章中介绍了芭芭拉·希尔的课堂，在她的课堂上，她根据学生的不同水平为他们提供相应的指导。她是否向学生提供指导或促进，完全根据学生的具体需要，从而成为了学生的指导者、合作者、促进者或非指导者。从本章前面的例子中我们也可以了

图 12.4

三维的纪律—学习连续体

以教师为中心	
教师维度：教师指导并从外部控制学生的行为 **教师的角色是指导者**	• 讲课 • 提问 • 练习和实践 • 示范
合作维度：教师和学生合作，共同营造一个积极的课堂学习环境 **教师的角色是半指导者 / 促进者**	• 讨论 • 合作小组 • 有指导的发现 • 学习合约 • 角色扮演
自我维度：学生具有内部自律性，很少需要成人的监督 **教师的角色是非指导者 / 促进者**	• 项目 • 探究 • 自我评价
以学生为中心	

解到，教师和学生可以一起制定课堂规则，共同构建课堂章程，共同分担组织课堂学习的责任。

纪律的自我维度说明，教师和学生可以在非常不同的互动平台上一起工作。学生可以开展他们自己的研究项目、履行学习契约（见第 10 章）、安排自己的学习时间，通过各种方式（从印刷品到录像）来报告自己的学习成果。学生所喜欢的学校会为他们提供自我指导的学习和自律机会。例如，在马塞诸萨州的洛厄尔市的一所学校（从幼儿园到八年级），学生通过学生法庭来学习自律。在学生法庭上，学生自己制定法律，依法进行审判，而不是依据外部强加的条例（14）。新奥尔良自由学校、休斯敦表演与视觉艺术高中、奥法雷尔学校、费城艾米第 6 中学以及其他的学校，它们每天都会为学生提供许多练习自律的机会，比如市政会议、研究项目、社区服务以及解决复杂问题。

图 12.4 呈现的三维度的纪律—学习连续体表明了教学和纪律之间的关系（见第 10 章的教学连续体）。在短时间内，那些已经熟悉"以教师为中心"的教师可能很难从连续体的一端走向另一端。持续的改变需要时间，也需要社区中各部门的支持。这一连续体为每一个学习促进者和学生提供了相应的选择。如果有机会体验不同的纪律和教学方式，加之各方面的支持，从连续体的一段走向另一端是指日可待的。

在这个连续体上，教师的角色随教学方式的改变而转变。同样，学生的角色也会随之发生变化。教师和学生变成了共同的学习者。最终，学生从整个连续体上获得了各种学习机会，教师和学生体验到了更多的促进性学习，成为创造性和自律的学习者共同体的一部分。自律的学习者不仅能获得更多信息，他们还能超越过去，创造未来。

其他资源

在本章中，我们从不同的视角论述了纪律这个主题。关于纪律和课堂管理的书籍有许多，下面所给出的一些书单可能对那些希望在课堂上培养学生自律的老师有所帮助。

Vernon Jones and Louise Jones, *Comprehensive Classroom Management*, 3d ed. (Boston: Allyn and Bacon,1990).

H. Jerome Freiberg, *Consistency Management: Cooperative Strategies for Active Learning* (Houston:University of Houston, College of Education, National Center on Education in the Inner Cities, 1994).

H. Jerome Freiberg, “A School That Foster Resilience in Inner-city Youth,” *Journal of Negro Education*, *Yearbook Edition* 62, no. 3 (Washington, D.C.: Howard University Press, 1993).

Richard Curwin and Allen N. Mendler, *Discipline with Dignity* (Washington, D.C: Association of Supervison and Curriculum Development, 1988).

William Glasser, *The Quality School: Managing Students without* Coercion (New York: HarperCollins, 1992).

总 结

我们要防患于未然，这是我们的职责所在。沿着创造充满关爱的课堂和支持性的学校之路前进，将有助于降低学生参与破坏性的帮派和团伙的需要。如果在年轻人探寻尊重他们的温暖之地时，支持他们，把他们当作独特的个体关心他们，让他们有机会选择自己喜欢的学习活动、解决自己所面临的复杂问题，就完全有可能把未来变成一个充满希望的乐园。

自由、秩序和学习是互融共存的。我们不愿意看到我们的学校越来越像监狱，我们不需那样的学校。目前，从全美国来看，许多学校都发现，惩罚和控制只会让冲突和暴力升级。我希望大家读完本章之后会发现,有更好的途径来创造有意义的、安全的、有活力的和创造性的学习环境，那就是自律。

第13章

对教育中以人为中心问题的研究

拿出证据来！

尽管促进性教学已经结出了丰硕的果实，但这种思想的成功应用并不仅限于课堂和学校，在一些看起来不相关的领域，比如在陆海空军队人际关系训练上，也取得了成功。另外，在亚洲、欧洲和美洲等不同文化背景下都有成功的例子。然而，不管我们把这些概念描述得多么美好，那些远离儿童和青少年日常生活的政策制定者们通常并不信服。那些决策者可能会说："传统教学对我很管用，为什么现在的孩子就不能安静地坐在教室里听课呢？"

怀疑论者可能会问，这些思想、原理和概念通过学校，能使课堂以及最重要的学习者发生它想要的那种持续的改变吗？毫无疑问，答案是肯定的！

如果你对课堂上重视人的价值感兴趣，本章对你而言将是最重要的章节之一。本章很重要的原因是，它提供了一些不同时期和不同背景下的研究和证据，这些都表明，当教师提供本书至此已描述的那种人性化的、促进性的环境时，学生们学到的更多，更喜欢上学，更富有创造性，也更具有解决问题的能力。本章提供了其他一些事实，支持你从自身经验中寻找成功的例子。它指出人本取向是学习发生的先决条件，从很多基础方面来看，人本取向是比传统取向更合适的学习方法。

正如在第 2 章中所看到的，这是因为愿意接受被动学习的学生越来越少。更为重要的是，与 20 年前相比，当今社会对成年人的要求也越来越复杂，越来越高。仅仅了解事实是不够的，知道为什么和怎样做才更重要。对学生而言，开发自己的潜能远比适应不良环境更重要。本章提供了另外的视角，即“以人为中心”的学习能为把学校转变成大有可为之地奠定坚实的基础。

本章所涉及的研究有多个来源。有些数据来自八个国家几千个小时的课堂互动录音，这些资料覆盖了各级教育、不同的种族和国家群体以及不同的地域。一些研究是对关爱学校和家庭开展的追踪研究。一些研究涉及学校和其他人如何促进高危学生的韧性，还有一些研究综合了上千个有关开放式学习和传统学习差异的研究。

你可能会有一些有趣的发现。当一所学校所有老师决定，通过目光接触，从而增加与学生的直接互动，那么这所学校的出勤率会有何变化？老师在课堂上的讲授时间占多少比例比较合适，20%、40%、60% 还是 80%？小学生、初中生和高中生选择自主学习活动有多频繁？开放式教育和传统教育对学生的学习、学生对学校的态度及其创造性的影响有何不同？脑研究在儿童和成人的体验式学习、大脑发展方面有什么样的发现？合作学习对学生的学习和自尊有何影响？ 40 年前，那些在宽松家庭环境下长大的成年人现在是什么样子？对于那些处于非促进性环境下的年轻人，学校能促进他们的韧性吗？学生们到底有多少时间真正在思考？更重要的是，教师用多少时间来思考，10%、1% 还是更少？我希望读完本章之后，你能够改变自己在课堂上的存在方式。

研究的重要性

研究不是数据的罗列，它包括系统地收集观念和经验，以找出趋势和验证模式，从而为新的学习指明方向。不要简单地得出某个教育论断，而是要用研究支持你的论断。有太多重要的教育经验和观念都是在未经深思熟虑的情况下被提出的（1）。

改变需要时间

本章考察了已有的关于“以人为中心”的教育研究发现。近年来，我注意到，“以人为中心”的教育一直都未得到政策制定者、公众和教师的重视。在一定程度上，这是因为“以人为中心”的研究将过程放在第一位，结果放在第二位。“以人为中心”的学习聚焦于“全人”的发展——个体的价值观、信念和态度——而不仅仅是某些技能或行为。当我们只聚焦于行为改变，而不给个体机会来反思自己的价值观、信念和态度，则我们的学习习惯就如同建立在流沙之上，不能长久。

反思是需要时间的，大多数反思都必定带来个体行为上的变化。我们的社会似乎只看重结果。然而，观念的培养是需要时间的，并且将这些观念转化为“以人为中心”的项目也需要耐心和时间。机会和支持，使人们能够获得长远的利益。否则，又会像我们今天看到的那样：一波自上而下、强制执行的时髦项目。当不能带来直接效果时，这些项目很快便会被抛弃，取而代之的是新一波的时髦项目。许多经验丰富的教师已经开始怀疑并十分厌烦这一波一波的变革，他们的态度是：“我们会静候结果，这场变革也会很快过去。”

直接教学和间接教学，哪个更有效？

如果你考察过去 20 年间关于“在教学中什么有效”的研究，你会发现一个模式，它与当前学校和课堂上的标准十分相似。在大多数研究文献的报告中，对现有学校和项目所进行的研究都反映出一种直接教学取向（2）。

传统的直接教学法是老师站在讲台上，直接把信息传递给一大群被动的听众。这种直接的“教”与“学”的方法有众多的拥护者。实际上，研究已表明，某些接受这类直接教学的学生确实在标准化测验中表现很好，但是，也有很多学生在这种教学模式下学不到什么东西。直接教学模式强调学生的成绩，却严重限制了学生的能动性以及他们之间的互动。图 13.1 呈现了这种直接教学法对学生选择学习活动的影响。

图 13.1 中的数据是由美国国家教育中心于 1991—1992 学年从城区学校中收集

图 13.1

小学、初中、高中学生的学习环境与活动选择

活动类型			
	小学	初中	高中
变量	总和平均数（%）	总和平均数（%）	总和平均数（%）
教师分配的活动	99.85	97.96	99.07
学生选择的活动	0.14	2.03	0.93
学习环境			
	小学	初中	高中
变量	总和平均数（%）	总和平均数（%）	总和平均数（%）
全班	78.19	88.04	80.84
小组	12.20	5.20	3.17
个体	9.60	6.75	15.98

National Center on Education in the Inner Cities, *School Profiles* (Philadelphia: Temple University, Center for Research in Human Development and Education; Houston: National Center on Education in the Inner Cities, 1993). Composite profile adapted from H.J. Freiberg, S.Huang, M.C.Wang, and H.Waxman, 1993. 美国城区教育国家中心（CEIC）在天普大学的人类发展和教育研究中心（CRHDE）开展了有关研究，美国教育部的教育研究与促进办公室（OERI）根据 CEIC 所获取的大量数据，部分地支持了该研究报告。这些已发表的观点不一定反映了这些支持性机构的立场，我们也不应由此推断为官方背书。

的，这些数据被制成图表反馈给了每所参与该研究的学校（3）。研究者在一个较大的城市学区中随机抽取了 12 所学校，其中小学（3~5 年级）、初中（6~8 年级）、高中（9~12 年级）各四所，在这些学校中随机抽取 128 个班。每次观察一个班上的四名学生。研究者在两天的 50 分钟时间里观察这四名学生与老师的 10 次互动，关注学生用于选择活动的时间，以及老师给予学生多少时间来完成活动。

研究结果与其他城区学校的课堂研究结果相似，都令人震惊：在高中阶段，99% 的活动是由老师安排的；在初中阶段，近 98% 的活动是由老师安排的；特别是在小学阶段，100% 的活动都是老师安排的。此外，在小学课堂上，78% 的教学是以全班或大组的形式进行的，初中和高中的这一比例分别是 88% 和 81%。在高中课堂上小组作业的比例最低，只有 3.17%，这可能是因为老师更倾向于布置个体独立完成的作业。在这些课堂上，偶尔会使用学习中心、合作学习小组和独立的学习活动，但不常见。

大脑的发育与丰富的环境

我们考察了最新的大脑研究，以及丰富、互动的学习环境与大脑发育之间的关系，发现这些研究结果都强有力地证明学生需要刺激丰富和多样化的学习环境。《芝加哥论坛报》的科学专栏记者罗纳德·库图拉克近来在一篇文章中总结了关于脑与学习的关系，强调指出了“以人为中心”学习的重要性。他采访了脑科学领域的专家，让他们谈谈有关学习研究的意义（4）。

从库图拉克对最新研究的总结来看，儿童大脑的发育会经历三个初始阶段。第一个阶段出现在胎儿期。在这一阶段，脑细胞会发生功能分化。芝加哥大学的神经生物学家彼得·赫腾洛克发现，28 周的胎儿有 1.24 亿个脑细胞的联结或突触。其中每个联结都是潜在的学习路径。从婴儿出生后到 12 个月大，婴儿大脑在大小和联结的数量上会急剧增加，联结数量由 50 万亿剧增到 1 000 万亿，之后开始减少。根据他的报告，脑细胞联结的数量在上述基础上很容易增加或减少 25%。

婴儿期神经联结的减少与其周围世界有关。婴儿需要光、声、言语、运动和视觉化方面的刺激，这些似乎决定了神经联结和通路的水平，以及之后的大脑发育。未受到刺激的联结会“萎缩或消失，留下的那些脑细胞会形成‘映射’或‘地图’，即一种生物学整合回路（4，p.8b）。库图拉克进一步描述了促进性学习的意义：

> 芝加哥大学心理学家贾内尔·赫腾洛克发现了大脑如何利用它早期的学习能力来储存词汇。人们原本认为，有些孩子比另一些孩子学词汇学得更快，是因为他们的先天能力更强。但赫腾洛克的一项开拓性研究推翻了这一说法，她的研究发现，当各种社会经济因素相同时，母亲与婴儿的交流越多，婴儿的词汇量越大（4，p.8b）。

库图拉克的报告表明，在 4~10 岁期间，大脑内发生了另一种变化。加州大学洛杉矶分校的神经病学家哈利·褚简宁通过正电子发射断层扫描术（PET）测量了大脑在正常运作时对糖的消耗量，数据显示，与成年人的大脑活动相比，4~10 岁期间儿童的大脑活动多出 225%。10 岁以后，大脑的“映射”或“地图”似乎就基本确定了。新的学习需要建立新的神经通路，而旧的神经通路则可能会逐渐衰退。这种新神经通路的建立和旧神经通路的衰退会持续一生，但是，最重要的学习机会似乎出现在生命的前十年。神经通路的增加或减少取决于“儿童成长于丰富的生活环境中还是贫乏的生活环境中”。

库图拉克还报告了进一步的发展：

> 近来，加州大学洛杉矶分校的科学家通过尸体解剖发现，与高中毕业生相比，保持头脑活跃的大学毕业生的大脑联结要多 40%。但是科学家发现，仅仅是教育并不一定能促进大脑更好的发育。除非大脑经常应对一些有挑战性的工作，否则大脑联结也会在大学期间减少。与从未放弃思考的大学生相比，头脑不活跃的大学生的大脑联结更少。（4）

这些有关学习与大脑的最新研究既令人震惊又令人兴奋。它告诉我们，无论是在家里还是在学校，我们都需要为孩子提供刺激丰富的学习环境。图 13.1 中给出的 128 个班级的数据，也强调孩子们需要刺激丰富的学习环境。学生们每天的在校时间是 6~8 个小时，无论他们的家庭经济地位如何，我们都要为他们创造丰富的学习环境，为他们提供自由选择学习活动的机会。贫困家庭的孩子（在美国，这些孩子大约占 1/5），无论在家还是在学校，都面对一种缺乏刺激的学习环境。你可能会问，“改进每个孩子学习环境的丰富性需要什么类型的条件？是否有研究支持其有效性？”如果你想知道答案，请继续读下去！

促进者的作用

弗洛拉·罗巴克和截维·艾斯比在数千名学生中考察了“以人为中心”的学习的效果，他们发现这些学生的成绩和态度均有了明显改善。一些重要发现如下。

罗巴克和艾斯比的研究发现

基本问题

许多人首先会问："是什么使得"以人为中心"的自由课堂比其他的课堂更好？"全美人本主义教育协会（NCHE）就此问题在 17 年里对 42 个州和 7 个其他国家进行了研究。这些研究揭示出，在学校日常运作中应用"以人为中心"的原则会带来一些积极效果。

我们可以用一段话来概括 NCHE 的研究发现：与提供低水平的支持相比，给予学生更多理解、关心和真诚，学生将会学到更多知识，行为表现也更好。把学生视为敏感的、有意识的人，这一点尤为重要（5）。

这一结论是在 20 多年的研究和培训项目（关注课堂上的人际关系）的基础上得出的（6）。NCHE 的活动形式多样，包括研究和培训，主观方法和科学研究兼备。我们通过不同的方式考察了罗杰斯的促进性环境（同理心、一致性和积极关注）与学生的态度（对自己、学校和他人）、纪律问题、身体健康、出勤率、学习行为变化和认知发展等变量之间的关系。这些研究涉及不同层次的学校，包括小学、中学和大学。我们总共考察了 2 000 多名教师和 20 000 多名学生。

促进性条件与学生的学习

在一项涉及 600 名教师和 10 000 名学生（从幼儿园到十二年级）的研究中（6），艾斯比和罗巴克比较了两类教师对学生的不同影响，一类教师接受过提供高水平促进性条件（同理心、一致性和积极关注）的训练，另一类教师未接受过提供高水平促进性条件的训练。我在此对这些研究进行了总结，艾斯比和罗巴克的著作《孩子不可能从他们不喜欢的人那里学到东西》（6）以及《自由学习》（第 2 版）报告了更多的研究及过程。

通过研究高促进性教师（相对于低促进性教师）班上的学生，他们发现：

*1. 一年中，学生缺勤的天数不到 4 天。*同理心较低的教师班上的学生，一年

中缺勤的天数平均为 9 天（学生总数为 3 199 人），然而，同理心高的教师班上的学生一年中缺勤的天数平均为 5 天（学生总数为 3 410）。这一差异在统计上达到了显著水平（p<0.005）。

2. 学生在自我概念测量中的得分更高，表明具有更积极的自我关注。3~6 年级和 7~12 年级的学生都接受了“我如何看待自己”的测验，该测验测量六个方面的自尊，分别是：学生与老师及学校的互动、外表、人际适应性、自主性、学业适应性、学生在学校中的地位。对 3~6 年级的学生来说，如果教师的同理心高，他们在这六个方面的自尊都会较高。对 7~12 年级的学生来说，如果教师的同理心高，除了在学生与教师及学校的互动方面之外，他们在其他五个方面的得分较高。学校的规模会影响这些方面。所有的差异都达到了统计上的显著水平（p<0.05）。最令人吃惊的结果是，在这一年里，对照组学生（教师未接受过人际发展训练）在自主性和外表方面的自尊下降了。

3. 学生的学业成绩有了很大提高，包括数学和阅读成绩。与对照组相比，1~3 年级、4~6 年级、7~9 年级、10~12 年级所有学生的阅读成绩都有了很大提高。年级越低，阅读成绩提高越大；但所有年级都达到统计上的显著水平（p<0.05）。4~6 年级、7~9 年级和 10~12 年级的学生接受了数学和英语测验。除了高中组学生的英语成绩未达到统计上的显著差异外，其他各年级学生的成绩都表现出了显著差异。

4.“以人为中心”的课堂上，学生表现出较少的纪律问题，也较少做出破坏公共财物的行为。一项研究考察了 2~6 年级的 88 个班级，结果发现，在学生的破坏性行为和破坏公共财物的行为中，有 16%~45% 的差异与教师的人际关系意识和以人为中心的意识相关。艾斯比和罗巴克的研究发现，如果教师缺乏同理心、不尊重学生、较少表扬学生、较少接受学生的观点、较少要求学生思考，那么该班学生就会表现出更多破坏性行为。

5. 学生更加自觉，思维水平更高。根据布鲁姆的认知思维分类体系（将思维水平分为六个层次），与回忆水平（即最低水平）的班级相比，教师给予学生更多积极关注的班级，其思维水平也较高（从 2 级到 6 级）。在布鲁姆的分类中，高级思维包括分析、综合和评价。根据艾斯比和罗巴克的研究，“这些对思维的积极影响是累积性的，与低效能的教师相比，学生受高效能教师影响的时间越长，他们的受益就越大。”（6，p.221）

这些从研究中得出的数据，只是改变教学和学习方式的一部分重要依据。本书的多个章节中还引用了大量个案研究，每个情境中都有具体的统计数据，并且更强调这个问题："我们如何创设学习环境来满足每个学习者的需要？" 学生和教师的描述表明，以同理心、一致性、真诚和无条件积极关注为基础，变化就能在更大的背景下发生。虽然变化可能发生在多个层面上，但对我们而言，最大的变化是成为学习的促进者。

教师的人际交往技能

艾斯比和罗巴克的几项研究评估了教师为学生所提供的促进性环境，他们发现，同理心高的教师往往也表现出某些特定行为（8，pp. 21—22；9；10）。他们的研究结果表明，为学生创造高水平促进性环境的教师通常会：

1. 更多地回应学生的感受。
2. 在教学互动中更多地采纳学生的建议。
3. 更经常与学生进行讨论（对话）。
4. 更多地表扬学生。
5. 谈话更随意、随情境（较少仪式化）。
6. 会根据每个学生的基础，使用更多定制化的教学内容（给出满足不同学生直接需要的不同解释）。
7. 更频繁地对学生微笑。

此外，这些支持高水平促进性条件教师的课堂活动，也倾向反映出具有一些相似的普遍特征：

1. 教师和学生共同制定学习目标。
2. 每个上课的班级都有其个性化的课堂，以满足各个班级学生的需要。学生自己设计的项目更多，在教室里陈列更多学生的作品，整个班级充满了活力。
3. 学生有更多的自由时间。活动很少设定最后期限，更具有灵活性。

4. 教师更强调建设性和创新性，而不是测验评估或分数。因为实施一个有意义的项目远比接受标准化的成功测验更重要。

新奥尔良自由学校、休斯敦表演与视觉艺术高中、费城 Amy-6 的教师和管理者以及本章前面提到的其他人，都表现出了一致性、同理心和积极关注这样一些特征。

目光接触的重要性

艾斯比和罗巴克的另一项研究发现，许多教师不和学生进行目光接触。研究者认为："一些学生从未得到过老师赞许的目光，而当他们表现出破坏行为时，却会换来老师批评的目光。"当艾斯比和罗巴克帮助教师做出更多积极的目光接触时，学生的出勤率有了明显提高（$p<0.01$）（11）。因此，研究者和教职人员得出结论：目光接触应该成为学校人性化的目标之一。

同理心、一致性和积极关注

一般而言，艾斯比和罗巴克关于同理心、一致性和积极关注的发现可以概括为七点：

1. 教师在同理心、一致性和积极关注上的平均水平和普通人一样，得分为 2.0（5 点量表，最高分为 5.0），而 3.0 分是有效人际反应的起点（12，p.14）。
2. 未接受人本主义教育训练的校长和学校顾问在 5 点量表上的人际技能水平不到 3.0 分（13，pp.163—71）。
3. 没有接受过人际发展训练的从事教师教育工作的教授，其人际技能的平均水平未达到促进性学习所需要的最低限度（3.0）（11，p.15）。
4. 自然获取（未接受过专门训练）的人际技能水平的分布与性别、种族、从教经验或地域等因素无关（14，pp.9—14；15，pp.86—92）。
5. 美国教师的人际技能平均水平与其他 7 个国家的教师没有显著差异。
6. 从学期初到学期末（9 月到次年 5 月），教师为学生提供的促进性学习条件会逐渐变差（16）。

罗巴克和艾斯比的研究发现

教师人际技能的提高

全美人本主义教育协会早期的工作发现，大多数教师并不怎么关心在课堂上维持促进性的人际行为，不把促进性行为本身作为目的。但教师却会关注那些会影响学生当前行为（比如学习、纪律和出勤率）表现的因素。因此，我们想要澄清促进性人际行为与教师所关心的那些问题之间的关系，从而拉近研究者和实践者之间的距离。

人类关系学专家通常认为人是第一位的，内容是次要的。而教师，尤其是高中教师，却往往把教学中的实体内容放在第一位，把人类关系放在第二位。我们的研究揭示出，在课堂上，教师是提高教学效果的最重要的人际因素。提供人际技能的发展是促进有效教学的关键。

全美人本主义教育协会进行了一项历时三年的研究，考察了提升教育工作者的同理心、一致性和积极关注能力的培训所带来的效果，由此得出以下结果（16）：

1. 通过培训，教师、校长和顾问的人际技能达到了有效人际技能所需要的最低水平（同理心、一致性和积极关注量表中的 3.0 分）。
2. 接受培训后，不同种族、性别、从教经验和地域的教师群体在促进性人际技能水平方面没有表现出显著差异。
3. 一般而言，为了达到 3.0 分的促进性人际技能水平，中学教师比小学教师需要更长时间的培训或更大强度的训练。
4. 在以下三种条件下，教师的学习效果更好：（a）将人际技能训练与如何在互动学习情境中应用这些技能结合起来；（b）对教师在课堂上的人际技能表现给出定期反馈；（c）由那些在同理心、一致性和积极关注上得分高于 3.0 分的教师提供相关培训。
5. 当学校的校长和其他管理者支持培训项目，并给予参加培训的老师奖励时，老师更容易获得这些技能，并会更经常地将同理心、一致性和积极关注运用到教学实践中。
6. 如果校长也接受培训，并且在与教师的互动中使用较高水平的人际交往技能，那么：（a）教师更可能在与学生的互动中运用高水平的人际交往技能；（b）教师更可能报告自己的工作环境和教学任务具有吸引力；（c）降低人员流失和缺勤率。

7. 教师的同理心水平是预测师生课堂行为最常用的指标，它还能预测学生的自我概念、学业成就、出勤率以及破坏性行为的多少。

人际交往技能和身体健康

几项关于身体健康方面的调查表明，身体健康与人际交往技能存在联系。研究结果如下（5，17，18，19）：

1. 在对学校管理者进行的个案研究中，93% 的高效能的校长会有计划地参加体育锻炼。60% 的“以人为中心”的校长（年龄在 45 岁及以上）都能在 15 分钟内跑完两英里（约 3218 米——译者注）。
2. 一般而言，从周一早上到周五下午，教师对学生的回应是逐渐减少的，下周一又恢复到最高水平。
3. 从身体健康状况最棒的一组教师的数据来看，他们对学生的回应模式不同于第 2 条所描述的模式。他们对学生的回应会在周五下午达到顶峰，而这正是学生最需要得到回应的时候。
4. 如果教师参加过给予学生建设性回应的工作坊内训，那么对他们而言，身体健康对其立即的技能学习以及之后在课堂上的表现，都是一个重要的预测指标。
5. 与从事耗费同等体力的非教学活动相比，教师从事教学活动时，其心脏每分钟多跳 12 次，也就是说，教学过程确实费力劳神。
6. 当教师给予学生回应时，其心跳速度明显快于自己发起活动时（$P<0.02$）。
7. 但是对于那些身体健壮的教师而言，第 6 条的结果不成立。
8. 教师的身体健康水平，与教师和学生的目光接触以及教学时的微笑次数显著相关（$P<0.001$）。
9. 与分数相比，健康状况能更好地预测实习教师和实习护士的实习成绩。

10. 与身体状况差的实习教师相比，身体状况越好的实习教师越能够接纳学生的意见，对学生的批评也越少（$R^2 = 0.483$；$P<0.002$）。

艾斯比和罗巴克根据上述发现得出结论：

疲劳、营养不良和缺乏体育锻炼均有碍于积极人际关系的建立。我们的一系列研究表明，身体健康是长时间保持建设性人际关系所必需的。所有理解建设性人类关系的教师，似乎都可以在短期内做到以人为中心，但是其身体健康水平决定了他们能否长期发挥人际促进作用。

……身体健康并不是影响建设性人际行为的惟一因素。一个人的身体可能非常健康，但他在人际关系上却是笨拙的。身体健康是维持良好人际关系的必要但非充分条件。同样，我们也不能说，所有发挥了人际促进作用的教师都是身体健康的。或许我们可以说，身体健康状况决定了我们可以发挥高水平人际技能的时间长度。当然，如果我们缺乏人际交往技能，即使有健康的体魄也没有用。

……许多学校并不重视学生或教师的身体健康。比如，很少有学校会为教师提供锻炼身体的机会，午餐时间很短，休息环境嘈杂，同时还要对学生的行为负责，并且与其他同事是隔离的，等等。从我们前面提到的关于身体健康与人际功能关系的数据来看，不难理解为什么这些教师的人际促进水平经常很低。

回顾我们的研究工作，我们可以得出这样的结论：身体健康是人际技能得以发展的基础，同时又为智力发展提供了基础。这不是一套新的表述，只是再次证明了长期以来我们的教学中所忽视的一些东西。

支持“以人为中心”学习的其他研究

德国人陶施夫妇及其同事通过研究验证了艾斯比和罗巴克的工作。艾斯比和罗巴克关注的是技能发展对改变师生互动方式的影响，陶施夫妇在人际关系小组中也发现了同样的结果（20）。他们的研究发现，只有 10% 的德国教师会“在课堂上使用以人为中心的教学方式”（21，22，23）。对今天的家长、教师和其他关心教育的公民来说，艾斯比、罗巴克以及陶施夫妇在 20 世纪 70 年代所做的这些研究仍具有很高的价值，可以指导他们探索如何改善下一代的学习环境和学习质量。

除了本章已经介绍过的研究，我还将介绍一系列更新的研究，它们从不同的视角考察了“以人为中心”的学习哲学。20 多年来的研究得出了惊人的相似结果：如果教师重视促进性学习环境，那么学生在社会性和认知方面的发展就越好。这些教师在课堂上展现真实的自我，他们尊重每一个独一无二的学生，帮助学生了解自己的感受，体会学校经历对自身的意义。如果缺乏积极的人际互动，学生很快就会忘记所学的知识；更糟糕的是，还有可能会成为未来学习的障碍。当这个学习系统向学生敞开，满足学生主动参与的需要时，会发生什么呢?

开放性教育的有效性*

本书中提到的很多例子和对课堂人际发展的研究都可以归类为开放性的教与学。开放性的教与学是指：

> 一种开放性的教—学过程是指，每个学生都有一种正当的心愿，希望以某种方式，投入到自己的学习方向上。它尊重孩子们学习的天性，理解他们获得知识和创造知识的方式。尤其需要注意的是，它改变了教师的作用，教师不再是‘告知信息’，而是为学生提供选择的机会，促进他们的探索活动。（24，p.3）

许多调查研究都对开放性教育进行了评估。霍维茨（25）和沃伯格（26）分别回顾了 102 项这类研究，他们得出了相同的结论。沃伯格指出：“开放性教育若能真正贯彻实施，就会持续实现培养学生的创造性、自我概念、对学校的态度、好奇心和独立性的目标（27，p.102）。霍维茨把他的结论制成了表 13.1，让人一目了然。

20 世纪 60 年代末、70 年代初，开放性教育曾经盛行一时，通常与开放空间

---

* 本小节的部分内容取自 H. Jerome Freiberg, “Carl Rogers’s Philosophy and Current Educational Research Findings,” *Person-centered Review* 3, no. 1 (1988): 30-40.

表 13.1

开放性课堂与传统课堂的对比研究回顾 *

变量和研究数量	结果（研究所占的百分比） 开放性课堂更好	传统课堂更好	各有长短	无明显差异
学业成绩（102）	14%	12%	28%	46%
自我概念（61）	25%	3%	25%	47%
对学校的态度（57）	40%	4%	25%	32%
创造性（33）	36%	0%	30%	33%
独立与依从（23）	78%	4%	9%	9%
好奇心（14）	43%	0%	36%	21%
焦虑与调适（39）	26%	13%	31%	31%
自控力（24）	25%	4%	17%	54%
合作性（9）	67%	0%	11%	22%
平均	**39%**	**4%**	**24%**	**33%**

* 报告的结果是研究所占百分比，括号中的数字代表了研究总数。

资料来源：R. A. Horwitz, "Psychological Effects of the 'Open Classroom'." *Review of Educational Research* 49 (1979): 71—85. 1979 by the American Educational Research Association Reprinted by permission of the publisher.

课堂或无围墙学校相联系。尽管现在仅有 10% 的课堂采用开放性教育，但这一数字是在慢慢增长的。20 世纪 80 年代的一些研究总结了过去关于开放性教育的研究，从中得出结论：开放性教育在不影响学生学业成绩的同时，能够实现更广泛的教育目标，包括"合作性、批判性思维、自立、建设性态度以及终身学习"（26，p.226）。

雷文斯（28）、萨姆森（29）和其他研究者指出，要想在未来获得成功和满足，那么创造性、以学生为中心的学习、批判性思维、合作学习和积极的自我概念就是必需的。在一项关于开放性教育的总结研究中，沃伯格（26）回顾了以前的研究者关于开放性教育的综述。霍维茨（25）总结了 200 项这类研究，彼得森（30）回顾了 45 项研究，赫奇斯、贾科尼亚和盖奇（31）分析了 153 项研究。每一项研究的结论以及贾科尼亚和赫奇斯（32）对这些研究的再分析都表明，接受开放性教育和传统教育的学生在标准化测验中的得分是一样的。即使有一些差异，也只是因为接受开放性教育的学生不太熟悉标准化测验。但是,开放性教育环境下的学生在自尊、对学校的态度、创造性、独立性、好奇心和合作性方面的收获则更大。

研究还发现，开放性教育中的成功并不取决于实际的促进性条件，而是取决于教师和其他工作人员的理念。贾科尼亚和赫奇斯通过对开放性教育的元分析发现：

> 开放性教育项目能提高学生的自尊、创造性和对学校的积极态度。开放性教育之所以能在非学习成绩目标上产生更好的效果，是因为它具备四个特征：孩子们在学习中的角色、诊断性评价、需动手操作的材料和个性化教学。尽管这四个特征是开放性教育理论的核心概念，但研究者有时会关注更具体的特征，比如跨年龄分组中的开放空间架构。我们的研究发现表明，跨年龄小组、开放空间和团队教学，并不能将更有效的开放性教育项目与低效的教育项目区别开来。（32，p.600）

近年来，关于开放性教育的纵向研究结果开始出现在研究文献中。本章所介绍的研究发现表明，开放性教育是必要的、切实可行的教育项目。

早期的体验式学习

开放性教育的理念在学前教育中迅速盛行，这表现在家长们对蒙台梭利教育和其他主动式教学方法不断增长的兴趣上。1912 年，玛利亚·蒙台梭利出版了《蒙台梭利教学法》一书，掀起了学前教育和小学低年级教育的革命。其教学法的基本原理是，儿童应该自己教自己，而不是像传统意义上那样由老师来教儿童。在采用蒙台梭利教学法的课堂上，教师的职责是为学生提供刺激丰富的环境和活动，而学生通过与材料、老师和同学的互动，自由探索和发现事物之间的联系。蒙台梭利认为，课堂结构和秩序惟一的意义在于，为学生提供自由学习的机会。根据她的理念，孩子的需要才是最重要的。蒙台梭利说过：“学校应该成为一个可以让孩子自由生活的地方；”（33，p.142）“实际上，新学校不是为服务于科学而创设的，而是为了服务于活生生的人类。当一个个鲜活的生命在他们眼前绽放时，教师才能从中获得真正的快乐。”（33，p.127）

斯托林斯和斯蒂佩克（34）对早期的一些干预项目进行过研究，这些项目均面向低收入的少数族群家庭的儿童。他们发现，无论是在学前班毕业时还是在十年后，在采用蒙台梭利教学法的学前班的男孩，他们在标准化测验中的成绩好于传统课堂上的男孩。在蒙台梭利学前班学习过的城区儿童，他们在十年级的学习成绩依然高于美国的全国平均水平。根据米勒和比泽尔的发现，体验式学习对社会经济地位较低的少数族群男孩有重要影响（35）。

值得注意的是，研究发现，在蒙台梭利项目中，城区女孩并没有在学业上（标准化成就测验）获得像男孩那样的进步。斯托林斯和斯蒂佩克指出：

> 四岁男孩的成熟度显然不如四岁女孩，因此，男孩可能比女孩更容易受这种个性化结构项目的影响……可能存在教育敏感期，这时的学生更容易从感知经验中进行学习。蒙台梭利认为，感知经验与儿童的心智发展密切相关。（34，p.734）

我们可以从对处在高风险中的儿童韧性的研究中看到另一种解释。埃米·韦纳（36）和其他人的研究表明，在生命的头十年里，男孩比女孩更容易因为照料者的缺陷而受伤害。然而，进入青春期后，这一状况发生了逆转，女孩变得比男孩更脆弱。蒙台梭利教学法可能为脆弱期中的男孩提供了保护性因素。

研究还得到了其他一些事实的支持。市区的父母因为没有钱，无法将他们的孩子送到私立的蒙台梭利学校，他们就趁着休斯敦或新奥尔良的公立小学开展公立学校的蒙台梭利项目时，在这些学校外面“安营扎寨”，为他们的孩子报名参加这些项目。许多家长在接受当地媒体采访时表示，家中年长的孩子曾参加过蒙台梭利项目，他们从教师提供的动手经验中学到了很多。在这些家长看来，自由选择和探索自然环境是有效且能实现个人抱负的学习所不可或缺的。

然而，任何一个项目都不可能满足所有孩子的需要。蒙台梭利教学法对有些孩子来说可能太过规整，而对有些孩子来说则过于松散。此外，对蒙台梭利项目和其他开放性教育项目而言，课堂上真正落实的程度可能是影响项目成功的一个因素。

也许是命运的捉弄，具有讽刺意味的是，蒙台梭利教学法原本是蒙台梭利为穷人的孩子设计的，但后来竟成了许多富人的选择，穷人家的孩子反而可望而不可即。美国想要发展，就必须改变这些不平等现象。民主社会中的学校应该是不同观念、文化和人群融会交流的地方。然而，一旦入学，我们的孩子从哪里以及如何获得交流和分享观念的机会，从而学会理解和关怀彼此呢？

合作学习

我们把学生带到学校一起学习，但却又把他们彼此孤立。我们希望学校帮助学生们社会化，但又很少鼓励学生相互对话和交流。我们假设通过严格的学科训练，学生能获得更高水平的技能和批判性思维，可当我们的学生不能自己做出决定时，他们又会感到困惑。商业、工业、家庭、宗教、军队和社会的一个自然法则是合作，可似乎只有在学校里，合作才是不自然的。近来的研究和经验表明，合作学习能有效地促进学生的社会性发展和学业成绩。我们如何才能在我们的学校里点燃在大多数社会里似乎看来如此自然的事情呢？

每一个学生都带着丰富的知识和经验走入课堂，他们必须得通过老师这个通道的传递，才能将这些知识和经验与他人分享。毋庸置疑，学生刚入学的时候充满了热情，但是慢慢地，他们丧失了学习动机。除了课堂管理，教师和家长第二个关心的问题是学生的动机。但是，这个问题通常会表现出消极的形式，如冷漠、药物滥用、辍学、自杀。大多数学校中的学习都是一种孤独的经历，学生必须安静地坐在教室里，听别人讲，没有机会参与有意义的对话和互动。

戴维·艾斯比和弗洛拉·罗巴克（6）、约翰·古德拉德（37）、杰里·布罗菲和汤姆·古德（38）以及内德·弗兰德斯（39）的研究得出了类似的结论：课堂上的谈话有 70%~80% 是由老师完成的。在过去的十年里，研究者和教育者开始考察合作学习，希望它能给学习带来有意义的变化和高水平的互动。在合作学习的环境中，教师是学习的促进者，而不是像在直接教学模式中那样，仅仅是信息的传递者。合作学习为学生创造了在大小不同的团体中共同学习和互相帮助的机会。合作学习的目标是，帮助学生发展人与人之间的积极互依、面对面互动、个体学习和小组学习，以及人际交往技能和小组学习技能（40）。

这种“以学生为中心”的学习方法所产生的效果令人印象深刻。明尼苏达大学的戴维·约翰逊、罗杰·约翰逊及其同事（40）和约翰·霍普金斯大学的罗伯特·斯莱文（41）的报告都表明，如果教师能扮演促进者的角色，并且课堂学习由个体学习转化为合作学习，那么学生的学业成绩会有很大提高。更重要的是，根据林·科诺和理查德·斯诺的研究，合作学习与传统课堂相比，最大的收获是学生动机的提高，表现在“同伴支持、自尊和自我归因”等方面（42，p.622）。人们越来越认识到，在课堂上相互学习是提高学习动机和学习成绩的可行方法。合作学习也提供了机会，让学生可以学习和实践人际交往技能，包括适应更大的社会所需要的跨文化交流。

商业社会很早就看到了人际交往技能的重要性，他们每年都会花费巨资来培训员工，大部分经费用于让员工学习如何在团队中工作，最大限度地扩大人际关系。人与人的合作会带来巨大不同，这是商业社会普遍重视的，但却被很多教育政策的制定者所忽视。

关怀：一个避风港

如果学生说他热爱学校，那也就是说他们学校的人都互相关怀。“关怀”是本书中访谈美国各地学生时他们共同提到的话题。从费城的 Amy-6 到休斯敦的表演和视觉艺术高中与米尔比高中，从圣地亚哥的奥法雷尔学校到芝加哥的迪特 * 和蒙蒂菲奥里学校，学校中的每个人都互相关怀。

学校既可能是为儿童提供保护性因素的港湾，也可能是一种不利于儿童发展的环境。1955 年，埃米·韦纳曾经对 698 名出生在考艾岛上的婴儿进行了为期 32 年的追踪研究。从胎儿期开始，这项研究就一直对处于贫困和其他高危环境（比如功能失调的家庭，或家中有人酗酒、患有精神疾病）中的孩子进行监控，并且持续了 32 年。韦纳得出了一些惊人的发现，保护性因素对于那些在贫穷环境中出生的孩子而言有重要意义，可以防止他们再次落入贫困（36）。尽管有些孩子一开始处于高危环境中，但是他们表现出了韧性。是什么导致了他们的进步呢？对此，韦纳考察了除脆弱性以外的其他因素，他发现了一个重要原因，即这些孩子在上学期间得到他人的关怀和帮助。韦纳指出：

---

* 迪特学校（从幼儿园到八年级）紧邻芝加哥著名的高层住宅项目。学校周边很荒凉，看起来就像是未来派电影的场景。在学校里，到处都色彩斑斓，充满温暖和关怀。1991 年采访时，一位八年级学生说：“他们（老师）激发你的潜能，从不贬低你；他们信任你，关心你。”该校正在为重建而努力着，我们将在第 17 章呈现对该校许多人的采访记录。

> 具有韧性的男孩和女孩从家庭之外找到了情感支持。他们（尤其是女孩）通常会有一个或多个关系亲密的朋友，在遇到危机时，他们会向亲属、邻居、同伴和年长者咨询，寻求帮助。他们会把自己喜欢的某个老师视作榜样、朋友和知己。（36，p.74）

随着研究参与者所面临的生活压力事件的增多，他们所需要的保护性因素也要相应发展。处于不同的发展阶段（婴儿期、青少年期和成人期），参与者的性别不同，则其生活情境也会有所不同。在生命的前十年，男孩更脆弱，而进入青少年期后，女孩变得更脆弱。

博尼·伯纳德博士的一项研究报告《促进孩子的韧性：来自家庭、学校和社区的保护性因素》（43）中指出，那些克服了不利生活环境的孩子有四个基本的保护性特征：社交能力、较强的问题解决技能、自主性和对未来的目标感。研究者得出结论，家庭、学校和社区可以培养孩子的这些保护性特征，她写道：

> 有些个体虽然处于不利的家庭、学校和社区环境中，但他们依然能取得成功。因为他们得到了某个家庭成员、教师、学校或社区成员的支持，他们鼓励他的成功，并欢迎他的参与。（43，pp.18—19）

伯纳德在她的研究中建议，社区开展扫盲计划，让青少年照看更小的孩子，为孩子提供成人的关爱、同伴相互辅导或其他社区支持项目，从而为孩子的韧性打下基础。

1951年，西尔斯、麦科比和勒温（44）在波士顿地区开展了一项育儿实践研究，考察了379位母亲及其5岁的孩子。36年（1951—1987）后，卡罗尔·弗朗兹、戴维·麦克莱兰和乔尔·温伯格（45）进行了追踪研究，考察了“父母的关爱对孩子成人后的人际交往技能的长期影响”（44，p.587）。该研究提供了重要的视角，探讨父母在儿童的心理健康和韧性方面所起的作用，根据该研究，这种影响会持续终生。

研究者从379名5岁儿童的原始样本中选择了94名参与者，在其41岁时进行了追踪研究。这项研究及其36年间的访谈表明，如果父母在孩子5岁时通过搂抱、亲吻、抚摸等方式给予较多的温暖，孩子在12岁时会有较高的自尊（46），在23岁时会表现出合作性的人际交往风格（47），在41岁时会有较高的社会成就（44）。

与没有得到父母关爱的孩子相比，那些得到父母关爱的孩子在中年时能更好地维持长期且相对幸福的婚姻关系、悉心养育孩子和维持深厚的友谊（44，p.592）。相反，这项研究发现，父母的冷漠会导致孩子出现“喂养困难、尿床、攻击性和心理发育迟缓”等问题（44，p.586）。与一些研究者的预测相反，父母关系的和谐性与儿童成人后的社会成就无关。

关于学校在高危学生的孤立问题上所扮演的角色，多纳·卡根博士对相关文献进行了总结，发现处于高危环境中的学生普遍认为，教师对他们不够关心（48）。阿尔·菲科恩博士在一篇题为《关爱孩子：学校应该扮演的角色》的文章中，详细描述了学校在促进人与人之间相互关怀方面起到了何等重要的作用。他在文章中引用了南希·伯格—艾森伯格和辛西娅·尼尔的一项研究，该研究考察了四五岁儿童自由游戏的特征（50）。研究观察了 77 位儿童在 45 分钟内的自由游戏，结果发现，其中 67 位儿童表现出了“分享、帮助和安慰其他孩子的行为”（50，p.499）。当研究者单独询问这些孩子为什么这么做时，他们普遍回答是因为其他孩子需要帮助。这两项研究表明，学校可以在孩子的天性基础之上，培养他们成为乐于助人、有关爱之心的人。

斯坦福大学的教育学教授内尔·诺丁斯讨论了学校中的“关怀危机”（51）。

> 几年前……教育工作者提出，中学应该关注青少年发展的需要。但至今大多数人仍然没有意识到，把一个特定的群体孤立出来，并不是满足其发展需要的最好方式……他们（中学生）应该待在给予他们机会去帮助年幼儿童的学校里，学习帮助他人，这是教育的一部分，而且是很重要的一部分……
>
> 当传统的人与人之间的关怀体系解体时，学校应变成一个可以让学生和老师一起生活、相互交谈、喜爱对方的地方。我想，如果学校关注生活中真正重要的事情，可能我们现在苦心追逐的那些认知目标便会自然而然地达到了。
>
> 学校不可能解决整个社会的“关怀危机”，但它可以帮助年轻人学会关心和被关心。随着他们的成长，这些人可能最终会让关怀危机成为历史。（51，p.32）

诺丁斯的论述是正确的：我们需要从不同的视角来看待学校，创设关怀的环境对学习而言是必要的。本书中访谈的许多学生，包括新奥尔良自由学校和迪特学校（两所学校都是K-8）的学生，这些学校里都有更年幼的孩子，他们都谈到了有机会帮助他人、帮助无家可归的人，以及在儿童博物馆帮助年幼的孩子或与他们玩耍。作为学习的促进者，我们有责任也有机会为关怀性的学习社区创造条件。

结　论

在尼日利亚人看来，斑马是黑底白色条纹的动物；但欧洲人眼中的斑马却是白底黑色条纹的动物。在寒冷的阿拉斯加爱斯基摩人的文化中，地狱是一片冰天雪地；然而在温度适宜的西方国家，人们想象的地狱是水深火热的样子。这四种观点怎么可能都正确呢？答案是一个人的经验塑造了他的信念。当"以人为中心"的教师、项目和学校，得以不断的研究与发展，必将给教师和学生均带来巨大的好处。

我感兴趣的是，促进性的态度和促进性的条件可以有不同的形式，正如本章所介绍的几项研究所提到的那样。但是这些研究围绕着一条共同的主线，即以人为中心。"以人为中心"可以创造保护性因素，抵消儿童生活中的一些危机因素。研究明确表明，教师是儿童韧性的重要资源。如果学校的校长和教师都具有高水平的同理心、一致性和积极关注，那么学生的学习和生活将会更加丰富多彩。在具备这些促进性条件的学校中，每个人都享受生命：教师不再跳槽，学生也不再旷课。学校变成了学习者的乐园。

"以人为中心"教育的研究经历了两个高峰期，就像骆驼的两个驼峰：一次是从20世纪60年代晚期至70年代初，一次是从20世纪80年代中期至90年代初，后一次的规模较小。由于缺乏资金，以及人们认为"以人为中心"的教育是自由主义的代表，它在20世纪80年代的大部分时间里都受到冷落，而此时回归基础教育运动达到顶峰。这就导致了新研究的匮乏，而已有研究的成果也未得到广泛传播。过去，以人为中心的研究者面临的困境在于只能对"以学生为中心"的项目或学校进行研究。现在，在"以学生为中心"的学习运动中，这一状况得以改善。

但研究中依然存在很多空白，比如在高水平的促进性条件下，教学互动应该是什么样子？“以人为中心”的学校如何能被推广成教育界的标准模式，而不只是特例？为了创造促进性的条件，从美国联邦、州到地区的各级政策应该做出怎样的调整？学校和教师需要创造怎样的促进性条件才能为所有的学生提供保护性因素？越来越多的证据表明，20 世纪 90 年代，对学习的促进性条件的研究和对人的研究必将复兴。

同时，未来也面临许多挑战。也许最大的挑战是这一改变将如何推动我们在新的发展方向上前进。（第 17 章将讨论这些新方向，从“以人为中心”的视角出发展现了变革中的学校）。教师、校长、学生和家长应该加入到研究团队中来，共同设计、研究和证明学习过程，以及每个孩子取得成功所需要的促进性条件。我希望你也参与进来，通过案例或其他形式的研究来验证“以人为中心”的学习效果。我们最珍贵的资源——我们的孩子——依赖于这一平衡。

第四编

哲学和价值分歧

第 14 章

关于评价过程的一种现代观点

与治疗师的情况一样，教师和教育工作者的工作不可避免地也会涉及价值问题。学校向来被视为文化将其价值观世代传承下去的一种途径。但是，当今价值观的传递过程在经历着巨变，许多年轻人声称自己要脱离现代社会中占主导的价值体系，因为它是混乱而虚伪的。在这个复杂又令人费解的问题中，教育工作者或者说每个公民应该持什么样的立场呢？

多年前我在牙买加度假时，通过潜水呼吸装备看到了丰富的海洋生命，想起了同样令我惊讶的三个孙子的成长，当时，我就想以我心理治疗的经验为基础写一篇关于这个问题的论文。*

刚写完时我感到极不满意。但是对我而言，它经受住了时间的考验，我现在觉得这篇文章的冒险特质挺不错。我对它的感觉，就如同我对为数不多的其他论文的感觉一样，我所写的超过了我意识上所“了解”的，这使得我不得不花费一些时间

---

* A condensed version of this chapter was first published by Carl Rogers as “Toward a Modern Approach to Values,” *Journal of Abnormal and Social Psychology* 68 (1964): 160-67. 1964 by the American Psychological Association. Adapted by permission of the publisher and the author.

去领会我所写的内容。我还发现它对许多其他人而言也具有重要意义。在那个时候，我没有预见到价值观的改变会对我们的文化产生如此大的影响，但我相信自己确实看到了会使价值观发生改变的某些东西。

社会研究者丹尼尔·扬科洛维奇，研究了20世纪80年代早期的大量美国民意调查中的数据，试图通过图形来揭示这一变化。他写道："80%的美国成年人明确无误地表示，对新意义的探索是流行情绪和实验的流露……这似乎是在说数千万人同时决定要以自己惟一的资源——生命——去冒一次险。"（1）事实很明显，价值观已经发生了变化，并且某些变化已经慢慢地被我们的文化所接受。

对于当今的价值观问题，人们充满了担忧。几乎每一个国家的年轻人都非常不确定自己的价值取向；各种宗教的价值观丧失了其影响力。每种文化下世故的个体对他们曾经如此奉行的目标变得不确定，并感到困惑。出现这种现象的原因不难理解。世界文化的方方面面都日益科学化和相对化，过去那些僵化的、绝对的价值观念已经变得不合适宜。更为重要的一个原因可能是，现代社会中的个体不断受到来自各方面多样化的、相互矛盾的价值主张的挑战。也许在不久的将来，人们再也无法像以前那样，安然地生活在前人、社会或宗教的价值体系中，并且终其一生地不去审视这个体系的本质和假设。

面对这种情况，原有价值取向的崩溃也就不足为奇了。也许有人会问，还存在一种普遍适用的价值观吗？在现代社会，我们似乎已经不可能找到任何普遍适用的、跨文化的价值取向。由于对价值观的不确定性和困惑，人们必然会日益关注并且热衷于寻求一种可以立足于当今社会的合理的、有意义的价值取向。

我也同样关注价值观问题。在我所涉足的领域，我也遇到了一些具体的价值观问题，试图找到一种现代取向来解决所有问题。我观察到，在个体从婴儿到成人的发展过程中，其价值取向会发生变化。如果一个人足够幸运，那么在其心理日益成熟的过程中，其价值观会进一步发生变化。作为一个教育工作者和心理治疗师，我的大多数发现都源于经验，我有很多宝贵的机会看到一个人的生活日益充实。通过这些观察，我相信我发现了一个指引价值判断的新方向，我相信这个方向在现代社会能站得住脚。我已经在前面的文章中粗略地谈到了其中一些观点（2，3）；现在，我要更明确、更全面地介绍这些想法。我需要强调的是，我从观察中得出这些想法并不是因为我是一个专家或学者，而是因为我作为一个功能健全的人看到了成长、变化和发展。

价值的定义

在介绍其中一些观察结果之前，或许我需要先澄清一下我所谓的价值。有很多关于价值的定义，但我认为最有用的是查尔斯·莫里斯所做的区分（4）。他指出，价值包含许多不同用法，我们通常用它来指生物体用行动来表现对某一客体或目标的偏好。莫里斯将这种偏好行为称为操作价值。它不涉及任何认知或概念化思维，仅仅是有机体通过行为来表现选择某一客体、拒绝其他客体的价值选择。这就好比把蚯蚓放到一个 Y 型迷宫，它会选择往光滑的一边爬，而不会选择铺有砂纸的一边，这体现的就是一种操作价值。

第二种价值可称为构想价值，指个体对符号化客体的偏好。个体在做出这种选择时，通常会预期自己针对某一符号化客体的行为会带来有价值的结果。例如“真诚至上”的信念便是一种构想价值。

最后一种价值是客观价值。当人们从客观偏好来谈论事物时会使用客观价值，无论他们实际上是否感觉到或构想到。我在本章中很少会涉及这种价值。相反，我更关注操作价值和构想价值。

婴儿的价值判断过程

我们先来说说婴儿。人类从一出生便具有明确的价值取向。她喜欢某些事物或经验，拒绝其他一些事物或经验。我们可以从她的行为中看出，她喜欢那些维持、提升或实现有机体的经验，拒绝不具备这些作用的经验。让我们来观察一下婴儿的行为：

- 饥饿是一种消极体验，婴儿通常会大声而明确地表达出来。

  食物具有积极价值。但当婴儿吃饱后，食物便不再具有积极价值：原本让她热切渴望的奶现在被吐了出来；或是，刚才让她如此满足的乳头现在被拒绝了，她转过头去，脸上带着逗人的厌恶表情。

婴儿喜欢安全以及带来安全感的拥抱和抚爱。

婴儿喜欢新奇体验，这一点我们可以从她发现自己脚趾的快乐、试探行为和无穷的好奇心中看出来。

婴儿明显不喜欢疼痛、苦味和突然的噪音。

这些都是很常见的，但让我们来分析一下这些事实所传达的婴儿的价值取向。首先，这一取向是灵活的、可变的和价值判断的过程，而不是僵化的体系。对于同一种食物，她有时喜欢有时厌恶；她喜欢安全和轻松的环境，但为了换取新奇体验，她又会放弃这些。把这种价值取向称为“自我价值判断过程”似乎更贴切，在这个过程中，婴儿时时刻刻都在对自己正在体验的每一个元素进行权衡，选择还是拒绝取决于那一刻它是否能满足有机体的需要。这个复杂的经验权衡过程是有机体的一种自发功能，而不是有意识的或符号化的行为。这是操作价值而不是构想价值，但这一过程也能处理复杂的价值问题。我想告诉你们，曾经有人做过一项实验，将20种天然食物（即未经调味的食物）放在婴儿面前，经过一段时间之后，这些婴儿都倾向于选择那些有利于自身生存、成长和发展的食物。如果婴儿有段时间吃了太多淀粉类食物，稍后她会吃一些蛋白质类食物来平衡。如果有段时间她摄入的食物缺乏维生素，之后她会选择一些富含维生素的食物。他们在做出价值判断时，利用了身体的智慧，更确切地说，蕴藏在身体内的智慧引导着她们的行为，从而产生了我们认为客观合理的价值选择。

婴儿价值取向的另一个方面是，评价过程的来源或位置都在于自身。与我们大多数成人不同，她们知道自己喜欢什么，不喜欢什么，并且这些价值选择的来源完全存在于她自身之中。婴儿是整个评价过程的中心。她不会受父母意愿、宗教经文、某个领域内的专家或具有说服力的广告言辞所左右。她完全是基于自身体验，她的身体以非言语的方式告诉她“哪些对我有益，哪些对我有害”，“哪些是我喜欢的，哪些是我讨厌的”。如果她能理解成人世界，说不定会嘲笑我们的价值观。一个人怎么会不知道喜恶、好坏和主次呢？

价值判断过程的变化

这种高效而合理的价值判断过程发生了怎样的变化？是什么使这种价值判断过程随着年龄的增长变得僵化、不确定和没有效率呢？让我尝试着简要阐释我认为导致这种状况发生的一个主要原因。

婴儿需要爱、渴望爱，并通过自己的行为来不断获取爱。但这却导致了情况的复杂化。一个小男孩喜欢拽妹妹的头发，妹妹的哭闹会让他觉得开心。但父母这时却说他是一个“淘气的坏孩子”，还会打他的手以示惩戒。这导致他失去了父母的爱，以后随着类似经验的积累，他渐渐明白，给他带来满足感的行为在别人看来是不好的。接下来，他逐渐采用自己生活中重要他人对待他的态度来对待自己。如果他再拽妹妹的头发，心里就有个声音谴责自己是“坏孩子，坏孩子”。他将他人的价值判断内化，并逐渐变成自己的判断标准。于是，他就丧失了自己的自我价值判断过程。为了获得他人的爱，他逐渐抛弃自己机体的智慧，放弃内在的评价中心，按照他人的价值标准来行事。

我们再来看另一个例子，例子中的男孩年龄大一些。一个男孩觉得，尽管可能是无意中发现的，与想成为艺术家相比，当他说自己想成为医生时，父母会给予他更多的爱和赞扬。逐渐地，他把成为一名医生这样的价值内化，于是当医生就成了他的第一选择。进入医学院之后，他的化学课成绩屡屡不及格并深受困扰。但辅导员认为，他完全有能力通过这门课。在咨询过程中他才开始意识到，原来他彻底远离了自己机体的反应，疏远了自身内在的价值判断。对于一个想要当医生的女孩来说，如果父母认为当艺术家比当医生好，同样的悲剧也会发生。

我们再来看发生在我课堂上的一个例子，那是给师范生上的一堂课。在课程刚开始的时候，我让他们“列出最希望传递给未来学生的价值观”。他们写出了很多价值目标，但有些委实让人震惊。列出的价值目标包括诸如“说话用词得当”“使用纯正英语”“不使用类似 *ain't* 这样的词语”等条目。还有人提到整齐有序，比如“听从老师的指示”；其中一位表达了她的期望：“当我要求他们将自己的名字和日期写在右上角，并且名字在上、日期在下时，我希望他们按照我说的做，不要违背我。”

我不禁为这些未来教师的想法汗颜。对某些年轻的教师而言，他们想要传递给学生的重要价值观是学会正确的语法、遵从老师的指示。对此我深感忧虑。当然，这些行为在他们自己的生活中，都不是最令人满意、最有意义的体验。而他们之所以列出这些行为，仅仅是因为它们能帮助个体获得他人的赞许。故而这些行为被逐渐内化，变得极为重要。

前面的例子都表明，个体为了获得或保持爱、赞许和尊重，不惜放弃自己婴儿时的价值评估中心，而让别人来评估。婴儿从小便学着不信任自己的体验，不相信自己能指导自己的行为；儿童从他人那里习得大量构想价值，并将其变成自己的价值观，尽管它们可能与自己的真实体验相去甚远。正因为这些概念并非源于儿童自身的价值，所以倾向于僵化，缺乏灵活性和可变性。我相信，我们中的大多数人正是通过以此为生，不断将这些价值模式内化。

内化的价值模式

内化是一个心理学术语，是指个体无需意识努力便将别人的特征融合为自己的。在当今异常复杂的文化中，我们所内化的价值模式来源于广泛的途径，不管是期望的还是不期望的，有些价值观的意义甚至相互矛盾。下面我们来看几种常见的内化模式：

- 性欲和性行为大都是不好的。家长、教师和牧师都在传递这样一种观念。由于缺乏对性的理解和评价，许多青少年都走向了另一个极端，导致每年都有上百万的少女未婚先孕。
- 违抗命令是不好的。家长、教师和军队都强调这种观念：服从是好的。绝对服从甚至更好。第二次世界大战期间的大屠杀，正是普通人无条件服从命令导致的悲剧。
- 赚钱是至善目标。这一构想价值源于有价值的事物而非人。
- 人最需要的是掌握不断积累的学术性知识。这一观念源于只有精英才能接受教育的时代，那时书籍和知识是将精英和其他人区分开来的商品。
- 浏览或为了娱乐而漫无目标的探索式阅读是不可取的。这一条和上一条观念可能源于学校和教育系统。
- 紧跟潮流和时尚很重要。那些世故的人和演员是这一观念的源头。
- 独裁专政非常不好，除非它能支持我们的目标。政府是这一观念的主要源头。

- 爱邻居是至善。这种观念来自于教会，也可能来自于父母。
- 欺骗是聪明的、必要的。这种观念来自于同伴群体或某些成年人。
- 可口可乐、MTV、口香糖、电子游戏、美国牛仔和汽车是人人都想要的东西。这种观念不仅来自于广告，也得到全世界人们的强化。从牙买加到日本，从哥本哈根到中国香港的九龙，可口可乐文化已经登上了人类欲望之巅。

以上这些价值观，只是人们内化并秉持的许多构想价值中的一小部分。人们似乎从未被鼓励去信任自己的内在感受和信念，而是依赖于那些强加给个体的外界影响。

成人价值观的共同特征

从前面所举的例子来看，我认为绝大多数成年人的价值观具有如下特征：

- 我们的大多数价值观都是从对我们重要的他人或团体那里内化而来的，但我们许多人会把这些价值观完全视为自己的。
- 在大多数情况下，评价的来源或评价点都不在自身。
- 采用价值的标准取决于这些价值在多大程度上会给我们带来爱和接纳。
- 事物的构想价值可能与我们自身的体验缺乏联系或联系不明确。
- 我们自身的经验与这些构想价值之间往往存在未被察觉的巨大鸿沟。
- 因为这些概念未经经验的公开检验，所以我们在持有这些观念时通常僵化、不可变通。任何其他可能的选择都会瓦解我们的价值观。所以，它们永远都是对的，就像米德斯人和波斯人的法律，永不修改。
- 因为这些价值观不可检验，所以没有解决矛盾的现成方法。如果我们从社会上获得金钱至上的观念，又从教会那里接受爱邻居是至善的观念，那么，我们无法分辨哪一个对我们更具有价值。所以，在现代生活中，我们通常是与一些相互矛盾的价值观共存。我们一边冷静地讨论如何轰炸我们所谓的敌国，从无家可归者的身体上迈过，一边为报纸上贫困儿童的遭遇而流泪。
- 由于我们已经把评价位置让渡给了别人，并与我们自身的价值评估过程脱节，所以我们会产生深度的不安全感，很容易感到价值体系受到威胁。如果价值体系的某些部分受到破坏，那么这部分应该由什么来填补呢？这种威胁可能会导致我们所持有的价值观更僵化，也可能使我们更困惑，或者两者兼而有之。我们今天所面临的危机并不是源于价值观的缺失，而是源于价值观与我们自身经验之间的矛盾。

根本矛盾

我相信，固守僵化的、未经检验的、大多内化而来的价值观的现象，在我们绝大多数人身上都存在。把他人的价值当成自己的价值，我们就放弃了自身机能的潜在智慧，失去了对自身能力的信任。由于这些价值结构通常会与我们自身的经验有很大差距，因此，我们以一种最基本的方式，与我们自己相分离。这可以解释为什么现代人有那么多压力和不安全感。我们的价值观和切身体验之间、我们的价值思维结构和在我们内部进行的未被察觉的价值评价过程之间的这种根本矛盾，是现代人与其自我发生根本疏离的一部分。这是教师、社会工作者和治疗师等助人行业中的人士所面临的一个主要问题。

重建与经验的联结

某些个体是幸运的，他们不属于我刚才所描述的那种人，他们在心理成熟的方向上不断发展。我们在心理治疗中看到了这样的情形发生，我们努力为来访者创造有助于个人成长的氛围。如果生活为个体提供支持性的氛围，我们也会看到这种情形在生活中发生。下面，我来谈谈价值取向日益成熟的情形。

首先，我要顺带说明，助人关系并非不包含价值。对我而言，在高度有效的助人关系中往往会出现一种主要的价值观:来访者是有价值的，他是独立的、独特的。当我们感受并意识到自己是一个被珍视的人时，我们会慢慢地开始重视自己的各个方面。更为重要的是，我们对自己的感受和反应会越来越敏锐。我们可以把自身的经验转化为自己的价值观，再用这种价值观指导自己的行为。简德林曾详细描述过这一过程（5，6）。当我们对自己的经验越来越开放，当我们能够更自由地体会自己的经验，我们的价值取向就会发生重大变化，那时，许多婴儿期价值取向的特征就会重新出现。

在课堂上，教师要求学生使用恰当的语言，但这可能与他们在其他场合（通常更重要）使用的语言相矛盾。在六年级的某个班上，几个孩子正在发誓、赌咒，我听到老师对他们这样说：

> 同学们，我发现语言有不同的表达方式，我们对这个人这样说，可能对另一个人就换了一种表达方式。我们对朋友、家人有不同的说话方式；在教堂、学校和工作场所也各有不同的表达方式。对于你们在课堂上发誓，我感到很不安。适用于其他场合的语言，并不一定适合于学校。

老师说完后，同学们讨论了语言的意义和对人际沟通的界定。这次经历与学生以往的价值取向截然不同。与之相比，在另一个教室里，学生们也出现了同样的行为，但老师却粗暴地说："闭嘴！" 尊重学生的价值，让他们体会身为一个人的价值，这样可以促进学生获得更强的价值感。学生喜欢那些不诋毁其自身价值的价值体系。这也会让学生形成情境意识，让他们了解不同的观点适用不同的场合。也许不出意料，这次讨论也会加深学生对老师的尊重。

成熟个体的价值判断

从某些方面来看，一个成熟个体的评价过程与婴儿的评价过程极为相似，但在某些方面又极为不同。这个评价过程是动态的、灵活的，以某个特定的时刻为基础，依据特定时刻的经验能够提高和实现个人的程度而定。价值不是僵化的，而是在持续地改变。去年你觉得有意义的一幅画，现在可能已经对它失去兴趣；一种去年你觉得很好的工作方式，现在似乎不合适了；你以前一直坚信的信念，现在觉得只有一部分是正确的，甚至可能是错误的。

成熟个体的评价方式的另一个特征是，他们知道经验是高度分化的，用语义学家的话说就是具有高度的"外延性"。正如我所教的那些师范生所认识到的，一般原则远不如敏感地区分不同反应更有效。一个学生说："对于那个小男孩，我觉得我应该非常强硬，他也似乎喜欢我这样做，我也对自己的做法感到满意。但大多数时候，我不会这样对待其他学生。”她根据与每个孩子的关系的经验来指导自己的行为。当我们要求其他人反思自己的价值时，我们先要反思自己的价值。这一过程让我们意识到，相比僵化、单一的内化价值观，这些成熟个体的反应是多么不同。

另一方面，成熟个体的评价方式与婴儿类似。评价位置再度牢固地建立于个体内部。我们自身的经验提供了有价值的信息或反馈。但这并不是说我们不接受从外界获取的各种证据，而是说它以其本来的面貌——外来的证据——被接受，而且不如我们自身的反应重要。例如，一个朋友读了关于某本书的两条负面评论，然后告诉我们这本书没意思，她可能暂时不会读这本书。但是如果她读了这本书，那么她的评价便是基于自己的感受，而不是他人的评价。

个体深入自己的内心体验，努力感受和澄清这些复杂感觉的含义，也是价值判断的一个重要方面。我想起了一位来访者，在治疗快要结束时，他对一个问题困惑不解，于是他用双手抱住头说：“我现在的感觉是什么呢？我想要接近它，我想知道它是什么。”然后，他安静、耐心地等待，努力聆听自己内心的声音，直到他理清自己的感受。像其他人一样，他也在试图接近自己。

与婴儿相比，一个成熟个体努力接近自己内心真实感受的过程要复杂得多。对成人而言，这一过程涉及更多方面。因为此刻的感受牵涉过去的类似经验，它不单纯是直接的感官作用,还有来自过去类似经验的意义。这一过程包含新旧两种经验。因此，当我面对一幅画或一个人时，我的体验包含我过去对这幅画或这个人的经验，以及此次会面的新影响。同样，对一个成熟的个体而言，此刻的体验还包括对结果的预期：“我觉得我现在想要享用第三杯酒，但是过去的经验告诉我，我可能会在第二天早上后悔。”“直率地表达对这个人的负面感受是件不愉快的事，但是过去的经验表明，这样做对于维持我们的关系是有益的。”在这一刻，过去和将来都参与到评价过程中。

我发现，对一个成熟的个体来说，价值评价的标准是经验的客体在多大程度上能实现个体：“它能使我成为更富有、更完整、更充分发展的人吗？”（这是我们发现的成人与婴儿的另一个相似之处）。这听起来似乎是条自私或不合群的标准，但事实并非如此，因为与别人建立深厚和互助的关系也是一种个体实现的经验。与婴儿一样，心理成熟的个体也信任并利用自身机体的智慧；不同的是，成熟的个体能够有意识地这样做。我们意识到，如果我们信任自己，我们的感觉和直觉比我们的头脑更明智，一个完整的人所做的判断比单纯的思考更敏感、更准确。因此，我们可以不畏惧地说："我觉得这次经历（这件事或这个方向）很好，过后我可能会了解为什么我感觉很好。"我们信任自己的全部。

正如我前面所说的，成熟个体的价值判断过程并不是一件容易或简单的事。这个过程复杂，做出选择通常也十分复杂和困难，而且不能保证现在的选择最终会带来自我实现。但是，因为对个体而言，现有的任何证据都是可以利用的，所以只要我们对自己的经验保持开放，任何错误都可以修正。如果这次的选择不利于提升自我，我们可以感觉到，并且我们能够据此做出调整或修正。因此，依靠这种最大程度的反馈交换，我们得以茁壮成长，就像轮船上的指南针一样，不断校正航向，朝着自我实现的正确目标前进。

关于评价过程的一些主张

在此，我要提出两个包含重要因素的观点来突显前述内容的意义。我们可能无法设计出实证性测验来从总体上检验每一个命题，但在某种程度上，我们可以通过一些科学方法来验证每种观点。此外，我还要声明一下，为了清晰地阐述它们，我的用词十分肯定，但实际上我是把它们当作试验性假设的。

I. **个体内部存在一种有组织的评价过程的有机基础。**假设这一基础是人类和地球上所有动物共有的，它是任何一个健康有机体生命功能的一部分。这是一种获取反馈信息的能力，帮助有机体不断调整自己的行为和反应，从而完成最大程度的自我提升。

II. **人类的评价过程在达成自我提升方面的有效性，视个体对自己内在经验的开放程度而定。**我已经给出了个体接近自己内在经验的两个例子：婴儿尚未学会否定自己意识到的内在心理过程，心理成熟的成人重新认识了开放状态的益处。从第二个主张可以得出一个推论：个体与他人建立的某种关系可以帮助个体对经验保持开放，在这种关系中，我们作为独立个体得到尊重，个体内部的经验得到同理心式的理解和重视，个体可以自由地体验自己或他人的感受而不受威胁。显然，这一推论源于心理治疗经验。这是对一切促进成长的关系所包含的基本特征的简要阐述。已有一些实证性研究支持这一陈述。

关于评价过程结果的主张

我们现在来看看价值或价值评价理论的要点。价值评价的结果是什么？在此我想进入一个新的领域，坦率地陈述有关评价过程中产生的行为品质的两种主张。我将用自己的治疗经验来作为支持这两种主张的证据。

I. 那些对自己的经验保持开放的人，其价值取向存在鲜明的共性。

II. 他们共同的价值取向就是，要有利于个体的发展，有利于社会上其他人的发展，有利于人类的生存和进化。

在我的治疗经验中，一个令人震撼的事实是，当个体受到重视，能够更自由地去感受和展现自我时，某种价值取向便会出现。这些价值取向并非混乱无序，而是有着惊人的共性。这一共性不是由治疗师的人格来决定的，因为治疗师之间的人格差异很大，但其众多来访者都表现出了这种趋势。这一共性也不受某一种文化的影响，我在美国、荷兰、法国和日本等不同文化中都发现了支持性的证据。我认为，价值取向上的共性是因为我们同属于人类这个物种——正因为我们是同一物种，所以世界上的婴儿个体都会选择相似的食物，而治疗中的来访者个体也会选择相似的价值取向。作为同一个物种，我们可能共享某些有利于内部发展的元素，如果可以自由地进行选择，所有的个体都会选择它们。

下面，我来介绍我的来访者在不断的成长和成熟的过程中表现出来的一些价值取向。

- 他们倾向于远离伪装。虚伪、防御和掩饰往往被消极评价。
- 他们倾向于远离“应该”。“我应该那样做”或“我应该是那样的”这种强迫式的感受被消极评价。无论谁下的命令，来访者都远离他“应该成为的样子”。
- 他们倾向于远离迎合他人的期望，以取悦他人为目标也会被消极评价。
- 做真实的人会得到积极的或正面的评价。来访者倾向于朝着自己和自己感受的方向移动，做真实的自己。这似乎是一种非常强烈的倾向。

- 自我指导被积极评价。来访者发现，在他们自己做选择，指导自己的生活时，他们变得日益自豪和自信。
- 个人自身及其感受被积极评价。来访者从蔑视自己、对自己失望，变成重视自己，认为自己的反应是有价值的。
- 看重过程或存在于过程中被积极评价。来访者从想要达成某个固定不变的目标，变得更喜欢存在于发挥潜能的过程之中。
- 也许最重要的是，来访者变得重视对自己内在及外在经验的开放。对自己内在的反应和感受开放和敏感、对他人的反应和感受开放和敏感，以及对客观世界的现实开放和敏感——这是一个人明确喜欢的行动方向。开放性成了来访者最珍贵的资源。
- 对他人的敏感与接纳被积极评价。来访者变得能够欣赏自己本来的面目，也变得能够欣赏他人本来的面目。
- 最后，深入的关系被积极评价。与他人建立亲密、真实而完全沟通的关系，以符合每个个体的内在需要，这会受到高度重视。

这就是我在来访者日益成熟的过程中所观察到的价值取向的变化。尽管我确信以上列出的这些取向并不全面，甚至在某种程度上还不够准确，但它们却给我带来了令人兴奋的可能性。让我试着来解释其中的原因。我发现，当个体被珍视为人时，他们所选择的价值取向不会存在太大差异。在这样一种自由的氛围下，我发现没有人会崇尚欺骗、谋杀和盗窃，也不会有人自我牺牲或拜金。相反，人们的价值取向有一些深层次的共性。我确信，当人们可以自由地选择他们认为有价值的东西时，他们会选择那些有助于自己和他人生存、成长和发展的东西、经验及目标。我假定，当处于一个促进成长的环境中时，人类有机体偏好于选择有助于自我实现和社会化的那些目标。

我一直在强调的一个推论是，在任何一文化下，只要环境是自由的，并充分尊重人及其价值，成熟的个体就会倾向于选择和偏好同样的价值取向。这个重要假设是可以得到验证的。这个假设是说，即使个体间不存在统一的和稳定的构想价值体系，但个体内部的评价过程会将个体引向某种共同的价值取向，而这个价值取向具有跨文化和跨时间的一致性。

另一种我所看到的启示是，那些表现出灵活的评价过程的人（前面我描述过），具有我所列出的上述价值取向，他们在人类进化过程中占据了优势。如果人类想要在地球上延续下去，就必须做好适应新问题和新环境的准备，必须能够在面临新问题和新环境时做出有利于发展和生存的选择，而要做出这些选择就必须准确地感知现实。我相信，我所描述的心理成熟的人一定具备重视这些经验的品质，从而促进人类的生存和发展。他们是人类进化过程中不可或缺的参与者和领导者。

最后，我们又回到了价值普适性的问题上，但这次是通过另一条不同的路径。我们不需要哲学家、统治者或牧师强加给我们的那些普适价值或某一价值体系，相反，从人类经验中，有可能会浮现出一些普遍的人类价值取向。来自心理治疗的证据表明，当个体不断接近有机体自身的评价过程时，个人价值和社会价值会在经验中自然而然地产生。我们可以得出这样试验性的结论：虽然现代人不再信任来自宗教、科学、哲学或其他任何信念体系的价值观，但是他们能够发现一种深深存在于自身的有机评价基础，如果他们能学着与之取得联结，那么事实将会证明，这种基础正是处理我们所有人都要面对的复杂价值议题的一种有组织、有适应性和有社会性的方法。

价值观和学习伙伴

上述内容与教师和学生有关系或有意义吗？我想答案是肯定的。在我看来，发展评价点这一过程可以通过成人的治疗获得，也可以通过其他学习环境中一系列有意义的、支持性的体验来获得。如果学校不做出改变，我们的下一代进入成年期后，将会需要许多帮助来探寻人生意义。世界的变化速度如此之快，年轻人要想在复杂和相互依存的世界中茁壮成长起来，大多数孩子花在学校的 15 000 个小时需要重新组织。

学生、教师、管理者、家长以及他们共同面临的学习环境，都有一些共同的价值观。第 1 章中对孩子们所热爱的学校的描述表明，孩子们作为人希望被珍视，希望有机会跟他人分享自己的观点，希望互相学习。孩子们通常把教师视为资源或咨询者，永远是那个关心他们、把他们“当作人理解我”的人。孩子们喜欢上学，因为学校生活很有趣，充满了挑战性的任务，学习像是“信任中的冒险”，是一个发现的过程。在这些学校中，人的价值观是灵活的而非僵化的，行为及其原因也应成为评价学生行为结果的依据。自由不是毫无约束：它包含了等量的责任和分享。健康向上的价值观营造了健康向上的学习氛围，能促进儿童健康成长。

小 结

我已根据心理治疗的经验，提出了一些观察结果，这些观察结果与人类探索能令人满意的价值观基础有关。我介绍了人类婴儿运用自己微小但又复杂的有机体智慧，对其世界中的经验处理直接进行评估，根据经验是否能实现她的需求来决定重视或拒绝该经验。我们似乎已经失去了这种直接评估的能力，我们的行事方式和所持有的价值观都是为了获得社会赞许和尊重。为了换取爱，我们舍弃了这种评价过程。因为我们的生活中心依托于他人，所以我们充满恐惧，缺乏安全感，不得不固守那些已经内化的价值观。

但是，如果生活或治疗为我们提供了促进心理成长的适当条件，我们就会渐渐地螺旋式上升，发展出这样的价值观：具有婴儿价值取向的直接性和灵活性，而在丰富性上又远远超过婴儿的价值观。在处理经验的过程中，我们自身又重新成为了价值评估的来源和焦点。我们选择那些从长远来看能够提升自我的经验；我们既要运用丰富的认知学习功能，又要信任自己有机体的智慧。我已经指出，通过这些观察可以得出一些基本结论，人的有机体内部存在价值评估的基础。如果我们能够自由地与我们内在的评价过程产生联结，我们的行为方式就是自我提升的。我们甚至知道一些能够使我们与自己的经验过程发生联结的条件。在心理治疗中，对经验的开放可以促使新价值取向的出现，这种价值在不同个体间和不同文化中具有普遍性。那些与自己的经验产生联结的个体，会更加重视真诚、独立、自我指导、自我认识、社会反应性、社会责任以及充满爱的人际关系。

我最后得出的结论是，当个体逐渐获得心理成熟，或者更确切地说，当个体对自己的经验保持开放时，一种具有普适性的新价值观就可能出现。这种价值取向似乎更有利于个体和他人的提升，有利于积极的进化过程。

第 15 章

自由与承诺

◆

对于行为主义科学家来说，“自由的学习或选择”、“自我指导的学习”这些概念都是站不住脚的。他们相信人类只是其所受条件作用不可避免的结果。但是这些我能自由地在本书中使用的术语，似乎有它们真正的含义。当我被美国人本主义学会推荐为“年度人本主义者”时，我就致力于在演讲中正视这种矛盾。我并没有假装自己解开了自由和决定论这个古老的谜题，但就我自身而言，我已经能够心平气和地接受这一事实。如果有人对机械论的行为主义者的教育观和人本主义的学习法两者之间的差异感到困惑，我则希望我的解释能够帮助他们弄清两者的不同。

现代社会存在最深刻的问题之一是：在今天的科学发展水平下，“个人自由”这一概念还有没有实际意义。行为科学家预测和控制行为的能力不断提高，对这个问题的争论已经被推到了最前沿。如果我们接受了逻辑实证主义和在当今美国教育界占据主导地位的严格的行为主义取向，那么这个问题便没有讨论的余地。但是，如果我们能够跳出行为科学的狭隘范围，我们就会发现这不只是一个简单的问题，而是涉及现代人定义的基本问题。弗里德曼在他的《疑惑的叛逆者》一书中谈道，“随着‘上帝已死’，现代人出现了一系列的困惑——疏离、分裂的本性、个人自由与心理冲动之间无法解决的冲突紧张。”（1，p.251）在这样的世界中，个体越来越深刻地感受到自己在意识层面和无意识层面的动力机能因素之间的断裂。由此，个人自由和个人承诺的议题也随之变得日益尖锐。如果我们非要从这个宇宙中探求出些什么意义，也许这些意义对我们而言无关紧要，我们都必须在这些无尽的不确定性中坚守某些立场。

人们或许会问：“为什么教师和其他教育者需要了解这些知识？”如果我们对教学持机械论的观点，那么任何一个受过技能训练的教师并无差异。如果一个教师离开了，我们完全可以找另一个“教师”来代替。事实上，这种观点导致了目前许多学校实行的这种制度。在这一制度下，教师是完全可以更换的“部件”。教师资源紧缺是对这一制度回应的一个最好的例证。而在其他行业中，如医生、律师、会计师和工程师等，人才短缺往往会使从业者获得更高的薪水、更好的工作环境、更大的工作自主权和自由。而在教师紧缺的教育行业，情况恰恰相反。自 1970 年起，教师薪酬水平实际在持续下降，而教师从业标准也发生了变化。有人认为此举使得教师的行业门槛降低，更多的人获得了教师资格。为了保证教育质量，相关部门将课程设计得尽量不受教师个人因素的影响，而且教师要时时接受评估、监控、测验，还要承担繁重的文书工作。这种制度使得教师就像债务人一样被牢牢监管，得不到应有的尊重。在过去的 10 年里，在这种自上而下的管理模式下，教师行业在教与学的许多方面都陷入了困境。因不满工作环境以及缺乏对个体的重视，许多教师在 5 年内便纷纷离开这一行业。他们厌倦了这种被高度控制的管理模式。

尽管行为主义对心理学家的影响已经有所减弱，但它在美国的教育体系中仍然占据主导地位。相关的例证不胜枚举。从学生接受的训练方式到教师接受的评价模式，方法无非是控制、奖励和惩罚。因此，我既要写出行为科学家的立场，也要写出那些深度关心人性、个体、现象学以及观点不易被理解之人的立场。关于“自由的意义和可能性”这个持续不断的对话，我希望自己的思考能带给大家一些启示。如果我们把教学看作一个重视个体价值的促进性过程，那么自由和承诺便显得尤为重要。

人是不自由的

首先，我要向大多数行为科学领域的心理学家和工作者解释一下，本章的标题可能会让他们感到奇怪。在大多数行为科学家的脑海中，人是不自由的，或者说人不可能自由地承诺某些目标，因为人们总是受外界因素的制约。为此，无论是自由，还是承诺，对于现代行为科学来说，甚至都不可能是通常意义上的概念。

为了表明我并没有夸大其词，在此，我引用哈佛大学教授斯金纳的一段论述。他是行为主义心理学最坚定的代表人物之一。很多学校广泛采用的行为矫正法便是以他的理论观点为基础的。他说：

> “人是不自由的”这一假设，对运用科学方法研究人类行为是十分重要的。内心自由的人能够对其行为负责，这一假设只是在科学分析进程中未发现那些原因之前的一个替代性的说法。所有这些原因都存在于个体之外。（2，p.477）

这种观点得到了包括斯金纳博士在内的某些心理学家和教育家的支持。他们认为，所有导致行为的有效原因都存在于个体之外，只有通过外部刺激，这些行为才会发生。这种对行为的科学描述避免掺入任何与自由有关的成分。比如，斯金纳博士描述了一项训练鸽子按顺时针方向转圈的实验（3，pp.90—91）。鸽子表现出的任何接近顺时针方向运动的行为都会被强化，直到鸽子形成稳定的行为。这就是我们所熟悉的操作条件作用。

斯金纳要求观看了该实验演示的学生对看到的现象给予解释。学生们的观点包括：受条件作用影响，鸽子产生了正确行为可得到强化的期待；鸽子希望某些事情以便再次得到食物；鸽子观察到某种特定行为似乎能产生特定结果；鸽子感觉自己的行为可以得到食物；鸽子开始将自己的行为与食物分发器的嘀嗒声联想在一起。斯金纳博士对这些回答不屑一顾，因为他们使用了期待、希望、观察、感觉和联想之类的词，这些都超出了实际观察到的行为。他认为惟一的解释便是，当鸽子做出正确行为时得到了强化；鸽子会不停地转圈直到食物再次出现；只有特定的行为才会产生特定的结果；当鸽子以某种特定的方式行动时，它会得到食物；食物分发器的嘀嗒声与鸽子做出特定行为的时间紧密相连。这些阐述才是从科学的角度来描述鸽子的行为。

斯金纳进而指出，学生显然是报告了自己在相似情境下会产生的期待、感觉和希望。但是，他又提出，这些存在于人类的概念并不比存在于鸽子那里具有更多的真实性，只是因为这些词语被言语社会强化了，人们在言语社会中发展并使用这些术语。他所论述的事实是，那个使得人们使用这些术语的言语社会，所看到的他们自己的行为并不比看到的鸽子的行为更多。换句话说，即使内在事件真的存在，也是没有科学意义的。

至于用来改变鸽子行为的方法，除斯金纳博士之外，许多人也认为，人类行为和动物行为都可以通过这些正强化进行塑造和控制。斯金纳在他的著作《沃尔登第二》中写道：

> 既然我们知道正强化如何发挥作用，而负强化又如何不能起作用，那么我们就应该在文化设计中更加深思熟虑，并因而获得更大的成功。我们能够完成一种控制，在这种控制中，被控制者虽然比以往在旧系统控制下更谨慎地遵循一套规则，然而他们**感到自由**。他们在做自己想做的事情，而不是被迫去做。这就是正强化的巨大力量的源泉——没有束缚也没有反抗。通过一种谨慎的文化设计，我们不仅控制最终的行为，也控制行为的倾向——动机、欲望和愿望。奇妙的是，在这种情况下，从未产生关于自由的问题。（4，p.218）

加州大学伯克利分校的理查德·克拉奇菲尔德博士进行的另一项心理学实验，再度说明了一种控制行为的方式，它似乎也表明，人是不自由的（5）。在这项实验中，五名参与者分别坐在紧邻的隔间里。每个房间中有一个带有按钮和灯的控制面板，参与者要根据投射到面前的墙上的物体回答一些问题，并通过按钮来做出判断。信号灯可以表示其他四名参与者对同一问题的判断。实验者用A、B、C、D、E对参与者进行编号，并让参与者按照字母顺序作答。参与者在进入隔间后才知道自己的编号，每个人都发现自己的编号是E。在实验过程中，他们不可以交谈。

实际上，每个隔间中的信号灯是由实验者控制的，它们并不表示其他四名参与者的判断。在某些关键的项目上，实验者希望施加团体压力。参与者看到其他四名参与者所做的选择都是相同的，但却与正确的答案相差甚远。参与者面临着自己的决定与团体其他成员的一致意见相冲突的情况，他是坚持自己的意见还是向其他参与者的意见妥协？例如，“下面两个不规则的图形哪个更大，X 还是 Y ？”参与者明显看到 X 比 Y 更大，但是信号灯却显示，其他四名参与者的答案都是“Y 更大”。现在轮到他做决定了。他会如何反应呢？他会按哪个按钮？克拉奇菲尔德的实验结果表明，在刚才的情境下，大多数人会放弃自己真实的判断和想法，而遵从其他人以“达成一致”的意见。比如，一些高水平的数学家竟然在一些很简单的数学题目上出错，这些答案是他们在正常情况下绝不会出现的。

这个例子再次证明，个体行为会受到外部刺激的影响。在这个例子中体现的是社会刺激，人并没有决定自己行为的自由。这同时也支持了斯金纳在《沃尔登第二》一书中的男主角所言：

> “对于人格的设计你有什么意见？你对此感兴趣吗？你认为人的脾气是否能够控制？只要你说出想要什么样的人，我就可以给你什么样的人！我们希望通过控制一个人的动机或兴趣，从而可以让他更成功，你觉得这个想法怎么样？这看起来是不是异想天开？目前确实有一些可以使用的技术，并且更多的技术会在今后通过实验开发出来。想象一下那种美妙的前景吧……我们可以控制孩子的生活，并把他们塑造成我们希望的样子！”（4，p.243）

前段时间，我在西海岸一所大学访问，在那里的所见所闻进一步证明了人的不自由。有些心理学家正在研究团体对个人行为模式的影响。四名男性参与者围坐在一张桌子前。每个人面前都有一个灯泡，这个灯泡的亮灭只有自己能看见。研究者让参与者围绕某个论题展开讨论，并留意在讨论中那个最不活跃、也就是从未居于主导地位的参与者。接下来开展实验的第二部分，研究者会给最不活跃的参与者一张纸，纸上说有专家会对讨论过程进行监听和观察，当这些专家认为他的发言有足够的说服力时，他面前的灯就会亮一下。这样他便能判断自己的发言是否充分有力。其他四名较为活跃的参与者也会有相似的指导语，不同之处在于，当他的发言没有说服力时，面前的灯会亮一下。接着研究者会让他们换一个话题进行讨论，指导语是半个小时之后要就这个问题给出结论。现在，每当不善言谈的参与者发言时，他面前的灯都会闪；其他人面前的灯也会闪，但传达的意思却完全相反，意味着他们的发言没有说服力。在持续半个小时的条件作用之后，那位原本害羞的参与者俨然成为整个小组的领导者。之后讨论又持续了半个小时，这期间所有参与者的灯都不再闪烁，但这个参与者依然很活跃。参加实验的四名参与者分别是三名成熟的科学家和一名年轻的研究生。在第一阶段，这名研究生在讨论中几乎没有起到什么重要的作用。但是在实验的第二阶段，也就是他面前的灯不断闪烁时，他变成了小组里的明星。在讨论结束时，实验者要求一名参与者对讨论结果进行总结，一位年长的参与者对那个年轻的研究生说："你为什么不总结我们的讨论成果呢？你是最合适的人选。"这个实验中的参与者像是实验者操纵的木偶。这再次说明，人的行为就像木偶一样被实验者操纵，好像并没有所谓的自由。

另一项以老鼠为研究对象进行的实验再次证明，科学家能够在多大程度上对研究对象的行为进行控制。几年前，詹姆斯·奥德斯博士把微小的电极安置在实验老鼠的脑隔区（6）。当这些老鼠用爪子按压笼子里的杠杆时，它们的大脑就会受到一次电击。如果将电极放在老鼠的特定脑区，电击会刺激老鼠产生快感，这种快感是对老鼠的一种奖赏。这时，研究者发现，老鼠会疯狂地持续按压杠杆，直至精疲力尽。这种主观体验给老鼠带来极大的满足，以至于它们不愿做出其他行为。甚至在精疲力尽之后，经过短暂休息或少量进食，它们又继续这种行为。在其中一项实验中，老鼠一天 24 小时都在持续这种行为，连续保持了 3 周。令人惊奇的是，这种疯狂的行为似乎并没有对老鼠造成任何身体或心理上的伤害。于是，人们产生疑问，如果这种事情发生在人类身上，会出现怎样的结果？现在，为了医学研究的目的，研究者不仅把动物作为实验对象，也已经开始将这种电击应用到人类的大脑。显然，研究者在实验过程中，无法像对待动物那样完全控制人类的行为。但是，我们可以知道，当把这种微小的电极放置在人脑的特定区域时，会引发人们产生高兴、愤怒、恐惧，甚至是极端痛苦等情绪。

从上面的实验中我们可以清楚地看到，人就是一部机器——一部复杂的机器，更确切地说，是一部容易受其他因素影响的机器。人类的行为是否真的可以像《沃尔登第二》这本书中所描述的，受到操作性条件作用的控制？我们的行为是否会被一些社会压力以某种隐形的方式所强化？我们是否可以被大脑上的电极所控制？很显然，科学正在使我们变成客体，这些科学的目的似乎不仅是理解和预测，而且还有控制。因此，似乎很明确的是，再也没有什么概念比"人是自由的"更不符合事实了。我们是机器；我们是不自由的；我们不能致力于任何有意义的事情。我们只是被各种外在因素有意或无意地控制着。

个体是自由的

我对以上的例子中所显示的科学进步印象深刻，我认为那是天才的科学家们执著于探索和深刻洞察，为人类行为研究做出的贡献。他们的努力极大地丰富了我们的知识。然而，我认为他们遗漏了一些很重要的东西。让我根据我的治疗经验以及源自课堂的经验来说明这一点。

我想起了在一家州立医院工作时曾经治疗的一位精神分裂症患者。他是一个不善言谈的人。在一个小时的谈话中，他只是简单地提起最近康复出院的几个人，在剩下约 40 分钟的时间里一直保持沉默。在起身离开的一刹那，他屏住呼吸小声咕哝了一句："如果他们能够做到，也许我也可以。"这就是他全部的话，不是什么激动人心、充满力量的慷慨陈词，只是一个年轻人想通过自身努力康复出院的简单表达。8 个月过后，他真的通过自己的努力康复出院了！我相信，做出这种需要自己承担责任的选择是心理治疗中最深入的方面之一，也是促使最稳定的人格发生改变的重要因素之一。

我还记得另外一个年轻人，她是个女研究生，深受心理问题的困扰，已处于精神崩溃的边缘。我与她面谈过几次，发现她对那些没有满足她要求的人非常刻薄。最后，她总结道："既然环境如此，我只能依靠自己了。我的意思是，很显然，我不能依赖其他人给我想要的教育。"然后，她又轻轻地说："只能靠自己去争取。"她继续探索这一重要而负责任的选择。她发现这是一种艰难的经历，甚至让人感到恐惧，但这同时也是一股强大的力量。虽然她仍旧感到孤独，缺乏支持。她最后补充道："我要去做我认为自己应该做的事"。令人欣慰的是，她做到了！

我还可以列举出更多的例子。有一个年轻人谈到他的一生都被父母毁了，最后他得出结论："既然我已经看清了这一点，以后的生活我要自己主宰。"或许，为了最清楚地表达自由和负责任的选择的重要性，我应该引用一个忍受巨大痛苦和折磨的病人曾经说过的一句话，这个病人曾三次因精神问题住进州立医院进行治疗。他最后一次住院持续了两年半，也正是在那时，我开始对他进行治疗。我认为，他的病情逐渐得以好转，完全依赖于他在访谈中感到极度困惑时说出的那句话。他说：“我不知道我想要做什么；但是我会认真去做。”而对于我来说，这句话最有价值。

《大卫与丽莎》是一部几十年前拍摄的电影，它准确地阐释了我正在讨论的问题。大卫是一名患有精神分裂症的青少年，当与别人发生触碰时便会惊慌失措。别人的触碰会令他产生“触碰伤害”，他非常害怕和别人保持任何可能导致亲密接触的人际关系。但是在影片结束时，他做出了一个勇敢的、积极的决定，就像我前面所描述的。女主人公丽莎是一个生活在自我封闭世界中的女孩，大卫尽自己的努力去帮助她。最初，他是用一种理性和轻蔑的态度对待她，但是随着交往的深入，他逐渐用一种更温暖、更个人的方式来帮助她。最后，在影片的高潮部分，他对丽莎说：“丽莎，请握住我的手吧。”尽管说这句话时他的内心充满着冲突和恐惧，但他还是选择放弃了不与别人接触的“安全”世界，勇敢地进入真实的人际关系世界。在这个世界中，他要与别人进行真实的和象征性的接触。我相信每个普通人都会为之动容。也许，行为主义者会试图将大卫向丽莎伸出手的行为解释为外部行为不断强化的结果。我认为，这种解释既不准确也不充分。只有理解选择本身的意义，才能更好地理解行为。

犹如健康个体在发展过程中需要选择一样，学生在课堂上需要做出选择也十分重要。如果一个孩子的全部生活都被别人所控制，那么控制就会成为教与学中的驱动力。该教哪些内容以及以什么样的方式来教，都会成为一个控制问题。孩子们在学校度过 13 年被控制的学习生涯之后，当他 18 岁时，突然有了选择的自由。而他们对这突如其来的自由几乎没有任何经验可以借鉴。如果说经验是最好的老师，那么对于我们学校中太多的孩子而言，选择和自由都是非常陌生的事情。

一位同事曾经给我分享了一次经历，这是他与一位在公立学校从事学生心理咨询工作的临床心理咨询师的谈话。这位心理咨询师参加了一系列主题为“提高中学生学习气氛”的活动。六年级的教师们谈论和分享了一些案例，都是他们努力让学生参与课堂决策，并创造了一些让青少年表达感受的有效途径。教师们还对课堂选择的重要性进行了讨论。教师们探讨了学生该如何从一大堆课题中选择自己感兴趣的内容进行研究，以及学生如何与教师共同完成教学任务。比如，学生们以小组为单位，对要研究的学科领域准备一堂微型课，并通过多媒体向全班同学进行展示。教师们关于这种新颖的合作学习的讨论是激动人心的。在活动结束时，一位参加会议的学校心理咨询师说，这次会议给他带来很大的启发。因为在这之前，他听到的都是让学生自己选择会存在哪些问题以及带来哪些负面影响。他说："通常情况下，他们交给我一个学生，然后说，'他有心理问题，请你矫正过来'。"他也意识到，教师与学生共同创造健康学习环境的重要性，这样可以避免学生出现如经常向他寻求咨询的那些心理问题。教师通常没有接受过专门的咨询训练，但是只要他们能够创设一个支持的、关爱的学习环境，需要接受心理咨询服务的学生就会大大减少。这样，心理咨询师便有充裕的时间去帮助那些最需要帮助的人。

我再来讲一个小故事，它足以证明自由选择在课堂中的作用。一位名叫德克斯特的学生，已经在六年级留级两次了。他由于缺课太多，所有科目都不及格，学校安排他到一个新老师任教的班级上课。仅过了一周，老师便发现，德克斯特很聪明，也很能干，但有时会扰乱课堂秩序。经过几次谈话，德克斯特告诉老师，他为自己不能和同龄伙伴一起升学感到羞愧，而且不想再重读六年级。老师问德克斯特，他是否愿意努力学习，在图书馆、学校或家里将落下的功课补上。德克斯特回答道："我必须努力，我再也不能原地踏步了。"听完这句话，老师制定了帮助德克斯特升入七年级的详细的学习合约。这份学习合约得到了校长的认可，然后由这位教师和德克斯特签字执行。德克斯特只用了 7 周便完成了学习任务，升入七年级，他只是得到了一些辅导而已。此后，德克斯特的学习成绩一直优秀，而且还经常帮助其他学生学习。如果当初德克斯特继续逃学，那么后果只有一个——辍学。但最后，他本着对自己行为负责的态度，将自己从辍学的边缘拉了回来。

你从本书的前几章中了解到，有些学生在学校获得了自由和选择的权利。但是，也有许多学生过早地选择了自由，不幸的是，他们选择的是辍学。在许多情况下，很多年轻人认为，这是他们表达自己需要自由和选择权的惟一方式。并不是所有的学生都能做出像德克斯特那样的选择。

我列举这些例子，旨在证明，如果我们忽视了自由和负责任的选择对来访者、教师和学生的重要性，那么，对于发生在心理咨询和学校教育中的积极变化将无从解释。我相信，自由选择是导致变化发生的最深层次的原因之一。

自由的含义

如前所述，目前科学占据着优势地位，我们如何能奢谈自由呢？从何种意义上说，来访者、教师和学生是自由的呢？又该从什么意义上讲，我们每个人是自由的呢？在现代社会，自由的定义又可能是怎样的呢？

让我试着给自由下一个定义。首先，我所说的自由，从本质上讲是人的一种内在的东西；而不是人们常说的“有多少种可供选择的事物或出路”那样的外部因素或条件。我所说的自由是维克多·弗兰克尔描述其集中营经历时所说的那种自由。在集中营里，犯人的一切都被剥夺了，包括财产、地位和身份。尽管他长年累月地处于这种环境，但也只能表明：“一个人所有的东西都可被拿走，但有一样东西永远也不会被剥夺，这最后的东西就是人的自由——在任何环境下都有选择自己态度和道路的自由。”（7）我所说的这种自由是内在的、主观的和存在的自由。这种自由意味着：“此时此地，我依靠自己的选择生存。”这种自由鼓励个体有勇气迈进自己选择的未知天地；这种自由就是发现个体自身内在的意义，这意义来自于敞开心扉仔细倾听自己内心的复杂感受；这种自由就是勇于对自己做出的选择承担责任；这种自由使得人们在生活过程中不断地重新认识自我，每个人都是一个过程而不是静止的最终产物。一个人有时会很幸运，拥有千百个可供选择的外部机会，有时又可能毫无选择的余地。但这些都不能妨碍他进行深入、勇敢的反思，成为独特的、负责任选择所成就的自我。但不论怎样，他的自由仍然存在。因此，我们说，自由是源自个体内部的东西，是现象学的自由，而非外部的事物。无论如何，这种自由都值得珍视。

给自由经验下定义的第二点是：它与因果序列的心理世界并不矛盾，而是这种世界的补充。自由曾被严格地理解为人对其既定人生序列的一种实现。自由的人自愿地、自由地、负责任地在一个领域中扮演重要的角色，所有事件都是由其自发的选择和意志来决定的。

我所理解的这种自由以一种不同于既定因果序列的方式而存在。我把它看作存在于主观个人内在的自由，一种有勇气活出自身潜力的自由。这种自由与行为主义者对人类的描述截然相反，我在下面将专门讨论。

自由创造差异

说来也奇怪，这种自由感觉的重要性竟得到了科学证据的支持。比如，我在前面介绍的克拉奇菲尔德进行的研究（5）。在极端的环境下，几乎所有参与者都在一定程度上屈服于团体压力。但是，个体之间存在很大差异。研究表明，人格特质是一个明显的影响因素。例如，容易屈服、赞同和顺从的个体——那些容易被控制的人——通常不能有效地应对压力；而那些具有叛逆精神的人，即使处于冲突情境下，也不会变得惊慌失措。顺从者更倾向于宣称自己感到自卑或能力不足，而那些不屈服压力的人则自信和有胜任感。后者拥有更加独立自主的思维，对他人的态度能够做出更准确的判断。

最重要的是，顺从者，也就是那些屈服的人，在情绪加工过程中缺乏开放性和自由。他们的情绪受到限制，缺乏自发性，倾向于压抑自身的冲动。相反，不顺从者，即那些自己做决定的人，更加开放、自由。他们富有表现力、率性自然、不虚伪、不造作。顺从者往往对自身的动机和行为缺乏认识，而独立者则对自身有着清晰的认识。

克拉奇菲尔德进行的研究有什么意义呢？它似乎说明，一个内心自由、对自身经验保持开放的人，一个拥有自由和能负责做出选择的人，更不容易受环境所控制，而缺乏这些品质的人则更容易受制于其所处的外部环境。

另外一个有关这方面研究的例子与我密切相关，并在此后若干年内对我产生了决定性影响。多年前，一个学生在我的指导下做毕业论文，他选择研究的是预测男性青少年犯罪行为的因素。他对每个少年犯的家庭心理环境、教育经历、邻里和文化影响、社会经验、健康史以及遗传背景都做了细致客观的评定。研究者运用连续评定量表测量这些因素对儿童健康成长的影响程度，连续量表的一端代表该因素最不利于儿童的幸福和健康成长，另一端则代表最有利于儿童的健康成长。之后，他又增加了“自我理解程度”这个因素，并对其进行了评定。他觉得，尽管它不是主要决定因素，但可能有助于预测将来的行为。这个因素本质上是考察个体对自身以及所处环境的开放和接纳程度，个体是否在情感上接纳自我与周围环境。

这项研究以 75 个少年犯为对象，将上述评定与两三年后对他们行为和适应状况的评定进行比较。研究的预期是，家庭环境和与同伴的社交经验，应该是对后继行为最有力的预测因素。然而，出人意料的是，研究结果表明，“自我理解程度”却是最好的预测因素，它与后继行为显著相关。而与同伴的社交经验和后继行为的相关系数为 0.55，家庭环境与后继行为的相关系数是 0.36。对于这一结果，我们并没有简单地相信，而是暂时搁置直到其能够被重复验证。后来，我们以另外的 76 人为对象进行重复研究，前一项研究中所有实质性的发现都被再次证实，尽管这回没有对我们造成那么大的震憾。而且，即便进行更细致的分析，这些结果依然成立。如果我们把那些出生并一直生活在最不利家庭环境中的少年犯抽样出来分析，得到的结果依然如此,即对他们自己及其所处环境的理解程度能更好地预测其后继行为，而其所处的不利家庭条件并不是最有力的预测源（8）。

后来，我慢慢意识到这一研究的重要意义。我逐渐认识到个体内在自主性的重要性。那些能更清晰地认识自我和所处环境的人，以及能为自我和所处环境承担责任的人，与那些只是任由外部环境摆布的人之间有着极大的差异。这种差异清晰地显现在个体行为的所有重要方面。

承诺的出现

至此，我主要谈论的是自由。那么，关于承诺呢？毫无疑问，当下这个时代的弊病是缺乏目的，缺乏意义，缺乏承诺。关于这些，我又能说点什么呢？

我十分确定，正像我前面提过的例子那样，在治疗和其他学习环境中，个体对生命目的和意义所作的承诺是影响改变的重要因素。只有当一个人决定“我是个有价值的人，我要有价值地活着，我要努力做自己”时，改变才有可能发生。

在莱斯大学一次有趣的座谈会上，西格蒙德·科赫博士描述了科学、文学、艺术中正在经历的变革，在这些变革中，承诺感在被长时间忽视之后，再度备受瞩目。迈克尔·波拉尼博士的观点也从某种程度上阐述了承诺感的意义。波拉尼博士是一位科学哲学家，之前是物理学家，关于科学的本质，他提出了自己的观点。在他的著作《个人知识》中，波拉尼明确表达了这样一种观点：科学知识也是个人化的，是个人所信奉的知识。我们不能想当然地认为，科学知识是超越个人的客观存在，与发现者无关。相反，科学的每个方面都渗透着个人承诺。波拉尼的观点有力地证明了一点：在科学研究中将个人因素完全排除是不现实的。我认为，根据波拉尼的判断，逻辑实证主义以及所有的当前的科学结构都不能改变这一事实：所有的知识都是不确定的，其中都蕴含着风险，只有研究者本人带着强烈的承诺开展深入而严谨的探究，才能真正理解和掌握它。

下面这段引文也许能让我们更准确地理解他的思想。当谈到科学巨人时，他说道：

> 因此我们可以看到，开普勒和爱因斯坦都凭借着求知的热情和内在的信念探究大自然。热情既是成功的源泉，也是犯错的祸根。这些热情和信念是他们自己的、个人化的；尽管他们认为这些东西是有根据的、具有普遍性的。我相信，他们有能力循着这样的热情和信念走向成功，当然不能排除他们也可能会被误导。如今，我个人接受他们的工作成果，同时也受到类似的热情和信念的指引。这次轮到我认为，我的冲动是有根据的、具有普遍性的，即使我必须承认它们有可能是错的。（9）

由此可见，这位现代的科学领域的哲学家认为，个人承诺是科学惟一的立足之本。而 40 年前的逻辑实证主义认为，知识是客观的、非人性化的。这两种观点截然相反。

关于承诺在心理学中的含义，我还想多说一些。"承诺"这个词的表面含义是，个体在有意识的选择下，主动投入到某一行动或其他事务之中。我认为，承诺的含义远非如此，它还有更深层次的内涵。承诺是整个有机体的指向，不仅包含意识层面的心智，还应包含有机体的整体方向。

根据我的判断，承诺是个体从自身内部发现的。它是对一个人整体反应的信任，而不仅局限于个人心智；它与创造性紧密相关。爱因斯坦便是一个有说服力的例子，能够很好地证明"承诺"是整个有机体的反应。在爱因斯坦提出相对论时，他的头脑中并没有明确的目标。马克斯·惠特海默引用爱因斯坦的话说：

> 在过去的这些年，我一直有一种直接通向某些具体东西的指向感觉。当然，我很难用语言来表达这种感觉，但是它确实存在，而且我能明显地感到，它与在得到解决办法之后形成的那种理性形式的考虑明显不同。（10，pp.183—84）

因此，承诺不只是一项决定。它是正在探寻在其内部出现的方向的个体所具有的一种功能。克尔凯郭尔曾经说过："真理只存在于使其成为真理的这一转化过程之中。"（11，p.72）正是这种个体通过行动对试验性的个人真理的创造，才是承诺的本质。

当个体以整合的、整体的、统一的状态发挥功能时，他们就会在这样的承诺中获得最大的成功。他们越能以这种整体的方式发挥功能，对自己无意识选择的方向就越有信心。他们会对自己的经验产生信任感，即使这些经验只在其意识觉察中瞬间一现。

沿着我所描述的方式思考，显而易见，承诺是一种成就。它是一种有目的、有意义的方向，个体只有通过越来越靠近自己的真实体验才能逐渐达到这一方向，并且在靠近的过程中，无意识的倾向与有意识的选择同样受到重视。这就是那种我相信个体能够朝着它移进的承诺，是功能完善地活着的一个重要方面。

不可调和的矛盾

很显然，我给出了两个存在很大分歧且互不相容的观点。一方面是现代行为科学和现代生活的其他势力所持有的观点，认为人是不自由的，是受外界控制的，诸如目的、选择和承诺这样的词语没有任何意义，个体仅仅是一个能被完全理解和控制的客体。这一观点的实际应用已经取得巨大成功，而且其前进的步伐仍在继续加快，对这一观点提出任何质疑似乎都成了异端邪说。

但是，就像波拉尼博士在另一本著作中所述的那样，科学教条也会出错（12）。他写道：

> 在那些违背宗教教义的观点必须保持沉默的年代里，神学是谬误最大的来源。但是时至今日，当任何人类的思想都可以通过给它贴上"非科学"的标签而使之名誉扫地时，当年由神学所掌握的权力便传给了科学；因此，科学也就成了错误的最大来源。

因此，我要鼓起勇气，反驳把个体看作"不自由的客体"这种观点，而且有来自治疗、学校、主观生活以及客观研究的证据支持。这些证据表明，个人自由和责任意义重大；没有个人自由和责任的生活是不完整的；自我理解和负责任的选择对个体的行为造成显著和巨大的差异。在这一背景下，责任与承诺的确是有意义的。承诺是个体以靠近和接纳其生活中的各种趋势（无论是有意识的，还是无意识的）为基础，出现和改变个体的总体方向。除非个体和社会能够建设性地运用自由和承诺，否则在我看来，人类就是在和命运作对。

上述矛盾该如何解决呢？对我而言，我更愿意将它视为一个深刻而持久的悖论。尽管悖论经常让人感到很挫败，但是对它的探索仍然能结出丰硕的成果。在物理学领域存在一个悖论，即光既是波运动的一种形式，又具有粒子的特征。波理论和粒子理论相互矛盾。这一悖论似乎互不相容，但即便如此，在这一基础上，物理学仍然取得重要的进展。

哲学家弗里德曼认为，在面对哲学上有关意义的问题时，我们需要怀有这样的观点。他说：“今天，就算真的有‘意义’存在，也只能靠人们有这样一种态度才能找到：他们愿意与荒谬共存，就是对那些他们从未希望搞明白的神秘事物也能持开放的态度。”（1，p.468）我也坚信，我们必须对神秘和荒谬保持开放的心态。下面，让我用一种矛盾的形式来谈谈我所讨论的整个主题：一方面，人类是一部复杂的机器，现代生活的一部分便是面对矛盾。研究者们每天都在为更精确地理解和控制一个被我们称为“人类”的客观机器而努力。另一方面，我们存在的另一个重要维度则是，人主观上是自由的；我们的个人选择和责任塑造着我们的生活；实际上，我们每个人都是自己的缔造者。我们存在的核心价值，正是用我们所有的存在，去发现我们自身对生活的有意义的承诺。

如果对此你的反应是：“这些相互矛盾的观点不可能都为真。”那么，我的答案是：“对！这是一个深层的悖论，而我们必须学会与之共存！”

对矛盾的修正

自从写下这些文字之后，科学家们走了很长的路来认识机械主义世界观的缺陷，以及行为主义所依赖的线性因果科学的不足。宇宙似乎比它看上去更加神秘莫测，而且我们发现，一些著名的物理学家用古老东方的宇宙观作比喻——宇宙总是处在变动不居的状态。关于本章所讨论的问题，我想引用理论物理学家卡普拉的一些话来说明。很多科学家或者科学领域的哲学家也持有相同的观点。

下面是卡普拉关于现代世界观的讨论，其中包括他论述狭隘因果关系科学消失的一些观点：

> 因此，宇宙可以被体验为一个动态的、不可分割的整体，这个整体在本质上也包括观察者在内。在这种体验下，传统的时空观、孤立的客观概念以及因果论便都失去了意义。然而，这一体验却与东方神秘主义非常类似。（13，p.81）

卡普拉对选择的问题也进行了思考："活着的有机体是一个自组织系统，这意味着它的结构和功能的秩序不是外界强加的，而是由系统自身所建立……"生命系统与外界环境不断互动，"但是这种互动并不决定有机体的组织。"卡普拉继续说：

> 自组织系统的相对自主性使人们对"自由意志"这一古老的哲学问题产生了新的认识。从系统论的观点看，决定论和自由论都是相对概念。从系统独立于外界环境的角度看，它是自由的；从它与外界环境不断互动的角度来看，它的活动又要受到外界环境的影响。有机体的相对自主性随着自身的复杂性而增强，在人类身上达到顶峰。
>
> 这种自由意志的相对概念，似乎与传统的神秘主义观点相一致。传统的神秘主义提倡其追随者超越孤立自我的观点，号召人们认识到我们是宇宙不可分割的一部分。传统观念的目标是彻底地抛弃所有的自我感觉，个体与整个宇宙融为一体。一旦达到这种状态，关于自由意志的问题似乎就失去了意义。如果我就是宇宙，就不会再有"外界"的影响，而我所有的活动都将是自发的、自由的。（14，pp.269—70）

物理学家斯蒂芬·霍金是《时间简史》的作者，他说，现代理论认为，要么有多个宇宙，要么只有一个存在许多形态的大宇宙。基于最有力的证据，宇宙是混乱不规则的，而不是平稳的。然而，我们把自己所处的这部分宇宙——地球——看作是平稳的。只有这块平稳的宇宙能维持生命，"我们就以宇宙存在的方式接受它"（15，p.124）。也许随着我们对自身的了解不断深入，关于自由的悖论就会少些混乱，多些“平衡”。

回顾一下我在本章前面所作的论述：“自由的人自愿地、自由地、负责任地在一个领域中扮演重要的角色，所有事件都是由其自发的选择和意志来决定的。”于我而言，卡普拉和霍金的论述给这种观点增添了更加丰富的意义。可以确定的是，基于心理治疗经验建立的观点，与基于实验和数学的理论物理学的观点是平行的。我们的自由的矛盾性质依然存在，但它是一种植根于宇宙本质中的矛盾。

第 16 章

目标：功能完善的人

◆

人们奋斗的目标是什么？在家庭、学校和社会生活中，为什么我们都渴望成为最好（无论我们怎样给这个词下定义）？我认为，这是因为我们都希望发展人的最好的一面。然而，这一目标的准确定义到底是什么，却很少有人能够给出清晰的观点。我们到底希望自己成为什么样的人？*

多年以前，我曾经试图对这一问题给出自己的答案（1）。可以说，本章内容是在临床观察的基础上得来的。在我看来，最好的教育所塑造出的人与最好的心理治疗非常相似。在心理治疗中，一些心理学家会帮助来访者打造一把打开自己心灵之门的钥匙，从而能够更好地理解自己。有一些心理学家会给你一把打开心灵之门的钥匙，还有一些心理学家会告诫你打开心灵之门有多么重要。在教育过程中教师作为促进者，其理念和角色也应当是一把钥匙，旨在塑造功能完善的人。实际上，在考虑这个问题时，教师和教育工作者们如果能够跳出学校这一情境，或许会得到意想不到的收获。这会让他们在我描述的情境中，更加清楚地看到哪些观点是自己赞

---

* 在人本主义疗法的讨论中，性别是以“她”与“他”的转换来提供平衡的。

同的，哪些是自己反对的。

我认为每个人都可能会在某个时间思考过一个问题，一个最理想的人应该具备哪些一般特征。如果在促进个体的成长和发展过程中，教育真的能够完全达到理想中的效果，将会培养出什么样的人呢？或者拿我最有经验的领域来说，在心理治疗过程中，如果咨询师向来访者提供了最佳的治疗，能够将其转变成为什么样的人呢？心理学上的成长和发展的假设终点是什么？接下来，我将从心理治疗的角度来讨论这个问题，但是，我相信从中得到的答案应该也适用于学校、家庭等其他各种以人的建设性发展为目标的情境。

现在提出的问题是：目标是什么？什么是最理想的人？我常常会问自己这些问题，并且对科学界现在的主流答案越来越不满意。这些答案难以捉摸并且太过于相对化，所以对正在发展中的人格科学没有多大的价值。我认为，这些答案还常常隐藏着一些偏见，难以令人接受。人们普遍持有的一种观念认为，那些接受了完全治疗或者心智完全成熟的人，就是适应现实社会的人。但是，适应的是什么样的社会？这个社会有什么样的特征？是任何一种社会吗？我不能接受这一观点。在大多数心理学著作中也隐含着*成功治疗*的概念，它指的是一个人原本被诊断为心理异常，接受治疗后恢复了正常。但是，大量的证据表明，诊断分类很难达成一致，结果就是诊断分类作为科学概念失去了实际意义。而且，即使一个人恢复了正常，就是心理治疗的最佳结果了吗？此外，近年的经验也使我对现有的诊断分类产生了怀疑，诊断专家们将*精神病理学*看成一个方便的篮子，把最难以治疗的人格特质都扔了进去，可事实或许并非如此。由于以上以及其他的原因，把诊断上的改变作为对治疗效果的描述并不能令人满意。

在这个领域中还有另外一个比较流行的概念：*心理健康*。拥有最佳心理成长状态的人被认为心理是绝对健康的。但是心理健康又是如何定义的呢？如果由美国著名的门林戈尔诊所和人类研究中心分别对心理健康进行定义，结果恐怕会大相径庭。可以肯定的是，在集权主义国家，这个概念又会有另一番完全不同的定义。

这些问题时常困扰着我，促使我开始思考，那些完成了心理治疗且治疗又极其成功的人具有哪些特征。我愿意与大家分享自己对这个问题思考的结果。我希望能得到一个治疗上的概念，定义什么才是最理想的心理治疗最终结果，事实上也是最理想的教育的最终结果。我希望给出的答案能够避免出现上述错误，对这一概念终会给出一个操作性定义，并能接受客观的检验。

问题提出的背景

在开始必须要说明的是，我阐述问题的背景是“来访者中心”或“以人为中心”心理疗法。所有成功的心理治疗可能会产生类似的人格特征，我曾经一度也如此认为，但现在却逐渐产生了怀疑，因此，我希望缩小思考的范围。所以在描述中我假设的是一个虚构的人，这个人在以来访者为中心的心理治疗过程中拥有透彻和丰富的经验，并且治疗过程是理论上所能达到的最佳方案。这就意味着，这位治疗师与来访者建立了紧密的个人关系，这种关系是发自内心的，而不是单纯的科学家和研究对象之间的关系，也不是医生与病人之间的诊断与治疗的关系，是最纯粹的人与人之间的关系。这意味着无论来访者有什么样的境遇、行为和情绪，治疗师都能够无条件地将其视为一个有自尊和有自我价值的人。这还意味着治疗师能够设身处地地理解来访者，在这个关系的每时每刻，没有内在的障碍可以阻碍他感受来访者的感觉，并且他还能够向来访者传递一些自己对来访者同理心的理解。这意味着治疗师即使在没有确定最终的治疗方向时，仍然可以放松且充分地沉浸在这种治疗关系之中；同时他也向来访者提供了令人满意的氛围，在这种氛围中来访者可以自由地成为他自己。

对来访者而言，最佳的心理治疗意味着，对自己越来越古怪、危险和无法理解的感受进行自我探索；只有当来访者意识到自己被无条件接纳时，才有可能对自我进行这种探索。因此，他开始熟悉其经验中的一些要素，可这些要素在过去却是被他否认的，因为当时他觉察到这些要素对自我结构的威胁和伤害太大。来访者发现自己在与治疗师的关系中完全地、完整地体验着这些感受，因此，那一刻他就是他的恐惧、他的愤怒、他的脆弱或他的力量。当他在所有的强度上经历了这些复杂的感受，他发现他已经经历了他自己，他就是所有这些感受。他发现自己的行为正发生着建设性的变化，与重新认识的自己相一致。他逐渐领会到，自己不再需要害怕他会持有这些经验，反而可以自然地接受它，并将其视为自己改变和发展自我的一部分。

对“以来访者为中心”疗法的扼要描述可能是最适宜的。我放在此处只是想表明我的主要关切：作为这种经历的结果，来访者将发展哪些人格特征？

人在接受心理治疗之后的特征

那么，最理想的心理治疗的终点是什么，或最大极限的心理成长的终点又在哪里？下面我就在临床经验和研究思考的基础上来回答这个问题，并且假设是在最理想的情况下，也就是说治疗过程是最有效的，来访者会转变为什么样的人。当我在思考答案时，答案的描述对我来说是一个完整的体系，但是为了更清晰地进行表述，我将其分为三部分。

1. 对自己的经验保持开放。对我来说，这句话的意义逐渐变得明确。自我防御与开放是完全对立的两个极端。自我防御在心理学上是指有机体对与自我结构不一致的经验的反应，这种经验可以是感知到的，也可以是预期的。为了保持原有的自我结构，这些经验在意识中被赋予了歪曲的象征意义，以此来减少这种不一致性。因此，对任何可能改变自我概念的威胁，个体都会采取防御策略。

然而，如果是一个对自身经验保持开放的人，每个起源于有机体内部的或来自于外部环境的刺激，都会通过神经系统自由地传递，而不会受到防御机制的扭曲。不需要靠潜知觉机制来为有机体可能遭到任何经验威胁其自我结构作预警。相反，无论刺激是来自于环境中形状、颜色或声音的组合对感觉神经的影响，还是来自于过去的记忆痕迹，或是来自恐惧、喜悦或沮丧带来的生理反应，这样的人都能够坦然接受它，让它处在完全可觉知状态。

或许通过一个面谈记录来阐述这个概念可以使其更加生动。在下面这个例子中，来访者是一位年轻的专业技术人员，他在第 48 次面谈中报告，自己对一些身体感知和情绪更加开放了。

来访者：恐怕并非任何人都能感受到我发生的所有变化。但是，最近我确实觉得自己变得更加尊重自己的身体构造，也能更客观地看待它。我是指现在的我不会对自己有过多的期望。事情是这样的：每次吃过晚饭后我总是会感到很疲惫，过去的我一直在刻意地抗争。但是现在我很确定的是，我确实感到累了，这不是我的过错，只不过是在生理上处于低潮期。我过去似乎一直在责怪自己出现这种疲惫感。

治疗师：所以你就安心让自己有疲惫的感觉，而不是一味地批评这种感觉。

来访者：是的，过去我总是有“自己感到疲惫是不应该的”诸如此类的想法。现在看来，可能有一种不错的、意义深刻的方式，即我不再与这种疲惫感抗争，而是顺着它，使自己慢下来，所以疲惫也不是一件非常可怕的事情。为什么自己会有原来那样的处理方式，或许我也能找到一点儿线索，因为我的父亲就常常采用这种方式，他看待这些事情的态度也是这样的。比方说，如果我病了，并且向家人说了，我的父亲显然想为我做些什么，但同时他也会说：“噢，我的天啊，又多了个麻烦。”事情就像这样，你懂的。

治疗师：好像生病确实会有一些很烦人的地方。

来访者：是的，我可以确定我的父亲也是像我这样不尊重自己的生理机能。去年夏天，我不小心扭伤了背，我甚至听到背部啪啪作响。起初，那儿一直在疼，非常疼。后来我让医生检查，医生说其实伤得并不严重，只要我弯腰别太厉害，它会自己好的。你看，这已经过去好几个月了，到现在我还这么小心着，烦死了，这是真的疼，它一直就在那儿，不是我的错，我的意思是说……

治疗师：这并不代表你有什么不好……

来访者：是这样。我这么容易感到疲惫，可能就是因为这种持续的紧张等类似的原因造成的。我已经和一位医生约好再对背部进行一次检查，拍个 X 光片什么的。某种程度上，我猜你可能会觉得我只是太敏感，或是对这类问题敏感。我能确定地说，这还影响到了我吃什么，吃多少。像我刚才说的那样，这真是一个深刻的变化。当然，我与妻子和两个孩子的关系——即使你能够看到我的内心，你还是无法说清楚它——就如你和你妻儿的关系一样。我的意思是，似乎没有任何事情比真实和真诚更美好了，你可以真实地感到自己对孩子的爱，同时还得到孩子的爱。我不知道该如何表达我的这种感受。我们越来越尊重朱迪，我们两个都是如此。自从我们参加这次治疗以来,我们注意到在她身上发生的巨大变化，这真是美好的、意义深远的一种东西。

治疗师：在我看来，你在说自己能更准确地倾听自己了。如果你的身体说自己累了，你会倾听它、相信它，而不是批评它；如果身体感到疼，你也会听从它;如果感情上确实是爱自己的妻子和孩子，你也能够感觉到，并且你的爱似乎也给他们带来了不同。

上面是一小段但却很有代表性的摘录，你可以从中明白我所说的“对经验的开放”究竟是指什么。之前，这位来访者并不能自由地感受疼痛和疾病，因为对他来说，疾病是不能接受的。他也不能感受对孩子的温柔和关爱，因为这样的感觉意味着软弱，而他必须在孩子面前保持坚强的形象。但是，现在他可以真实地对自己的经验开放：疲惫时就是疲惫；疼痛时就是疼痛；可以尽情地体验对女儿的爱，也能感觉和表达对女儿的烦恼；正如他在面谈中接下来所说的那样。他能够完全地接纳他本然的所有经验，与之共生，而不是将其排除在觉知之外。

我常常用“可觉知性”这个概念来解释对经验的开放性。这个概念是可以理解的。我不是说一个人能够完全体验到所有发生在自己身上的细微感觉，就像百足蜈蚣的每只脚都能有敏锐的感觉那样。相反，当人觉知到一种感觉时，应该在主观上接纳这种感觉，与之共生。人可以在主观上接纳爱、疼痛或恐惧的感觉，并体验这些感觉。或者也可以使自己抽离这种主观性，并在觉知中认识到：“我现在很疼”“我现在很害怕”以及“我真的爱上她了”。关键之处在于，个体内在不再有障碍和压抑，这些障碍和压抑会阻碍我们全面地体验发生于自己内部的一切；“可觉知性”是障碍是否消除的一个有效指标。

*2. 活在全新的当下。*我认为可以确定的是，对自己的经验保持充分开放、完全没有防御心理的人，每一刻都是全新的。这一刻身体感受到的内在和外在的复杂刺激，在以前从来没有以这种方式出现过。结果是，我们所假设的这个人能够认识到:“下一刻我会怎么样，我会做什么，只有在那一刻才能够知道，任何人包括自己，都不能提前预知。”来访者时常会表达这种感受。一位来访者曾在治疗结束时非常困惑地说道：

我还没有整合好、重组好我自己，但只是有些困惑，而不是沮丧。现在我意识到这是一个持续的过程……这个过程让人兴奋，虽然有时会感到不安，但是却能深深地鼓励你在行动中感受你自己，并且似乎知道你将要去哪儿，虽然你并不总是清醒地知道前进的方向。

以这种接纳的方式活在当下，正是个体的流动性或可塑性的一种表达，这种流动性也可以表述为：经验塑造着一个人的自我和人格，而不是被转化或扭曲，以适应一种预想的自我结构。这意味着，个人成为这一自我经验持续过程的参与者和观察者，而不是控制者。在下面这段话中，我曾经试图描述这种存在方式在我看来是什么样子：

整个连续的经验以及因此在其中发现的意义，似乎将我投进一个既吸引人有时又有点儿令人害怕的过程之中。当我试图去理解这种经验至少在当前的意义时，似乎意味着让我的经验引领着我，沿着一个我知道但又说不太清楚的目标前进。这种感觉就是与复杂的经验之溪一同漂流，与试图理解不断变化的复杂性这种吸引人的可能性一同漂流。

这种活在当下的方式，意味着没有僵化，没有严密的组织，也没有什么结构强加在经验之上。相反，这意味着最大程度的适应性，发现经验中的结构，以及自我和人格结构的持续改变。人格和自我是流动的、不断变化的，惟一稳定的因素就是生理能力以及有机体的限制：对生存、成长、食物、情感和性等持续或周期性的有机体需要。最稳定的人格特质是对经验的开放性，以及在当下情境中处理当下需要的灵活性。

3. 信任自己的机体智慧。在每一当下情境中，这种人都将发现他本身就具有达到最满意行为的可信赖的方法。他将在此刻做他觉得正确的事情，而且他会发现，一般而言，这是一种适当的、值得信任的行为指南。

或许有人会对这种说法感到奇怪，让我来解释一下背后的原因。由于他对自己的经验保持开放，所以他总能接受环境中的所有信息，以此作为他行为的基础。这些信息包括：社会需求、自身复杂且可能冲突的需求、对相似情境的记忆、对该情境独特性的知觉，等等。每种情境的动态方面确实是非常复杂的。但是，他能够允许他整个的有机体和他的意识去参与考虑每种刺激、需要和要求，考虑其相对的强度和重要性。经过复杂的权衡和平衡之后，他能够发现在这个情境中最大程度满足自身需要的行动路线。

为了更好地描述这一过程，可以将这种人与学习网络作比较。因为他能够对自己的经验开放，所有来自于感知觉、来自记忆、来自前期学习以及来自生理和心理状态的信息在经过整合后，将会大于原来各部分的简单相加。这个人接受了输入的全部多维度信息，迅速地决定什么样的行动方案才是在当下情境下满足需要的最经济手段。这就是我们假设的那个人的行为。

对成功的企业领导人进行的最新研究发现，他们的很多决策更多地来自于直觉，而不仅仅是依赖数据。他们描述了一种“直觉的深层感受”，以及对复杂问题找到解决方案的反应。在第 6 章，休斯敦表演与视觉艺术高中的负责人安妮特·沃森曾谈论过如何“倾听你自己”：

> 如果你能够花一些时间安静地坐下来，审视自己的内心，思考“接下来如何做才是正确的？”那么，你的内心深处就会发出一种声音，告诉你这么做是对还是错。如果违背了内心的声音，你就会付出代价，因为有时你会让你的智力压倒自己的直觉。你必须相信你自己。

致使这一过程具有不可靠这一缺陷的原因，大多在于加入了原本不存在的材料或遗漏了重要的数据。一旦把记忆或先前习得的东西纳入计算，人们就容易把它们当成现实，而不觉得是再记忆或习得的东西。正是这种情况的出现，才导致了错误的行为结果。或者某些具有威胁性的经验被禁止进入意识层面，因此无法参加计算或以歪曲的形式出现，这种情况也会导致错误的产生。但是我们假设中理想的人会发现，他这个有机体是完全值得信任的，因为所有可利用的信息都参与了计算，并且所有的数据都没有被歪曲且准确无误。因此，他的行为将会在最大程度上满足自己在自我发展或与他人交往等方面的需要。

在这种信息的权衡、平衡和整合过程中，不允许个体犯任何错误几乎是不可能的。计算出的结果往往是基于现有信息的最佳方案，但是有时信息可能会缺失。然而，由于个体对经验保持着开放，任何错误以及随后的行为如果不能令人满意，都能很快地得以纠正。这种计算总是处在一个被修正的过程中，因为计算结果将会不断地在行为中受到检验。

或许你不喜欢用这种计算机式的比喻，那么就让我用更人性化的措辞来说明这种抽象的过程。之前提到的那位来访者发现，自己除了能够对女儿表达爱之外，也能够在他感觉需要时对她表达不满。然而，他发现这种表达感情的方式不仅缓解了自己的紧张情绪，还能让女儿自由地吐露不满。在下面这个例子中，他描述了表达他的气恼与把这种情绪强加在女儿身上时有何区别：

> 因为这样真的不觉得好像我将自己的感受强加给她，对我来说似乎是，我必须把这种感受表现在脸上。也许她只是把它视为："哦，爸爸生气了，但是我不用害怕。"因为她从未真的畏缩。这句话本身就如同一个小说的标题，感觉真的很爽。

在这个例子中，由于对自己的经验保持开放，因此，他能以一种惊人的直觉技巧，选择了一种精巧的行为方式，既满足了他释放恼怒情绪的需要，也满足了自己做一个好父亲的需要，以及看到女儿健康成长的满足感。他能够收获这样的结果，仅仅因为他做了觉得正确的事情。

从完全不同的层次上来说，这种相同的复杂有机体的选择似乎决定了一个具有创造性的人的行为。早在他能够给出任何有意识的和理性的基础之前，他就发现自己正行进在一个确定的方向上。在这期间，无论他是正在移向一种新的艺术表达形式，形成了一种新的写作风格，发现了一种新的科学理论，或者摸索出一套新的教学方法，他只不过是信任了自己整个有机体的反应。他能够确定正行进在自己的道路上，即使说不出来这段旅程的终点在哪儿。我相信，这是行为的一种类型，也是从治疗中获益颇丰之人的典型特征，或者是其教育经历使得他能够学会如何去学习之人的典型特征。

功能完善的人

下面，我们将这三个方面——对自己的经验保持开放、活在当下、信任自己——融合成为一个更加统一的整体来描述。我们发现，从理论上最理想的个人成长经验中产生出来的人，无论是接受了以来访者为中心的心理治疗，还是拥有其他学习和发展的经历，都会是功能完善的人。这样的人能够完全地活在他的全部感受和反应之中，并与它们共存。他能够充分地利用他这个有机体的所有装备，尽可能准确地感受当下的内部和外部情境。他还能够充分利用神经系统提供的所有信息，并有意识地使用这些信息，但同时也清醒地认识到，整个的有机体可能甚至常常比其意识中的觉知更有智慧。这样的人能够让其全部的自我,在其所有的复杂性中发挥功能，从所有的可能性中做出选择，选出在此刻最能真正满足有机体需要的行为。

这样的个体能够信任发挥这种功能的自我，不是因为他不会犯错误，而是因为他能够对每个行为的结果保持完全的开放，如果行为不能充分满足需要就对其进行修正。他能够体验自己的所有情绪，不会对任何一种情绪表现出畏惧；他是他自己的“证据筛选者”，但同时又对所有来源的证据保持开放；他完全融入到做自己和成为自己的过程中，并且发现自己具有健全和符合现实的社会性；他完全地活在当下，但又知道这对任何时刻来说都是最健全的活法。他是一个功能完善的有机体：由于对他自己——那个自由地、顺应地漂流在他的经验之中的自己——的觉知，他成为了一个功能完善的人。

这种描述中的一些启示

这就是我给心理治疗的假设性终点做出的试验性定义，我所描绘的最终愿景是接受治疗的来访者不断接近却从未完全地到达——一种来访者会不断地学习如何进行学习的场景。我之所以逐渐喜欢上了这样的描述，是因为相信它根植于且忠实于我的临床和教育经验，还因为相信它有重要的临床、科学和哲学的含义。下面，我将呈现其中的一些分歧和启示。

A. 特有的临床经验 首先，在成功的治疗中，包含了一种临床经验的现象基础，而我的描述应该是包含了这一基础。我们已经注意到一个事实，来访者发展出一种内在的评估点，这与有机体值得信任的概念是一致的。我们还提到过来访者对做自己和成为自己的满足，这种满足与功能完善是联系在一起的。我们还发现，来访者能够包容和接纳更广泛和多样的情绪，包括之前由于焦虑而产生的情绪，而这些情绪可以有效地融入到更灵活的人格结构之中。简单地说，我所提出的这一概念足够广泛，包含了所有我们已知的心理治疗的积极成果。

B. 指向操作性假设　虽然上述构想无疑是推测性的，但我相信它导出的假设可以用严格的操作性术语来描述。这样的假设是普适的，不因文化而异。尽管这些概念现在还不易进行检验和测量，但是我相信，随着这一领域研究的不断深入，测量这些概念不再遥不可及。

C. 解释个体发展的矛盾　人们发现在很多心理学研究中，不同专家做出的人格前测和后测的分析结果存在着惊人的分歧。即使来访者在治疗中获得的个人收益已得到多种证据的广泛支持，但是在专家对他们的人格测验做出的解释中仍然存在着颇多的矛盾。简言之，以严格的人格诊断为取向的心理学家，也就是喜欢将个体与常模进行比较的专家们，在治疗结论中往往关注人格防御机制的缺失或某种程度的混乱。他们关心的是个体是否面临“崩溃”。而治疗取向的心理学家则倾向于将同样的证据视为经验流动性和开放性的指标，是当下的而不是僵化的人格结构。我认为很可能发生的一种情况是，获得了显著发展的个体，其松散性和开放性按流行的常模看来却偏离了这些常模，是“不正常的”。但是这些相同的特质也可能意味着，所有的个体成长都会显现为在人格重组之后一定程度的暂时混乱。因对自己的全新认识以及对自我新的面貌的接纳带来的痛苦；个体内心的不确定、踌躇甚至混乱带来的情绪，都是更能够做自己、成为更完整的自己以及更能够完全发挥功能的愉悦与满足的必不可少的一部分。这就是我对这个矛盾问题的一个有意义的解释；不然的话，就只能是一个令人困惑的悖论。

D. 作为成果的创造力　在这个理论构想中，最令人满意的要素之一在于，功能完善的个体是一个富有创造力的人。在心理治疗的假设终点，这样的人完全能够成为马斯洛所说的“自我实现的人”。由于他对世界具有敏锐的开放性，相信自己有能力与周围的环境建立全新的联系，因此，他必将是那种既能带来创造性成果，又会创造性生活的人。他不拘泥于自己的文化，几乎可以肯定，他不会是一个墨守成规的人。但是，不管身处何种文化之中，他时时刻刻都可以积极地面对生活，与周围的文化保持最大化的和谐，同时还能够保持与满足自身需要之间的平衡。在某些文化环境中，这样的人可能在某些方面会非常不快乐，但却依然会坚定地做自己，坚持自己的行为方式，为内心最深处的需要提供最大可能的满足。我相信，这样的人在研究进化论的学者看来，就是最可能适应不断变化的环境条件并生存下来的人。无论在原有的环境中，还是在新的条件下，他都能够创造性地做出合理的调整。他将是人类进化的合适先锋。

E. 建立在对人性的信任之上 显而易见的是，我所提出观点的启示之一就是：当人的功能能够自由地发挥时，人类的本性将是积极的、建设性的和值得信任的。这是从我 40 多年的心理治疗经验中得出的一条必然结论。如果我们能够让个体从防御状态中解脱出来，他不仅会开放地面对自己更广泛的需要，也会对环境和社会更广泛的需要开放，因此可以信任他的反应是积极的、进取的和建设性的。我们不需要去问谁来使之社会化，因为与其他人建立联系和交流已经成为他深深的需要之一。当他完全地做自己、是自己时，他会自然而然地完成其社会化。我们也不需要去问谁来控制他的攻击性冲动，因为当他对自己的所有冲动保持开放时，他那被别人喜爱的渴望以及去爱别人的倾向，就会像消除他的攻击性冲动以及掌控自我一样强烈。在攻击性行为是实际适当的情境中，他会表现出攻击性，但他没有为攻击性行为逃跑的需要。当对所有的经验保持开放时，他在任何环境下的所有行为都是和谐和现实的，都是作为一个高级的社会性动物赖以生存和发展的行为。

现在非常流行的一种观点认为，人在本质上是非理性的，如果对其不加控制，这些非理性冲动将会导致他人和自我的毁灭，对于这种观点我不敢苟同。我们的行为是极有理性的，朝着有机体想要达成的目标，伴随着敏锐且有序的复杂性向前迈进。对大多数人来说，悲剧在于自身的防御性使自己无法觉察到这种理性，结果导致人们在意识层面朝着一个方向前进，而有机体却走向另外的方向。但是我们所假设的这种人却不会存在这样的障碍，他是这种有机体理性的参与者。惟一需要受到控制或证明需要进行控制的冲动是：对一种需要对抗另一种需要进行的一种本性和内部的平衡，并且找到合适的行为途径，最大程度地满足所有的需要。对某种需要（例如攻击或性行为）的过度满足，将会侵犯到个体的其他需要（例如亲密的同伴或者恋爱关系），这在防御性个体身上经常看到，只不过不会发生在我们所假设的个体身上。我们所假设的个体将参与到其有机体的极为复杂的自我调节活动之中，包括心理上的自我调节以及生理上的体温控制。只有以这样一种方式，他才能够与自我和他人和谐共存。

F. 可靠但不可预测的行为　“最理想的人必然具有可预测性”这一观点值得深思。从我描述的理论中可以清楚地看出，人活在当下时其中的内部和外部刺激的特殊配置，在以前从未以这样恰当的方式存在过；而且，他的行为也是对所有这些内化证据准确理解的一种现实反应。因此，很明显的结果就是，这种人将自己看作是可靠的，但不是明确可预测的。如果他进入一个有权威人士在场的新情境中，他并不能预知自己的行为将会是什么样子。他自己如何行动，将以那位权威人士的行为以及即刻他自己内在的反应、愿望而定。他有信心能够表现得体，但是之前却不能确知他将会做什么。我发现来访者经常表达出这种观点，而且我也相信这种观点是非常重要的。

但是关于来访者本身，我所进行的描述将与科学家的研究一样正确。科学家会发现这种人的行为是符合规则的，也是可以后验的，但是对其具体的行为却不能进行预言或预测。原因在于，如果我们假设的这个人的行为是由当下此刻对所有复杂证据——且仅由这些证据——的准确感觉来决定的，那么预测所需要的这些数据就必须清晰。还必须拥有某种设备来测量每个输入的刺激群，还需要一台超级计算机去计算最为经济的反应方式。当这样的计算正在进行时，我们假设中的那个人已经在他有机体内部做出了复杂的计算和评估，并且已经实际行动了。如果科学最终能够搜集所有信息，并且保证高度的准确性，那么理论上就应该能够对之做出分析，并得到相同的结论，从而能够对其行为进行后验。但是令人怀疑的是，科学是否能够即时地、持续不断地收集和处理这些信息。如果想在行为发生之前去预测一个人的行为，这一点就是必需的。

如果我指出正是那些功能失调的人的行为可以被准确地预测，且可预测性的每一次降低，都说明个体增加了对过去经验和活在当下的开放性。这样可能更有助于厘清这一观点。功能失调的人所从事的行为之所以能被准确地预测，是因为其行为模式僵化、刻板。倘若这样的人习得了总是对权威作出敌对的反应，倘若“权威是邪恶的”是他与权威人士相处时固守的观念之一，并因此否定和歪曲所有提出相反证据的经验，那么他的行为确实就是可预测的。可以确定地说，当他进入一种有权威人士在场的全新的环境时，他肯定会对这位权威人士表现出敌意。但是，随着治疗的深入或促进型关系的建立，个体对经验的开放程度得到了提高，他的行为就会变得越来越不可预测。密歇根的一项试图预测心理治疗能否成功的研究有力地支持了我的这一观点（2）。研究发现，在调查期间接受心理治疗的人的行为的可预测性低于整个群体的可预测性。

以上论述与现在人们对心理学的理解可能有一些偏差。因为现在普遍存在着一种观点，认为心理学作为一门科学的长期目标是“预测和控制人类行为”，但我却认为这种说法在哲学上是有问题的。我想提出的是，随着个体逐渐接近功能完善的最佳状态，他的行为虽然总是坚定并且符合规则，但却变得越来越难以预测；虽然总是可靠和适当，但却变得越来越难以控制。这将意味着，心理学即使达到了最高水平，也更像是一门理解的科学，而不是一门预测的科学。心理学的主要任务将是对已发生行为的规律性进行分析，而不主要是控制将要发生的行为。

一般而言，这种观点也得到了我们来访者的证实。对于自己在某种环境下的所作所为是否适当和合理，是否能够得到他人的理解，他们是相当有信心的，但是事先也不能准确地预知自己将会如何行事。作为治疗师，我的经验也证实了这一观点。治疗师会与来访者建立一种关系，在这种关系中，我们能够确定个体将会发现自我，成为自己，学习更自由地发挥自己的功能。但是，我们不能预言在下次谈话或下一治疗阶段可能出现的内容，或者来访者对于某些给定的问题会找到怎样的行为解决方案。我们可以肯定的是，来访者的行为方向总体上是可靠的，也将是合适的；但是它的具体内容是无法预测的。

G. 将自由与决定论联系起来 我认为最后这个哲学启示有着深远的意义。有一段时间，我一直对心理治疗领域存在自由与决定论这一悖论深感困惑，在前面章节中也提到过这一问题。在这里我将再补充一个想法。在治疗关系中，某些最强烈、最具激发性的主观体验，恰恰发生在来访者感到自己内在拥有完全自由选择的权力之时。这个时候，他是自由的，是做自己还是隐藏在面具的下面；是前进还是后退；是给自己和他人造成毁灭，还是提升自己与他人的价值；完全自由地生或死，这些术语既有生理学上的意义，也有心理学上的意义。然而，当我们在心理咨询领域使用客观的方法进行研究时，我们就和其他科学家一样完全臣服于决定论了。从这个角度来说，来访者的每种思想、情绪和行动都是由之前的东西所决定。我现在力图描述的这个两难问题与其他领域的情况一样，只不过表现得更加尖锐而已。我之前曾写过一篇文章，试图说明这个问题并比较这两种观点。其中涉及心理治疗的一段如下：

> 这里，主观、内在和个人的一切都扩大到极限；这里的关系是让人活在其中，而不是被检验；在此出现的是一个人，而不是一个物；他能够感受、选择、信任、行动，不是作为一个自动机器，而是作为一个人。此外，这里还是科学的终极，需要客观地探索生命中最主观的方面：降低为假设，最终形成定理，所有这一切一直被视为最个人的、完全内在的和最彻底的私人世界。（3，pp.267—68）

按照我给出的“功能完善的人”的定义，我认为，自由与决定论之间的关系也可以从一种全新的视角来理解。我们可以说在最佳的治疗过程中，这个人体验到了最完全和绝对的自由。他愿意并选择遵循这样的行动路线，是因为在所有内部和外部刺激的作用下，这条路线是最经济的，还因为这样的行为能够带来最深层的满足。但是同样一条行为路线，从另外一个占优势的观点来看，也可以说成是被所有现存的外部环境因素所决定的。

让我们把这样的描述与一个具有防御性人格结构的人进行比较。他愿意并选择遵循既定的行动路线，但是发现并不能按照自己选择的方式行事。他被现有环境中的因素所决定，这些因素也包含着他的防御性，以及他对某些相关数据的否认和歪曲。因此，他的行为注定无法达到完全令人满意。他的行为是决定了的，但是他却不能自由地做出有效的选择。另一方面，当功能完善的人自发地、自由地、自愿地选择并想要那个已被绝对决定了的行动路线时，他不仅体验而且利用了这种最绝对的自由。

我清醒地知道，对哲学家来说，这并不是一种新思想。但是，从一个完全不同的角度——在人格理论中分析一个概念，也使得这一思想获得了全新的面貌。对我来说，它为绝对的选择自由的主观真实性提供了理论基础，这在心理治疗中是非常重要的；同时它还为彻底的决定论提供了逻辑依据，而这恰恰是现代科学的基石。在这一框架下，我能够主观地进入来访者正在经历的纯粹的选择经验；我也能够作为一名科学家，通过决定论的观点研究他的那些被绝对决定的行为。

结　论

这就是我关于一个经过最佳治疗或受过最好教育的人的理论模型，这个经历了最优心理成长的人：能够自由地发挥有机体的所有潜在功能；他能够在现实中独立、提升自我和社会化，行为得当；他是一个有创造力的人，他的行为方式不易预测；他持续不断地处在变化和发展之中，并且在每个时刻总是能够发现新事物。然而，我要强调的是，我所描述的这样的一个人并不存在。这样的人只是理论上的一个目标，是一个人成长的终点。我们可以从最好的教育经历中，最好的心理治疗中，以及最融洽的家庭和团体关系中，看到他正在朝着这个方向前进。但是我们观察到的永远是朝着这个目标努力的不完美的人。我所描述的正是这一目标的一个"纯粹"的版本。

我写本章的目的，部分是为了厘清我自己的观点：我的课堂、团队和治疗可能造就出哪种类型的人？我写这一章更重要的理由是，我希望能够鼓励所有的人去更深入地思考自己的目标。这个假设已经流行了如此长的时间，所以人们都知道什么是有教养的人，这让我们面临了一个几乎从未面对过的事实：这个令人满意的定义如今竟完全与现代社会无关。所以，这一章向各级的教育工作者提出了一项挑战。如果我所论述的关于功能完善的人的概念与你们认同的教育目标不一致，那么请你提出你认为现代教育应该培养出什么样的人的定义，将你的观点公开发表出来，让大家来共同讨论。我们需要很多这样的定义，因为只有这样才有可能开展真正有意义的现代对话，讨论什么才是现代社会最佳的、理想的公民。我希望这一章的内容能够为这样的对话作出贡献，哪怕只是一点点。

第五编

暂停学校教育？

第17章

改变学校：一种“以人为中心”的观点

我们不知道将来会有什么问题……因此，为将来做准备的最好方式是，学习如何解决当前的复杂问题。（1）

我们国家正处于危机之中。我们曾经在金融、工业、科学和技术创新领域取得的辉煌成就和领先地位，正在被世界各国的竞争对手所赶超……如果外国势力将平庸的教育成就强加于美国，那么我们将会视其为一种战争行为。但是当前，平庸的教育表现却完全是我们自己造成的。（2，p.5）

国王所有的骑兵和战士都无法再把汉普蒂·邓普蒂*拼凑到一起。

* 童谣中从墙上摔下跌得粉碎的蛋形矮胖子——译者注

上述三段引用，一段是对学习的观察，一段来自于美国联邦委员会有关学校的报告，最后一段则来自于一首童谣，这些均反映出了我们在把学校改造成学习和欢乐社区的过程中所面临的问题。如果我们不能尽早为孩子提供解决复杂问题的经验，我们就无法帮助下一代为将来的生活做好准备。通过共同解决当前的问题，我们能够有效地预防未来其他问题的产生。

《国家处在危机之中：教育改革势在必行》，这份报告是 18 位卓越教育国家委员会成员历时 20 个月的研究成果，完成于 1983 年。从委员会敲响警钟起，到目前已经有 10 年时间，数十亿美元的经费先后投入到了改善学校教育之中。在《国家处在危机之中》报告发布后，无数的报告、任务和委员会接踵而来，它们都能找到导致学校现状的原因所在，从各自的角度提出学校如何进行改进的各种建议。但可悲的是，鲜有学校有起色，发生明显的改变。放眼当前的教育领域，我可以说，现在我们的民族处于更加危险的境地，与 10 年前相比，更无法为所有的学生提供有意义的学习机会。

在过去的 10 年里，联邦政府、州政府、州和地区的立法机构、商界领袖、国家和地区的学校、教师认证机构、教师联盟、私人基金、高等教育和个别学术组织等等，都对学校的改善做出了努力。这些努力产生了一系列的活动，从教师职业梯队（为了增加竞争力）的建设到全国教师认证标准机构的形成，从对教师教什么和怎么教的更为严格的控制，到基于测量和教师测查的教师评价。这里还只是罗列了其中很小的一部分。在过去的十年中进行了如此多的致力于改善学校教育的努力，但为什么仍然不见起色呢?

改变这个“盒子”

在美国，无论是东部海岸、中部还是西部沿海地区，所有城市里的学校、工厂和监狱看起来都十分相像，通常都以相同的方式运作。在 19 世纪末 20 世纪初，它们以同样的材料建造，是为了满足国家工业化发展的需求这一目的。就像工厂和监狱那样，大部分的学校就像个大盒子，被许多小盒子——班级——所切分。对于劳动阶层而言，污染、噪音、拥挤、疾病、童工和血汗工厂司空见惯。对许多儿童而言，公立学校成为了他们逃离压迫的绿洲。虽然很少有学生能够坚持读到六年级以上，但是大多数孩子，只有在工厂 12 个工作小时以外的时间才能到学校学习。另一方面，富家子弟却过着完全不同的生活。他们不仅有更好的卫生和生活条件，而且在私立学校就读，还有暑假和海外旅游。公立学校的日程表、课表是为了适应工作环境而不是学习者的需求。在 19 世纪末 20 世纪初，城市学校仍受到农业社会的影响，有 9 个月的上课时间以及暑假。在暑假，农村孩子需要参与农活，而城市儿童则在工厂打工或在街头流浪。

这是很久以前的情景了，但一百年前就设立的这种学校教育模式一直延续至今。虽然能够进行一整年的学习，但我们仍然按照农忙规律来安排学习时间。这可能对部分孩子而言是有用的，但对多数城市儿童而言，暑假阻碍了而不是促进了他们的学习（例如沉溺于电视、荒废时间等）。虽然现代的建筑业和工业能从人性化的角度出发建造学校，但当今的学校仍然很像盒子——只是比原有模式变得更大、更没有人情味。最近，在美国西南部建起了一所能够容纳 1 200 人的小学，同时还建造了一所能够容纳 3 000 人的高中。除了不用倒班，学校仍然像工厂那样运作。在大部分的初中，学生在每节课（42 分钟）进入各个不同的教室进行学习。“学习”分配在每一个事先设定好的时间段里。有多少成年人能够在 42 分钟内完成诸如写作、思考或讨论这样重要的活动？

学校给学生带来了不必要的压力。学校的广播系统，吸引了小部分人却干扰了大部分人；学校的餐厅为大多数在那里吃饭的人制造了压力。学校在运作过程中并没有真正思索过如何为学生创造积极平和的环境。以学校餐厅为例，餐厅能够制作大量的食物，却没有舒适的就餐环境。午餐时间，过度的拥挤和震耳欲聋的噪音大大增加了就餐者的压力。学校餐厅绝对不是一个能够进行正常对话的地方。几乎没有一个成年人愿意在这样的环境下就餐；但一年中至少有 180 天的时间，学生不得不忍受这样的进餐环境。即便没在餐厅吃饭，餐后课堂中的绝大多数教师也让他们担心吊胆。

这种类似工厂的氛围也让教师非常难受。他们常常觉得自己就像是繁忙的公交线路上的售票员，为进出课堂的学生服务。同时，教师们又很像警察，组织打扫卫生，劝架，课间站在教室外维持秩序。

类似这样工厂式的例子还有很多，足以写成一本书。我的目的并不在于说明我们的学校有多像工厂，因为这已经被完整地记录下来了。关键问题在于，我们如何将这种盒子式的模式变得现代化，能够更有成效地适应未来?

批量生产的学习

在 20 世纪，这种批量生产的学习模式已经培养了千千万万的学生。那么，现在为什么必须改变呢? 钢制的蒸汽轮船为美国载来了大量的移民。火车的出现开发了西部，使得美利坚民族空前壮大。但是，现在有多少人愿意选择坐火车从洛杉矶到纽约，或选择坐船去英国? 学校和社会都不能关闭改变的大门。除非我们想要回到工厂时代，否则我们必须朝着让学习场所变得更符合新世纪学生需求的方向前进。

基于孩子健康成长的要求，当前对于改革的需求比过去 50 年的任何时刻都来得更为迫切。教育仍然是获取成功和幸福生活的基石。越来越多的证据表明，与未完成学业的同伴相比，高中毕业生和大学毕业生更长寿，拥有更高质量的生活。但我们的国家却同时向着贫穷和富裕两个极端发展。每一轮新的统计数据都表明，这种贫富差距正在不断扩大。几乎每四个孩子当中就有一个贫困儿童，特别是五岁以下的儿童，处于贫困状态的比率最高。青少年阶段，每五个当中就有一个是贫困生。与这些孩子有关的机构——家庭、社区和学校——并不能发挥支持性和保护性的作用。相反，它们本身却成为了许多儿童的危险因素（3）。

有大量旨在改进学校质量的项目和活动，但它们似乎都只有有限的短期效应。尽管如此，我们不能把活动和真正的改变相混淆。过去 10 年，学校改革并没有触及这些最本质的问题：（a）为了提升孩子学习的能力和乐趣，我们如何从根本上改变师生的交往模式? （b）创设有意义的学习社区需要什么样的支持? （c）被称为学校的这种“盒子”怎样能够转变为符合人需求的地方?

暂停学校教育

童谣中的“汉普蒂·邓普蒂”描述的是，面临那些被彻底毁坏的物品无法得以复原时所产生的挫败感。在前面的章节里，我们已经举例说明并不是所有的学校都处于这种状况。有些学校满足了学生和家长的需求，其努力应得到持续的支持。但其他学校则无法补救，只能转型成为一种新型的学习社区。因此，需要暂停这些学校的运作，因为它们不会在开课和教学进行中做出所需的这种改变。目前，这些功能失调的学校对学生的智力和社会情感的健康发展，以及学校工作者而言都是一种危险。

学校在转型过程中会对学生产生怎样的影响？我们可以从第二次世界大战中吸取一些经验。当时，伦敦受到密集轰炸，将近百万的儿童从城市转移出来，在郊区生活和学习。五年之后，英国的家长们发现，他们的孩子在学业和社会性两方面都从这一经历中收获良多。在我们当今的社会背景下，正在转型的学校的学生可以在社区的学习中心学习，在商业机构实习，在博物馆和图书馆学习（这些地方白天是能够进行充分利用的），在当地的社区学院或者大学学习，以及插班到其他学校。如果转型过程需要较长的时间（2~3 年），就需要更大的社区来应对这些改变。在很多案例中，这些新的安排都可能成为一个更大的学习社区中永久的一部分。学校的教师和管理者可以与其他教育工作者和社区领导者一起努力，重新思考教育。在学校暂停运作期间，他们可以有机会到“以人为中心”的学校参观、工作和学习。

暂停教育管理

应当给予那些因为官僚体制的阻碍而无法正常运作的学校以喘息的机会。州、地区和学校层面的各种政策与措施应当鼓励学校繁荣发展，而不是让它们变得毫无生机。例如在得克萨斯州，每个学区都必须完成州或联邦机构要求的 84 份独立报告，这些报告必须被成千上万的官员阅读。这种强制性的规则成本很高——整个得克萨斯州所有学校每年投入的总成本为 15 亿美元（4）。当乘以 50 个州时，所需要投入的资源量大得让人瞠目结舌。一些制度旨在保护孩子，而其余大多数制度则阻碍了学校和地区提升满足学生发展需求的能力。所有的规章制度都应该定期废除和重新思考：重新审视这些规则是否真正保护还是阻碍了那些目标受益人群。官僚体制也应当进行改革，允许校长、教师、家长和学生从学校内部来改革学校的运作方式。

学校被各种力量和条条框框束缚起来，没有了进行真正和持续改变的空间。当校董会、督导员以及联邦和州立法机构期望顺从而不是创造性的解决方案时，这种涟漪效应将会对班级产生非常大的影响。陷于失败怪圈的学校需要进行改变。这些学校需要我们投入最多的精力来探讨。它们大部分处于市中心，还有一些在郊区或农村。要想在这些学校实现真正的改变，必须从物质、情感和教育等方面对学习环境进行重新思考和改造。从孩子及其促进者而不是远离学校的其他人的需求出发，以规章制度或法律的形式来制定保护措施。关注点应当落在所有人的需求上。对于“盒子”的改造始于学校但不终结于学校。学校应当成为社区的激发者，将远近社区都连接起来，建立一个能够促进学生健康成长的动态学习社区。

由内而外的改革

十多年学校改革的经验已经充分说明，改革必须由内而外地进行。自上而下的命令并不能提升学习质量，提高学习者的满意度，或改善教师的生活。1993 年，一份来自威斯康辛教育研究中心的学校组织和重构中心的报告《学校重构程度评估》得出了如下结论：

> 尽管有来自于地区、州和国家各层面机构的广泛倡议，这场重构运动并没有以任何有意义的方式真正触及美国的广大学校。（5，p.4）

教师经常被要求对外部需求做出反应，减少了原本应当用于反思学校和班级真正需求的精力。提供给教师的资源越来越少，但教师被要求做的却越来越多。计划和学习新的方法需要时间，而这必定是转变过程中的一个组成部分。当前，美国小学教师每周教学时间超过 30 个小时，而在日本和德国的同行们，每周的教学时间仅为 17~21 个小时。

“以人为中心”的学校已经找到了创造性的方法，以满足州指导纲要中对于每天学生必须在学校上课的时间要求。例如，学校可以要求学生提前十分钟到校，那样每个月教师们就可以挪出一两天时间来相互会面、讨论和学习。当你筋疲力尽的时候，是很难有创造性的。对本已密集安排的课程再增加内容，只会导致病态的学生、教师和学校。如果不拓展“盒子”的边界，我们无法简单地向这个盒子塞进更多的东西。在过去一百年里，分配给学习的时间一直都未曾发生改变，但是课程内容或指定要求教学的内容却在爆发式地增长。学校教育、教育政策、教学法和学习方法……这个盒子的形状不再是四条边的。如果师生之间的互动能变得更为平衡，如果这个盒子的观念形状能够得以转型，那么在开始于人生早期的这个旅程中，教师和学生必然会成为合作学习者，这个旅程也必将持续终生。

真正的改变

自《国家处在危机之中》这份报告发布以来，大部分学校进行了一些改革，但是这些努力都花在了学校本位管理、国家测试与鉴定、不同的学校组织、社区委员会等改变的边缘地带。要想真正改变学校教育的面貌，最深刻的变革应体现在师生关系和学习环境的改造方面，必须使教师从信息的给予者变为学习的促进者，学习环境必须从有限的学校建筑拓展到广阔的学习社区。

为了讨论如何把学校建筑转变为学习社区这一问题，让我先来考察一个儿童学习的话题。在我们努力改革和改变教育的过程中，我们往往容易忽视改革的最重要部分——孩子。

童年的奇迹

我眼前闪现过很多图景：他们是我认识或观察过的尚未进入学校的孩子。这些孩子是我在街上、家庭以及超市中见到的，是我在中国、日本、巴西、澳大利亚和英国见过的，他们来自世界各地。我看到一个小女孩把钉子一个接一个地钉到一个大木箱里，直到这个木箱布满了金属钉子为止。我看到一个小男孩决不穿妈妈挑选的裤子，固执地坚持只穿自己挑选的。在超市里，我看到一个孩子一直在触摸每一个罐子、每一个盒子和每一把蔬菜，只有当母亲阻止他时才会暂时停下来。我看到一个三岁的小孩很小心地端起一杯牛奶，然后把它撒到了地上，并且问：“为什么牛奶不待在杯子里？”我看到一群孩子在玩橡皮泥，他们相互嘲笑对方捏出的形状。

我看到有孩子反对父母设立的规则，并且操纵父母的行为。我听到孩子一遍遍地提问：“那个字母是什么？那个字母是什么？”在巴西，我看到无家可归的孩子流落街头，缺少疼爱与关怀。为了生存，他们偷窃、在垃圾箱里翻找面包、欺骗和操控成人。在海边，我看到孩子们用沙子垒城堡，用小桶来回运海水。我看到孩子们为了买糖果而数硬币。我看见一个小孩一路上都在踢一个空的易拉罐。我不断地听到这样的问题：“为什么？”“怎么样？”“为什么水往山下流？”“婴儿是如何进入妈妈的肚子里的？”“他为什么说话那么大声？”“你是怎么让它前进的？”

问题总是源源不断，因为好奇心永无止境。孩子们渴望找到答案，他们想要尝试、塑造和创造。他们通过眼、耳、鼻、嘴和手多种感官收集信息。他们活跃、好动、主动、坚决。他们在吸收知识、感知世界、习得语言和提升技能。他们一直在学习、学习、学习，甚至是以一种今后他们再也无法达到的速度在学习。

随后，他们的“教育”开始了。他们去学校上学。他们将会在学校发现什么？有无数多的可能性，但我将选取两种极端的情况，你们将会发现很多学校的做法、态度和过程都介于这两个极端之间。

教育的一种途径 一个小男孩第一天上学。他渴望去学校是因为这是他迈向成长的第一步。他被视作像大男孩和大女孩那样，每天早上去学校，每天傍晚放学回家。但同时他也非常害怕，这个陌生的新环境充满了各种令人恐惧的可能性。他听过一些有关学校的故事：关于惩罚，关于激动人心的时刻，关于成绩单，关于老师，既有友好的也有不友好的。这完全是一个让人提心吊胆的不确定的世界。

他被带到自己所在的班级。他的老师看起来是个认真的人。在笔直的一排桌椅中的某一副桌椅，就是小男孩的位置。桌上有他的书和铅笔。老师对学生们微笑，但似乎很勉强。接下来便是宣布各项纪律和规定。如果没有事先举手并获得允许，小男孩是不准离开自己的座位的，即便是要去厕所也不允许。他不可以和邻桌窃窃私语或聊天。他只有在被点到名字时才能发言。任何人都不得制造不必要的噪音。小男孩想起了昨天。就在昨天，他还一直在动个不停，只要愿意就可以制造各种噪音，对着他的小伙伴们喊叫。学校是如此不同。

接着便开始上课了——朗读课本、朗读黑板上的字母和单词。老师在讲课。一个孩子由于正确回答了提问而受到了表扬。小男孩也被点名回答问题了，但是犯了一个小错误。“错！谁能帮忙告诉约翰尼正确的答案？”很多手都举了起来，他的错误很快被纠正了。小男孩感觉自己很笨。他弯下身子告诉邻桌他是怎么犯了这个错误的，但却因此受到了批评。老师走过来，站在他的座位边告诉他，自己正注意着他，他必须遵守这些规则。

课间休息则是有趣的——随意嚷嚷、奔跑和游戏——但都太短暂了。没过多久又得开始上课。他的身体在椅子上来回扭动，他的注意力早已跑到九霄云外。好不容易熬到了午餐时间，但只有当所有的学生能够整齐地排成一队，他们才会准许安静地走进食堂就餐。

孩子们受教育的生涯已经开始了。虽然他无法用语言表达出来，但他确实学到了很多东西。例如：

- 在学校没有空间让其释放无穷的体力。
- 每个人都要顺从或接受那些让人难受的结果。
- 遵守规矩是非常重要的。
- 犯错误是很糟糕的。
- 对错误的惩罚就是羞辱。
- 自发的兴趣在学校得不到重视。
- 老师就是纪律维持者。
- 总体而言，在学校是一段不开心的经历。

在这一天结束之后，他问父母：“我还得上多久的学呀？”逐渐地，他会发现自己被判了长期“徒刑”，痛苦的日子还很长。

日复一日，月复一月，年复一年，他又学到了很多其他的事情：

- 绝大部分的教材都是无聊的。
- 与老师意见不同是危险的。
- 不学习，还有很多混日子的办法。
- 只要不被揭穿，撒谎是没有问题的。
- 做白日梦、随手涂鸦、幻想可以让日子过得快点儿。
- 努力学习获得好成绩会被同伴嘲笑。
- 与生活相关的绝大部分学习都发生在校外。

- ◆ 在学校没法产生原创性的思想。
- ◆ 考试与分数是教育最重要的方面。
- ◆ 教室里有些老师是不近人情和令人讨厌的。

因此，不足为奇，只有假期才是孩子们真正的生活。毕业变得让人如此向往，因为终于可以从无聊、约束和威压之中解脱出来。

这是一种途径，一类学校生活的经历。基于观察与当前的研究，我相信这是数百万孩子和年轻人所共有的一类经历。是不是我所描绘的这幅情景太让人沮丧？我们来听听学生们的评价，你们自己来评判吧。

艾伦·兰特林格（见第 12 章）记录了那些对来自低收入家庭的学生的羞辱和贬低，插入的评论则来自加利福尼亚北部的一所市区小学的学生。他们被问道："你希望你的学校和社区有什么样的改变？"芭芭拉·莱文和我分享了这份清单，她是一名有着 17 年教龄的教师，最近刚刚在加州大学伯克利分校完成自己的博士教育（6）。这份清单是她所在学校的同事给她的。

我们希望我们的学校和社区发生改变的事情

1. 我们需要更多的合作。"有太多的争斗"，面临这么多的冲突，"很难让孩子们学习"。
2. 孩子当中存在帮派的问题。"警察、管理者、校长、副校长以及市长都需要在问题出现前为孩子们提供帮助。""为了有家的安全感，孩子们加入帮派。""帮派中的孩子希望被爱、有归属感、能和朋友在一起。"
3. 我们担心那些吸毒和酗酒的孩子们。"同伴压力是一个问题。""媒体的压力也很糟糕;它让孩子们觉得这样做是没有问题的。"电视、广播、说唱歌手和路标都是问题的组成部分。"媒体能够发挥正面作用帮助我们。"
4. 存在大量对女孩的性侵犯。
5. 我们需要更多的校外活动。
6. 没有适合女孩的课后运动。

7. 存在文化冲突，孩子们用他们各自不同的语言进行交流。
8. 我们需要语言课程。
9. 有些孩子不敢走路回家，因为害怕毒贩子和那些骚扰他们的人。
10. 我们需要干净的浴室。请解决这个问题。否则让我们感觉我们是不重要的。
11. 我们的学校很脏！！！“投入资金重新粉刷和清洁学校吧。”“当有重要人物来临时，会因为学校里的垃圾、墙上的涂鸦和肮脏而对我们的学校产生不好的印象。”“我们觉得因为我们学校的状况而被其他人评头论足了，他们认为这是一所坏学校，所以我们也是坏学生。”
12. 我们想接受真正的教育。“我妹妹现在四年级了，还在学习减法。”“一些老师完全不知道如何教学；只是让我们完成书本和讲义的练习。”“我们需要老师的辅导！”“老师们需要听听孩子们的声音。”
13. 有些老师有偏见。“我的老师不喜欢班里的柬埔寨孩子，并且认为黑人孩子都很坏。”
14. 老师需要学会尊重其他老师——而不是诋毁他们。

评　论

当我第一次读这份清单时，我以为这些评论来自于高中生。我很诧异地发现，它们竟然来自于六年级的女孩，她们在支持性小组里向一位教师表达了她们的这些感受和看法。你能够感受到她们的愤怒与绝望，但你也能感觉到事情能够得以改变的希望。我还察觉到她们持有积极的勇气，愿意帮助解决诸多问题。

这些学生的评论同时还表达了她们的需求：希望得到尊重，被公平对待，能够在一种干净、安全和关怀的环境中学习。我相信，她们的这些话语表达了我们在目睹部分市区学校和其他学校的悲剧现实时的感受。在这些学校工作的老师们和学生一样都是牺牲品。虽然这不是一幅怡人的图景，但它能够得以改变。

学习的第二种途径　在前面的章节中我们已经看到还有另外一条途径或方法。让我们简单地概括一下。

一个小女孩第一天去上学，氛围是友好而随和的。老师给了她温暖的问候，把她介绍给其他的小朋友，小女孩的害怕与恐惧部分地消除了。开始上课了，学生们和老师围坐成一圈。老师让每个人都说一件他们感兴趣和喜欢做的事情。老师明显地对每个孩子都感兴趣，小女孩变得更加放松了，认为这里可能很有趣。教室里有各种各样有趣的东西：书本、地图、图画、积木、蜡笔、纸张、玩具。没过多久，孩子们便开始观察他们的环境。这个小女孩看上了一本外国儿童绘本。

当老师再次把孩子们召回来围坐成一圈时，她问小女孩能否讲一个故事。小女孩开始讲述有关她和妈妈去动物园的故事。老师在黑板上记录下了部分故事情节，并把相关的字词都标记出来。第一天就这样开始了。

这个小女孩学到了什么呢？她学到了：

- ◆ 她的好奇心受到了欢迎，得到了重视。
- ◆ 老师是和蔼可亲的。
- ◆ 她既能靠自己也能在老师的帮助下学习新知识。
- ◆ 这里为自主性提供了足够的空间。
- ◆ 她能为小组学习作出贡献。
- ◆ 她得到了作为人的基本的重视。

我们并不需要继续追踪她在学校的生活，因为在之前的章节中已经进行了描述。但在这个“以人为中心”的学校里，随着小女孩接下来几年学习生涯的继续，我们将会发现更多的要素：

- ◆ 她能够参与选择她想要和需要学习的知识内容。
- ◆ 与在其他学校就读的朋友相比，她能更快地学习语文和数学。
- ◆ 她知道如何释放创造力。
- ◆ 她变得更善于表达自己的感受和想法。
- ◆ 她变得更自信，更喜欢自己、接纳自己。
- ◆ 她发现学习很有趣。
- ◆ 她渴望上学。
- ◆ 她喜欢并尊重老师，而且她知道老师们同样喜欢和尊重她。

- 她的许多兴趣能在学校里得以实现和拓展。
- 她获得了怎样才能找到她想知道的知识的方法。
- 她阅读、思考和讨论这个时代里重要的社会话题。
- 她发现学习有时很难，需要专心致志，坚定不移，需要良好的自制力。
- 她发现这样的学习有很大的回报。
- 她学会了如何合作完成任务，与其他人一起实现目标。
- 她正在成为一个有教养的人，一个学会如何学习的人。

我们所知的

通读本书，我们已经发现如何让第二类学校成为现实的要素：

- 在一定程度上，我们已经知道创设一种学习氛围的态度和方法。
- 我们可以知道从哪些方面来帮助未来的教师成为学习的促进者。
- 通过相对短暂而集中的培训，形成这种态度和方法也是有可能的。
- 我们发现，当管理者能为教师营造一种促进性的氛围时，这些促进性方法在学校就能以最快的速度被习得。
- 研究和经验表明，在这样氛围的班级中学生能学得更多、解决更多问题，表现出更大的创造性。
- 我们已经看到，不论是小学教师还是研究生导师，他们找到了各种独创性的方法来促进学生的学习、选择和成长。
- 我们已经发现学生能够负责任地、自律地和有能力地操作和学习。
- 简言之，我们知道任何一个教师都可能成为一个对学生更真实、更善解人意、更关怀学生的人。
- 我们已经知道，与传统课堂相比，只有在这样的氛围里，我们才能让学生成为一个可信赖的自我指导的人，成为能够做出选择并为自己的选择产生的结果负责的人，成为热情地去做、去学习的人。

因此，我们由此获得的结论是，每一所学校都应该渴望成为自由学习的中心，成为教师和学生的人性得到重视的一个地方。但事实并非如此。我们教育系统的绝大部分固守着传统教育模式，并且越来越抗拒改变。我们文化中的其他机构，诸如工业、政府、婚姻和家庭，为了满足当代社会发展的需求，在近数十年里都发生了巨变。但是，绝大多数学校总体上却没有什么变化。为什么会这样呢？

没有反馈

我认为任何改革所遇到的最大障碍莫过于没有反馈。没有反馈即意味着学校无从证明自己改革工作的最终效果。

从学习者那里获取信息

对学校来说，从学生那里获得反馈并不是一件难事。就像我们本章前面的那个例子，只要问："你希望你的学校和社区发生什么改变？"学生就会提供详细的反馈意见。我相信对这些信息的分析，可以显著地提高教学和管理质量。寻求反馈的过程也不必兴师动众，只要对毕业班进行调查就可以了，下次调查可以在三五年之后进行。只需要通过简单的匿名问卷就可以获取丰富的信息，问卷的题目可以包含如下内容：

- 描述两项或两项以上满足自己需要的学校活动。
- 学校在哪些方面未能满足你的需要，请列出两个或更多的这些方面。
- 简要列出几项你认为自己从中收获最多的经历（与教师、学生、课程、科目或活动有关的内容均可）。
- 你觉得学校的哪些经验、课程或活动与生活不相关，纯属浪费时间。
- 你认为学校的生活在多大程度上为你将来的生活做好了准备（非常好__较好__一般__较差__非常差__）？并解释你的回答。
- 你是否认为学校在某些方面做出改变会使整个学校成为更好的学习场所？

学校也可以设计面向家长和社区成员的问卷。休斯敦的学校就曾调查家长和社区成员对学校过去三年的意见。除问卷调查外，学校还可以派一名外出访谈员，从接受问卷调查的人中挑选出一些具有代表性的个体，就相同的问题进行面对面的访谈。这类访谈有利于获得更深入的资料，揭示出一些意料之外的问题。访谈员要将通过问卷和访谈得到的信息进行总结、整理。最后的报告应该给出访谈中提到的人名、课程，以及支持这份报告结论的管理者人数等信息。这份总结报告将分发给所有的教职员工和管理者学习，并以此作为来年工作计划的重要参考信息。

美国国家城区教育中心一直在对各学校的学术和社会福利等方面的情况进行调查，然后制成一份学校概况表，分发给教育工作者和家长。这份概况表是以学生对学习环境的反馈、教师和家长感受到的学习氛围，以及对师生课堂互动的观察为依据制定的，其中一部分已经在第 13 章（表 13.1）中介绍过，还有部分数据报告的是学生自由选择学习活动的程度。这份概况表是私下里提供给学校教职员工的，大家的反应都非常积极。教职员工、管理部门和家长根据这份概况表来调整自己的工作，从而提高学校的教学质量。LISAM 自评工具（参见第 6 章）也是一种不错的寻求反馈的方法。教师可以对自己的课堂进行录音或录像，从回看课堂实况录像中获得宝贵的反馈信息。

我很清楚，自我分析虽然能得到有价值的信息，但反思的过程是很痛苦的。我想许多学校正是因为害怕这个痛苦的过程而不愿意进行自我剖析。然而，如果我们拒绝反思，就意味着我们不愿意去了解孩子们在学校里学习的情况以及他们如何学习。当然，有责任心的教育工作者都会甘愿冒这个风险，因为这将会使他们的工作受益良多。我们已经在教师、教科书、教学设备和学校设施上投入了大量的人力和物力。学生的反馈可以让我们了解，学生对学习环境和课程的接纳以及整合到自己生活中的程度。还可以让学生意识到他们对塑造自己的教育过程是有影响力的，从而促使他们更积极主动地投入到学习中。我们只要再多付出一点点就可以得到如此丰厚的回报。当然，学生的评价不能成为评价学校、管理者、教师及课程的惟一依据，但他们的回答对改变当前的现状确实有巨大作用。例如，我们并不知道高中的学习是促进还是扼杀了学生的有意义学习。

下面我来举一个例子。维吉尼亚西部某郡的一所小型高中想要合并到当地一所规模更大的高中去。让我们看看反馈在其中起到了什么作用。

询问学生和家长关心的问题

大型机构可以成为“以人为中心”的组织，但是它需要更多的计划和时间来保证所有成员都真正成为学习社区的一部分。在维吉尼亚西部，因为严重的财政困难，那些学生人数在150~300的小型乡镇高中不得不关闭，学生们则必须乘车到更远、更大的高中上学。学校的关闭和合并引起了严重的冲突。

这些小城镇的中学被关闭了，但他们所失去的不仅仅是一所学校，还失去了部分自己的历史、传统和认同感。当学生混杂在一所上千人的大型学校中时，每个人又来自该郡各个不同的地方，互不相识，学生很容易感到自己太渺小、不重要。另外，还会有相当多的老师失业。

20世纪70年代，当西维吉尼亚实行学校合并时，不少成人以威胁、爆炸、枪击等暴力形式来反抗。但20世纪90年代，州政府为缩减对小型高中（200~300人）的资源支持而再次实行合并时，该郡没有发生任何暴力。这两次合并有什么不同吗?

该郡的教育工作者把一些老师、家长和学生召集起来，共同商讨合并办一所新高中。为了使合并过程更人性化（虽然这只是少数老师或家长希望的），小组决定重视建立学校与学生和家长的个人关系，并把这一关系建立的重要性摆到了筹办学校的前面。达成一致意见后，该小组制定了暑期家访计划以及面向所有学生的全年家访计划。所有的教师、管理者和教职工，只要是与学生有关的人，都加入到家访小组中。小组成员要和学生的家庭确定家访时间并上门访问。家访内容包括讨论学生的作息时间、校方以及学生本人对进一步学习的打算、学生以及家长的兴趣等等。除家访外，学校通过问卷形式调查了学生的需要和担忧。他们让来自不同小镇即将就读高中的学生讨论自己的担忧，并对讨论过程进行录像。所有的老师和接受过访谈培训的小组成员都要观看该录像。为制定前几期的小组访谈计划，小组每周都定期开展培训活动。

学校对所有即将到新高中就读的学生进行了调查，发现学生们关心的事情有：

- 60% 的学生担心或非常担心在众人面前发言。
- 45% 的学生担心或非常担心考试。
- 44% 的学生担心或非常担心学业失败。
- 40% 的学生担心或非常担心药物滥用、家庭作业和放学后被老师留下来。
- 38% 的学生担心或非常担心迷路。
- 27% 的学生担心或非常担心遇到坏人。
- 24% 的学生担心或非常担心被老师提问。
- 23% 的学生担心或非常担心自己发言时有成人在场（7）。

从调查可以清晰地看出，学生担心的问题既有人际方面的，也有认知方面的。

在为开学做准备的暑期教职员工培训活动中，老师们也完成了同样形式的调查，教师需要从学生的角度来回答问题，即想象自己是学生。结果，教师的想法和学生的回答之间很少有重合的地方。

在另一项调查中，教师们要列出自己对新学校的担忧。排在第一位的是纪律问题，其次是家访问题。在看到学生们的回答之前，老师们还开玩笑说：“教书对老师而言是苦差事，而上学对学生而言就像玩一样。”学生们的回答让大家把注意力集中到学生担忧的问题，以及如何满足学生的需要上来，在培训的最后几天里，大家一直在商讨对策。比如，让学生在全班作报告或发言之前，先让学生在小组中发言，直到学生适应了在小组发言，再让他们自己选择是继续留在小组里，还是到全班面前作报告……之后的讨论表明，师生都认为这些对策能有效地缓解学生的焦虑。

这次培训还找到了解决学生所担忧的其他问题的办法，并讨论了如何化解老师的担忧。家访工作始于暑期，随后以咨询服务的形式开展。一年后，第一批高中毕业生迈出了校门，学校请他们为高中老师提出一些宝贵的反馈意见，并把他们的访谈做成了录像。现在，咨询服务和家访已经持续了三年；每年都会对即将入学的高中新生和高中毕业生进行访谈，寻求反馈意见。

只有学校关注学生和家长的需要，教育工作才能真正落实到教育消费者身上。但许多学校目前还做不到这一点。但在这方面，有些私立学校显然比公立学校做得好，因为前者更关注教育消费者的特定需要。

对顺从者的需要

培养顺从者的压力是造成学校难以变革的另一个原因。我们的社会以工业、科技和军事的强盛为目标，这样的社会需要拥有大量的顺从者来维持其成功运行吗？我想很少会有人公开赞同“我们的社会需要大量服从者”这个说法。但实际上，大家在潜意识里都认可，学校就应该为社会培养听话和顺从的人，易于领导的人。太独立、有主见的人往往会把社会搞得天翻地覆。如果人们在学校里就学会了顺从，那么企业和军队中的管理工作就会简单得多。

从我们现在的处境来看，这种人才观简直是鼠目寸光。我们的工业生产已经慢慢沦为中等发达水平；我们的科技因为发展得太仓促，造成了不必要的污染和浪费；随着冷战的结束，我们军队的驻扎范围大大缩小，关闭了上百个军事基地。如果想要维持有活力的文化，我们现在最需要的是有很强的独立思考能力和能创造性解决问题的个体。准确地说，这样的人才只有“以人为中心”的学校才能培养出来。

不愿与人分享权力

不愿意与其他责任人分享权力，这是造成许多教育工作者难以做出改变的另一个原因。学校的管理者害怕与教师分享权力，而教师又害怕与学生分享权力。和别人分享权力似乎太冒险了，还是待在传统的权威结构（即科层组织）中比较舒服，因为这种结构在我们的社会中已根深蒂固。但从更深层次来说，这说明我们害怕实行真正的民主理念。广大人民所做的决定往往是经得起时间检验的，但在实际操作中我们往往忽视这一点。我们国家建国的根本信念之一是，承受决策结果的人有权参与决策，但这一信念太容易被忘却。美国的多位总统都重申过这一点，约翰·肯尼迪对此有一段很精辟的表述：

> 我们不怕美国人民在困境、外来思潮、异教以及冲击性的价值观面前自己做选择，我们相信美国人民能做出正确的选择。如果一个国家不敢让它的人民自由判断对与错，那它就是害怕自己人民的力量。(8)

我们并没有认识到，我们的国家尚未独立之时所流行的一句口号——“无代表权则不纳税”——所传达的深意是与我们国家的每项制度息息相关的。如今对我们学校而言，我们可以把这句话转换为：“无学生参与则无课程；无教育政策受影响者之表决权即无教育政策。”本书坚持认为，以对人的基本信任为基础的民主道路是有效而可行的教育之路。也就是说，可以在学校实行民主原则，教育工作者必须冒险给予学生一定权利，使其能积极主动地参与到自己的受教育过程中。这种观点得到了今天社会诸多证据的支持，在班级中实行民主原则有重要意义。看着孩子们可爱的脸，我们就仿佛看到了未来；明天带领我们社会前进的人，此刻就坐在我们的教室里。我们想要一个怎样的未来呢？

最为紧迫的问题：维持现状还是改变现状

现在，我们要说到本书涉及的一个挑战性问题。作为美国公民，我们到底希望从学校中学到什么？我们对学校的毕业生有什么期望？我们的社会到底需要或者想要什么样的年轻公民？

我们已经在前面指出过，不同受教育水平、不同兴趣爱好、不同个性的个体都可以在负责任的自由学习环境中健康成长。那些学习促进者为学生创造了一种人性化的环境，他们在其中真实地做自己，并尊重学生的人格。人性化的环境中充满理解、关爱和丰富的刺激，学生都变得更热爱学习、更独立、更自信和更富创造性。

研究与几十年的经验显示，与传统课堂相比，“以人为中心”的课堂的学习效率更高。而且，当老师逐渐掌握了促进者的方法，学生的出勤率、道德观、故意破坏行为等也都随之出现改善。经过不断努力，我们发现，其实“以人为中心”所依据的哲学原理与历史悠久的民主精神所传达的价值、目标和理想是一致的。

我们已经开始了冒险之旅，就要勇敢面对随之而来的困难与阻碍。培养完整的人、信任人、负责任的自由，这是我们坚定不移的目标。要实现其中任何一项都不容易。我们选择了这条路，也就是选择了迎接挑战。我们的思维、生活方式以及师生关系都将随之发生改变；这个选择还意味着我们要为实现民主理想而献身。

最后，无论是个人还是集体，我们要回答两个很现实的问题：我们可以在现有条件下继续走下去吗？该如何迈出变革的第一步？

蜕 变

帝王蝶是人们公认的自然界最美的生物之一，但生命之初它只是一条丑陋的毛毛虫，从毛毛虫到蝴蝶，帝王蝶经历了一个漫长而痛苦的蜕变过程。如果我们的学校也想从现在的死气沉沉变得生机盎然，也必定要经历帝王蝶般的蜕变。和蝴蝶的蜕变一样，学校的蜕变过程也要经历好几个阶段，每个阶段都要从前一个阶段汲取足够的能量。不存在一个最完美的模式或学校。如果要我设计一个适用于所有学生、老师和教育工作者的模板，这一做法显然是违背了“以人为中心”的核心。不过，要实现这一转变确实需要具备一些必要充分条件。

“*一致性*”是其中一个条件，即学生的学习经验与生活一致，促进者表里如一；另一个条件是给予学习者“*无条件积极关注*”；还有“*同理心*”，即要站在学生的角度想问题；“*反思*”，即促进者深刻思考周围现实条件，然后以最有利于学生的方式做出回应；最后一条是“*觉知*”，培养学生能够觉察到学习环境中的一致性、接纳、同理心和反思。也就是说，仅仅是老师创造出以上环境还不够，还需要学生体会到并理解它。

学习社区

以上述必要条件作为起点，那么“以人为中心”的学习社区的构成元素是什么呢？关于这个问题至少有四种答案。我相信你还能想到更多答案，但下面列出的四种元素是建立真实的、一致的学习环境所不可或缺的。

1. 在学生的学习过程中直接或间接投入的家长、老师、各级管理者以及其他成人之间要建立起紧密的伙伴关系与关系网。
2. 关怀的社区，关注包括学生和促进者在内的所有成员的需要。
3. 主动的社区，解决目前存在的复杂问题，根据我们“已知”的东西确定下一步需知的东西。
4. 准时制的学习，改变获取知识的途径，不要受地点与方式的限制，也不必局限于教师和书本。

下面，我们将详细地阐述每个元素，看看它们如何相互配合，从而使社区学习者受益。

伙伴关系与关系网

在美国，人与人之间变得越来越疏远，年轻人和年长者格格不入，学校脱离社会，孩子和家长有隔阂。日益严重的疏离已经由社会蔓延到学校。很少有成人（包括家长）愿意花时间来关注学校，学校也很少以积极的方式来获取家长或其他社区成员的帮助。

如果我们真心想建设健康的校园，培养健康的儿童，我们就不应只是通过纳税的方式支持公共教育建设，还应该全身投入。学校不应只是在学生出问题时才与家长联系或开家长会；教师和管理者应该走出校园，将社会上所有有利于儿童及青少年成长的人力和财力引进学校。在做工作的过程中，我们要避免可能出现的急功近利和昙花一现的情况，而应着眼于通过长期的付出，真正促进儿童生活质量的提高。

邻近社区　人们头脑中的学校社区通常是指在附近居住的家长、学生和少数其他人，但我认为学校社区的范围要比这大得多。从地理位置来说，学校的社区有近有远。近的社区由在学校周围居住的人组成。所以，即使是近的社区，也不只是包括家长及其子女，而是包括所有住在附近，与这一带儿童及青少年的教育有关系的所有成人。从历史上来看，许多社区学校不只是满足学生及其家长的需要。在过去的一百多年中，有些学校一直是其所在社区的活动中心，常常在晚上提供各种服务，包括为移民办的夜校、在晚上或周末开展社交和社区活动（9）。今天，仍有很多学校为多个社区的居民提供服务。磁石学校甚至能吸引来自各个城市的人；地区性的乡村或郊区学校还会面向全郡招生。临近学习社区的概念已经发生了变化。

远距离社区 随着邻近社区概念的消失，远距离社区的概念出现了。它把较大的城市、郡或整个国家作为社区。公司集团化已经成为一种趋势，当地的加油站、电影院和便利店都可能是由远距离社区的一家公司连锁经营，决策也不由该服务点来制定。当地服务和决策的这种分离将会加剧社区和其学校之间的隔阂。

当今的学校应该主动与他人、组织、公司等建立合作伙伴关系和关系网，使它们也成为学生学习过程中的“股东”。与该学区其他学校相比，中心城区的学校所拥有的商业或社区合作伙伴（不论远近）的数量差不多是同一地区其他学校的三倍（10）。商业单位参与学校建设可能是因为公司领导者们认识到学校不能继续孤立下去，否则在未来的20年内，企业将缺乏受过良好教育和有技能的工人。建立伙伴关系和关系网可以帮助学校、教师和学生打破封闭，引入外部的帮助。处在偏远地区的公司领导人主动与学校建立合作关系，有利于鼓励公司在当地的服务点（就像是社区在经营该服务点一样）关注学校及周围社区的发展。这样，即使大集团公司远离学校和社区，两者也可以成为合作伙伴。合作会成为支持学生、教师、家长和管理者的另一有益资源。

关怀的社区

学校提供的关怀应该是真诚的。然而，大多数学校的建筑风格便让人感觉不到关怀。在过去一百年修建的厂房般的校舍中，人与人之间的互动并不受重视。

社区要体现其关怀的特质，首先其规模应该尽量小，便于学校中的人相互认识。现在，很少有学生人数不到1 000的高中，平均规模都是1 500~2 500人；而那些学生数量在3 000~4 000人的学校反映出了一种“越大越好”的原则。通常来说，越大的东西越划算，修建一所大规模的学校当然比修建若干小型学校花费少。但从长远来看，学校里的学生和教师体验到的却是人与人之间的疏离、冷漠和无趣。相比人们在身心健康上承受的损失，节约这一点钱的做法真是得不偿失。

重新设计学校的结构　虽然全校师生每天都从同一个校门进出，但学生与学生之间、学生与老师之间就像陌生人一样。有一位高中老师曾这么对我说：“我现在还记不住全班学生的名字；不过还好，这个学年才刚开始。”其实当时已经开学三个多月了。我们不能奢望把已经建立起来的大校园拆掉，再重新建造小型学校。但不少学区正在重新思考现有的校舍，建立教师和学生在内的若干“家庭”。比如，圣地亚哥的奥法雷尔社区学校（1 300 名学生）将旧校舍划分成 9 个“教育家庭”。学校还撤销了教学顾问和副校长等职位，把这些人力资源安排到了更需要他们的地方——课堂。芝加哥的迪特学校和新奥尔良的自由学校都没有管理者。第 6 章曾详细介绍过新奥尔良自由学校的情况，鲍勃·菲利斯一直是以教师的身份在该校工作，直到学区要求学校设立校长一职，否则就关闭该学校。迪特学校则只设有副校长一职，副校长要从社区中挑选专家做兼职教师，为学生带来更丰富的社区资源。如果一个学校希望改变其原来那种像工厂生产般的监督模式，实行“以人为中心”的促进性教育模式，那么，资源的重新配置就是一种可行的策略。

个人行动中的关怀　一所关怀的学校也需要个体的付出：倾听彼此的心声；自然、友善的玩笑；人与人之间的互相帮助，真诚为他人的成功表示祝贺；对来访者报以问候的微笑；即使不同意对方的观点，也要尊重其观点；发自内心的关怀。记得那次我走在费城 Amy-6 学校的校园里，一个家长迎面走过来跟我打招呼，并问我是否需要引路。后来我从学生那里了解到，学校用微薄的薪金聘请家长来为学生服务。家长们在学校扮演着安全卫士的角色，但当学生遇到烦恼时，他们又会化身为耐心的倾听者，给予学生支持。

Amy-6 是费城中心城区的一所公立学校。在这里，老师常常会给予学生热情的拥抱。一个长得很高大的初一学生说：“如果学生不习惯这种私人接触，老师会用美好的祝福代替拥抱。这让我们觉得自己在班上很受欢迎。”另一个学生也点头赞同：“为了对得起老师的拥抱，我们会尽力去做那些值得的、有意义的事情，这让我们觉得自己是个重要的人。”

关注学校的倾听　本书中讲到的学校都以多种方法倾听学生的心声。无论是在休斯敦的表演与视觉艺术高中、Amy-6、新奥尔良自由学校、迪特学校、蒙蒂菲奥里学校，还是在奥法雷尔社区学校，学生会与教职员工定期集会讨论问题、解决问题，庆祝彼此生活中的纪念日或事件。每位校长有专门面向学生和教职员工的工作开放日。对开放性的示范可以在学校成员中产生涟漪效应，脚踏实地去做符合我们信仰的事，要比仅仅嘴上说说重要得多。

犯错误也是重要一课　充满关怀的学校把学生犯错误也视为学习过程的一部分。错误不会使你的人格受到玷污，相反，它让你了解到可以用哪些不同的方法做事。本书中所讲的绝大多数学校都将考试当成学生自我检测的工具。只要学生觉得自己有进步了，就可以通过考试来检测自己的学习水平。

这些学校中大多数都认为，传统考试过程在今天只起到了对学生进行考核和分类的功能，所以到最后导致大部分学生学业失败。绝大多数“以人为中心”的学校都采用学习历程系统来评估学生的努力程度。在休斯敦表演与视觉艺术高中，学生每年要与所有的教师进行两次会面以获得关于自己学习历程的反馈，并与老师讨论自己目前的学习进展。新奥尔良自由学校从来不给学生打分，只是通过学习历程和老师对学生学习的陈述进行反馈。20 多年来，这两所学校已经成功实践了这些反馈方法。

如果考试早已不是社会的要求，那么我们为什么还要浪费数周、甚至数月的时间准备州或国家的标准化测验呢？亚利桑那州立大学的教育学教授玛丽·里·史密斯研究了考试对小学教学的影响，得出如下结论：

> 通过课堂观察，我们发现考试严重地减少了有效的教学时间，使教学内容和教学模式变得狭隘。老师为了使自己教的内容、方法、材料与标准化测验接轨，不可避免地致使其教学能力受到严重损害。(11，p.8)

为了避免浪费宝贵的学习机会，最好的方法是不定时地随机选取几个学生进行测查。没有人会知道测查什么时候进行，也没有人知道谁会接受测验。测验结果不会被记录在学生的档案里，它只是学校收集数据的一种方式。

评　论

我们建立合作伙伴关系、关系网以及关怀社区，这都是为了促进学习社区中的每个成员的发展，提升其生活质量。让老师真心想要留在学校工作，学生热切想到这里学习。虽然不同学校的规划与使命不同，但不管学校的使命是什么，一所学校的所有成员都要共同承担之，学校使命的完成需要每个成员的主动参与。

主动的学习社区

为了迎接当今学习者面临的挑战，我准备对“社区”以及“学校在社区中的功能”这两个概念进行重新定义。苹果公司的新产品，名为“牛顿”的手提电脑已经能通过手写板识别手写体文字，未来该领域内还会有更多的可能性，在不远的将来，如“牛顿”之类的电脑将能够识别语音。

两代人的活动中心　在学习社区中，两代人的活动中心是指儿童和老人在一起学习的地方。在绝大多数人看来，这两个群体的人是融不到一起的。但学习社区为他们提供语言、艺术和计算机方面的课程，还有儿童或老人的日间照料组织。例如，位于西维吉尼亚查尔斯顿的首府高中，专门为在此读书的成人提供婴儿日托照料。婴儿照料者通常是年长的社会志愿者，他们和孩子及其父母相处得很好。两代人的活动中心也为附近的社区成员提供扫盲培训，通常是年长的学生帮助年幼的学生。例如，休斯敦阅读委员会目前就在学校、公司和图书馆开展了 21 项扫盲活动。

学术团体　说起“学校”这个词，许多人都会有一种沉重的精神包袱，对许多在校学生和曾在学校有过失败经历的成人而言，更是如此。但学习社区将改变大家对学校的这些态度。学术团体是由学习社区中具有相同兴趣的学生和促进者组成的组织，兼具组织性、灵活性和自由度。原来那种大批量生产的中学运作模式已经开始改变，铃声和高音喇叭、固定的 42 分钟一节课、拥挤的学生餐厅、肮脏的走廊等都将消失。学术团体在每个与其运作相关的成员之间建立起了紧密联系，每个成员都必须参与进来，除了学生和促进者（又称教师和管理者），还包括行政人员、厨师和清洁工。

扩展家庭　一个负主要责任的促进者要加入学习小组，与学生组成一个家庭，即学习者之家。对这个初级家庭而言，还有一些扩展家庭成员将参与到家庭活动中。

休斯敦表演与视觉艺术高中有40名这样的成员，他们主要负责举办研讨会，观察学生的学习情况，并给予反馈。因此，休斯敦表演与视觉艺术高中每年在每个学生身上多花150美元。学校还从校外请来促进者，他们通常是某个行业内的专家，能带来看问题的新视角。扩展家庭成员为教师和学生带来了新理念。校园外面还有很多丰富的知识和经验，我们需要做的仅仅是把它们请进来。

时间安排 每个人花在学术团体活动上的时间有所不同。每个学生都必须签学习合约，立使命书，学生之间以及学生与促进者之间必须定期会面，而且不能间断（休斯敦表演与视觉艺术高中就是这么做的）。评价以自评和学习历程评价为主。高风险的标准化测验只在必要时随机选取少数学生进行。在这个学习“公司”中，学生是公司的股东，这个团体促进而不是抑制学生的责任。作为一个较大的学习社区，需要确定一个全面统一的计划，号召各个学术团体相互合作。学校会将传统学校的学生用于啦啦队、舞会和体育竞赛的精力引向为他人服务。学术团体和学习社区可以通过多途径结合起来，达到共同目的。

一个主动的学习社区关注学习者的外在成长，也关注学习者的内在成长。学术团体是连接邻近社区和远距离社区的门户，是社区的中心，为所有成员提供保护性支持。高年级的学生可以辅导低年级学生及其他成人。在一些特别设计的课程中，家长可以和自己的孩子一起学习。总之，一切皆有可能。耶鲁大学心理学家詹姆士·柯默在与其合作多年的学校中都设立了提供心理健康服务的场所，Hogg基金会也在许多学校建立起校内心理健康中心。这些学习社区也没有什么特别的，它们散落地出现在全国，但却寥寥无几。

在主动的学习社区中，整个学校的作息时间、一堂课的长短、学校规模以及所开设的课程都应根据学生现在和将来的需要以及兴趣而定。但有一点始终不变，那就是灵活性与责任心始终都是主动学习环境的主旋律。哈佛大学心理学家加德纳研究多元智力时，以个体或团体完成项目的过程为研究对象，因为这个过程更能精确地反映个体在校外的真实生活中的行为，以及他在课堂上表现出的智力类型。我们可以利用不断发展的科学技术来减少学生对课本和教师（通常是学生获取事实和信息的主要渠道）的依赖性。

准时制的学习

如果老师的角色发生改变，那么，对提供事实性知识的需求也会随之发生改变（12）。我们可以通过一个比喻来理解，福特公司发明了汽车生产流水线，通过储存零部件来满足流水线对零部件的大量需求。如果储存零部件以及所需劳动力的代价很低，公司又需要这些零部件，这种方法似乎是一种能满足生产需要的合理方法。但如果公司几个月甚至几年都用不到这些零部件，存储所耗费的成本将大大提高。美国工业界认为，可以通过加强控制、管理和技术来解决这一存储问题，他们没有意识到这样做在原理上有何不妥，但实际上是，我们何必将昂贵的资源耗费在现在不需要的东西上呢？

20 世纪 70 年代末，日本的汽车制造商开始寻找降低成本、提高质量的新方法，他们首先去掉的是零部件储存环节。不自己储存零部件，他们如何能及时地给生产线供货呢？答案是其他汽车或零部件制造商会及时准确地做出反应（13，14，15）。整个运作过程是这样的：如果某公司需要某种零部件，只要把订单发给零部件供应商，之后零部件供应商会在两天内把货送达，而不是像以前那样一批货需要数月的周转。准时送达使汽车工业节约了零部件在闲置时占用的存储空间、金钱、时间和其他资源。减少新产品生产过程中的浪费，这既是一个创新的生产程序，也体现了一种理念——准时制生产。

工商界的一些领导者这样描述这一理念：

> “准时制”不是权宜之计，也不是由高层管理者在一夜之间想出的系统……“准时”……要求高层管理者有足够的领导能力、全身心投入，同时需要整个工作流程中的每个员工的充分理解和全力配合。（15，p.21）

> 从人开始。不管设备有多么自动化，工作的改进都必须从人开始。那些已经迈出改革步伐的公司，把物质方面的收益归功于工人和管理者的成功。（13，p.81）

> 在准时制生产系统中，生产某种产品所需要的材料恰恰在其被需要时准时送到必需的地点……只有当管理者、工人和供应商为解决问题精诚合作时，才可能做到真正的准时制运作。（14，p.6）

我一直不喜欢把商界的方法用于教育，因为我觉得那些方法太过于功利而忽视了人。然而，“及时准确的反应”这个概念却带给我启发，如果我们把知识看成零部件就很好理解了：与其将知识储存在脑子里，留待以后备用，学生们倒不如及时补充所需的知识。任何知识学会后不用都会很快被忘记，更何况很多学生学知识仅仅是为了应付考试。佩伯代因大学的经济学教授盖里·加里斯在题为《毕业生会很快忘记所学的知识》的文章中写道：

> 说到有用的教育改革，我们必须想到的是……如果学生认为教给他们的都是些不值得记住的东西，那么任何教育内容的改革都不可能遏制平庸像潮水一样的高涨……一旦学生认定所学的知识没有价值，他们的学习就只不过是在做些表面文章，他们的笔记看起来很整齐，但根本没有花心思来理解这些“无用”的内容。
>
> ……学生是喜欢学习的，但仅仅因为这些知识是老师讲出来的，所以就不愿意记住。对教育而言，学生的这种态度是件好事而不是坏事。总之，学生质疑传授给他们的这些知识的价值，这说明学生的智力发展到了一个新水平，而这恰恰是教育的目标。（16，p.13a）

如果不用储存事实性知识，那么学生该如何学习？他们会在学习的那一刻只有需要时才会提取和检索信息。有关一个主题的事实或信息，只有当学生们为寻求解决方案而需要它们时，才会被挖掘和搜集出来。这样，教就真的成了一种促进过程，通过情境模拟、课题研究、小组学习、与嘉宾交流互动、探究和发现挑战等方式，给学生提供学习的机会。老师就成了资源的组织者，协助学生创造一种动态的学习环境。

在过去的一百多年中，知识一直是通过老师和书本来传递的。在当今世界，事实性知识面临一个半衰期问题，知识的有用性和准确性很快会发生变化。有人估计，在某些领域，有用知识的半衰期逐渐由20年降到10年，再降到5年甚至更短。一位在1970年从牛津大学获得博士学位的化学教授称，自己所知的一半知识如今都已经不准确或过时了（17）。

把技术当作工具 科技的发展令人惊叹，但过去的经验表明，人始终是学习中最重要的元素。然而在学习社区中，教师的角色已转变为促进者。当教师卸掉作为惟一的知识来源的这副重担之时，就是人们真正发挥学习潜能之时。今天，我们完全可以利用科技模拟问题情境、解决实际问题。计算机似乎是更新与提取信息的高效能工具，但目前计算机在改变学生的学习方式上没有突出表现。这可能是因为每所学校里学生接触计算机的机会太少。虽然，许多学校建立了计算机实验室，但平均每个学生每周利用计算机学习的机会至多一次。

掌上电脑的使用可能会带来信息或知识提取的一场革命。在未来五年内，绝大多数学校从财政上和制度上都有望为学生提供掌上电脑的学习。当每个学生拥有了获取知识的工具时，老师作为信息提供者的角色就彻底发生了变化。这不是天方夜谭，这一转变迟早会到来。

但我们不必等到个人计算机普及之后再进行准时制学习。除了拥有“扩展家庭成员”的资源，每个班级还拥有书籍、录音带、报纸、杂志等来自外部世界的丰富资源，学生和教师可以随时借助这些资源获得关于某个项目或其他需要的信息。

教师要转变传统的知识传授者的角色可能存在挑战。实际上，再过 10 年，固守传统角色的教师们会真正感觉到世界真的发生了改变。再过 20 年，教师的职位将大大减少，而促进者的工作将明显增加。对学习环境的解放必将带来欣欣向荣的景象。学习促进者将对学生作为人的整体发展产生更大的影响，使他们破茧而出，发挥自己的潜能，实现美丽的蜕变。要使全国范围内的教育发生这样的变化，那么，建立（a）伙伴关系和关系网、（b）关怀的社区、（c）主动的学习社区以及（d）准时制的学习，显然就是至关重要的第一步。

挑战：一场全国性对话

对于美国教育的未来，我们需要发起一场持久的全国性对话。这场对话要在全美各个市政会议上进行，让人们面对面交流。我将和所有的与会者（不管他来自大城市还是小乡村）一起参与这场关于学习的对话，并据此制定一份计划，提出美国教育的方向，满足个体的需要。我们的城市与社区正处在困境中，我们不能再逃避了。

媒体可以协助这场对话，比如就本书中所讨论的问题和其他资源在报刊上刊登一系列文章，也可以通过电视节目或电影来宣传。巴克明斯特·富勒在20世纪50年代就提出，可以举行一些具有震撼效果的大型会议来引起注意。而我更倾向于在学校、社区中心和大学里举行小型会议，讨论我们所面临的教育问题。我也希望这些会议能在全美范围内举行，那些在能满足所有儿童和青少年需要的学校中学习的人也可以参与进来，谈谈自己的切身体会。在这样一场全国性的对话中，任何人都可以发表自己对这一问题的思考。在本书的最后一章，我将提出一些问题供读者思考。

我相信，通过对话，我们会找到方向。答案一定就在我们之中。我们需要通过倾听和讨论，为学习建立一个一致的、支持性的体制。

结　论

也许有人会说："我们不能一次只对一所学校进行改革，这样会耗费很多时间。"但我认为，这是使改革持续下去的惟一途径。过去，批量式地对学校进行改革行不通，今天，我们仍然没有理由相信它能行得通。在教育中，一地之经验不可能适合所有的学校。

作为一个国家，我们当然希望学校作为一个巨大的均衡器，成为民主价值的孕育之地。我相信，这是教育可以实现的一个目标。一个主动学习的社区不会对学习资源设置限制，它将不断挑战我们的学习内容与学习方式，即使这有可能使之处在变革的风口浪尖之上。

作为一个国家，作为一个信奉民主的人，我们必须把相互倾听和交谈放在首位。如果不反思如何改进我们自己以及后代的生活，不就此进行对话，我们许多人将继续过着人与人相互疏离的生活。国家财政赤字的减少至关重要，否则的话就会给后代留下沉重的财政负担。同样的道理，如果我们今天不能满足孩子的需要，我们现在所产生的教育"赤字"将给后代带来更沉重的负担。我们的学校从毛毛虫蜕变成蝴蝶的时刻就要到来了。这是一个宝贵的机会，所以我们必须抓住时机改变现状，努力开创一个生机勃勃的未来！

第六编

已经开始的征程

第18章

一些反思

◆

但是，一个人是如何认识到这个真理的呢……通过全身心的投入……然而，如此的投入，对某个人而言是真理，对别人而言可能就不是了……每个人按照自己的想法追求真理，没有对错之分。这确实是每个人的职责所在。如果一个人在追求真理过程中的任何一个环节出了差错，那么这些差错都会被自动修正。（1，p.57）

——圣雄甘地

远见是一种能力，能够看见别人看不见的，能够预知未来。在面临未知、不确定的风险时，远见能使个体按照自己的信念行事。圣雄甘地，通过对“非暴力不合作”的言传身教，改变了整个印度大陆，反映了设定一条道路并且沿着这条道路走下去的重要性。有益于儿童和青少年身心健康的教育愿景，是自由学习的基石。就学校中的情形而言，我们已从现实和潜在可能两个方面看到了学习是什么、应该是什么以及能够是什么。在通往“以人为中心”的学习社区之路上充满了挑战，这显而易见。但是，在挑战中既可能抓住机会，也有可能丧失机会。

挑战无处不在

每一次尝试都要面临各种挑战，把学校改变成为以人为中心的环境也不例外。我希望我们所经历的这些挑战能够指明方向，让成千上万的学生、家长、教师和他们的社区受益。

创造对话

我们所面临的第一项挑战是，需要进行一场在第 17 章所提及的有关学习的全国性对话。这需要充沛的精力和迫切感来开展。刚开始，我们可以给报刊投稿，在地区、州和联邦政府层面选举代表。可以在一所学院、大学或学区从某一课堂项目入手，开展有关学习的对话。如果你决定开始这项工作，那就要勇于挑起这副重担。若寄希望其他人来负责，那将没有人会真正负起这个责任。必须从你自己开始。

下面列举了一些能开展对话的问题。我希望你能够思考一下，列出你的对话问题清单。我们有共同关注的问题吗？

1. 在教育资源分配不均的时候，怎样才能让所有的孩子有同等的学习机会？
2. 儿童公共教育经费的来源是否只有税收这一条途径？
3. 如何才能让和平而非暴力成为学校和社会的目标？
4. 是否能够不用考试分数、等级和体育运动来定义一所学校的成功？
5. 是否应该叫停那些不利于学生学业和身心健康发展的学校？
6. 如何打破年轻人成为暴力的目击者—牺牲者—行凶者这样的恶性循环？
7. 是否应该把用于干预学生和家庭问题的资源转为对问题的预防？
8. 如何让学校变得更能够“以人为中心”？
9. 如何把投入到行政机构的资源转移到学校，让其为学生的学习服务？
10. 什么样的承诺能让全国儿童成为我们支持的焦点？

正如你所见，我们有很多问题需要讨论。上面的清单只是一个开端。本书只讨论了其中一部分主题，但真正的对话所涉及的主题应当更广泛，更持久。绝大多数问题应当都有合理的解决办法，但我们的时间很紧迫。所以，我们必须把年轻人的教育和他们的健康成长作为首要任务。现在坐在教室里的孩子是我们国家的未来，是我们迟暮之年时统治我们的领导者。基于我们提供的资源，他们将会创造出怎样的世界？

在家长、教师、学生和社区成员参加的这场对话中，我们应当关注学校如何满足学生的需求。如果我们紧盯着学习中的过失不放，那么就会一直陷于补救的常态，而无法进行真正的变革。学生、教师、家长、管理者和其他公民所描述的正面例子都应当成为对话的一部分。

如果认为“叫停”是必需的，而且有些学校在转型过程中已经停课，那么借此机会，学校的教职工和学生应就这个过程进行充分讨论。仅仅讨论所需进行的改变是不够的，这些参与重建的人必须亲身经历改变。他们必须深刻理解这些理念，而不仅仅是理论或书本知识，它们要在实践中加以实际应用，即在学校中去实践这些理念。一所重建学校的教师和管理者应当抽出时间去参观那些以人为中心的学校，用数天或数周的时间进行沟通交流，亲身参与各种以人为中心的学习环境中的日常工作。

奥法雷尔社区学校是圣地亚哥市区的一所公立学校。它的转型已经在第 9 章作了介绍，是非常成功的转型学校的代表。新学校的建设者们在旧大楼里开始了他们的梦想，“在多元文化和以学生为中心的环境中……为所有中学生提供学术性的丰富多样的课程……以满足该年龄段的年轻人在社会性、智力、心理和身体发展方面的需求，让他们成为有责任感、有文化、有思想和有所作为的公民。”（2，p.12）

奥法雷尔学校的学生获得成功的关键在于，他们持续地讨论什么对该学习社区成员最为重要。这场对话开始于 1989 年，已经进行了多年。当时学校迫切需要知道其他转型学校的经验，于是奥法雷尔社区学校的教师有机会参观了那些成功转型为以学生为中心的学校。奥法雷尔的设计，虽然融合了其他学校的成功经验（例如，师生以家庭团队的形式学习，学校的社会服务，重新分配班级的管理权），但它对奥法雷尔的学习社区而言是独一无二的。一年后，由于学生人数从只有一个年级、约 450 人，上升到有了三个年级、共 1 350 人，这个设计也进行了修改。为了帮助之前接受过较差教育系统服务的学生建立他们的梦想和愿景，学校坚持为他们提供补习。所有自认为是奥法雷尔团队的成员，包括家长、教师、办公室职员，以及其他对奥法雷尔学校的学生的健康生活有直接或间接作用的人，都积极参与了这项活动。这样的补习组和提高组的活动在奥法雷尔项目的规划阶段就启动了，而且自 1989 年起，每年都会进行。

持续对话和互动的需求促进了这一梦想，也有助于“为所有成员服务”这一学校愿景的实现。奥法雷尔学校的课程表是根据师生的需求进行设计的：每天都为团队成员、学生和家长之间的对话提供专门的时间；团队成员之间除了日常接触外，奥法雷尔的教职员工还通过每年的补习班与学生进行接触，活跃他们之间的对话。在某次补习课上，一个学习促进者让补习班成员阅读兰斯顿·休斯的诗歌《哈雷姆》，并谈谈自己姗姗来迟的梦想。一个学生说：“作为一个背包客，我能感觉到自己肩上的重担，但随着旅程的行进，这副重担变得越来越轻。但是，没有压力，人是无法登上高处的，因此必须变得更为强大才能承担起这副重担。”“没错，”另一个学生回应道，“在旧的教学方式中，你只能独自承担这份压力。在奥法雷尔，我们大家一起共同承担。”（3，p.27）

通过对话、团队工作、面对面的讨论和共同学习等这一系列重建活动，开创出一条大多数教师都渴望但只有很少教师能体验到的道路。教师们待在原地，每天做着同样的事情，很少甚至没有与其他人进行互动。这样，教师们对学生的需求会变得越来越迟钝。由荷兰的西奥·武贝尔斯协调的国际比较项目，已经对若干国家（美国、荷兰、澳大利亚、以色列和芬兰）的师生活动进行了研究。结果表明，在从教十年之后，教师与学生的情感（合作性）互动显著降低（4）。

学徒制

从教师主导的模式向以学生为中心的学习的转变，这可能是我们面临的最大挑战。如果要在全国范围内进行这种持续的改变，那么就需要在“以人为中心”的学习环境中实施学徒制模式。这对于那些正在经历改变的学校中的教师而言特别真切、适合。我们最好在“做中学”，边做边学，如果想让改变持续发生，学校就需要提供学徒制以不断满足学生的需求。人们需要看到本书讨论的这些都的确能够现实地发生，它是一种合理、实用且更加愉悦的生存方式。

学徒制可以成为每一个新的学习促进者进入职业的一个组成部分。学徒制能够超越对学生的教学，发挥独特的功能，帮助新人更好地与全体教职人员一起，成为一个或多个学习社区的成员。这些改变将促进对教与学的哲学理念的重新思考，还可以促进大学或学院重新分配资源，将更多的资源提供给那些实施学徒制的学习社区，促进新人跟着有经验的人学习。

资　源

无论人力还是财力资源，都是要面对的又一项挑战。有充分的资源保证，我们才能做想做的事情。有部分学校有充足的资源来满足它们的各种需求，但还有许多农村和市区学校则不然。我和一位校长进行过对话，他刚从美国西南部一所市区高中调任到芝加哥的一所郊区高中。在以前的那所市区学校，平均每个学生经费为 3 728 美元，而现在的这所郊区学校则为 10 540 美金。正是因为资源充足，使得他在现在这所学校可以开展很多工作：每个学生都能使用电脑等各种现代化技术，各项设施都非常新，所有的硬件系统，从暖气到空调都能正常运作，学校有富余的空间供学生开展各类学习和项目研究之用。而他之前所在的那所市区学校则显然过于拥挤，几乎很少或者完全没有可供创造性活动的空间。在全国范围内，教育经费投入的不公平已经成为提高教育质量、参与全国性讨论的一大障碍。

除了提供给学生的资源外，我们需要将教师视为未来的财富而不是负担。奥法雷尔社区学校的转变需要人力和财力的双重投入。维持对话需要时间，以便让人们进行对话与规划；同时也需要资金，能够让人们离开学校参观其他学校，与其他人会面讨论。资金一部分来自于地方，另外则来自于基金和当地的商业赞助。奥法雷尔是圣地亚哥第一所完成重组的学校，资源相对充足。但是，如果 20 所、40 所甚至所有圣地亚哥的学校都要效仿奥法雷尔模式，是否还能获得足够的资源？很显然，为了满足学生学习和社会情感的需求，我们需要重新思考学校所需资源的标准。

对教育经费的理解的确存在一些误区。亚利桑那州立大学的教授戴维·贝林纳对联合国教科文组织公布的教育经费支出进行了分析。贝林纳指出，从学前教育到大学的各级各类教育经费支出，美国的确比大多数国家都高，仅次于瑞典，与加拿大和荷兰相当。但是，如果单看学前教育到高中这一部分，贝林纳发现美国的支出比德国少 14%，比日本少 30%，比瑞士少 51%（5，pp.12—3）。再加上因绝望和家庭破裂等导致的青少年自杀率和谋杀率，美国在全世界也是排名最高，你会发现当前的局势刻不容缓，必须立即和持续地做出反应。

一些清晰而又明确的思想能够带来重大的改变。我想对这些额外的挑战进行回顾，并提供一些可能的方向，以期为大家提供帮助。通过本书，我们了解到教育家们通过微小的努力已经获得了巨大的成功。持续的改变不可能在一夜之间发生，它需要坚持和时间，但更需要使命感和梦想。我们的使命和理想是“学生的利益高于一切”，这需要通过多种途径来实现，需要不断检查我们的工作是否以学生的最佳利益为重，持续地满足学生的需求。

在第 1 章中，我们说明了当学生的需求得到满足时对学生产生的影响：他们热爱学校。我们每一个人最本质的部分——动机，在以人为中心的学习社区中得到了支持和强化。同时，我们也看到了当学生的需求被忽略时所产生的后果。因此，我们应当开始从“以教师为中心”的这一端慢慢向“以学生为中心”的另一端转变，在这整个转变过程中，我们应当充分考虑到师生双方的需求，以合适的速度推进这种转变。如果你在高中任职，那么不妨先在一两个班级开展，再逐步推进这种转变。

我回想起来，曾经有个老师告诉我，她所实施的合作性学习小组开展得并不理想。她说：“学生们一直在挣扎当中。”当我和学生们交谈时，他们告诉我：“讲课的老师每节课都让我们在小组中学习，但是我们根本不知道做些什么。”这里有两个问题是非常明显的：第一，对学生而言，这种改变的进度太快；第二，教师没有花时间帮助学生学会如何进行合作学习。但这位教师没有收到任何有关学生们如何开展合作学习的反馈。通过和我的进一步对话，学生们非常具体地指出他们的需求，希望花更多的时间和老师一起讨论困扰着他们的这些问题。从一种模式转变到另一种模式，这是一个过程，而不是赛跑。有些学生需要更多的时间来进行调整。来自学生的反馈，以及对所发生的一切进行反思，是成功转变过程中的两个重要因素。

殊途同归

“以人为中心”的学校并没有固定的模式，这是另一项挑战。通过提升小组成员的能力，我们需要确保每一个情境都是独一无二的，且必须以这个小组自身特有的方式来处理问题。在我的另一本书《卡尔·罗杰斯论个人权力》中，我对自己在芝加哥大学的亲身经历进行了探讨。以下是来自于那本书的节选：

> 我在芝加哥大学的咨询中心工作时，第一次认识到这一问题。在芝加哥大学看来，我是这个咨询中心的负责人。我把领导权下放给了我们中心所有的职员，包括我自己，大家共同运营这个机构。我记录了那段时期的故事。
>
> 在咨询中心的工作让我了解到许多怪事。刚开始着实令我沮丧，因为我们似乎无法找到运营这个中心的合适方法。首先，所有的决策都是大家一致同意通过的，但这样真的是不胜其烦。我们又选出代表形成一个小组进行决策。同样效率还是很低。我们选出了一个协调人，就像总理一样，即便他得不到信任票，但我们仍同意遵从他的决策。逐渐地，我开始意识到：没有一种所谓正确的方式。中心的生存、活力和成长，与其少一些僵化、具有持续改变集体理念的能力以及使用新的运营模式紧密结合在一起。
>
> 我发现当权力下放之后，所谓的协调人、主席、经费预算委员或任何头衔都没有什么用处了。因此,这些行政事务通常由新来的成员来承担，因为这是一种使他们熟悉中心运营的好方式。一个实习生可能会带领一个小组制定下一年的经费预算，也可能带领一个小组制定计划，或讨论通过会员资格以及某项提议。这样，团队的资深成员则有更多时间投入到研究和治疗中，因为他们知道，如果这些小组无法准确代表全体成员的意见，他们的决议就会被团队成员所否决。
>
> 我发现，个人情感会对行政事务产生重要影响。通常，职员们会花费（或者看起来）好几个小时，就某些琐碎的问题争论不休，直到某个观察敏锐的成员发现并指出这些问题下面所隐藏的情绪，即个人的敌意、不安全感、两个未来领导者之间的竞争，或是意见从未得到过重视的人所怀有的怨愤。一旦这些情绪公开化，之前看起来如此重要的议题都变得不重要了。但从另一方面来看，如果职员们相互之间能够公开沟通，下一年度经费预算的分配、协调人的选举、一项重要政策的采纳等等这些事情，只需要几分钟就可以搞定。（6，pp.94—95）

官僚主义的蔓延

在决策的过程中，如何遏制官僚主义的蔓延是另一项挑战。例如，在很多商业机构的发展壮大过程中，许多原本富有创造性的团队变为了守门人，为所需进行的改革设置了诸多障碍。P. R. 费尔菲尔德的《以人为中心的研究生教育》一书中有很精彩的一章，它指出了每一个机构在发展过程中那种程式化、官僚化运作的趋势。他写道：

> 身处某个正在发展的机构——公立学校、私人登山俱乐部、企业、教堂或者任何其他组织——的任何人都知道，使用某种理性系统说服其他人遵从被推荐的观点、程序和规则是很容易的。因此，任何一个提倡自由、激进或者寻求自由目标的机构，实际上都免不了会重新发明各种专制的理由，致使不再履行其原本的目标。（7，p.100）

任何事情都可能成为强制性的规则，甚至自由也不例外。这不仅仅是发生在卡通片里的事实，一个进步学校的孩子哭丧着脸问："我必须做我想做的事情吗？"在会心团体的无结构自由中，参与者也经常会发现，他们被期望能遵守一些规范。因此，常规程序的累积很容易就会滑入对所需程序的规则强制性要求之中。

在官僚机构中还有另一个要素：因为已经建立起来了，所以它作为一个组织有继续发展下去的趋势。临时的委员会变成了永久性的。组织都有让自己继续生存下去的趋势。更确切地说，是组织中的人员会努力维持现状，而不是努力达成他们最初的目标。当选的官员已经意识到与委员会有关的问题似乎会一直存在和持续。很多州立法机构已经开始了一项"日落"政策，限制每一委员会的任期。一届任期通常是三到五年，在这之后委员会必须对自己的工作进行回顾总结，检查其努力方向是否一直与其最初的目标相一致。

这个方法在公立学校同样有效。学校团体也会形成一些临时的委员会，各自聚焦于解决某个特殊问题的实际目标。这些临时的委员会可能会由那些利益相关者（包括家长、学生、教师和管理者）组成。一旦问题解决——或已表明被解决——这个临时委员会就要取消。这两种在教育和行政管理领域的方法，能够有效遏制去人性化的发展和被规则束缚的程序。它们能够确保人性化方法的延续。

权力的诱惑

对权力的需求也许能够解释为什么委员会成员拒绝检查他们自己是否发挥了作用。也许可以说明那些崇尚尊严、价值和个人能力的机构为何短命的最后一个要素是：权力的诱惑。一个著名的商业世界的案例能够充分说明这一点。

我认识一个人，他已经为一家大型的工业企业做了长达 15 年的顾问。这家公司是一个多元化企业，生产的大部分是小型民用产品。

这个人，通过他自己的方式，通过他自己的培训模式，依靠认知方法，在这个机构里建立起来了以人为中心的管理方式——并不是在整个机构，而是在规模可观的中层和高层管理者当中。

他得到了很高的认可，培训出来的经理们也都非常高效。因此，他在数年前就获准在该企业开展一项“实验”：有三个工厂被选为实验组，对其中的管理和非管理者进行培训，并和他们一起工作。还有三个工厂被选作控制组。应当强调的是，这是一家非常现代化的工业巨头，有良好的劳工关系，与其他同类制造企业相比，具有更高的效率以及更为严格的成本计算系统。因此，控制组和实验组的工厂都是以良好的运作状态开始实验的。

在过去的 9 年中，实验组工厂中的人们越来越深入地投身于“以人为中心”的理念。员工们日益得到管理者的信任，而不是在他们的监督、控制和检查下工作。而且，员工们之间也越来越相互信任，相互之间的尊重程度出乎寻常地高，相互之间也非常尊重对方的能力。在顾问和工厂员工的共同努力下，他们在工厂内部建立了良好的人际氛围，无论是上下级之间的垂直沟通，还是同级之间的横向沟通，人人都愿意承担责任、做出选择和进行决策。

实验的结果是显而易见的。在实验组工厂中，一个特定部件的成本是 22 美分，而在控制组里却高达 70 美分！在实验组工厂里现在只有 3~5 个经理，而在控制组同样规模的工厂里却需要 17~23 个经理。在实验组工厂里，工人和管理者一起从停车场走进工厂，热烈地讨论着工作。而

在控制组工厂里，他们经常都是独自快速地走进工厂，打卡上班。（6，pp.101—2）

这是一个真实、引人注目的成功故事。我们能够得出的确切结论是，这些“以人为中心”的方式是通过合作培养起来的。但事情并没有按照我们事先预计的那样发展。后来，我与这位顾问进行了一次交谈。他告诉我，这些实验组的工厂还在持续良好地运作，他也很骄傲他和他们一起做出的成绩，但他却将他与这家企业的合作视为一次失败。处于顶层的高级经理人，虽然非常高兴看到实验组工厂利润的提升和员工士气的高涨，但并不愿意将这种模式在其他工厂进行推广，即便他知道这样会提升企业的整体利润。“为什么不愿意呢？”我问道。这位顾问的回答非常发人深省：“当其他工厂的经理人仔细了解了我们正在做的这一切，他们逐渐意识到自己可能会因此失去很多的权力，而且还要与他的工人们一起来分享这些权力。他们不愿意放弃手中的这些权力。”我想这似乎说明，对于这些人而言，权力比利润更加重要——虽然对企业而言利润才是最重要的——顾问表示赞同。

这个故事的后续发展也很有趣。当实验组三个工厂的经理们因升职而面临要离开原来工厂时，有的人拒绝升职，有的人则进入了能够理解他们促进产量的以人为中心的机构，去谋求更高职位。而那些继续按照原有的模式经营、由经理人独掌大权的工厂，则先后在随后的几年中经历了危机，不断走下坡路，利润下降，市场消失，工人离去。

当今的教育也是如此。教育机构的管理者把控制人的权力看得比促进学习更重。每个人都在追逐权力。管理者因害怕丧失某些权力而不愿意和教师分享他们手中的权力；同样，由于害怕失去控制，教师也不愿意与学生分享他们的权力。学生们知道了权力的重要性，开始用与老师相处的方式与其他人相处，时常会发生诸如暴力之类的消极行为。这种争权夺利的模式反过来进一步促使上层管理者更加牢牢地把控权力。如此高涨的控制欲使得有些学校变成了类似监狱，扼杀了各种形式的创造力。

国家控制

随着时间一天天过去，在全国范围内开展对话与讨论变得愈发迫切。旨在提升教育质量的不同组织，其措施变得相互抵触和矛盾，效果也事与愿违。就制定国家标准这场运动而言，本意是好的，但是有可能成为另一种自上而下更为严格的控制机制。师生将会花大量的时间和精力，要么努力达到这些标准的要求，要么抵制、推翻这些标准。这场争论刚刚开始，下面的内容摘自于《教育领导力》最新一期上的文章，论述了一位教师对强制实施的标准的看法。

一个教师与标准制定者之间的对话

安德鲁·邓恩*

制定全国性的标准正在有条不紊地进行之中。不久，由三个大型组织——全国英语教师委员会、国际阅读协会和阅读学习中心——制定的标准将会对全国所有的语文教师产生影响。

一线教师们对标准有这样一个困惑：是不是只要标准建立起来，对标准进行合理评价，教师就能教得更好，学生就能学得更好?

根据标准化测验与州层面的能力测验所积累的经验来看，答案是否定的。如果标准建立起来了，那么首先就会把学区、区域和州层面上的测评结果拿出来进行比较。比较的结果将会告诉我们一个早已知晓的事实：有的学校在教育学生的过程中困难重重。不仅如此，这些结果还会出现在无数的行政报告、政治言论和媒体报道中，这些学校会不断地被曝光。

其次，学区的教育官员将会竭尽全力地提高分数，以便降低政治压力或获得更好的宣传。他们将会依据新的评估体系设计课程，并重新编写相应的教材。很快，这些新教材就会进入市场，到达学生们的手中。

再次，资金将会用于落后的系统改建，但却很少用于诸如减小班额，或增加教师与学生接触时间等改进措施上。资源将会投入到聘请专家（我

* Dunn, A. (1993). “A Teacher Talks to the Standards Bearers.” Educational Leadership, 50, 8:78. Reprinted with permission of the Association for Supervision and Curriculum Development. Copyright 1993 by ASCD. All rights reserved.

的同事把专家比喻为“一台笔记本和一杯咖啡”)、办公室报告和复印机等教师根本无法接触或者可供教师使用的方面。

最后，标准将会标准化。这会变得多么有趣。一个三年级的学生在学年的中期，从一个州转学到另一个州，他将不会落下任何一课，因为所有的学校都按照同样的进度进行教学。

……只有当标准能够改善师生之间的相互作用时，只有当全国性的考试被取消，国家标准是以一种模式而不是固定的规则来实施时，设立国家标准才是有意义的。

除此之外，资源应当用于帮助学区达到标准要求的那些方面……

全国性的考试，目前在新闻词汇中被称为“评估”，对于提升教师素养、改善学生对待生活的态度，或改进学校的周边环境等方面都没有任何帮助。而且，全国性的考试也无法帮助一线教师追求、适应和达到世界级别的标准。教师们没有时间来反思教学理论、撰写和出版学术文章、申请课题研究经费。即便是我写了这本书，我仍在怀疑到底有多少教师会读它。因为教师们如此忙碌，压根儿就没有时间。

教师们的资源被占用得太厉害了。

……如果美利坚民族真的希望更好地教育孩子，我们就不能用评估来替代对一线教师的合理支持。(8，p.78)

评　论

安德鲁·邓恩是新泽西州爱伦代尔北方高地宗教高中的一名英语教师。由于在全国范围内缺乏对教育中什么最重要的对话和讨论，因此，也就不可避免地将像邓恩这样的学习促进者置于一个防御的境地。他竭力去抵挡来自上面的又一波强制性要求，以求在接下来的几年里不会对他及其学生造成更多的负面影响。

踏上征程

一本书的结尾，既是一个终点，也是一个新的开端。我希望，在你阅读本书的最后几页时，你将看到自己正要开启一个新的旅程，它将引导你用终生的时间和他人一起探索与分享。

一次旅程，就像一条河流，在源头是由每一个小水滴开始的，无数的小水滴逐渐汇聚起来形成水流，并最终成为江河湖海。没有这些水滴，河水将会干涸，海水将会枯竭。我们更像是这些小水滴：我们独自走过以及共同走过的路程将会影响其他人，改变未来。

教育改革，就像河流一样，需要时间来重塑地貌和风景。在某一时刻，当我们注视着每一个孩子、每一个班级、每一所学校的时候，有意义的改变似乎并没有那么让人生畏。随着水滴的汇合，终将形成力量，带来有意义的改变。

我相信，通过本书的字里行间——主题包括希望、关怀、信任、分享，以及最重要的是促进他人自由学习——你的旅程已经开始了。生命，最好的状态就是一直处于改变的过程之中，而绝不是预先设定。我希望你能和其他人一起汇聚成一条改革的河流。受益者将是那些想要学习以及需要在一个关怀的社区中学习的人，在关怀的社区他们也会关怀他人。这种改变并不是由他人来预设的，必须由你自己来设计。并不是所有的旅程都一帆风顺。很多时候，我们需要穿越黑暗到达光明。但这个过程会让我们变得更睿智。智慧并不是来自于时间或年龄，而是来自于接受生活的挑战，从错误中学习，在经验中成长。通过新的经验产生的这种不平衡，从最真实的意义上来看，就是学习。

我们必须相信自己的内心感受，冒险接受新经验的挑战。让我们再次致力于创建孩子们热爱、成人受益的学习社区吧。为了实现这一目标，我们必须后退一步，信任我们的学生和我们自己，给予我们所有学习的自由。

附　录

变革的资源：学习社区

这一部分将提供有助于扩展本书思想的一系列人物、项目和材料，从而形成一个学习社区。改变需要时间和支持。当你试图改变学校和课堂上的氛围，试图营造“以人为中心”的学习氛围时，你可以从这一部分获得支持。

在此，我们要特别感谢《全人教育评论》（*Holistic Education Review*）的编辑们和罗恩·米勒（Ron Miller），他们在《全人教育评论》的“资源向导”专栏中介绍了本书。

欢迎你为《自由学习》一书提出宝贵的建议，来信请寄：

H. Jerome Freiberg，Professor of Education

Farish Hall，Room 350

University of Houston

Houston TX 77204-5872

Telephone：（713）743-4953

相关网络和组织机构

家长参与教育联合会

（Alliance for Parental Involvement in Education，ALLPIE）

P.O. Box 59，East Chatham NY 12060-0059

这是一个旨在鼓励和协助家长参与公立、私立学校教育，以及家庭教育的非营利组织。针对家长在教育中的权力和参与问题，ALLPIE 能提供手册、书目、快讯、服务推荐、会议、工作坊和研讨会等服务或活动。

国际儿童教育协会

（Association for Childhood Education International）

11501 Georgia Avenue，Suite 315，Wheaton MD 20902

这是一个倡导要从发展角度选取合适教材的专业协会。该协会可以提供大量教育类出版物，比如《学校外的学习机会》（*Learning Opport unities Beyond the School*），为家长、教师和其他关心教育的人提供许多资源向导，其中包括在多种情境中促进学习的可操作性的想法。

游戏治疗协会

（Association for Play Therapy）

c/o California School of Professional Psychology，1350 M Street，Fresno CA 93721

这是一个跨学科的国际性组织，致力于游戏疗法和"以儿童为中心"取向来开展学习。该组织将游戏视为治疗和学习的必不可少的成分。组织成员包括教师、咨询师、保健工作者和儿童医疗辅导师等。该协会为相关的会议和通讯提供赞助。

整合学习中心

（Center for Integrative Learning）

315 University Street，Healdsburg CA 95448

通过运用想象、多通道学习、脑的兼容性学习过程和整合性课程设计等途径来促进全脑学习，这些方法主要受贝弗利－科琳·加林晚期的工作所启迪。该中心主要为一些研究所和会议提供赞助，出版相关的著作，开发课程材料。同时也提供咨询、网络和“创新性智库过程”。

学习和教学风格研究中心

（Center for the Study of Learning and Teaching Styles）

Learning Styles Network，St. John’s University，Grand Central Parkway，Jamaica NY 11439

该中心支持学习风格研究在教育环境中的应用。鼓励老师熟悉自己的教学风格和不同学生的学习风格。该中心出版相关通讯、研究指南、软件和其他材料，并赞助会议。

教学与学习中心

（Center for Teaching and Learning）

Box 7189，University of North Dakota，Grand Forks ND 58202–7189

该中心出版有关教育进步和开放性课堂取向的期刊，以及相关的系列研究报告。

合作学习中心

（Cooperative Learning Center）

200 Pattee Hall，University of Minnesota，Minneapolis MN 55455

该中心由戴维 · 约翰逊和罗杰 · 约翰逊创办，主要从事传播研究成果，为培训教师合作性学习方法提供赞助。

教育运动机能学基金会

（Educational Kinesiology Foundation）

P.O. Box 3396，Ventura CA 93006–3396

教育运动机能学（又称为教育动觉学或 Edu-K），是一种将全脑和身体学习加以整合，以生理学为基础的取向。该基金会出版《脑体操》杂志、书籍以及其他材料。并赞助在美国各地举办的教育运动机能学原理和技术的课程班。

公平测验

（Fair Test）

342 Broadway，Cambridge MA 02139

美国公平与公开测验中心主要研究针对学生和教师的标准化测验中存在的问题和不公平性。主要出版物包括季刊《公平测验的考官》（*Fair Test Examiner*），每年对出版物进行两次更新，发表多份研究报告，如《大学入学考试中的性别差异——为什么女生会失败？》《以上皆非：学业能力背后的神话》。

美国民间教育协会

（Folk Education Association of America）

4112 38th Street NW，Washington DC 20016

该协会倡导斯堪的维纳亚民间中学的办学模式，倡导"以学校教育为生活"的目标，把学生培养成"创新、敏锐、主动"的人。民间教育倡导以学生为中心、合作与全面发展，特别强调人格的塑造、公民责任感的培养，以及成人教育和"研究圈子"。该协会出版期刊、通讯，并赞助相关年会。

全球教育改革联合会

（Global Alliance for Transforming Education，GATE）

P.O. Box 21，Grafton VT 05146

全球教育改革联合会是全体教育工作者的全球性联盟，会员们为宣传和推动人权、社会公平、和平和环境的可持续性发展等教育愿景而奋斗。该组织的活动包括为当地学校和社区修订流程，围绕全面教育和师范教育主题举办年会。

个体教育国际联盟

（Individual Education International，IEI）

c/o Bill Kiskaddon，4404 242nd Place SW. Mountlake Terrace WA 98043

该联盟的教育工作者都对科尔西尼的 4R 法感兴趣并加以使用。个体教育是以阿德勒的个体心理学理论为基础，追求一种更加重视给予学生民主和尊重的教育。IEI 的会员都会订阅《个体教育公报》（*Individual Education Bulletin*）。

民主教育研究所

（Institute for Democracy in Education）

1241 McCracken Hall，Ohio University，Athens OH 45701–2979

该研究所汇聚了教育工作者和家长的力量，一起探讨教育如何通过民主的教学法为把学生培养成民主的国家公民做好准备。该民间组织不挂靠任何政府部门。出版物为季刊《民主与教育》（*Democracy and Education*）杂志、通讯以及其他出版物。主要为相关的工作坊、研究所、资源中心、论坛和书店等提供赞助。

学习与教学研究所

（Institute for Learning and Teaching）

449 Desnoyer，St. Paul MN 55104

提供脑的兼容性教育方法训练，协助学校和地区开展员工发展计划，主要出版物为通讯《基于脑的教育联盟》（*The Brain-based Education Networker*）。

国际非传统学校协会暨人员联合会

（International Affiliation of Alternative School Associations and Personnel）

c/o Dr. Raymond Morley，Office of Education Service for Children，Families，and Communities，Department of Education，Crimes State Office Building，Des Moines IA 50319–0146

这是一个由非传统教育协会、教育工作者和家长组成的交流联盟，协助国家和地方团体发展非传统学校、项目及其服务。该联盟全方位支持非传统教育。

国际启发潜能教育联盟

（International Alliance for Invitational Education）

c/o School of Education，University of North Carolina，Greensboro NC 27412

启发潜能教育是一种人本主义取向，它主要建立在威廉·珀基（William Purkey）的工作基础上。它倡导通过一种合作式、启发潜能教育的取向来发展人的潜能，这种取向能培育自尊和人格发展。该联盟能提供通讯、书籍、其他出版物以及网络、工作坊和具体活动等。

国际合作教育研究协会

（International Association for the Study of Cooperation in Education）

P.O. Box 1582，Santa Cruz CA 95061

该协会推动合作性教学法的研究和实践，让学生在小组中合作学习，让教育工作者互相支持。该协会出版的《合作教育》（*Cooperation in Education*）通讯中包含了很多有深刻见解的论文和资料清单。该协会也强调冲突解决与和平教育。正式出版物有《合作学习》（*Cooperative Learning*）期刊，介绍了合作学习领域中详尽的资源和论坛。

美国核心课程协会

（National Association for Core Curriculum，Inc.）

404 White Hall，Kent State University，Kent OH 44242–0001

该协会推动从幼儿园到 12 年级以及大学课程的跨学科、综合性、整合性和模块化的研究。为相关的工作坊、出版物和咨询顾问提供赞助。

美国儿童早期教育协会

（National Association for the Education of Young Children）

1509 Sixteenth Street NW，Washington DC 20036

该协会致力于促进 0~8 岁儿童的健康成长和发展。倡导对年幼儿童使用发展适宜性教育方法。主要出版通讯、书籍和手册；并为相关的会议、当地团体和信息服务提供赞助。

美国教育调解协会

（National Association for Mediation in Education）

205 Hampshire House，University of Massachusetts，Amherst MA 01003

该协会致力于促进冲突解决技能的教学工作，以及同伴调节项目的实施。该协会的一个有关出版物、课程指导以及冲突解决项目信息的全国性信息交换站已经运营。出版物有专题书目、指南、通讯和报告等。

美国“以学生为中心”的学习协会

（National Association for Student-Centered Learning，NASCL）

c/o David Jackson，2 Church View，Norton-sub-Hamdon，Somerset，England，TA14 6SG

该协会成立于1990年，是一个教育工作者联盟，其中的每个人都认为，只有当学习者成为学习过程的中心时，学习效果才最好。该协会出版通讯及其他出版物，赞助相关的大型会议和小型碰面会。该协会有两本图书资源在英国牛津的Basil Blackwell出版社出版，分别是唐纳·布兰兹（Donna Brandes）和保罗·金尼斯（Paul Ginnis）的《“以学生为中心”学习的向导》《“以学生为中心”的学校》。

美国非传统社区学校联盟

（National Coalition of Alternative Community Schools）

P.O. Box 15036，Santa Fe NM 87506

这是一个由家长联合体、自由学校和家政学者组成的联盟，旨在促进学生交流和旅游。赞助相关年会和区域性会议，以及期刊（Skole）和通讯的出版。出版了一份成员学校指南的资源清单。

进步教育者联盟

（Network of Progressive Educators）

P.O. Box 6028，Evanston IL 60204

一个由来自公立和私立非传统、开放式和进步学校的教育工作者组成的组织。目标是团结一切能认同进步思想，关注教师和学生学习的人。

新地平线学习资源网

（New Horizons for Learning）

P.O. Box 15329，Seattle WA 98115–0329

出版物《沿着曙光》（*On the Beam*）描述了有关学习和思维技巧的最新研究，并为专门讨论如何应用这些研究结果的讨论会、工作坊和思想碰撞会提供了信息交流中心。赞助特别的会议，将推出电子通讯。

以人为中心的表达性疗法研究所

（The Person-centered Expressive Therapy Institute）

c/o Natalie Rogers，P.O. Box 6518，Santa Rosa CA 95406

该研究所由娜塔莉·罗杰斯（Natalie Rogers）创建，主要提供书籍、录像带、工作坊，以及其他有关创造力和意识的资料。纳塔莉·罗杰斯在科学和行为出版社（Palo Alto，Calif.:1993）出版了自己创作的《创造性联结：表达性艺术疗法》（*The Creative Connection: Expressine Arts as Healing*）一书。

复兴教育协会

（Renaissance Educational Associates）

4817 North County Road 29，Loveland CO 80537

该协会是由教育工作者和家长组成的国际性会员制协会。这些会员都相信，他们的创造性生活的例子可以激发他人有意义和有目的地去生活。该协会出版了季刊《复兴教育者》（*The Renaissance Educator*），赞助每年召开的会员大会，每年暑期在世界 30 多个地方组织地方性活动，提供专业的研讨会。

教师研究联盟

（Teachers' Research Network）

c/o Dr. John Chattin-McNichols，Seattle University，Seattle WA 98122

鼓励教师成为儿童发展和教育创新实践结果的观察者，关注蒙台梭利教育，致力于探寻蒙台梭利教育法与其他儿童早期教育实践法之间的联系。

全人特殊兴趣小组

（Wholistic Special Interest Group）

American Educational Research Association，1230 Seventeenth Street NW，Washington DC 20036–3078

通过美国教育研究协会（American Education Research Association）的年会，将世界各地的研究者汇聚在一起，共同探讨情感教育方面的问题和研究报告。

给教育工作者的出版物

《无线电报》

（*AERO-Gram* ）

Alternative Education Resource Organization，417 Roslyn Road，Roslyn Heights NY 11577

该通讯包含美国及世界各地非传统学校与社区的最新内部信息。编辑杰里·明茨（Jerry Mintz）已经在非传统教育领域活跃了 20 多年。（他也是一名自由咨询师，为家长以及其他想开办非传统学校的人士提供咨询。）

《儿童：华德福的观点》

（*Childhood —The Waldorf Perspective*）

c/o Nancy Aldrich，P.O. Box 39，Westford VT 05494

运用华德福的儿童发展观探讨父母教养、学校教育和家庭教育中的全人的和精神层面的内容。讨论家庭生活、合作的主动性、课程、假想游戏、对大自然的好奇心、故事讲述、音乐、艺术作品、手工制作、手工艺品、节日、评论、资源和人际网络等内容。

《全脑学习共同体》

（*Consortium for Whole Brain Learning*）

461 Ohio Street，St. Paul MN 55107

每学年出版四期的小简报，主要介绍强调各种不同学习风格的思想及参考资料。

《早期教育和发展》

（*Early Education and Development*）

39 Pearl Street，Brandon VT 05733–1007

这是一份为儿童及其家庭提供教育和学前服务的专业期刊，每季度发行一期。着重介绍当前有关儿童发展的研究对早期教育、日托项目、特殊需要教育项目以及其他教育实践问题的启示。

《绿色教师》

(*Green Teacher*)

95 Robert Street, Toronto, Canada, M5S 2K5

这是一份风行北美的杂志，每年出版五期。它有助于中小学教师和家长提高年轻人的全球和环境意识。该杂志发表的文章主要涉及对教育的反思、课堂准备活动，以及对不同主题（如土著居民的观点、全球发展、海洋教育、冲突解决和能源教育等）等新资料的总结。

《全人教育评论》

(*Holistic Education Review*)

P.O. Box 328, Brandon VT 05733-0328

《快乐儿童》

(*Joyful Child*)

P.O. Box 5506, Scottsdale AZ 85261

该杂志的初衷是唤醒儿童及成人的自尊、爱、和平和快乐。它强调快乐是人性的真实本质，但需要我们的社会精心培育。在杂志的结尾处，有领导力培训班，这是旨在促进快乐儿童教养方式的培训班。该杂志会介绍相关的书籍和其他作品，并刊登专题讨论会。

《边缘优势》

(*Limbic Plus*)

Jenzen Kelly Associates, Inc., 32260 88th Avenue, Lawton MI 49065

这是一份双月刊的通讯，主要介绍当前关于脑、意识、学习的最新研究对教育的启示。还包括终生学习特征、教育资源、模范教师以及其他更多的内容。

《花粉》：生物区域教育期刊

(*Pollen: Journal of Bioregional Education*)

Sunrock Farm, 103 Gibson Lane, Wilder KY 41076

该杂志旨在促进生物区域观在教育中的应用，该观点认为，“人类必须和自然界建立一种新型的尊重关系，重新认识人与自然的地位”。这种生态观强调教育内容和教育过程中的多样化和发散性。《花粉》杂志与北美生物区域会议有直接联系。

《学校教育反思》

（*Rethinking School*）

1001 East Keefe Avenue，Milwaukee WI 53212

这是由密尔沃基地区公立学校的教育者们组织出版的一份独立的教育期刊或报纸。考察了当今教育中存在的大量问题，包括城区社会问题、标准化测验、阅读方法，以及家长和教育者们感兴趣的许多问题。

和平与全球化教育

美国友谊服务委员会

（American Friends Service Committee）

1501 Cherry Street，Philadelphia PA 19102

该委员会提供出版物《和平教育资源》（*Peace Education Resource*）以及其他相关材料。

加拿大和平教育工作者联盟

（Canadian Peace Educators’ Network）

c/o The Pembina Institute，P.O. Box 7558，Drayton Valley，Alberta，Canada，TOM 0M0

这是一个信息和资源共享的联盟。出版全国性的和平教育工作者的人名地址录。出现的一份通讯（季刊），旨在探讨世界范围内的和平教育问题，并介绍详尽的资源清单。

跨文化教育中心

（Center for Cross-cultural Education）

College of Education，Georgia State University，Atlanta GA 30303–3083

该中心已经出版了 8 卷从国际视角看待教育问题的著作，最新一卷考察了包括美国和前苏联在内的几个国家的教育改革运动和教师培训问题。

世界儿童资源中心

（Children Around the World Resource Center）

P.O. Box 40657 Bellevue WA 98015

该中心协助世界各国的教师和学生（1~9 年级）建立联系，以交换书信和艺术作品。最近也制作了世界范围内的信息包，包括不同国家的幻灯片、歌曲和故事等。该中心的通讯《通讯员》（*Courier*）传递世界各地最新的观点和新闻。

儿童对冲突的创造性反应

（Children's Creative Response to Conflict）

522 North Broadway，Nyack NY 10960–0271

该组织提供活动、出版物、工作坊和课程，帮助教师和儿童学会合作、交流、识别、冲突解决、消除偏见和调停的技能。用全面的体验式的方法来应对冲突根源。该组织隶属于全球有 27 个分支的和平联谊会（the Fellowship of Reconciliation）。

社会责任教育工作者

（Educators for Social Responsibility）

23 Garden Street，Cambridge MA 02138

该组织提供关于核武器以及其他的全球问题、冲突解决、批判性思维等课程资料。为相关的教师工作坊提供赞助。

全球教育协会

（Global Education Associates）

475 Riverside Drive，Suite 1848，New York NY 10115

该协会提供相关书籍的详尽清单、专著、电影胶片、磁带和录像带，以及优秀杂志《突破》(*Breakthrough*)等。探讨对国际冲突的非传统解决办法，倡导跨文化理解。

国际世界和平教育者协会

(International Association of Educators for World Peace)

Box 3282，Huntsville AL 35810

该协会的目标是建立一个全球性的共同体，让所有的人和谐地、繁荣地、和平地共处。促进国际性的合作探险(关注太空探索)，并将其作为一种消除恐惧和猜疑的方式。出版了《和平教育》(*Peace Education*)及其他出版物。分会遍布全球 50 个国家。

世界遗产

(Legacy International)

Route 4，Box 265，Bedford AV 24523

该组织对三个主要的领域提供培训和行动项目：对话和冲突解决，环境和可持续发展，跨文化交流。在研讨会、工作坊、工作方案、课程开发项目、咨询、会议以及基层行动和教育运动等方面，强调将跨文化理解作为创造性解决当今以及未来世界问题的关键。

马丁·路德·金非暴力社会改变中心

(Martin Luther King，Jr.，Center for Nonviolent Social Change，Inc.)

449 Auburn Avenue，Atlanta GA 30312

为小学至高中的学生提供课程资料，编写课程分类目录册。

核时代的和平基金会

(Nuclear Age Peace Foundation)

1187 Coast Village Road, Suite 123, Santa Barbara CA 93108

该组织出版了一系列关于维护和平的小册子，内容涵盖了许多重要问题，均由和平研究领域的权威执笔。还出版了一本新书《捍卫和平》(*Waging Peace*)。赞助高中征文比赛。

家长和教师的社会责任

(Parents and Teachers for Social Responsibility)

Box 517，Moretown VT 05660

该组织的出版物、会议和特殊项目等能为所有儿童创造一个更安全和更健康的世界。出版物包括《孩子们怎么办？》(*What About the Children* ？) 和《猴子的窘境》(*the Monkey's Dilemma*)。该组织在 1995 年赞助了一场国际性教育工作者会议。

和平教育项目

(Peace Education Program)

Box 171，Teachers College，Columbia University，New York NY 10027

该项目出版了一系列图书（《广泛的和平教育》、《全球责任感教育》等等）和其他相关资料。赞助相关的国际性培训班和研讨会。

和平关系会

(Peace Links)

747 Eighth Street SE，Washington DC 20003

致力于和平与核问题等方面的公共教育。在《赞美和平、争取和平与全球意识》(*Celebrate Peace, Reach for Peace, and Global Awareness*) 一书中，收集了大量适合家长、教育工作者和年轻人的信息和资源。出版《学生活动更新和联系》(*Student Action Update and Connection*) 通讯。为相关的信息交流和其他项目提供赞助。

心灵的和平

(Peace of Our Minds)

R.D. I-H，Box 171，West Edmeston NY 13485

一个由孩子们主持的孩子们的论坛。鼓励孩子们 (8~18 岁) 探索自己作为和平使者的角色。他们撰写有关文化、种族、家庭差异以及挑战生理残疾的文章。“孩子与孩子”的对话栏目以问答的形式让孩子们探讨自己关心的问题。

蹦跳的石头

(Skipping Stones)

80574 Hazelton Road，Cottage Grove OR 97424

这个多族裔的儿童论坛真正地把全球教育带入孩子们的生活。这里收集了世界各地的诗歌、文章、故事、美术作品、摄影作品和征笔友启示等，旨在用合作的方式促进文化差异和文化意识的解放。定期出版重要的新闻、网络化书籍评论和韵文等。

全人教育理论

Thomas Armstrong, *The Radiant Child* (Wheaton, Ill.: Quest Books, Theosophical Publishing House, 1985); *In Their Own Way* (Los Angeles: Tarcher, 1987).

John P. Miller, *The Holistic Curriculum* (Toronto: Ontario Institute for Studies in Education Press, 1988).

Ron Miller, *What Are Schools For? Holistic Education in American Culture* (Brandon, Vt.: Holistic Education Press, 1992).

Maria Montessori, *The Secret of Childhood* (New York: Ballantine, 1972).

Margaret Naumburg, *The Child and the World* (New York: Harcourt Brace, 1928).

Donald W. Oliver and Kathleen Gershman, *Education, Modernity, and Fractured Meaning: Toward a Process Theory of Teaching and Learning* (Albany: State University of New York Press, 1989).

Joseph Chilton Pearce, *Magical Child* (New York: Dutton, 1977); *Magical Child Matures* (New York: Dutton, 1985).

David E. Purpel, *The Moral and Spiritual Crisis in Education* (Granby, Mass.: Bergen and Garvey, 1989).

Mary C. Richards, *Toward Wholeness: Rudolf Steiner Education in America* (Middletown, Conn.: Wesleyan University Press, 1980).

Thomas B. Roberts, ed., *Four Psychologies Applied to Education* (Cambridge, Mass.: Schenkman, 1975).

Douglas Sloan, *Insight-Imagination: The Emancipation of Thought and the Modern World* (Westport, Conn.: Greenwood, 1983).

其他阅读材料

M. J. Adler, *The Paideia Proposal: An Educational Manifesto* (New York: Macmillan, 1982).

E. Anderson, *StreetWise* (Chicago: The University of Chicago Press, 1990).

D. Aspy and F. Roebuck, *Kids Don't Learn from People They Don't Like* (Amherst, Mass.: Human Resource Development Press, 1977).

R. Barth, *Improving Schools from Within* (San Francisco: Jossey-Bass, 1990).

A Bayer, *Collaborative-Apprenticeship Learning* (Mountain View, Calif.: Mayfield, 1990).

W. Bechtol and J. Sorenson, *Restructuring School for Individual Students* (Needham Heights, Mass.: Allyn and Bacon, 1993).

W. Bennis, *Why Leaders Can't Lead: The Unconscious Conspiracy Continues* (San Francisco: Jossey-Bass, 1989).

G. Caine and R. Caine, *Making Connections* (Alexandria, Vir.: Association for Supervision and Curriculum Development, 1991).

M. Cohn and R. Kottkamp, *Teaching the Missing Voice in Education* (Albany: State University of New York Press, 1993).

R. Elmore, *Restructuring Schools* (San Francisco: Jossey-Bass, 1990).

H. Fisher Darrow, *Independent Activities for Creative Learning* (New York: Teachers College Press, 1986).

W. Glasser, *The Quality School* (New York: Harper Perennial, 1992).

J. I. Goodlad, *A Place Called School: Prospects for the Future* (New York: McGraw-Hill, 1984).

L. Hergert, J. Phlegar, and M. Perez-Selles, *Kindle the Spark* (Andover, Mass.: The Regional Laboratory, 1991).

J. Herman, P. Aschbacher, and L. Winter, *A Practical Guide to Alternative Assessment* (Alexandria, Vir.: Association for Supervision and Curriculum Development, 1992).

G. A. Hess, *School Restructuring, Chicago Style* (Newbury Park, Calif.: Corwin Press, 1991).

R. Hunter and E. Scheirer, *The Organic Curriculum* (New York: Falmer Press, 1988).

D. Johnson, *Reaching Out*, 5th ed. (Needham Heights, Mass.: Allyn and Bacon, 1993).

B. Joyce and B. Shower, *Student Achievement Through Staff Development* (White Plains, N.Y.: Longman, 1987).

E. Lawler, B. Markovsky, C. Ridgeway, and H. Walker, *Advances in Group Processes* (Greenwich, Conn.: JAI Press, 1992).

G. Morrow, *The Compassionate School* (Englewood Cliffs, N.J.: Prentice-Hall, 1987).

J. Murphy, *Restructuring Schools* (New York: Teachers College Press, 1991).

V. Richardson, Casanova, U., Placier, P., and Guilfoyle, K., *School Children At-Risk* (New York: Falmer Press, 1989).

P. Schlechty, *School for the Twenty-first Century* (San Francisco: Jossey-Bass, 1990).

T. Sizer, *Horace's Compromise: The Dilemma of the American High School* (Boston: Houghton Mifflin, 1984).

E. Stone, *Quality Teaching* (London: Routledge, 1992).

C. Teddlie and S. Stringfield, *Schools Make a Difference* (New York: Teachers College Press, 1993).

G. Wehlage et al., *Reducing the Risk* (New York: Falmer Press, 1989).

J. Wertsch, *Vygotsky and the Social Formation of Mind.* (Cambridge: Harvard University Press, 1985).

视频资料

"…… And Learning for All" 是由 McREL 和芭芭拉·麦库姆基博士（Dr. Barbara McCombs）（2550 S. Parker Rd.， Suite 500， Aurora， CO 80014）于 1993 年开发的 7 集系列录像，每集时长 25 分钟，旨在与人们分享关于教育项目的戏剧故事，这些教育项目是一些共同体致力于提高人们的生活质量，以及解决人们所关心的问题。

尾　注

这一部分内容旨在说明本书章节内容所发生的三种类型的变化。在《自由学习》第 3 版中，杰罗姆·弗赖伯格新撰写的章节标记为“*”；保留了《自由学习》（第 2 版）大部分内容的章节标记为“**”；在第 2 版的基础上进行了较大修订，增加了新案例，更新了新研究的章节标记为“†”。

第一编　困难和机遇

第 1 章　为什么孩子热爱学校*

第 2 章　当今教学面临的挑战†

第 3 章　身为教师能展示真实的自己吗†

第二编　课堂上负责的自由

第 4 章　一位六年级教师的实验**

第 5 章　一位与学生一起成长的法语教师**

第 6 章　管理者如何成为促进者*

第 7 章　其他的自由促进者**

第三编　为了教师

第 8 章　促进学习过程中的人际关系 **

第 9 章　成为学习促进者 †

第 10 章　构建自由学习的途径 †

第 11 章　教育的政治学 **

第 12 章　“以人为中心”的课堂有纪律可言吗 *

第 13 章　对教育中以人为中心问题的研究 *

第四编　哲学和价值分歧

第 14 章　关于评价过程的一种现代观点 **

第 15 章　自由与承诺 †

第 16 章　目标：功能完善的人 †

第五编　暂停学校教育?

第 17 章　改变学校：一种“以人为中心”的观点 *

第六编　已经开始的征程

第 18 章　一些反思 †

附录

变革的资源：学习社区 *

参考文献

序言

1. These vignettes are excerpted from a forthcoming book: *Positive Regard: Carl Rogers and the Notables He Inspired*, edited by Melvin Suhd, Science & Behavior Books, Palo Alto, CA., forthcoming in 1994.

前言

1. H. Kirschenbaum and V. L. Henderson (eds.), *The Carl Rogers Reader*. (Boston: Houghton Mifflin, 1989).

导言

1. A. Steckler, R. Goodman, K. McLeory, S. Davis, and G. Koch, "Measuring the Diffusion of Innovative Health Promotion Programs," *American Journal of Health Promotion* 6 (1992): 214–25.

第1章

1. T. Peters and R. Waterman, *In Search of Excellence: Lessons from America's Best-run Companies* (New York: Harper and Row, 1982).
2. J. Hillkirk, "In Search of Excellence Ten Years Later" (interview with Tom Peters), *USA Today*, 11 November 1992, p. 7b.
3. K. Bachofer and W. Borton, *Restructuring: A View from the Trenches: The Continuing Evolution of O'Farrell Community School, Center for Advanced Academic Studies* (San Diego: San Diego Public Schools, 1992).
4. K. Bachofer, *Hidden Messages: Student Perceptions of Teacher Expectation Communication* (dissertation, Claremont Graduate School, 1993).
5. Y. Fournier, "Children Must Learn to Collaborate," *Houston Chronicle* (from Scripps-Howard News Service), 1 January 1993.
6. N. Flanders, *Analyzing Teacher Behavior* (Reading, Mass.: Addison-Wesley, 1970).
7. J. Goodlad, *A Place Called School: Prospects for the Future* (New York: McGraw-Hill, 1983).
8. H. J. Freiberg, *What to Do the First Days and Weeks of School* (Houston: Consistency Management Associates, 1992).
9. S. Conneley and B. Cooper, *The School As Work Environment: Implications for Reform* (Boston: Allyn and Bacon, 1991).
10. H. J. Freiberg, *High School for the Performing and Visual Arts* (Unpublished manuscript, University of Houston, 1980 interview).
11. D. Fadiman, *Why Do These Kids Love School?* (study guide) (Santa Monica, Calif.: Pyramid Film and Video, 1991).
12. H. J. Freiberg, L. Gauthier, and T. Stein, *Assessment of the Read Commission Learning Center* (Houston: University of Houston, 1992).
13. ABC World News Tonight, "Toronto Public Schools: Make the Difference," from the series *The American Agenda* (New York: ABC News, 1990). Video.
14. Lao Tzu, *The Way of Life according to Lao Tzu*, trans. Witter Bynner (New York: Capricorn Books, 1962).

第2章

1. "National Affairs: The Cities' Deadly Tally," *Newsweek*, 26 March 1991, p. 36.

2. "New York Teen Slain in Another Jacket Robbery," *Houston Chronicle* (from Reuters News Service), 12 January 1991, p. 12a.
3. H. L. Hodgkinson, *The Same Client: The Demographics of Education and Service Delivery Systems* (Washington, D.C.: Institute for Educational Leadership, Center for Demographic Policy, 1989).
4. "Most Stressful Jobs," *Men's Health*, cited by B. C. Oren, *Houston Chronicle*, 27 June 1991, p. 18a.
5. K. Sanchez, *Student/Parent/Community Surveys 1991–1992: Districtwide and Administrative Results* (Houston: Houston Independent School District, 1992).
6. A. Pallas, G. Natriella, and E. McDill, "The Changing Nature of the Disadvantaged Population: Current Dimensions and Future Trends," *Educational Researcher* 8, no. 5 (1989): 16–22.
7. H. J. Freiberg, "A Multi-dimensional View of School Improvement," *Educational Research Quarterly* 13, no. 2 (1989): 35–46.
8. "Kids Talk about School," *Media and Methods* 5 (April 1969).
9. D. E. Rogers, *Some Musings on Medical Education. Is It Going Astray?* (Unpublished paper, Robert Wood Johnson Foundation, 1981).
10. A. Bartlett Giamatti, quoted in *Time*, 11 June 1981.
11. Frances Fuchs, *The GUN on the Labor Market* (Unpublished manuscript, 1981).
12. Martin Heidegger, *What Is Called Thinking?* (originally published as *Was Heis Ist Denken?*) (New York: Hater Torchbooks, 1968). Book is based on lectures given in 1951–52.
13. F. E. Vaughn, *Awakening Intuition* (New York: Anchor Books, 1979).

第3章

1. Carl R. Rogers, *On Becoming a Person* (Boston: Houghton Mifflin, 1961).
2. Laurie Lisle, *Portrait of an Artist: A Biography of Georgia O'Keeffe* (New York: Washington Square Press, 1980).
3. Diana Ritenour, *Lessons a Student Taught Me* (Unpublished manuscript, 1992).
4. Tim Merrifield, *A Quiet Celebration* (Unpublished manuscript, 1992).
5. Janice Nease, *Change Takes Time* (Unpublished manuscript, 1992).
6. Betty W. Smith, *The Beauty Is Here* (Unpublished manuscript, 1992).
7. Bernice Boggess, *It's Never Too Late* (Unpublished manuscript, 1992).

第4章

1. Barbara J. Shiel, *Evaluation: A Self-directed Curriculum, 1965* (Unpublished manuscript, 1966).

第5章

1. Gay Swenson, "Grammar and Growth: A French Connection," *Education* 95, no. 19 (1974): 115–27. Used by permission and revised for this chapter.

第6章

1. Lao Tzu, *The Way of Life according to Lao Tzu*, trans. Witter Bynner (New York: Capricorn Books, 1962).
2. Robert Ferris, "From Gadfly to Mainstream: The New Orleans Free School Twenty Years Later" (Unpublished letter to the community, presented at the twentieth anniversary of the founding of the New Orleans Free School, 1991).
3. Wayne K. Hoy, John C. Tarter, and Robert B. Kottkamp, *Open Schools/Healthy Schools* (London: Sage, 1991).
4. H. Jerome Freiberg and Amy Driscoll, *Universal Teaching Strategies* (Boston: Allyn and Bacon, 1992).
5. H. Jerome Freiberg, "Teacher Self-assessment and Principal Supervision," *NASSP Bulletin* 71, no. 498 (1987): 85–92.

第7章

1. John P. Barkham, "Environmental Sciences 365: Ecosystem Management" (Unpublished evaluation of the course, 1980–81).
2. Adam Curle, *Education for Liberation* (London: Tavistock Publications, 1979).
3. Carl R. Rogers, *Freedom to Learn*, 1st ed. (New York: Macmillan/Merrill, 1969).
4. William Romey, "Radical Innovation in a Conventional Framework: Problems and Prospects," *Journal of Higher Education* 48 (November/December 1977): 680–96.

5. C. J. Sugnet, "Metamorphosis of a Geology Department," *Change* (July 1977).
6. Alvin M. White, "Humanistic Mathematics: An Experiment," *Education* (Winter 1974).
7. Alvin M. White, "Process and Environment in Teaching and Learning," in *New Directions for Teaching and Learning: Interdisciplinary Teaching*, No. 8, ed. Alvin M. White (San Francisco: Jossey-Bass, 1981).
8. S. Tobias, *Overcoming Math Anxiety* (New York: Norton, 1978).
9. Julie Ann Allender, "Fourth Grade Fantasy," *Journal of Humanistic Education* 6 (1982): 37–38.
10. Ruth Sanford, *Eight Years of an Experimental Program* (Unpublished personal document, 1981).
11. Jeanne Ginsberg, *Looking Back* (Unpublished personal document, 1981).

第8章

1. Carl R. Rogers, "The Interpersonal Relationship in the Facilitation of Learning," in *Humanizing Education*, ed. R. Leeper (Washington, D.C.: National Education Association, 1967), pp. 1–18. © Association for Supervision and Curriculum Development.
2. Sylvia Ashton-Warner, *Teacher* (New York: Simon and Schuster, 1963).
3. Barbara J. Shiel, *Evaluation: A Self-directed Curriculum, 1965* (Unpublished manuscript, 1966).
4. Patricia Bull, *Student Reactions, Fall, 1965* (Unpublished manuscript, New York State University College, 1966).
5. Morey L. Appell, *Selected Student Reactions to Student-centered Courses* (Unpublished manuscript, Indiana State University, 1959).
6. Virginia M. Axline, "Morale on the School Front," *Journal of Educational Research* (1944): 521–33.
7. G. T. Barrett-Lennard, "Dimensions of Therapist Response as Causal Factors in Therapeutic Change," *Psychological Monographs* 76, no. 562 (1962).
8. F. C. Emmerling, "A Study of the Relationships Between Personality Characteristics of Classroom Teachers and Pupil Perceptions" (Ph.D. diss., Auburn University, 1961).
9. R. Schmuck, "Some Aspects of Classroom Social Climate," *Psychology in the Schools* 3 (1966): 5–5; "Some Relationships of Peer Liking Pat-

terns in the Classroom to Pupil Attitudes and Achievements," *The School Review* 71 (1963): 337–59.

10. David N. Aspy, *A Study of Three Facilitative Conditions and Their Relationship to the Achievement of Third Grade Students* (Ph.D. diss., University of Kentucky, 1965).
11. K. W. Hoy, J. C. Tarter, and R. B. Kottkamp, *Open Schools/Healthy Schools* (London: Sage, 1991).
12. Samuel F. Moon, "Teaching the Self," *Improving College and University Teaching* 14 (Autumn 1966): 213–29.
13. Morey L. Appell, "Self-understanding for the Guidance Counselor," *Personnel and Guidance Journal* (October 1963): 143–48.
14. Carl R. Rogers, *On Becoming a Person* (Boston: Houghton Mifflin, 1961).

第 9 章

1. J. Stuckey, *Prescott College: A Case Study in Intuitive Quality Management* (Paper presented at Conference on Quality, sponsored by the Sacramento Area Council for Total Quality, Sacramento, August 1990), pp. 12–17.
2. L. Cuban, *How Teachers Taught: Constancy and Change in American Classrooms, 1890–1990* (New York: Teachers College Press, 1993).
3. J. Goodlad, *A Place Called School: Prospects for the Future* (New York: McGraw-Hill, 1984).
4. J. E. Brophy and T. L. Good, "Teacher Behavior and Student Achievement," in *Third Handbook of Research on Teaching*, ed. M. L. Wittrock (New York: Macmillan, 1986), pp. 328–75.
5. H. Jerome Freiberg, "Recipe of Classroom Ideas," in *Professional Development Modules*, ed. W. R. Houston and S. White (Houston: University of Houston, College of Education, Professional Development Center, 1973).
6. D. Rabinowitz, *Bridging the Student Interest Gap Through Media Study* (Unpublished document, San Francisco, 1993).
7. J. T. Gatto, "Teacher of the Year Calls for Ferocious Debate on Education Aims and Methods" (Reprint of keynote address, Santa Cruz, Calif.: New Society Publishers, 1990).
8. I. C. Hill and Tanveer, "Kids Teaching Kids: It Works," *Educational Forum* 45 (1981): 425–532.

9. D. Berliner and U. Casanova, "Peer Tutoring: A New Look at a Popular Practice," *Instructor* 97, no. 5 (1988): 14–15.
10. W. Shofstall, *Training High School Facilitators of Learning* (Unpublished manuscript, Arizona State University, 1966).
11. T. Graves and Nancy Graves, "Recent Research in Cooperative Learning," *International Association for the Study of Cooperation in Education* 9 (1988): 2–23.
12. J. M. Moskowitz et al., "Evaluation of a Cooperative Learning Strategy," *American Educational Research Journal* 20 (1983): 687–96.

第10章

1. J. Stuckey, *Prescott College: A Case Study in Intuitive Quality Management* (Paper presented at Conference on Quality, sponsored by the Sacramento Area Council for Total Quality, Sacramento, August 1990), pp. 12–17.
2. L. Cuban, *How Teachers Taught: Constancy and Change in American Classrooms, 1890–1990* (New York: Teachers College Press, 1993).
3. J. Goodlad, *A Place Called School: Prospects for the Future* (New York: McGraw-Hill, 1984).
4. J. E. Brophy and T. L. Good, "Teacher Behavior and Student Achievement," in *Third Handbook of Research on Teaching*, ed. M. L. Wittrock (New York: Macmillan, 1986), pp. 328–75.
5. H. Jerome Freiberg, "Recipe of Classroom Ideas," in *Professional Development Modules*, ed. W. R. Houston and S. White (Houston: University of Houston, College of Education, Professional Development Center, 1973).
6. D. Rabinowitz, *Bridging the Student Interest Gap Through Media Study* (Unpublished document, San Francisco, 1993).
7. J. T. Gatto, "Teacher of the Year Calls for Ferocious Debate on Education Aims and Methods" (Reprint of keynote address, Santa Cruz, Calif.: New Society Publishers, 1990).
8. I. C. Hill and Tanveer, "Kids Teaching Kids: It Works," *Educational Forum* 45 (1981): 425–532.
9. D. Berliner and U. Casanova, "Peer Tutoring: A New Look at a Popular Practice," *Instructor* 97, no. 5 (1988): 14–15.
10. W. Shofstall, *Training High School Facilitators of Learning* (Unpublished manuscript, Arizona State University, 1966).

11. T. Graves and Nancy Graves, "Recent Research in Cooperative Learning," *International Association for the Study of Cooperation in Education* 9 (1988): 2–23.
12. J. M. Moskowitz et al., "Evaluation of a Cooperative Learning Strategy," *American Educational Research Journal* 20 (1983): 687–96.

第11章

1. As reported in the *Los Angeles Times*, 3 December 1974.

第12章

1. H. Jerome Freiberg, *Consistency Management: Cooperative Strategies for Active Learning* (Houston: University of Houston, College of Education, National Center on Education in the Inner Cities, 1994).
2. S. Sherwood, "A Circle of Friends in a 1st Grade Classroom," *Educational Leadership* 48, no. 3 (1990): 41.
3. C. R. Rogers, Personal communications with H. Jerome Freiberg, 1984.
4. S. Elam, R. Lowell, and A. Gallup, *Phi Delta Kappa 24th Annual Poll Gallup/PDK Poll of the Public's Attitude Towards Public Schools* 74, no. 1 (1992): 41–55.
5. C. Horswell, "Sense of Belonging Is a Powerful Incentive to Join," *Houston Chronicle*, 20 May 1991, pp. 6a-7a.
6. E. Schaps and D. Solomon, "Schools and Classrooms as Caring Communities," *Educational Leadership* 48, no. 3 (1990): 38–42.
7. V. Jones and L. Jones, *Comprehensive Classroom Management: Motivating and Managing Students*, 3d ed. (Boston: Allyn and Bacon, 1990).
8. W. Doyle, "Classroom Organization and Management," in *Handbook of Research on Teaching*, 3d ed., ed. M. Wittrock (New York: Macmillan, 1986).
9. E. Cohen, R. Lotan, and L. Catanzarite, "Can Classrooms Learn?" *Sociology of Education* 62 (April 1989): 75–94.
10. E. Cohen, *Classroom Management and Complex Instruction* (Paper presented at the annual meeting of the American Educational Research Association, Chicago, April 1991).

11. H. J. Freiberg, N. Prokosch, E. Treister, and T. Stein, "A Study of Five At-risk Inner City Elementary Schools," *International Journal of School Effectiveness and School Improvement* 1, no. 1 (1990): 5–25.

12. E. Emmer and A. Aussiker, *School and Classroom Discipline Programs: How Well Do They Work?* (Paper presented at the national meeting of the American Educational Research Association, Washington, D.C., April 1987).

13. E. Brantlinger, "Adolescents' Interpretation of Social Class Influence on Schooling," *Journal of Classroom Interaction* 28, no. 1 (1993): 1–12.

14. D. Fadiman, *Why Do These Kids Love School?* (study guide). (Santa Monica, Calif.: Pyramid Film and Video, 1991).

SOURCES FOR S. SHERWOOD'S "A CIRCLE OF FRIENDS IN A 1ST GRADE CLASSROOM"

a. R. Perske, *Circles of Friends* (Nashville: Abingdon Press, 1988).

b. W. Stainbeck and S. Stainbeck, "Educating All Students in Regular Education, *The Association for Persons with Severe Handicaps Newsletter* 13, no. 14 (1987): 1, 7.

c. D. Donder and J. Nietupski, "Nonhandicapped Adolescents Teaching Playground Skills to Their Mentally Retarded Peers: Toward a Less Restrictive Middle School Environment," *Education and Training of the Mentally Retarded* 16 (1981): 270—76.

d. S. B. Stainbeck, W. C. Stainbeck, and C. W. Hatcher, "Nonhandicapped Peer Involvement in the Education of Severely Handicapped Students," *The Journal of the Association for Persons with Severe Handicaps* 8 (1983): 39–42.

第13章

1. C. R. Rogers, Personal communications with Jerome Freiberg, 1984.

2. M. Wittrock, ed., *Handbook of Research on Teaching*, 3d ed. (New York: Macmillan, 1986).

3. National Center on Education in the Inner Cities, *School Profiles* (Philadelphia: Temple University Center for Research in Human Development and Education, 1993).

4. R. Koutulak, "Human Brain Teaches Science a Thing or Two," *Houston Chronicle*, 10 May 1993, p. 8b. Originally published in the *Chicago Tribune*, © copyrighted date of publication, Chicago Tribune Company, all rights reserved, used with permission.

5. D. N. Aspy and F. N. Roebuck, *Client Centered Therapy in the Educational Process* (Paper presented at the proceedings of the European Conference on Client Centered Therapy, Wurtzburg, Germany; Wurtzburg: University of Wurtzburg Press, 1975).
6. D. N. Aspy and F. N. Roebuck, *Kids Don't Learn from People They Don't Like* (Amherst, Mass.: Human Resource Development Press, 1977).
7. F. N. Roebuck, *Cognitive and Affective Goals of Education: Towards a Clarification Plan* (Paper presented at the annual meeting of the Association for Supervision and Curriculum Development, Atlanta, March 1980).
8. D. N. Aspy and F. N. Roebuck, "The Relationship of Teacher-offered Conditions of Meaning to Behaviors Described by Flanders' Interaction Analysis," *Education* 95 (Spring 1975): 216–22.
9. F. N. Roebuck, *Polynomial Representation of Teacher Behavior* (Address presented at American Educational Research Association, National Convention, Washington, D.C., 31 March 1975; abstracted in *Resources in Education* [October 1975], ERIC document ED106718).
10. F. N. Roebuck and D. N. Aspy, *Response Surface Analysis*, Interim report no. 3 for NIMH grant no. 5 PO I MH 19871 (Monroe, La: Northeast Louisiana University, 1974; abstracted in *Resources in Education* [October 1975], ERIC document ED106732).
11. D. N. Aspy and F. N. Roebuck, *The National Consortium for Humanizing Education: An Update of Research Results* (Paper presented to the annual meeting of the American Educational Research Association, San Francisco, 12 April 1979).
12. F. N. Roebuck et al., *Maintaining Reliability*, Interim report no. 1 for NIMH grant no. 5 PO I MH 19871 (Monroe, La: Northeast Louisiana University, 1974; abstracted in *Resources in Education* [October 1975], ERIC document ED106730).
13. D. N. Aspy and F. N. Roebuck, "From Humane Ideas to Humane Technology and Back Again Many Times," *Education* 92 (Winter 1974): 163–71.
14. F. N. Roebuck, "Human Thoughts and Humane Procedures/Effective Behavior," *Peabody Journal of Education* (October 1975): 9–14.
15. F. N. Roebuck and D. N. Aspy, "Grade-level Contributions to the Variance of Flanders' Interaction Categories," *The Journal of Experimental Education* (Spring 1974): 86–92.
16. D. N. Aspy and F. N. Roebuck, *Research Summary: Effects of Training in Interpersonal Skills*, Interim report no. 4 for NIMH grant no. 5 PO I MH 19871 (Monroe, La.: Northeast Louisiana University, 1974; abstracted in *Resources in Education* [October, 1975], ERIC docu-

ment ED106733).

17. D. N. Aspy and F. N. Roebuck, *A Lever Long Enough* (Dallas: The National Consortium for Humanizing Education, 1976).
18. J. H. Buhler and D. N. Aspy, *Physical Health for Educators: A Book of Readings* (Denton, Tex.: North Texas State University Press, 1975).
19. F. N. Roebuck and J. H. Buhler, "The Relationship between Physical Fitness of a Selected Sample of Student Teachers and Their Performance on the Flanders' Verbal Interaction Scale," in *Physical Health for Educators: A Book of Readings*, ed. J. H. Buhler and D. N. Aspy (Denton, Tex.: North Texas State University Press, 1975).
20. A. Tausch, O. Wittern, and J. Albus, "Erzieher-Kind-Interaktionen in einer Vorschul-Lernsituation im Kindergarten," *Psychol. in Erz. u. Unterricht* 23 (1976).
21. J. Hoder, R. Tausch, and A. Weber, *Forderliche Dimensionen des Lehrerverhaltens und ihr Zusammenhang mit der Qualitat der Unterrichtsbeitrage der Schuler* (Manuscript, 1976).
22. H. Joost, "Forderliche Dimensionen des Lehrerverhaltens in Zusammenhang mit emotionalen und kognitiven Prozessen bei Schuler," in *Psychol. in Erz. u. Unterricht* 25 (1978): 69–94.
23. P. Klyne, *Dimensionen des Lehrerverhaltens in ihrem Zusammenhang mit Vorgangen der Schuler* (Manuscript, 1976).
24. M. L. Silberman, J. S. Allender, and J. M. Vannoff, eds., *The Psychology of Open Teaching and Learning: An Inquiry Approach* (Boston: Little, Brown, 1972).
25. R. A. Horwitz, "Psychological Effects of the Open Classroom," *Review of Educational Research* 49 (1979): 71–85.
26. H. Walberg, "Synthesis of Research on Teaching," in *Handbook of research on teaching*, 3d ed., ed. M. Wittrock (New York: Macmillan, 1986).
27. H. Walberg, D. Schiller, and G. D. Haertel, "The Quiet Revolution in Educational Research," *Phi Beta Kappan* 61 (1979): 179–83.
28. J. Ravens, "The Most Important Problem in Education Is to Come to Terms with Values," *Oxford Review of Education* 7 (1981): 253–72.
29. G. Samson, M. E. Graue, T. Weinstein, and H. J. Walberg, *Academic and Occupational Performance: A Quantitative Synthesis* (Chicago: University of Illinois, Office of Evaluation Research, 1982).
30. P. L. Peterson, "Direct Instruction Reconsidered," in *Research on Teaching*, ed. P. L. Peterson and H. J. Walberg (Berkeley, Calif.: McCutchan, 1979).
31. L. V. Hedges, R. M. Giaconia, and N. L. Gage, *Meta-analysis of the*

Effect of Open and Traditional Instruction (Stanford: Stanford University, Program on Teaching Effectiveness, 1981).

32. R. Giaconia and L. Hedges, "Identifying Features of Effective Open Education," *Review of Educational Research* 52, no. 4 (1982): 579–602.
33. M. Montessori, *Spontaneous Activity in Education: The Advanced Montessori Method* (New York: Schocken, 1965).
34. J. Stallings and D. Stipek, "Research on Early Childhood and Elementary School Teaching Programs," in *Handbook of Research on Teaching*, 3d ed., ed. M. Wittrock (New York: Macmillan, 1986).
35. L. Miller and R. Bizzell, *Long-term Effects of Four Preschool Programs: Ninth and Tenth Grade Results* (Louisville: University of Louisville, 1983).
36. E. E. Werner, "High-risk Children in Young Adulthood: A Longitudinal Study from Birth to Thirty-two Years," *American Journal of Orthopsychiatry* 59, no. 1 (1989): 72–81.
37. J. Goodlad, *A Place Called School: Perspectives for the Future* (New York: McGraw Hill, 1983).
38. J. Brophy and T. Good, "Teacher Behavior and Student Achievement," in *Handbook of Research on Teaching*, 3d ed., ed. M. Wittrock (New York: Macmillan, 1986).
39. N. A. Flanders, *Teacher Influence on Pupil Attitudes and Achievement*, U.S. Department of Health, Education, and Welfare, Cooperative Research Monograph No. 12 (Washington, D.C.: Government Printing Office, 1965).
40. D. W. Johnson, R. G. Johnson, and E. J. Holubec, *Circles of Learning: Cooperation in the Classroom* (Edina, Minn: Interaction, 1986).
41. R. Slavin, *Cooperative Learning* (New York: Longman, 1983).
42. L. Corno and R. Snow, "Adapting Teaching to Individual Differences Among Learners," in *Handbook of Research on Teaching*, 3d ed., ed. M. Wittrock (New York: Macmillan, 1986).
43. B. Benard, *Fostering Resiliency in Kids: Protective Factors in the Family, School and Community* (Portland, Or.: Western Regional Center for Drug Free Schools and Communities, Far West Laboratory Monograph, 1991).
44. C. Franz, D. McClelland, and J. Weinberger, "Childhood Antecedents of Conventional Social Accomplishment in Midlife Adults: A Thirty-six Year Prospective Study," *Journal of Personality and Social Psychology* 60, no. 4 (1991): 586–93.
45. R. R. Sears, E. E. Maccoby, and H. Levin, *Patterns of Child-rearing* (Evanston, Ill.: Row, Peterson, 1957).

46. R. R. Sears, "Relation of Early Socialization Experiences to Self-concepts and Gender Role in Middle Childhood," *Child Development* 41 (1970): 267–89.
47. C. N. Edwards, "Interactive Styles and Social Interaction," *Genetic Psychology Monographs* 87 (1973): 123–74.
48. D. M. Kagan, "How Schools Alienate Students at Risk: A Model for Examining Proximal Classroom Variables," *Educational Psychologists* 25, no. 2 (1990): 105–20.
49. A. Kohn, "Caring Kids: The Role of the Schools," *Phi Delta Kappan* (1991): 496–506.
50. N. Berg-Eisenberg and C. Neal, "Children's Moral Reasoning About Their Own Spontaneous Prosocial Behavior," *Developmental Psychology* 15 (1979): 228—29.
51. N. Noddings, "Schools Face 'Crisis in Caring,'" *Education Week* vol. 32, 7 December 1988, p. 32.

第14章

1. D. Yankelovich, "New Rules in American Life: Searching for Self-fulfillment in a World Turned Upside Down," *Psychology Today* 15 (1981): 39.
2. Carl R. Rogers, *Client-centered Therapy* (Boston: Houghton Mifflin, 1951).
3. Carl R. Rogers, "A Theory of Therapy, Personality and Interpersonal Relationships," in *Psychology: A Study of a Science*, vol. 3, ed. S. Koch, pp. 185–256; *Formulations of the Person and the Social Context* (New York: McGraw-Hill, 1959), pp. 185–256.
4. Charles W. Morris, *Varieties of Human Value* (Chicago: University of Chicago Press, 1956).
5. E. T. Gendlin, *Experiencing and the Creation of Meaning* (New York: Macmillan, The Free Press, 1962).
6. E. T. Gendlin, *Focusing* (New York: Everest House, 1978).

第15章

1. M. Friedman, *The Problematic Rebel* (New York: Random House, 1963).
2. B. F. Skinner, *Science and Human Behavior* (New York: Macmillan, 1953).

3. B. F. Skinner, "Behaviorism at Fifty," in *Behaviorism and Phenomenology: Contrasting Bases for Modern Psychology*, ed. T. W. Wann (Chicago: University of Chicago Press, 1964).
4. B. F. Skinner, *Walden Two* (New York: Macmillan, 1948).
5. Richard S. Crutchfield, "Conformity and Character," *American Psychologist* 10 (1955): 191–98.
6. James Olds, "A Physiological Study of Reward," in *Studies in Motivation*, ed. D. C. McClelland (New York: Appleton-Century Crofts, 1955).
7. V. E. Frankl, *From Death Camp to Existentialism* (Boston: Beacon Press, 1959).
8. C. R. Rogers, B. L. Kell, and Helen McNeil, "The Role of Self-understanding in the Prediction of Behavior," *Journal of Consulting Psychology* 12 (1948): 174–86.
9. M. Polanyi, *Personal Knowledge* (Chicago: University of Chicago Press, 1958).
10. M. Wertheimer, *Productive Thinking* (New York: Harper, 1945).
11. S. Kierkegaard, *Concluding Unscientific Postscript*, ed. Walter Lowre (Princeton: Princeton University Press, 1941).
12. M. Polanyi, "Scientific Outlook: Its Sickness and Cure," *Science* 125 (1957): 480–84.
13. Fritjof Capra, *The Tao of Physics* (Boulder, Colo.: Shambala Press, 1975).
14. Fritjof Capra, *The Turning Point* (New York: Simon and Schuster, 1982).
15. Stephen Hawking, *A Brief History of Time* (New York: Bantam Books, 1990).

第 16 章

1. Carl R. Rogers, "The Concept of the Fully Functioning Person," *Psychotherapy: Theory, Research, and Practice* 1 (1963): 17–26.
2. E. L. Kelley and Donald W. Fiske, *The Prediction of Performance in Clinical Psychology* (Ann Arbor: University of Michigan Press, 1951).
3. Carl R. Rogers, "Persons or Science: A Philosophical Question," *American Psychologist* 10 (1955): 267–78.

第 17 章

1. C. Rogers, Personal communication with H. J. Freiberg, 1984.
2. National Commission on Educational Excellence, *A Nation at Risk: The Imperative of Educational Reform* (Washington, D.C.: Government Printing Office, 1983).
3. H. J. Freiberg, "Understanding Resilience: Implications for Inner-city Schools and Their Near and Far Communities," in *Educational Resilience in Inner-city America: Challenges and Prospects*, ed. M. Wang and E. Gordon (Hillsdale, N.J.: Erlbaum, 1994).
4. C. Rugley, "Schools Seek to Drop Costly Bureaucratic Burdens," *Houston Chronicle*, 28 March 1993, p. 1d.
5. Center on Organizing and Restructuring of Schools, "Estimating the Extent of School Restructuring," Wisconsin Center for Educational Research, Brief no. 4 (Fall 1992): p. 4.
6. B. Levin, Personal communications about student interviews, 1993.
7. "Preston County Teachers' Institute Needs Assessment" (Preston County, West Virginia, Summer 1992).
8. J. F. Kennedy, Comments made on the Twentieth Anniversary of the Voice of America (Health, Education, and Welfare Building Auditorium, 25 February 1962).
9. A. Perry, *The Management of a City School* (New York: Macmillan, 1914).
10. H. J. Freiberg, "Schools That Foster Resilience in Inner-city Youth," *Journal of Negro Education*, yearbook edition, 62, no. 3 (1993): 364–376.
11. M. L. Smith, "Put to the Test: The Effects of External Testing on Teachers," *Educational Researcher* 20, no. 5 (1991): 8–11.
12. Thanks to Professor Jerry Willis at the University of Houston for directing me to this topic.
13. R. Hall, *Attaining Manufacturing Excellence* (Homewood, Ill.: Dow Jones-Irwin, 1987).
14. A. Hernandez, *Just-in-time Manufacturing: A Practical Approach* (Englewood Cliffs, N.J.: Prentice-Hall, 1989).
15. M. Sepehri, *Just-in-Time, Not Just in Japan* (Falls Church, Vir.: The American Production and Inventory Control Society, 1986).
16. G. Galles. "Our Graduates Soon Purge What They Learned," *Houston Chronicle*, 24 May 1993, p. 13a.
17. A. Toffler. *Future Shock* (New York: Random House, 1970).

第 18 章

1. M. Gandhi, *Selected Writings*. Cited in R. Arnett, *Dialogic Education: Conversation about Ideas and between Persons* (Carbondale: Southern Illinois University Press, 1992).
2. P. Gordon and K. Bachofer, *Restructuring: An Inside Look: The Evolution of the O'Farrell Community School: Center for Advanced Academic Studies* (San Diego: San Diego Unified School District; Planning, Research, and Evaluation Division, 1990).
3. K. Bachofer and William Borton, *Restructuring: A View From the Trenches: The Continuing Evolution of O'Farrell Community School: Center for Advanced Academic Studies* (San Diego: San Diego Unified School District; Planning, Research, and Evaluation Division, 1992).
4. T. Wubbels, "Special Issue: Guest Editor's Notes," *Journal of Classroom Interaction* 27, no. 1 (1992): v–38.
5. D. Berliner, "Are Our Schools Really Failing?: Twelve Years of Myths Debunked," *NJEA Review* 66, no. 5 (1993): 12–19.
6. C. R. Rogers, *Carl Rogers on Personal Power* (New York: Delacorte Press, 1977).
7. P. R. Fairfield, *Person-centered Graduate Education*. (Buffalo, N.Y.: Prometheus, 1977).
8. A. Dunn, "A Teacher Talks to the Standards Bearers," *Educational Leadership* 50, no. 8 (1993): 78.

编辑后记

《自由学习》成书于1969年，时年作者67岁。14年后，已是耄耋之年的罗杰斯教授，又满怀激情地对他的这部重要著作进行了补充和修订，于1983年出版了《自由学习》第2版。由此可见《自由学习》一书在罗杰斯心目中的分量。1994年，足迹遍布美国，全身心致力于教育理论与实践变革的弗赖伯格教授，在罗杰斯女儿的认可和组织下，出色地对这部经典著作进行了再修订，于1994年出版了《自由学习》第3版。本书正译自这个版本。

翻译和编辑罗杰斯的这部《自由学习》着实不易。不仅因为他的教育思想具有鲜明的革命性、颠覆性和原创性，还因为他借用了自己在心理治疗中对人性的诸多发现，类比于教育情境，并更加深入和系统地进行了哲学阐释。挑战面前，我们没有退缩，想尽办法、全力以赴，使得这部重要的经典著作重焕荣光，从此能有一个读者满意的中译本。真是自佑天佑，我们的编辑工作得到了著名美籍华人心理学家和教育家黄天中先生的热情支持。黄教授早在1993年，根据他的老师卡尔·罗杰斯的Freedom to Learn（第2版,1983年），编著出版了《自由学习》一书。他得知我们要出版《自由学习》第3版的中译本，不远万里，将他的那部《自由学习》寄来供我们参考。每当我们在编辑过程中遇到"拦路虎"，参考黄先生的书经常能给我们以启发。有些句子考量再三,感觉还是黄先生的译法更好,理解精准,文笔老道。

我们想，为了读者，这种情况下，好就直接用了。接下来，我们商量着也给黄先生署名译者。黄先生爽快地同意了我们在编辑过程中可以这样“参考”他的书，但谢绝了给他署名。前辈的这种无私品格，激励着我们更加用心来做好这部经典著作中译本的编辑工作。

感谢北京师范大学的伍新春教授在百忙之中抽出时间，夜以继日地对本书译文进行了认真细致的审校，进一步提升了译文质量。感谢著名的教育学家朱小蔓教授为本书撰写的热情洋溢的推荐语。

真理是不会过时的，承载着真理的经典著作也必将有着长久的生命力；真理是普适性的，承载着真理的经典著作是整个人类的共同精神财富。在当今的美国，尤其是在当下的中国，卡尔·罗杰斯的这部闪烁着真理光辉和具有革命性的《自由学习》，读来仍是振聋发聩。人天生就有好奇心，有探索求证的欲望。学习本是人的天性，是自由的，快乐的。可我们现代的教育、学校、老师和家长，这些“负责任”的机构和大人们都做了些什么，致使如此之多的孩子讨厌学习，讨厌学校，而且这种趋势似乎愈演愈烈；孩子因学习而怕老师甚至恨老师，因分数而怕家长甚至恨家长？！那些原本聪明活泼的幼儿，那些玩耍起来灵动鬼精的孩子，为什么一学起习来，就变得那么木讷甚至愚笨，如此缺乏效率？诚然，人的成长一刻都离不开学习，我们期望每个孩子都能成为有能力、有魅力、有爱心和心智健全的人，可面对这种被动、束缚、机械而又痛苦的教育和学习方式，人们又能期望什么呢？管理大师爱德华·戴明晚年曾痛心疾首地指出，我们的现代管理之所以如此低效、缺乏人性，职场中之所以有那么多倦怠的人、不求进取的人、抑郁的人，说到底，都与我们扭曲的现代教育有关。我相信，卡尔·罗杰斯的《自由学习》不仅有助于为现在教育拨乱反正，而且会让我们每一个有责任感的成人“愤”起！

让我们跟随卡尔·罗杰斯的启示，静下心来，好好想一想：什么是学习；教育的目的是什么；我们想要我们的孩子成为什么样的人；作为老师或家长，我们该怎样做才是真正地负责任。